## ***ACCESO GRATIS*** *a la Lectura en la Nube*

Para visualizar el libro electrónico en la nube de lectura envíe junto a su nombre y apellidos una fotografía del código de barras situado en la contraportada del libro y otra del ticket de compra a la dirección:

**ebooktirant@tirant.com**

En un máximo de 72 horas laborales le enviaremos el código de acceso con sus instrucciones.

La visualización del libro en **NUBE DE LECTURA** excluye los usos bibliotecarios y públicos que puedan poner el archivo electrónico a disposición de una comunidad de lectores. Se permite tan solo un uso individual y privado

# BURROCRACIA COOPTADA.

Procedimiento de selección de originales, ver página web:
www.tirant.net/index.php/editorial/procedimiento-de-seleccion-de-originales

# BUROCRACIA COOPTADA.
## LA INFLUENCIA DEL CLIENTELISMO EN LA BUROCRACIA COLOMBIANA

LUISA MARÍA PERDOMO BLANDÓN

**tirant lo blanch**
Bogotá D.C., 2025

Perdomo Blandón, Luisa María, autora.

Burocracia cooptada. La influencia del clientelismo en la burocracia colombiana / Luisa María Perdomo Blandón. -- Primera edición. -- Bogotá: Tirant lo Blanch, 2025.

318 páginas: tablas.
Incluye bibliografía: páginas 313-318.
ISBN: 978-84-1081-076-1

1. Clientelismo -- Colombia. 2. Burocracia -- Colombia. .3. Administración pública. 4. Prestación de servicios -- Colombia. 5. Contratos públicos -- Colombia. I. Título.

LOC: JL2829.C6 CDD: 351 ed. 23

Catalogación en publicación de la Biblioteca Carlos Gaviria Díaz


EDITA: TIRANT LO BLANCH
Calle 11 # 2-16 (Bogotá D.C.)
Telf.: 4660171
Email:tlb@tirant.com
www.tirant.com
Librería virtual: www.tirant.com/co/
ISBN: 978-84-1081-076-1

*A mis abuelas por hacerme la mujer que soy.*

*A mi hermana Belén por ser mi motivación constante.*

*A mis gatos, Fidel, Olympia e Isabel por su compañía en mi vida siempre.*

*Al Dr. Milton César Jiménez Ramírez por su ayuda durante todo este trabajo de investigación.*

# Índice general

# Introducción general: "Más Allá de la Superficie: La importancia de profundizar en el Clientelismo y la cooptación burocrática en Colombia"

El clientelismo es un fenómeno que ha estado enraizado al sistema político colombiano. "El sistema colombiano ha llegado a ser el "sistema político del clientelismo" (Leal y Dávila, 1990, p. 21). La palabra *clientelismo* es una palabra muy utilizada en el argot popular para referirse a la política, es mencionada en medios de comunicación, en debates públicos y en las conversaciones ciudadanas. No obstante, a pesar de que el clientelismo tiene sus raíces en las relaciones feudales del periodo colonial y se ha transformado a lo largo de los años; aún existe una falta de claridad sobre lo que este fenómeno significa y sus consecuencias en las dinámicas políticas y la administración pública.

El clientelismo se suele asociar erróneamente con la corrupción y, en consecuencia, se percibe como algo intrínsecamente negativo, omitiendo los diferentes rasgos que caracterizan este fenómeno de patronazgo político. Es fundamental aclarar, en un primer lugar, que el clientelismo no es equiparable a la corrupción, ya que esta última implica acciones ilegales, mientras que el clientelismo se refiere a relaciones que se establecen con el propósito de intercambiar favores. El problema surge cuando estos favores se pagan con recursos públicos y menoscaban la institucionalidad.

En un primer lugar, se estudiará el concepto del clientelismo a través de los diferentes enfoques políticos que se han utilizado para analizarlo, así mismo, se describirán sus tipologías, toda vez que el clientelismo se ha transformado a lo largo de los años para adaptarse a los cambios políticos, sociales y económicos del país, y de igual manera se realizará un paneo acerca del clientelismo en la actualidad. Uno de los objetivos de este trabajo es lograr una caracterización del clientelismo en el sistema político colombiano, mediante el análisis de la doctrina nacional, para evidenciar su influencia negativa en la gestión y probidad del Estado, no obstante, es importante realizar el análisis teniendo en cuenta los diferentes matices y etapas que este ha tenido en el país, ya que en un momento fue un mecanismo útil para mitigar la violencia, pero también ha tenido efectos negativos en la administración pública.

La época de la Violencia fue un conflicto interno colombiano comprendido entre el periodo de 1946 y 1958, aunque sus consecuencias continuaron a través de los años (una de estas consecuencias fue la formación de las guerrillas). Esta Violencia que se generó entre conservadores y liberales surge en el año 1946 cuando los liberales pierden la presidencia a manos de un minoritario partido conservador y a partir de allí surge la violencia en varias regiones ya que las ideologías partidarias eran tan importantes entre los colombianos que merecían ser defendidas a muerte. Según (Pécaut, 2001) la crisis del Estado es de las primeras causas de esta situación ya que desde los años veinte existían luchas agrarias que sirvieron como antecedentes a la violencia entre partidos tuvo como resultado que "190,000 colombianos perdieron la vida y otros dos millones más fueron desplazados de sus tierras como resultado de la violencia" según (Chacón y Sánchez, 2003, p. 2). Posterior a esta época surge el frente nacional derivado del Pacto de Sitges y surge como una alternativa para frenar las retaliaciones partidistas y tuvo como principal característica la alternancia del poder entre estos dos partidos y una repartición equitativa de la burocracia.

De lo anterior se evidencia que el clientelismo tuvo un efecto pacificador según (García y Revelo, 2010, p. 26) el frente nacional "buscaba fortalecer la institucionalidad y disminuir la conflictividad política", con la repartición de la burocracia estatal entre los principales partidos políticos y de manera equitativa, así como con la alternancia del poder se logró disminuir la violencia interpartidista que se desarrollaba antes del mencionado pacto. Por lo anterior, es que se puede decir que el clientelismo ha tenido efectos positivos en el país, no obstante, de igual manera tuvo efectos negativos ya que con la repartición de poder Los partidos se fueron homogeneizando al punto en que coloquialmente se decía que la diferencia entre conservadores y liberales era que mientras unos iban a misa de 6 am otros iban a la de 8 am, así mismo, de conformidad con (García y Revelo, 2010, p. 27-28) la pertenencia a los partidos tradicionales por parte de líderes políticos que nunca reconocieron sus responsabilidades por los hechos de la Violencia les restaba legitimidad a los partidos, así mismo "Frente Nacional alimentó en la población un sentimiento de descalificación frente a los políticos e incluso frente a las instituciones, sobre todo entre quienes, como las víctimas, no habían tenido ninguna responsabilidad en lo sucedido." (p. 28)

Entender el frente nacional y sus efectos en la política colombiana hasta la actualidad es de vital importancia para estudiar el clientelismo ya que marca el inicio del clientelismo moderno dominado por los partidos políticos y es allí donde se empieza a cooptar la burocracia. Una vez realizadas las apreciaciones con relación al clientelismo en Colombia, se realizará un estudio respecto a la burocracia, para ello, es necesario establecer el ideal burocrático de Max Weber toda vez que ha sido el principal teórico respecto a este tema y sus estudios permiten dar claridad acerca de la manera en la que debe funcionar la administración pública de los Estados para que puedan ser eficientes y garantizar un adecuado servicio público.

Se busca realizar una comparación entre las características que Weber propone para un sistema burocrático ideal, con el objetivo de establecer una dominación legal sobre los ciudadanos y, por ende, alcanzar un Estado Racional. Este análisis se extiende a la forma en que la burocracia se encuentra establecida en Colombia desde un punto de vista normativo, así como su funcionamiento en la práctica. Para ello, se realiza un análisis de las diferentes formas de vinculación con la administración pública que existen en Colombia, estando por un lado los servidores públicos, que principalmente son: Miembros de corporaciones públicas, empleados públicos y trabajadores oficiales, y, por otro lado, están las otras vinculaciones con el Estado, dentro de las cuales se destacan los contratos de prestación de servicios.

La relación entre el clientelismo y la burocracia en Colombia va desde una falta de voluntad política para implementar adecuadamente el sistema de carrera administrativa hasta la tercerización de funciones estatales por medio de contratos con el Estado. Es por esto por lo que otro de los objetivos de este trabajo es analizar la naturaleza jurídica del contrato de prestación de servicios, por medio de una revisión del sistema jurídico nacional, para establecer sus posibilidades de aplicación y la influencia del clientelismo en su utilización excesiva en detrimento de la carrera administrativa y su impacto en la generación de nóminas paralelas.

Para alcanzar el anterior objetivo se iniciará con la descripción de la naturaleza jurídica de la contratación estatal en Colombia, esta es una herramienta que tiene el Estado para ayudarse de particulares para el cumplimiento de sus fines esenciales, aun así, esta ha sido utilizada como botín político mediante la asignación de contratos a aliados políticos, la manipulación de licitaciones y concursos públicos, la corrupción y el soborno, la desviación de fondos públicos y la falta de transparencia y fiscalización. En lo que interesa a este trabajo se investigará la manera en la que el clientelismo utiliza a los contratos de prestación de servicios como un medio para pagar favores políticos y para cooptar la burocracia ya que la cantidad de contratistas es casi equiparable a la cantidad del personal de planta de las entidades públicas. El uso y abuso de los contratos de prestación de servicios deriva en una desnaturalización de los mismos ya que no se utilizan de manera excepcional, sino que se convierten en la regla.

Posteriormente, se analizará el sistema de carrera administrativa, su historia y sus reformas ya que si bien este existe desde 1938, han existido diversos problemas para su implementación efectiva, toda vez que hay una falta de voluntad política para fortalecerlo, debido a que se aprovechan de las falencias del personal de planta en las entidades públicas para suplirlas por medio de la contratación estatal, y por esto es que no ha existido un verdadero interés en robustecerlo ya que al hacerlo no será necesario utilizar la contratación estatal. Por otro lado, se realizará el recuento de las múltiples normas e intentos normativos que han pretendido crear ingresos extraordinarios a la carrera administrativa, conocidos como la "ventanilla siniestra de la carrera administrativa".

Para analizar adecuadamente la carrera administrativa, es imprescindible examinar el principio de mérito, puesto que la Constitución establece que los cargos públicos deben asignarse en función del mérito. Sin embargo, este principio genera controversia, especialmente en países con marcadas desigualdades sociales. En estos contextos, la aplicación estricta de la meritocracia puede exacerbar aún más la disparidad existente. Utilizar el mérito como único criterio para acceder a la administración pública presupone que todas las personas parten de igual posición, obviando las desigualdades y las carencias de oportunidades que han afectado a ciertos grupos de la población, como los afros, indígenas, campesinos, víctimas del conflicto, mujeres, entre otros. Esto puede resultar injusto, ya que no tiene en cuenta las necesidades particulares de estas poblaciones, las cuales requieren protección especial por parte del Estado y oportunidades específicas para acceder a empleos públicos.

Otro objetivo específico del presente trabajo es proponer lineamientos para evitar la cooptación de la burocracia por parte del clientelismo, lo anterior tras haber identificado previamente algunos de los motivos que causan esta problemática. Llama la atención que en la actualidad se sigan reproduciendo dinámicas clientelistas a pesar de lo anacrónico de este fenómeno, de igual manera resulta llamativo que este haya sobrevivido al cambio de Constitución en 1991, lo anterior evidencia que existe una constitución material que dista de la constitución formal, en razón a que se siguen desarrollando dinámicas que son contrarias a los principios y valores establecidos en la nueva Constitución.

La Constitución de 1991 estableció que Colombia es un Estado Social de Derecho y por lo tanto debe propender por alcanzar la igualdad material entre los ciudadanos, no obstante, en la actualidad sigue existiendo desigualdad y es por esto por lo que el clientelismo persiste ya que según (García y Revelo, 2010, p. 31) "en sociedades jerarquizadas y con poca movilidad social, el clientelismo ha sido un escape de las clases subordinadas para obtener recursos y acceso al poder. El clientelismo opera, además, como sistema de protección de los débiles". En ese sentido el clientelismo se alimenta de las necesidades de la sociedad y los ciudadanos ven en este un mecanismo para mejorar su condición social.

De igual manera otro factor constitucional que influye en que el clientelismo coopte la burocracia es el neoliberalismo y la libertad de mercado, según (Jiménez, 2016, p. 5) el Estado Social de Derecho pretende garantizar las libertades civiles de las personas y no solo se concibe una visión estatal y ciudadana atada al liberalismo político, sino también al liberalismo económico, de igual manera según (Jiménez, 2016, p. 9) los efectos prácticos del mercado derivan en consecuencias complejas, ya que los bienes básicos humanos se mercantilizan o se convierte en un mercado sin límites. Si bien, en un escenario ideal el mercado y el Estado Social de Derecho no solo deben coexistir sino también cooperar entre sí, lo cierto es que la pobreza y la desigualdad[1] se presentan como un problema para la armonización y colaboración entre estos conceptos.

Aunado a lo anterior, el modelo neogerencial que se adoptó para la administración pública en Colombia y que es congruente con el neoliberalismo y la libertad de mercado que se adoptó en la Constitución de 1991, sugiere que se replantee el modelo de administración pública y les da especial protagonismo a los prestadores de servicios y ve al Estado como ente regulador de la prestación de un servicio. La libertad de mercado termina por influir en la concepción de la administración pública y los servidores públicos, lo que trajo consigo un cambio de paradigma con la Ley 909 de 2004, ya que ahora los cargos directivos del Estado son de libre nombramiento y remoción y tienen mayor libertad a la hora de manejar los recursos, a su vez esta Ley crea los empleos temporales, crea la causal de retiro por razones del buen servicio, entre otras, con la intención de implementar un modelo neogerencial que tiene como finalidad equipararse al modelo de administración de las empresas privadas.

Es por lo anterior que una vez analizados ciertos conceptos constitucionales se pretenden presentar orientaciones para incentivar la participación y la representación política, para mejorar la burocracia en Colombia y para volver a la naturaleza jurídica de los contratos de prestación de servicios. Así mismo, se proponen herramientas para avanzar hacia una democracia deliberativa toda vez que el hecho de que se sigan reproduciendo dinámicas clientelistas es muestra de que existe una constitución material que sigue vigente y es que

---

1 Según el Informe Nacional de Desarrollo Humano Colombia: territorios entre fracturas y oportunidades 2024, "Colombia exhibe una de las distribuciones de ingresos más desiguales a nivel mundial. El coeficiente de Gini ha permanecido por encima de 0,50 en las últimas décadas, un valor significativamente elevado en comparación con la mediana mundial, que se sitúa en 0,36. Aunque la concentración del ingreso en Colombia ha mostrado fluctuaciones, en los datos más recientes, el país presenta la peor distribución del ingreso entre los 54 países para los cuales el Banco Mundial proporciona datos recientes" (p. 47).

a pesar del cambio constitucional en 1991 no ha existido un cambio cultural político y social que respalde el texto constitucional y por lo tanto en muchas ocasiones queda solo en el papel.

Si bien fue un gran paso que en la Constitución de 1991 se consignaran mecanismos de participación ciudadana, y más cuando los ciudadanos llevaban años sin ser escuchados ni tenidos en cuenta por parte de los gobernante; en la actualidad estos mecanismos se quedan cortos para trasladar las necesidades de los ciudadanos, y es por esto que se propone ir avanzando hacia una deliberación ciudadana dónde se resalte la importancia de lograr consensos ciudadanos y que estos sean respetados por parte del gobierno para cerrar la brecha existente entre gobernantes y gobernados y que las decisiones políticas que se vayan a tomar estén sincronizadas con las necesidades de las personas y por lo tanto sean adoptadas por estas garantizando de esta manera su efectividad.

En síntesis, con el primer capítulo se pretende lograr la caracterización del clientelismo en Colombia y establecer el ideal burocrático de Max Weber en comparación con la manera en la que está prevista la administración pública en Colombia, para continuar posteriormente con el segundo capítulo que tiene como objetivo analizar la naturaleza jurídica de la contratación estatal y en particular de los contratos de prestación de servicios, así como estudiar la carrera administrativa en Colombia y el principio de mérito para así determinar las razones por las cuales el clientelismo sigue funcionando, utilizando a los contratos de prestación de servicios y generando una nómina paralela en detrimento de la función pública; posteriormente en el tercer capítulo se establecerán lineamientos para super el problema, utilizando para tal fin los mecanismos previstos en la constitución y proponiendo avanzar hacia el diálogo ciudadano que permita mejorar la forma en la que se realiza la política en el país y también la manera en la que se toman las decisiones.

El presente trabajo es relevante porque no se queda con la solución obvia al problema de la cooptación burocrática por parte de agentes políticos; proponer el sistema de mérito en contraposición al sistema de *spoiled system* (sistema de botín político), sino que va más allá y analiza las causas del clientelismo, los aspectos sociales, políticos y normativos que favorecen a que sigan predominando estas dinámicas y cuestiona la materialidad de la constitución política; pero a su vez propone lineamientos que pueden ser tenidos en cuenta para mejorar la dinámica política, fortalecer la burocracia y volver a la naturaleza de los contratos de prestación de servicios, y de igual manera propone una fórmula constitucional que puede ser tomada en cuenta para caminar hacia la escucha ciudadana, y que pueda surgir un *"constitucionalismo democrático digno, orientado a hacer posible la conversación fraterna dentro del marco de una comunidad de iguales"* (Gargarella, 2021, p. 332)

Esta investigación es relevante para la comunidad jurídica ya que aborda temas de derecho constitucional y administrativo; pero también es de interés público ya que, si bien se abordan las temáticas desde una perspectiva socio-jurídica, la problemática estudiada interesa al público en general debido a que la política está inmersa e impacta a todos los ciudadanos, por su influencia en aspectos cruciales como la economía, la educación, la salud y la seguridad. Las decisiones políticas determinan el rumbo de la sociedad y afectan directamente las condiciones de vida y oportunidades y por esto es importante empezar a procurar por un empoderamiento político por parte de la ciudadanía para que así se deje de pensar que los temas políticos son de interés de pocos. De igual manera, tener una administración pública, imparcial, lejana a los vaivenes políticos y orientada al bien común va a favorecer a la comunidad.

Ahora bien, para la presente investigación se adoptó como metodología el método bibliográfico o documental. El modelo metodológico utilizado para la presente investigación fue escogido teniendo en cuenta lo establecido por (Taylor y Bogdan,1992) que mencionan que lo que define la metodología es tanto la manera cómo se enfocan los problemas como la forma en la que se buscan las respuestas a los mismos, es por lo anterior que la tesis se realizará con una metodología de investigación cualitativa, y partirá de la revisión documental, jurisprudencial y normativa.

En ese sentido, la investigación cualitativa documental según (Botero, 2003) "consiste en la captación por parte del investigador de datos aparentemente desconectados, con el fin de que a través del análisis crítico se construyan procesos coherentes de aprehensión del fenómeno y de abstracción discursiva del mismo, para así valorar o apreciar nuevas circunstancias". Así pues, de conformidad con lo establecido por (Guerrero y Guerrero, 2015) La investigación documental se fundamenta en el estudio de libros, monografías, videografías, entre otros; en ella la observación está presente en el análisis de datos, su identificación, selección y articulación con el objeto de estudio.

*Primer capítulo*

# El clientelismo político en Colombia

## Explorando su influencia en la estructura burocrática del país.

**Resumen:** El clientelismo puede ser entendido como el intercambio de favores con la finalidad de obtener beneficios, estas relaciones patronales están inmersas en todos los sistemas políticos, sin embargo, cuando se dan al margen de la institucionalidad es que se entienden nocivas, ya que se aprovechan de la pobreza, la falta de oportunidades, el desarraigo de los partidos políticos y la falta de legitimidad de las instituciones públicas para operar. Las relaciones de clientela en Colombia datan de las relaciones feudales de la época de la colonia y siguen presentes en la actualidad, sobreviviendo a los cambios normativos y constitucionales. El clientelismo ha tenido aspectos positivos; como el efecto pacificador en la época de la Violencia, por lo tanto, se pretende estudiar si es un fenómeno nocivo para la democracia y las instituciones públicas o si por el contrario así funciona la representación política en Colombia. El clientelismo no solo tiene afectaciones a nivel electoral sino también en la burocracia colombiana ya que existe una amplia discrecionalidad a la hora de otorgar cargos y contratos en las entidades públicas, y de esta manera el clientelismo realiza una cooptación de la burocracia. Este trabajo tiene como objetivo caracterizar los conceptos de clientelismo y burocracia, utilizará una metodología cualitativa, con método concreto bibliográfico, con enfoque analítico, crítico y hermenéutico, para analizar la principal doctrina nacional acerca del clientelismo en Colombia, y doctrina nacional e internacional sobre el concepto de burocracia, de igual manera se analizarán datos estadísticos acerca de la percepción de corrupción en Colombia e índices de desigualdad, para así lograr concluir que el clientelismo es un fenómeno vigente en Colombia que se nutre de la pobreza de los ciudadanos y las debilidades institucionales, de igual manera se pretende demostrar que estas relaciones sobrevivieron al cambio constitucional ya que existe una constitución material con relaciones políticas propias del siglo XX, y que existe una debilidad en el Estado social y democrático de derecho en Colombia.

**Palabras claves:** clientelismo, burocracia, sistema político.

**Las conclusiones que espero obtener:** la conclusión que espero obtener de este trabajo es que el clientelismo es un fenómeno que ha estado enquistado en el sistema político colombiano desde hace varios años. Que si bien en un principio sirvió para mitigar la violencia generada por el bipartidismo; en la actualidad son más sus efectos negativos. Lo anterior teniendo en cuenta que este tipo de fenómenos debilitan la democracia colombiana y deterioran la burocracia, toda vez que generan una subordinación de la misma ante intereses particulares. Aunado a lo anterior existe una debilidad burocrática en el sistema colombiano si se compara con el ideal burocrático de Max Weber toda vez que existe una amplia discrecionalidad en varios cargos de la administración pública y proliferan maneras de trabajo con el Estado diferentes a la carrera administrativa, que es según la constitución, la manera en la que se deberían proveer los cargos estatales. La anterior situación que debilita la democracia, teniendo en cuenta que los ciudadanos participan del sistema electoral mientras se les asegure algún tipo de beneficio a cambio de la acción de sufragar, y estos beneficios se traducen en ocupar cargos u obtener contratos estatales. Producto de esta situación se ve debilitada la burocracia, teniendo en cuenta que a través de nombramientos y contratos públicos se sostienen las dinámicas clientelistas.

**Metodología:** la metodología que utilizaré para este capítulo es la cualitativa, ya que se realizará la revisión bibliográfica o documental, teniendo en cuenta que la pretensión de este trabajo es estudiar los conceptos de clientelismo y burocracia lo que implica un análisis de información en la doctrina nacional acerca del concepto de clientelismo y en la doctrina nacional e internacional sobre el concepto de burocracia. De igual manera la metodología empleada tiene un enfoque: analítico, crítico y hermenéutico, que busca describir, analizar, interpretar y criticar la información encontrada.

## Introducción

El clientelismo es un fenómeno que ha estado arraigado en la política colombiana desde las relaciones feudales de la época de la colonia. Alrededor de los años setenta el término comienza a emplearse ante la opinión pública para referirse a instrumentos que se utilizan para cautivar el electorado en detrimento de las necesidades públicas. Así mismo, el clientelismo empieza a acentuarse desde los años cincuenta, y sobrevive a la reforma constitucional de 1968; Ésta permitió de alguna manera superar la ingobernabilidad surgida del bipartidismo político, toda vez que permitió la ampliación de poderes, incluyendo al ejecutivo, y mantuvo la obligación de brindar participación en los nombramientos de la rama ejecutiva (que realiza el presidente), a la fuerza política mayoritaria distinta al partido del presidente electo. De igual manera, esta reforma fortaleció al clientelismo al otorgar al Congreso la facultad de fomentar las empresas útiles o benéficas dignas de estímulos (auxilios parlamentarios) y para ello disponer de cantidades determinadas del presupuesto nacional, lo cual derivó en un aumento del clientelismo a nivel regional.

Si bien la constitución de 1991 eliminó los auxilios parlamentarios, y avanzó hacia la competencia electoral multipartidista; en el país se siguen desarrollando relaciones de clientela propias del siglo XX, a pesar de que se haya estipulado de un modelo constituyente que pretende la consolidación del Estado Colombiano, desde la óptica del Estado Social y Democrático de Derecho. En este sentido, vale la pena preguntarse ¿Cuál es la razón o razones por las cuales el clientelismo sigue vigente en las relaciones políticas a pesar de los intentos por eliminarlo? Con el Frente Nacional se pasó de la época de la violencia, que tiñó con sangre las banderas de la Democracia y de las tendencias políticas del momento, a la reducción de la política al reparto clientelista de la burocracia, y con ello a la disminución de la participación en política y desconfianza en las instituciones públicas.

Esta apatía política se sostuvo en el país y se acrecentó con el conflicto armado interno debido al abandono estatal en varias regiones del país y creció como consecuencia de la desconfianza ciudadana en las instituciones y a que en muchas regiones de Colombia existían soberanías de los grupos al margen de la ley, que incluso llegaban a ser más visibles que la institucionalidad; derivando así en la consolidación del clientelismo armado, que permitió la llegada al poder de candidatos relacionados con grupos al margen de la Ley. Si bien la constitución de 1991 estableció un listado amplio de derechos sociales; fue a partir de esta que entró en vigor la apertura económica y el neoliberalismo que, si bien empezaba a implementarse en el país desde los años ochenta, con la consolidación de la apertura de mercado en la Constitución se terminó de afianzar, caracterizándose por una desregularización del trabajo y la desburocratización de la administración pública para la lograr la intervención mínima del Estado.

Para Max Weber en las autoridades burocráticas debe existir una repartición estable y reglada de las actividades relacionadas con el funcionamiento de la entidad. Donde la autoridad que da órdenes está regida por normas las cuales pueden ser consultadas por los funcionarios. Del mismo modo el cumplimiento de los deberes, así como el ejercicio de los derechos está basado en un sistema de normas, donde sólo pueden ser prestadores del servicio las personas calificadas para ello (sistema de mérito). Weber establece que debe existir un principio de jerarquización en las relaciones de subordinación, dónde sea posible para los ciudadanos apelar las decisiones de un funcionario de menor jerarquía ante uno de mayor jerarquía. El modelo weberiano concibe la administración pública y el servicio civil como un conjunto de normas que rigen el trabajo público, basado en el principio de mérito, estabilidad laboral, salarios fijos, jerarquización y garantías. Al seguir esta clase de reglas se busca separar a los políticos de la administración pública, y eliminar las prácticas de patronazgo para conseguir que las instituciones estatales sean manejadas por un servicio civil imparcial.

"Una autoridad burocrática, perdurable y pública, jurisdiccionalmente determinada, constituye normalmente una excepción y no una regla histórica" (Weber, 1977, p. 4). Colombia no ha sido la excepción a la regla, ya que su administración pública no funciona basada en estos preceptos weberianos. Hay que partir de la base que los colombianos no tienen confianza en las instituciones estatales ni en la democracia, esta circunstancia explica las cifras de abstencionismo en el país. Según las cifras de la Registraduría Nacional del Estado Civil, los comicios electorales del año 2022 tuvieron la menor abstención en 24 años, ya que votó el 58, 17 % de los ciudadanos habilitados, sin embargo, esta estadística abre el cuestionamiento acerca de la Democracia participativa en el Estado.

Esta falta de legitimidad y confianza que sienten los ciudadanos es una secuela del sistema clientelista que lleva anquilosado en la política colombiana, y que se nutre en muchos casos de la pobreza, la falta de oportunidades y el abandono estatal para operar. Así pues, vale la pena analizar si el clientelismo es culpa de los ciudadanos y las lógicas presentadas en épocas electorales tales como: la venta de votos, trasteo de votos entre otros, con el ánimo de obtener a cambio dinero o posteriores beneficios en caso de que resulte electo su candidato. O si por el contrario el clientelismo se aprovecha de las necesidades de los ciudadanos y la falta de confianza en las instituciones para seguir operando y de esta manera afectar la legitimidad política ya que los ciudadanos no se sienten representados por sus gobernantes y legisladores. Lo anterior también busca debilitar la administración pública a través de la cooptación de la burocracia y el acceso a cargos públicos a como dé lugar.

Este trabajo tiene como finalidad lograr una caracterización de las prácticas clientelistas en Colombia, analizando cuál es la razón por la que estas persisten en el país a pesar de los cambios constitucionales y el paso de los años, y cuáles son los factores que hacen que estas relaciones patronales sigan arraigadas a la política colombiana. De igual manera esta investigación pretende identificar el tópico Weberiano de burocracia y compararlo respecto de la función pública colombiana con el fin de establecer cuál es la manera ideal en la que debe funcionar la administración pública según Weber y determinar la incidencia de las prácticas clientelistas en la burocracia colombiana y como estas en la actualidad logran la cooptación de la burocracia en Colombia y cuál es su efecto.

## 1. EL CONCEPTO DEL CLIENTELISMO EN EL SISTEMA POLÍTICO COLOMBIANO A TRAVÉS DE SU HISTORIA

No es fácil definir de manera precisa el concepto de política. Duverger (1962, p. 7) establece que esta se refiere a dos órdenes de diferentes fenómenos; a) En el sentido etimológico, las instituciones políticas vendrían siendo las instituciones del Estado, instituciones de una comunidad humana determinada b) Se relaciona a la política como un fenómeno social fundamental que distingue los gobernantes de los gobernados, ya que en toda relación social hay personas que mandan y otras que obedecen y en este caso las instituciones políticas se refieren a los gobernantes y su autoridad. En ese sentido la política son relaciones de poder y gracias a esto su ejercicio se deslegitima cuando se cuelan intereses particulares y se utiliza el poder en beneficio de unos pocos.

Para André Hauriou el término *política* también es de difícil definición; establece que esta es la búsqueda de lo bueno para la sociedad, es el reconocimiento del hombre por el hombre en el marco de la sociedad y está vinculado al lugar que ocupa el hombre en esta, por lo tanto, la política es la búsqueda de lo que es "bueno" o "útil" para la comunidad, es la determinación del "bien común" (Hauriou, 1966, p. 17-18). No obstante, en Colombia la palabra *política* tiene un significante negativo para muchas personas. De acuerdo con el estudio desarrollado por monitor nacional (2021): se estima que los colombianos expresan bajos niveles de confianza frente a las instituciones y la democracia. El 86,7 % de los colombianos afirma que no está satisfecho con el funcionamiento de la democracia. Estos niveles también se traducen en lo que piensan sobre la política: casi 5 de cada 10 colombianos afirma que la política le inspira desconfianza. Lo anterior en parte gracias al clientelismo y corrupción imperante en el sistema que deslegitiman el ejercicio político.

## 1.1. Enfoques políticos, definición e historia del clientelismo en Colombia hasta el Frente Nacional

En este trabajo se pretende definir al clientelismo en Colombia a través de un recorrido histórico y teórico y su afectación en la burocracia. Para poder hablar de la historia del clientelismo en Colombia primero se deben establecer los diferentes enfoques políticos que existen para su análisis, los cuales se evidenciarán en la Tabla 1. Enfoques Políticos para analizar el Clientelismo.

En la siguiente tabla se presentan los supuestos teóricos con los que se ha analizado el clientelismo a través de los años ya que principalmente se analizaba desde un enfoque menos complejo y se entendía como una transacción entre dos individuos, sin embargo, con el paso del tiempo estos enfoques fueron cambiando y se empezó a analizar el clientelismo de una manera más amplia debido al arraigo de este fenómeno en el país.

**Tabla 1. Enfoques Políticos para analizar el Clientelismo**

| Enfoque funcionalista | Enfoque marxista | Enfoque estructural-funcionalista | Enfoque neo-institucionalista | Enfoque socio-antropológico o enfoque histórico-sociológico |
|---|---|---|---|---|
| Aplica de la biología que el organismo se adapta a su ambiente. Es entendida como una transacción libre e informal entre dos individuos. Es el enfoque más simple, ya que solo se refiere a la transacción entre dos personas: Una con más poder que otra, sin mirar las estructuras más complejas de poder (Guerrero, 2014) | Explicó el clientelismo a través de las relaciones de producción. traducido este en dar un poco de poder a quien carece del mismo. En este sentido los dueños de los medios de producción utilizaban a una clase desprotegida para sacar mayor beneficio. Así mismo, este enfoque definió al clientelismo como una manera de dominación toda vez que las relaciones que se derivan del mismo se dan siempre de manera vertical y nunca horizontal. (Guerrero, 2014) | Adopta del enfoque funcionalista los conceptos de la biología trasladados a las ciencias sociales, como es el concepto de la adaptabilidad. Ve a la sociedad como un sistema articulado por subsistemas. Posee una visión más amplia que trasciende más allá de la sola relación entre dos individuos. Así pues, define el clientelismo es el bastión del conjunto de relaciones sociales que definen como opera la política (sistema) a partir de las normas establecidas por el Estado (régimen). Este expresa la organización de sus relaciones en las instituciones administradas por sus gobiernos (Leal y Dávila, 1990). | Mayor importancia a los sistemas y las instituciones, analiza la cultura y las relaciones culturales y ve al individuo como el resultado de las instituciones (Hernández, 2015), sin embargo, a diferencia del institucionalismo, no considera que la evolución de la historia sea un proceso lineal de avance (Guerrero, 2014), de igual manera introduce tres conceptos más a la importancia de las instituciones; 1. Integra preceptos económicos, 2. Concede rol importante a las personas como actores de la sociedad. 3. El resultado del cumplimiento de las normas es el orden. | Los autores de este enfoque tienen prevalencia por demostrar sus aseveraciones y en detectar las causas de los fenómenos que estudia.<br>Supuestos: 1. Argumentación basada en hechos reales. 2. Fenómenos observables dan la posibilidad de crear tendencias. 3. Importancia de comparar las experiencias de comunidades similares. 4. Estudian más la comunidad que a los individuos. 5. El análisis de la historia para descubrir la razón de ser de las comunidades. (Losada y Casas, 2010) |

Nota de Tabla: Esta tabla muestra cómo se puede analizar el clientelismo desde los diferentes enfoques políticos.

Respecto al concepto de "clientelismo" se puede establecer que este es usado con regularidad en el argot popular; sin embargo, falta precisión acerca del significado de este concepto, toda vez que es utilizado con frecuencia para referirse a toda clase de fenómenos políticos. Desde el otorgamiento de cargos públicos a cambio de apoyo electoral hasta casos de corrupción. En primer lugar, hay que entender que las relaciones sociales se basan en el contractualismo, ya que es necesario el intercambio de bienes y servicios entre los ciudadanos; sin embargo, cuando estas relaciones se dan al margen de la institucionalidad empieza a aparecer la noción de clientelismo.

En su obra "El político y el científico" Max Weber menciona que, en el pasado, las remuneraciones con las que los príncipes, conquistadores o jefes de partidos, premiaban a sus seguidores fueron los feudos, donaciones de tierras y prebendas de toda clase, y posteriormente con la entrada de la economía monetaria, las gratificaciones especiales. Menciona que, en el presente, los jefes de partido ofrecen como pago de servicios leales a los cargos de todo género en el partido, periódicos, hermandades, cajas de seguro social y en los organismos estatales. Menciona (Weber, 1967, p. 100) que "*Toda lucha entre partidos persigue no sólo un fin objetivo, sino también y ante todo el control sobre la distribución de los cargos*".

El término clientelismo, tiene su génesis en las relaciones feudales de la época de la colonia (García, 2000)[2], para ese entonces se pensaba como un fenómeno propio de las regiones periféricas en etapa precapitalista (Duarte, 2003)[3] en las cuales se visibilizaba de manera eventual, desapareciendo en los periodos de crecimiento económico, (enfoque funcionalista). Sin embargo, estas relaciones no desaparecían, sino que por el contrario se iban fortaleciendo hasta el punto de que dichas dinámicas se trasladaron también a las ciudades. Las relaciones primitivas de clientela pueden ser definidas como las relaciones entre una persona con mayor estatus económico y social (patrón) y personas con menor estatus económico y social (cliente), (Roll, 2002). Por otro lado, según (Leal y Dávila, 1990) el Frente Nacional fue el cambio político más importante de Colombia en el siglo XX, en este contexto el clientelismo jugó un papel fundamental en la política.

El Frente Nacional surge después de que Rojas Pinilla renunciara bajo presión a la presidencia de la República el 10 de mayo de 1957, fecha donde anunció que renunciaba al poder y saldría del país, y nombró para su reemplazo a una junta de cinco generales. Los liberales y conservadores se aliaron para enfrentar a los dictadores y presidentes que intentaron fundar el poder

---

2 Mauricio García Villegas, "*Estado, derecho y crisis en Colombia*" p. 14.

3 Jesús Duarte, "*Educación pública y clientelismo en Colombia*". p. 19.

en el ejército, por eso una vez derrocado Rojas Pinillas, los liberales encabezados por Alberto Lleras y los conservadores por Laureno Gómez, firmaron el Pacto de Sitges en dónde acordaban que habría 12 años (luego el Congreso lo aumentaría a 16) de gobierno conjunto con paridad en los ministerios, organismos electos y la burocracia, para validar este sistema la Junta Militar lo sometió a plebiscito y en diciembre de 1957 con la participación electoral más alta de todo el siglo XX con 96,4 % los ciudadanos (incluyendo a las mujeres con derecho al voto desde 1954) aprobaron la coalición conocida como Frente Nacional (Melo, 2020, p. 235-237)

Para entender mejor el Frente Nacional, que surge después de la "*República Liberal*"[4] hay que remontarnos a la época de la Violencia[5], en esta época liberales y conservadores[6] se mataban al estilo de "Cóndores no entierran todos los días"[7]. (Henderson, 1985) argumenta que los ciudadanos defendían sus intereses e ideales en términos de partidos políticos por lo que las ideologías adquirían tanta importancia que merecían ser defendidas a muerte. Un

---

4 Renán Silva establece la república liberal (1930-1946) hace referencia a los gobiernos liberales de partido de la primera mitad del siglo XX en Colombia y que esta denominación fue un rótulo utilizado por la historiografía nacional que fue creado por los propios actores del proceso para denominar su proyecto que intentaron diferenciar del gobierno de los conservadores y por ello fue el intento más importante del siglo XX de organización de un sistema estable de instituciones culturales que incluían libros, cines, escuelas ambulante cine y radio, en lo que viene siendo un primer esfuerzo por democratizar el acceso a los bienes culturales del país, tanto así que se creó la radiodifusora nacional de Colombia.

5 (Melo, 2020, p. 220-222) Menciona que desde finales de 1947 se presentaban choques armados en zonas sobre todo rurales donde morían liberales, lo anterior hacía evidente que en varias regiones los jefes conservadores locales, a veces con la complicidad de las autoridades, promovían ataques a los liberales para amedrentarlos. En 1949 siguieron los actos de violencia con las quemas de algunos pueblos liberales a veces con el apoyo o tolerancia de los gobiernos regionales y a pesar de tener gobernantes liberales, y por ello en algunos lugares los liberales empezaron a proponer la formación de guerrillas y a finales de 1949 se empezaron a armar grupos en los Llanos, Antioquia y el Tolima. El problema eran las elecciones ya que el conservador Laureano Gómez denunció que los liberales tenían 1.800.000 cédulas falsas que les permitían votar varias veces y ganar las elecciones de 1950 y gracias a ellos autoridades conservadoras retenían a los liberales para confiscarles las cédulas, lo cuál provocaba respuestas violentas. De igual manera los conservadores asociaban a los liberales con el comunismo.

6 (Tirado, 1978, p. 25) Establece como inicios de los partidos liberal y conservador a mediados del siglo XIX, como fechas de referencia están el año 1848 para el programa liberal que proyecta Ezequiel Rojas y 1849 el programa conservador redactado por Mariano Ospina Rodríguez y José Eusebio Caro.

7 Novela de Gustavo Álvarez Gardeazábal, que tuvo una adaptación cinematográfica del mismo nombre dirigida por Francisco Norden.

acuerdo entre liberales y conservadores marcó el fin de la época de la Violencia, los partidos políticos hicieron una tregua y empezaron a tener relevancia y suplieron al Estado Colombiano, principalmente en las regiones[8], dando así inicio al clientelismo moderno. Con este acuerdo entre partidos surge la alternancia del poder y empezó la repartición burocrática, por lo que se podría decir que el clientelismo tuvo un efecto pacificador[9] durante el Frente Nacional y fue útil para volver a la democracia[10] después de la dictadura, pero tuvo como consecuencia la deslegitimación de los partidos políticos y la exclusión de los sectores sociales que no participaban en la repartición de poder. Esto debido a que los partidos no tenían una ideología sólida ni programas de gobierno y solo repartían los cargos burocráticos a sus "clientes".

---

8 (Leal y Dávila, 1990, p. 27) *"El bipartidismo, y en buena medida la Iglesia, asumieron el papel estatal de integración política. Fueron el sustituto de un Estado prácticamente inexistente y, como tal, la base estructural de implementación de la nueva Constitución a través del primer régimen político que adquiría estabilidad."* Leal y Dávila también relatan como existían *"jefes naturales"* en las regiones, que mantenían la disciplina, que debido a la actitud servil del pueblo los convertían en autoridades supremas, *"Sobre la base de esta organización autoritaria se ideó la modalidad de la otrora famosa "fila india" para la nominación presidencial de los jefes naturales que, por tradición de clase social en una sociedad de marcados privilegios, se sentían ungidos con el derecho de regir los destinos políticos del país." p. 28* (Guerrero, 2014, p. 68) *"El Estado colombiano no tenía presencia, ni control, sobre la totalidad de su territorio, los partidos se encargaron de crear identidades más allá de las locales o regionales e integrar las clases populares a la vida política nacional, a través de las clientelas."*

9 Si bien es cierto el clientelismo del Frente Nacional tuvo un efecto pacificar respecto a la Violencia provocada por el bipartidismo, también hay que tener en cuenta que fue durante este periodo que se empezaron a formar las guerrillas. Según (García y Revelo, 2009, p. 33) "El Frente Nacional no había logrado aún "pacificar" el país cuando, en la década de los sesenta, en nombre del pueblo y del materialismo histórico se levantaron tres movimientos guerrilleros contra el Estado: El Ejército de Liberación Nacional (ELN) orientado por la línea ideológica cubana; las FARC, fundadas en una especie de agrarismo comunista, y el Ejército Popular de Liberación (EPL), de conformación esencialmente campesina. A estos movimientos guerrilleros se sumó, en 1974, el grupo subversivo M-19 originado en el aparente fraude electoral de 1970 contra el general Rojas Pinilla"

10 (Araújo, 1999, p. 3) define a la democracia como el poder del pueblo, el gobierno del pueblo, en que el titular del poder político es el gobernado y no el gobernante, pues este último ejerce el poder por la delegación que le confiere el gobernado.

## 1.2. El modelo Constitucional en Colombia durante el auge del bipartidismo y el Frente Nacional

El Frente Nacional (7 de agosto de 1958 – 7 de agosto de 1974) marcó un hito respecto a la historia del clientelismo en Colombia, Según Daniel Pécaut (1987), "este habría representado la confiscación del poder por parte de las élites tradicionales, la pérdida de representatividad de los dos partidos políticos y la prohibición de toda oposición legal, la substitución de la participación democrática por la dominación clientelista, el recurso permanente el Estado de Sitio, etc. Algunos comentaristas van aún más lejos. Sugieren que el Frente Nacional no había sido otra cosa que el disfraz de un estado autoritario comparable a aquellos implantados en los estados vecinos o el paraguas al abrigo del cual las Fuerzas Armadas se habrían apoderado a partir de 1960 de más y más posiciones de poder" (Pécaut, 1987, p.12). No obstante, el Frente Nacional tenía una condición civilista en comparación con países con dictaduras militares, en ese sentido después de lograr el derrocamiento de Rojas Pinilla, se logra convencer a la opinión pública de la ineptitud de las Fuerzas Armadas para ejercer el poder.

Podríamos definir que estas relacionales patronales encajan en la definición del enfoque funcional ya que estaban ligadas a las condiciones de atraso, pobreza y debilidad institucional[11] debido a que el país estaba en una época de precapitalismo[12]. Es por esto por lo que se debe analizar el contexto histórico de la época, el modelo constitucional existente, así como las características de ese clientelismo. (Roll, 2002) citando a Eduardo Díaz: indica que las principales características del viejo clientelismo son *"El predominio de la lealtad personal no interesada, el carácter hereditario y vitalicio de la filiación res-*

---

11 (Duverger, 1962, p. 13-15) Explica que el conjunto de instituciones políticas que funcionan en un país determinado y en un momento determinado, constituyen el "régimen político". En la base de todo régimen político se encuentra la autoridad y el poder y la distinción entre gobernantes y gobernados, a su vez, todo régimen político aparece como un conjunto de respuestas a cuatro problemas principales: 1) Problemas de la autoridad de los gobernantes y de la obediencia de los ciudadanos. 2) Los problemas relativos a la elección de los gobernantes. 3) Los problemas relativos a la estructura de los gobernantes, hay varios órganos gobernantes. 4) La limitación de los gobernantes, cuál es el límite de la intervención de estos. En ese sentido si empieza a existir debilidad en las instituciones empieza a tambalear todo el régimen político.

12 (Leal y Dávila, 1990, p. 28) Argumentan que el siglo XX trajo más estabilidad en la formación de las estructuras políticas debido a la ausencia de guerra y ejercicio militar, y que la ideología de pertenencia al partido liberal o conservador sustentaba el "Estado endeble". De igual manera, argumentan que por los factores de atraso y debilidad institucional es que no se materializaba un organigrama en concreto, sino que los partidos operaban confundiendo actividades públicas y privadas.

*pectiva y la configuración regional de la adscripción partidistas"*[13]. Roll expresa que las regiones eran conocidas como liberales o conservadoras, la lealtad se refiriere a que las contraprestaciones eran de tipo emocional y el carácter hereditario se refiere no solo a que heredan la condición de liberal o conservador sino incluso también la jerarquía, de esa manera los "*jefes naturales*" y sus familias eran una especie de "*semidioses*".

El clientelismo operó debido a una falta de consolidación del Estado de Derecho en Colombia en el siglo XX, ya que los partidos no se ceñían a las normas y existía una debilitad institucional producto de las guerras y la violencia que han marcado la historia colombiana, el Estado se ha mantenido en un "estado de mera naturaleza"[14] Hobbesiano. García (2000, p. 11) plantea: "Este Estado de naturaleza que proviene del "nada resulta injusto" muestra la incapacidad del Estado para proteger los derechos, pero no es un fenómeno que ocurre solo en Colombia, sino que es propio de toda Latinoamérica. El clientelismo ha operado de tal manera que, en término de Hobbes, existe una *pleuresía,* es decir, el tesoro público fluye más allá de lo debido y se concentra en manos de uno o pocos particulares mediante monopolios o recaudación de rentas públicas"[15].

La historia del constitucionalismo en Colombia ha pasado por varias etapas[16] y en todas ellas, los contextos y conflictos sociales, las diferencias entre las regiones y las diferencias culturales se ignoraron con la finalidad de obtener una imagen consolidada de país, esto bajo el liderazgo de una herencia política redundante que se ha encontrado siempre bajo una posición hegemónica. Lo anterior tiene sustento en las palabras de Valencia (1987) el cual plantea: "los históricos del constitucionalismo colombiano comparten la idea de que la Constitución ha sido utilizada como instrumento de orden por parte de los gobiernos y partidos políticos, lo que deriva en que el constitucionalismo tradicional esté "*destinado a generar una actitud de solidaridad y apoyo hacia las clases dominantes y sus partidos gobernantes*". (p. 36-37). Esto tiene una relación estrecha con el fenómeno del clientelismo, toda vez que la perma-

---

13 Díaz Uribe, Clientelismo en Colombia, ob. cit., p. 50. En Roll, Rojo Pálido Azul Difuso, p. 65.

14 El Estado de mera naturaleza es un Estado de guerra de todos contra todos donde no existe la obligación para el cumplimiento de los pactos, en este Estado no existen poderes y todos son "iguales y jueces de la rectitud de sus propios temores" (Hobbes, 1980, p. 112).

15 (Hobbes, 1980, p. 272).

16 Hernando Valencia Villa, en *Cartas de Batalla* señala las siguientes cinco etapas: "*a) la guerra de independencia contra España (1810-1819); b) la República de Colombia, más conocida como la Gran Colombia (1819-1830); c) la República de la Nueva Granada (1830-1858); d) el período federal o federalista (1858- 1886); y e) la República de Colombia (1886-1887)*".

nencia continúa en el poder de ciertas castas políticas se da a fin de cuentas como resultado de las acciones de la clase política dominante por permanecer en el poder, incluso se habla de familias hegemónicas y delfines políticos[17], estas acciones se ven traducidas también en reformas constitucionales, según (Valencia, 1987, p. 149) fueron sesenta y siete actos o instrumentos equivalentes expedidos entre 1894 y 1986 que tenían como finalidad introducir reformas importantes a la Constitución.

Por otro lado, la Constitución Política de 1886 es una constitución propia del Estado Liberal[18], por lo tanto, no prevé acciones positivas para garantizar los derechos económicos, sociales y culturales y la participación ciudadana, no está encaminada en disminuir las desigualdades sociales. Además del Frente Nacional, otro hecho importante que incentivó el clientelismo fue la reforma constitucional del año 1968 que terminó por fortalecer este fenómeno a través de la creación de los auxilios parlamentarios: Los cuales consistían en atribuciones dadas a los congresistas para disponer del presupuesto nacional y adelantar obras en las regiones, lo cual se tergiversó y el presupuesto nacional terminó financiando el clientelismo en las regiones. El modelo constitucional antiguo no procura medidas exactas para combatir las situaciones de pobreza, desigualdad y falta de oportunidades; situaciones propias de los países que sufrieron colonización y cuyas democracias están en proceso de desarrollo. Cabe recalcar que esta situación ha sido el caldo de cultivo para que la clase política dominante pudiera aprovecharse a través de prácticas clientelistas de los ciudadanos del común, bajo la bandera de llevar esperanza y obtener a cambio beneficios que permitan ayudarlos a superar las brechas sociales[19].

---

17 Hace referencia al poder político heredado de los padres a los hijos, su origen se remonta al año 1349 cuando el conde Humberto II, miembro de una familia conocida como "los delfines de Viena", le entregó toda su tierra al rey Felipe VI de Francia para que los hijos del monarca y sucesores al trono llevaran siempre ese nombre. En la época del bipartidismo se podía observar este fenómeno cuando los "jefes naturales" heredaban sus cargos políticos a sus hijos, incluso en la actualidad se puede observar como hijos de políticos reconocidos en el país tienen aspiraciones electorales basándose en las ideas de sus antecesores.

18 Las constituciones de los Estados liberales se enfocaban en garantizar la protección de la libertad individual y la propiedad privada, según (García, 1996, p. 55) "Los valores básicos a los que debía servir el Estado de Derecho liberal burgués, a través de su orden jurídico, eran los derechos individuales y, más específicamente, la libertad individual, la igualdad, la propiedad privada, la seguridad jurídica y la participación de los ciudadanos en la formación de la voluntad estatal". (Villegas & Revelo Rebolledo, Estado alterado Clientelismo, mafias y debilidad institucional en Colombia, 2010).

19 En su libro, "Educación pública y clientelismo en Colombia" Jesús Suárez cita que Judith Chubb en su estudio sobre la política en el sur de Italia, señala qué, *"otra condición del clientelismo: la escasez de los recursos básicos. Afirma que la esencia del cliente-*

## 1.3. Tipologías y clases de clientelismo a lo largo de su historia en el sistema político colombiano

No existe una teoría única acerca del clientelismo, ni un modelo específico del fenómeno para el caso colombiano ya que este ha mutado con los años; Sin embargo, existen sendos estudios que permiten definir cuáles han sido las formas de hacer clientelismo en Colombia y como han cambiado con el paso de la historia[20]. Se parte de la base que este fenómeno: "Difiere de otras relaciones sociales; se diferencia de la esclavitud porque en esta hay coacción física y se diferencia de los modelos de herencias porque estos tienen los vínculos asegurados mientras en el clientelismo hay disputa por ellos, sin embargo, las relaciones clientelistas no son relaciones que se puedan equiparar per sé con la corrupción[21] ya que no van en contra del sistema normativo sino que más bien son una manera poco ortodoxa de distribución de los recursos, sin embargo de acuerdo con García y Revelo (2010, p. 23) "Existe una relación inversa entre clientelismo y ley: a mayor importancia de aquel en la determinación de los comportamientos ciudadanos y de los funcionarios públicos, menor el peso de esta y viceversa".

Para continuar con el estudio de las dinámicas clientelistas hay que definir primero sus diferentes tipologías que corresponden a diferentes épocas históricas, así:

El clientelismo ha formado parte fundamental del sistema político y económico de Colombia desde épocas remotas y es por esto que ha tenido diversos cambios con el paso del tiempo en los que se ha adaptado a los cambios sociales; en la siguiente tabla se muestran las tres tipologías de clientelismo que ha tenido el país desde la época de la colonia y las relaciones feudales

---

*lismo "radica menos en la distribución de la abundancia, que en la hábil manipulación de la escasez." Los lazos entre patronos y clientes no dependen del flujo continuo de beneficios, "sino más bien de mantener las expectativas de recompensa en un cierto número de personas con la mínima compensación en beneficios concretos".*

20 (Duarte, 2003, p. 24) *"En las sociedades contemporáneas las relaciones clientelistas son dinámicas principalmente por dos razones: Primero, hay una fuerte competencia entre patronos e intermediarios por el control de los recursos y los mercados. Segundo, el clientelismo se construye o apoya en las tensiones existentes entre, por un lado, las premisas universalistas (o semi-universalistas) para la distribución de los bienes públicos y el libre acceso potencial a los mercados y centros de poder establecidos en las normas de la mayoría de las sociedades contemporáneas, y por otro, los continuos intentos de sortear esas potencialidades y de limitar el libre acceso a mercados y centros de poder por patronos e intermediarios que controlan dichos accesos, creando monopolios de hecho".*

21 (Duarte, 2003, p. 24) El autor considera que es fácil equiparar al clientelismo con la corrupción porque son maneras de distribución de recursos, sin embargo, a diferencia de la corrupción el clientelismo no va necesariamente en contra del sistema normativo establecido, por lo tanto, la sanción no puede de tipo jurídico sino más bien de tipo moral.

hasta la actualidad con un modelo constituyente diferente, pero que aun así no impide que el clientelismo utilice la elección popular y los mecanismos de participación ciudadana para operar:

**Tabla 2. Tipología de clientelismo en Colombia**

| Tipologías de clientelismo en Colombia | | |
|---|---|---|
| **Clientelismo tradicional** | **Clientelismo moderno** | **Clientelismo de mercado** |
| Siglo XIX y parte del siglo XX: El clientelismo tiene como fuente la encomienda (Guerrero, 2014, p. 48), esta institución colonial en la que el rey le otorgaba a un conquistador para retribuir sus servicios, a un indígena que trabajara para él a cambio de ser instruido en la doctrina cristiana (Gamboa, 2004, p. 752) es antecedente de la figura de la hacienda, donde había intercambios entre patrón y cliente y en la que el Estado no ocupaba un papel central. | Segunda mitad del siglo XX: El Estado y la burocracia empiezan a cobrar un papel más importante, la hacienda se traslada a los políticos, y los hacendados conforman los partidos tradicionales. Fue el clientelismo que se vivió en el Frente Nacional, el cambio del modelo económico y el tránsito de la sociedad agrícola a la sociedad industrializada contribuyeron a este cambio, (Guerrero, 2014) se transformaron las relaciones patronales por relaciones laborales, los partidos hicieron esfuerzos por mantenerse en el poder por lo tanto el voto se convirtió en objeto de intercambio. Según Roll, esto cambió a los "jefes naturales" que eran terratenientes, por intermediarios que provienen de sectores populares, en este clientelismo empezó a existir una vinculación con el aparato burocrático. | Después de la Constitución de 1991: El clientelismo de mercado se caracteriza por tener a los políticos como protagonistas y valerse de la existencia de nuevas reformas institucionales tales como la descentralización, la elección popular y los mecanismos de participación para conseguir recursos, muchas veces de tipo ilegal, este clientelismo tiene carácter local y distribuye los recursos en las regiones bajo la intermediación de políticos ligados a instituciones nacionales como el Congreso. (García y Revelo, 2010, p. 25) |

Nota de tabla: Esta tabla muestra los tipos de Clientelismo dados en Colombia a través de la historia.

Como lo vimos en la tabla anterior; el clientelismo ha sido parte fundamental de las relaciones sociales del país desde que estaba colonizado. Según (García y Revelo, 2009, p. 24) Colombia ha tenido una larga historia de debilidad institucional en sus territorios y esta problemática viene desde la época de la colonia pero por varias razones, entre ellas el control que ejercía la iglesia en lo rural, esta problemática se empezó a notar más desde la independencia ya que una vez fuera los españoles el Estado intentó llegar a los territorios a *través de intermediarios políticos sobre todo curas, caciques políticos y gamonales,* que formaron redes clientelistas que servían para intermediar entre el poder central y los diversos territorios, y esto fue evolucionando debido a que la falta de oportunidades económicas y de movilidad de social fruto de lo jerarquizado de la sociedad, volvían la actividad política en la manera de ascender socialmente o escapar de la pobreza.

El clientelismo ha mutado a través de la historia, lo cual indica según García y Revelo (2010, p. 23) es más que un fenómeno político, sino que es un fenómeno cultural y de la forma en la que se concibe la democracia, además de ello, ha estado ligado a los conflictos sociales y armados existentes en el país, es por esto que ha estado relacionado con el narcotráfico[22], paramilitarismo y grupos guerrilleros dando lugar al *clientelismo armado*[23]*;* un intercambio entre políticos pero además bajo la influencia de las armas que impone un sistema informal de justicia mafiosa, que genera no solo efectos negativos en los comicios electorales sino que también generan una captura[24] del Estado Colombiano,

---

22 Al respecto (García y Revelo, 2010, p. 65-67) señalan: "(...) el narcotráfico está soportado por un tipo de sociabilidad, de prácticas sociales, que son muy cercanas a la sociabilidad clientelista" (...) "El narcotráfico está socialmente montado sobre las relaciones clientelistas propias de una sociedad rural".

23 Según (Ávila y Velasco, 2012, p. 384) indican que las FARC pasaron del saboteo al clientelismo armado, en lugar de boicotear de manera violenta las elecciones empezó a "dejar-hacer" y permitió a políticos la búsqueda geográfica de votos, esto se debió a: *"el repliegue estratégico al que lo obligó la Fuerza Pública por medio de la implementación de la "Política de Seguridad Democrática"; la inexistencia de un "enemigo común", como los paramilitares, de los cuales ellos percibían como un foco de corrupción y fuerte entroncamiento con las élites regionales, y la necesidad observada de mitigar los efectos psicológicos de desprestigio público que les ha acarreado la estrategia comunicativa del gobierno y su alejamiento de las bases sociales campesinas".*

24 (Garay, 2008, p. 15) Define a la captura del Estado como "La Captura del Estado (CdE), se ha concebido usualmente como una forma de corrupción a gran escala que debilita la estructura económica de un país porque distorsiona la formulación de leyes, normas, decretos, reglas y regulaciones. Cuando la formulación de leyes y regulaciones tiene el propósito de favorecer intereses que contradicen el bienestar general, se generan fuertes distorsiones culturales, sociales y económicas". Así mismo Garay adopta la definición de Captura del banco mundial "la acción de individuos, grupos o firmas, en el sector público y privado, que influyen en la formación de leyes, regulaciones, decretos y otras políticas del gobierno, para su propio beneficio como resultado de provisiones ilícitas y no transparentes de beneficios privados otorgados a funcionarios públicos" y la diferencia de la corrupción administrativa en el sentido

toda vez que las mafias buscan poder en las instituciones, lo que conlleva a una figura del clientelismo más poderoso y perjudicial, pues permite la injerencia en las instituciones de intereses privados, y por demás ilegales, que persiguen tanto un beneficio económico como reducir el riesgo de exposición penal[25]. La captura proviene de agentes legales o ilegales que ponen el Estado a su servicio generando una reconfiguración cooptada del Estado[26].

A lo largo de su historia, Colombia ha pasado por varios periodos de guerras y conflictos, sin embargo

> Colombia es uno de los pocos países de América Latina en que el régimen político ha conservado de manera casi permanente durante este siglo, el carácter de una democracia civil. Y es también el país en que la violencia está más explícitamente presente, tanto en las relaciones sociales y políticas como en su representación" (Pécaut, 2001, p. 26).

De igual manera (García y Revelo, 2009, p. 17) mencionan que en Colombia se combinan "una extraordinaria estabilidad institucional y democrática" con una "violencia casi endémica, una gran debilidad de los movimientos sociales y una marcada desigualdad social". En ese sentido si bien ha existido una democracia estable en Colombia, a excepción del periodo de la dictadura militar de Rojas Pinilla (1953-1958), las élites políticas y económicas planearon la recuperación del poder por medio de la alternancia de gobierno que plantea el Frente Nacional derivando así en un modelo político autocrático ya que no permitía la participación de otros sectores políticos.

La política además de acción es discurso (Arendt, 1997, pg 67), para María Teresa Uribe, "*en Colombia la violencia y la guerra no son mudas, sino que tienen palabras, relatos, y discursos y a su vez la política tiene en las armas y la sangre derramada un recurso para su ejercicio. Lo más significativo es que ambas parecen coexistir sin excluirse*" (Uribe, 2003, p. 15). Uribe compara la democracia colombiana con la de sus vecinos en América Latina que comparten rasgos socio-históricos, culturales y económicos similares, concluyendo que

---

que la captura distorsiona las primera etapas de desarrollo legislativo o normativo, mientras que la segunda, reproduce distorsiones en las etapas de implementación y ejecución de leyes ya instauradas institucionalmente.

25 (Garay, 2008).

26 (Garay, 2008, p. 96) "la acción de organizaciones por lo general ilegales —excepcionalmente legales— que mediante prácticas ilegítimas buscan modificar, desde adentro, el régimen político de manera sistemática e influir en la formación, modificación, interpretación y aplicación de las reglas de juego y de las políticas públicas, para obtener beneficios sostenibles y lograr que sus intereses sean validados política y legalmente, y legitimados socialmente en el largo plazo, aunque estos no obedezcan al interés rector del bienestar social".

la inestabilidad política en esos países han derivado en rupturas abruptas de la institucionalidad democrática y en la adopción de regímenes que van desde las dictaduras caudillistas hasta la instauración de gobiernos populistas; sin embargo, Colombia tiene una sólida estabilidad institucional en la que permanecen los gobiernos sin mayores interrupciones. No obstante, que Colombia tenga una democracia estable, no la exime de ser un país violento y con uno de los conflictos armados más longevos, donde la democracia a su vez no ofrece a los electores mayores garantías ni libertad de elección debido a la persistencia de factores como: el clientelismo, la coacción y el fraude.

Además del clientelismo armado, la relación de la violencia con la política ha sido innegable, se podría establecer que la historia política colombiana ha estado marcada por la violencia, por un lado, la extrema derecha impuso terror con el paramilitarismo, y por el otro; varios grupos armados con ideales de izquierda. Muestra de la relación violencia con la política se encuentra el exterminio de la Unión Patriótica[27], catalogado como un genocidio político, y que evidencia una persecución política a grupos con ideales de izquierda; así mismo, los dirigentes campesinos o defensores de derechos humanos también fueron hostigados durante los años ochenta, respecto a lo anterior Pécaut (1987, p. 411) afirma: "*desde hace algún tiempo, los atentados y las amenazas no se dirigen solamente a los militantes de la extrema izquierda, Afectan también a personalidades y sectores que denuncian los hechos anteriores o que, simplemente, piden el respeto a los derechos humanos y las libertades políticas*".

La violencia además de sus consecuencias fatales sobre la sociedad también tuvo repercusiones sobre la soberanía, ya que en términos de (Uribe, 1998, p. 19) los estados de guerra se mantuvieron por tiempo indefinido y esto derivó en que se configuraran "*órdenes alternativos de facto*" ya que el orden público confluye a veces de manera complementaria o de manera conflictiva, con órdenes de facto de izquierda o de derecha, también con pretensiones soberanas que terminaban desarrollando la política de manera no convencional, usando la fuerza, trazando fronteras invisibles para delimitar sus territorios y tomaban decisiones soberanas como desplazar a la población e impartir obediencia entre los pobladores; por esto no se puede separar la política de la guerra. Uribe (2003, p. 14) trae a colación la frase de Clausewitz

---

[27] Con el Lanzamiento del documental "*Unión Patriótica desde las cenizas*" la Comisión de la Verdad y la Jurisdicción Especial para la Paz (JEP) publicaron las cifras sobre el caso 06 de la JEP denominado: "Victimización de miembros de la UP", el cual fue abierto en febrero del 2019. El magistrado Gustavo Salazar, a cargo del caso aseguró que las víctimas son mayores a lo anteriormente reportado y ascienden al menos 8.300 víctimas de la UP, de las cuales 5.733 fueron desaparecidas o asesinadas y el resto fueron víctimas de otras formas de violencia como tortura, abuso sexual y exilio.

que reza de la siguiente manera: "La guerra es la continuación de la política por otros medios", así mismo Uribe establece que según Foucault detrás de los órdenes institucionales y democráticos está al acecho la guerra y esto es lo que les da su sentido y significación.

Adicional a lo anterior, la falta de soberanía estatal permitió que la soberanía recayera en los partidos políticos clientelistas ya que según (García y Revelo, 2009, p. 26) la debilidad estatal y la proliferación de los partidos políticos determinaron la participación política de las clases subordinadas, ya que la población más pobre solo tenía como mecanismo para participar del poder político los partidos y sus métodos clientelistas, o la guerra. Esta situación tuvo una doble función ya que por un lado incorporaba a los pobres rurales en la política pero también servía para controlarlos, es así que se fue creando una Estado clientelista por medio de las relaciones entre la población y estos intermediarios, por lo tanto *"en buena parte del territorio nacional ha habido no sólo más individuos que sociedad, más territorio que nación, más partidos políticos que democracia, sino también más partidos, individuos y territorio que Estado, o por lo menos que Estado eficaz y capaz"* (p. 26) Es por lo anterior, que el clientelismo también puede entenderse como una forma de representación por medio de intermediarios que puedan expresar las necesidades a los partidos políticos y a su vez es visto como una manera de movilidad social y la oportunidad de acceder a contactos que puedan ayudar a mejorar la condición social.

Además del problema del control sobre el territorio para (García y Revelo, 2009, p. 27-29) el otro rasgo estructural del sistema político colombiano es el carácter hiperpolitizado del debate público, este rasgo alcanzó su máximo punto en la época de la Violencia ya que los partidos se encaminaron en una lucha de ideas que acabó sumergiendo al país en una guerra civil, esta circunstancia a su vez relación con la debilidad de los movimientos sociales ya que estos eran cooptados por los dos principales partidos políticos. Por lo anterior, es apenas normal que como mencionan (García y Revelo, 2009) Colombia tenga una crisis de representación que se traduce como un desarraigo social de lo político ya que durante mucho tiempo las afiliaciones y las clientelas se han construido con los partidos políticos lo que genera que se entreguen, a su manera, a una hiperpolitización y se preocupen poco por las demandas sociales de la población.

### 1.4. La rama ejecutiva en Colombia: ¿Democracia o autoritarismo presidencialista?

El presidencialismo describe el fenómeno de la acumulación de poder en el ejecutivo en perjuicio de las demás ramas del poder público, es un poder excesivo del presidente que deriva en que las principales decisiones son influenciadas por este. El presidencialismo supone que el ejecutivo es el jefe de Estado, de gobierno y la mayor autoridad administrativa, pero a su vez por su influencia puede adquirir mayorías en el congreso y popularidad entre el pueblo incrementando su poder y sobrepasando materialmente el poder establecido en la Constitución (Jiménez, 2023, p. 164).

Debido a los constantes conflictos internos que padeció el país durante el siglo XX, los presidentes recurrían a la fórmula del Estado de Sitio para gobernar, con la excusa de así tener más herramientas para superar la violencia, pero lo cierto es que también lo utilizaban para lograr una concentración de poder. La anterior problemática intentó ser mitigada por la Constitución de 1991, no obstante, según (Botero y Cajas, 2021, p. 4) desde el primer gobierno bajo la nueva Constitución se empezó a concentrar el poder en el presidente en dos vías; una normativa y otra fáctica; esto en parte porque tradicionalmente el Congreso ha estado al servicio del presidente a cambio de favores, estas prácticas de vasallaje transaccional son propias del clientelismo. De igual manera (Botero y Cajas, 2021, p. 5) mencionan que por un lado el clientelismo tiene una faceta positiva, ya que es una forma de repartición, aunque no es la ideal, de los bienes y los servicios públicos; y de alguna manera evita, el populismo y obliga al presidente a negociar con el congrego para conservar su poder y realizar sus planes de gobierno por medio de la agenda legislativa, por lo que podría pensarse que el clientelismo evita de alguna medida un presidencialismo abusivo.

No obstante, son más los efectos negativos del clientelismo que los positivos, según (Botero y Cajas, 2021, p. 5) en primer lugar no puede demostrarse que el clientelismo haya evitado el populismo, y tampoco puede pensarse que el clientelismo haya limitado el hiperpresidencialismo, por un lado el presidente tiende a ganar cada que negocia y los congresistas no van a dejar de negociar independientemente de los recursos de los que disponga el ejecutivo, por lo que la oposición nunca será lo suficientemente fuerte para contrarrestar el clientelismo, así mismo es un error creer que el clientelismo obliga positivamente al presidente a negociar; por lo que se puede decir que el clientelismo permitió la acumulación de poder por parte del presidente y mediante este también ha tenido poder para reformar la constitución.

De igual manera, fruto de los acuerdos políticos el ejecutivo adquiere unas mayorías con el legislador para impulsar sus proyectos, los cuales se imponen incluso en detrimento de las minorías y encima de la deliberación ciudadana, lo que deriva en ocultar los desacuerdos morales comunes de la democracia (Jiménez, 2023, p. 164). El presidencialismo también fomenta el apartheid institucional ya que cierra el acceso al gobierno y el servicio público y solo acceden a la administración los burócratas partidistas quienes ejercen sus funciones función al presidente y no del servicio público; por otro lado, cuando los ciudadanos disfrutan de los beneficios de algún programa social conciben que esto es fruto de una gestión excepcional lo que genera una deuda entre el ciudadano y el presidente (Jiménez, 2023, p. 184-185). De igual manera puede producir una erosión de la democracia[28], ya que genera un detrimento de la *"oportunidad para la consecución de una democracia epistémica"* (Jiménez, 2023, p. 214)

De igual manera un sistema presidencialista es propenso a la corrupción ya que personaliza la política y limita la agenda pública a los intereses gubernamentales dándole una interpretación individualista, reduciendo las opciones de los ciudadanos de realizar un control político y solicitar la rendición de cuentas y así mismo imposibilita el surgimiento de nuevas fuerzas políticas ya que competir contra el candidato presidente es desproporcionado. De igual manera la ciudadanía tiende a concebir a los presidentes y expresidentes como padres de la patria o presidentes eternos lo que no solo exalta su figura política, sino que también genera la idea de que sus acciones son incontrovertibles y no pueden ser criticadas lo que genera una inmunidad que deriva en la falta de responsabilidad política y por lo tanto la ausencia de la rendición de cuentas y también es frecuente que dichas personalidades aspiren a cargos públicos después de su mandato para seguir evadiendo los controles institucionales (Jiménez, 2023, p. 190-197).

El presidencialismo también influye sobre el poder judicial, cuando se le concede al presidente la facultad de postular jueces para las altas cortes o cuando esta decisión corresponde al congreso de la República, que como se menciona anteriormente también es cooptado por el ejecutivo; lo que deriva en que en estas corporaciones haya políticos en vez de juristas o que los cargos fueran una compensación para aquellos que no lograron ser electos popularmente al congreso (Jiménez, 2023, p. 165). La opinión pública también puede ser utilizada para mostrar una postura a favor del presidente y esto también se debe a que este cuenta con medios de comunicación públicos y espacios para sus alocuciones presidenciales[29], además de las redes sociales institucionales (Jiménez, 2023, p. 166).

---

28 "La erosión democrática es una transición de la democracia a la autocracia que se da lentamente, dándole a la oposición diversas oportunidades para reaccionar" Gamboa, L. (2022). Oposición en los márgenes: Estrategias contra la erosión de la democracia en Colombia y Venezuela. Desafíos, 34(2), 1-34. https://doi.org/10.12804/revistas.urosario.edu.co/desafios/a.11998

29 El artículo 32 de la Ley 182 de 1995 dispone que: El presidente de la República podrá utilizar, para dirigirse al país, los servicios de televisión, en cualquier momento y sin ninguna limitación. El Vicepresidente, los Ministros del Despacho y otros funcionarios públicos podrán utilizar con autorización del Presidente de la República, el Canal de

El modelo presidencial tanto en Colombia como en Latinoamérica se ha deformado al punto de crear unas relaciones verticales entre el ejecutivo y los demás poderes, esta desviación ha sido denominado, entre otros términos, como presidencialismo caudillista (Botero y Cajas, 2021, p. 3). Con la Constitución de 1991 se intentó atenuar esta situación y se optó por un punto intermedio entre el hiperpresidencialismo y un modelo atenuado, lo que significa apuntar a un modelo moderado, por lo que se estableció un sistema de ramas y órganos con funciones diferenciadas y un sistema de pesos y contrapesos. No obstante, con la diversidad de reformas constitucionales y nuevas normativas se volvió a un modelo hiperpresidencialista; este va de la mano con el caudillismo y según (García, 2012, p. 102) estos dos fenómenos tienen en común que "hay una fuerte participación de las mayorías, pero una débil protección de derechos".

Como se mencionó anteriormente en la descripción del modelo constitucional del siglo XX, la constitución era utilizada como instrumento de orden por parte de los gobiernos, en parte también debido a la cantidad de reformas constitucionales que se realizaban, situación que persiste en la actualidad. El presidencialismo llega a utilizar el poder que ejerce sobre el legislativo como poder para reformar la constitución con un impulso democrático procedimental y omitiendo las formas de participación y diálogo lo que se puede encuadrar en el *constitucionalismo abusivo*, que consiste en realizar reformas para la conservación del poder por parte de los gobiernos demostrando en apariencia un respeto por el sistema constitucional (Jiménez, 2023, p.168). (Landau, 2013, p. 195-196) define el *constitucionalismo abusivo* como el uso de mecanismos para el cambio constitucional con el fin de hacer que un Estado sea significativamente menos democrático que antes. Entiende que los mecanismos son los formales y no los informales (enmienda y sustitución constitucionales).

Un ejemplo del constitucionalismo abusivo son los intentos de prolongar los periodos presidenciales por medio de las reformas a la constitución, (Landau, 2013) analiza el caso colombiano y menciona que a pesar de que el país a lo largo de su historia ha mantenido un semblante democrático en comparación con otros países latinoamericanos que han sufrido largas dictaduras, y los presidentes generalmente han estado limitados a un solo mandato en el cargo, no obstante, Álvaro Uribe Vélez desafió esta estabilidad democrática ya que se aprovechó de la popularidad que obtuvo por la disminución de la violencia en el país, (la cual

---

Interés Público. Igualmente, el Congreso de la República, la Rama Judicial y organismos de control, conforme a la reglamentación que expida para tal efecto la Comisión Nacional de Televisión. PARÁGRAFO. Cuando las plenarias de Senado o Cámara de Representantes consideren que un debate en la plenaria o en cualquiera de sus comisiones es de interés público, a través de proposición aprobada en las plenarias, solicitará a Inravisión la transmisión del mismo, a través de la cadena de interés público.

años más tarde se cuestionó por casos como el de los falsos positivos) para reformar la constitución y obtener un segundo mandato, considera el autor que la constitución colombiana es fácil de enmendar ya que solo requiere de las mayorías en el Congreso en dos sesiones consecutivas y Uribe superó ampliamente este umbral, este acto legislativo tuvo control de la Corte Constitucional que consideró que dos mandatos son normales en el ámbito internacional y que cuatro años más no le permitirían capturar todas o la mayoría de las instituciones de control, de igual manera, cuatro años después la Corte tuvo que volver a revisar el tema de la reelección ya que Uribe ganó la presidencia nuevamente y quería establecerse en un tercer mandato, por lo que el congreso aprobó un referendo para consultar al pueblo si se deberían permitir tres mandatos presidenciales en la constitución, la Corte negó el referendo tanto por motivos procedimentales como sustanciales (Landau, 2013, p. 200-203). De conformidad con (Jiménez, 2023, p. 203) la Corte en este caso ejerció su poder al poner en una alta restricción el proceso democrático y republicanismo, y a su vez puso freno a una fuerza mayoritaria capaz de lograr una nueva reelección.

Por otro lado, el presidencialismo actúa en contraposición del principio de equilibrio de poderes y el sistema de pesos y contrapesos, ya que el presidente es concebido como líder y protagonista del ordenamiento institucional, concentra el poder al punto que se convierte en un funcionario con la capacidad de confrontar y reducir cualquier poder (Jiménez, 2023, p. 179.184). Relacionándolo con el caudillismo, el presidencialismo se genera porque se conciben las elecciones presidenciales como la oportunidad de *redención social* y como la posibilidad de reacomodar las fuerzas políticas y distribuir el poder y la burocracia, y de obtener beneficios para aquellos adeptos al presidente ya que este puede aglomerar apoyos de cualquier clase social (Jiménez, 2023, p. 179-180).

El presidencialismo puede reconfigurar el sistema partidista y utilizar los partidos a su favor lo que genera que este fenómeno se convierta en más que un abuso del poder ejecutivo en un modelo extremista o hisperpresidencialista (Jiménez, 2023, p. 181; citando a Nino, 1990) resultado de este nuevo modelo se produce un desplazamiento de la constitución por la idea de que la sociedad solo resolverá sus problemas a través de un líder, en lugar de hacerlo a través de las comunidades y el diálogo social, de igual manera el presidencialismo merma la democracia ya que fomenta mayorías radicales que tramitan leyes y reformas que propone el gobierno, de la mano de adeptos políticos que reproducen el pensamiento del gobierno en las urnas, en perjuicio del intercambio de ideas y el diálogo social (Jiménez, 2023, p. 181-182)

*"El Estado, como todas las asociaciones políticas que históricamente lo han precedido, es una relación de dominación de hombres sobre hombres, que se sostiene por medio de la violencia legítima"* (Weber, 1967, p. 84). En el "político

y el científico" Max Weber hace menciona que existen tres tipos de justificaciones internas de la legitimidad de una dominación, en primer lugar, se encuentra la dominación por la costumbre, es válida y los hombres tienden a respetarla de manera consuetudinaria, se vale de la legitimidad de la tradición que la ejercían los viejos patriarcas. En segundo lugar, se encuentra la dominación por la "autoridad de la gracia" (carisma) supone una confianza igualmente personal, *"en la capacidad para las revelaciones, el heroísmo u otras cualidades de caudillo que un individuo posee".* (p. 85). Por última, en tercer lugar, se encuentra la legitimidad basada en la legalidad, se cree en los preceptos legales y en normas racionalmente creadas.

De conformidad con las anteriores definiciones de legitimidad de la dominación y en concordancia con el hiperpresidencialismo que ha caracterizado al país, es apenas lógico que la dominación se enmarca en la de legitimidad caudillista, toda vez que más que votar por la ideología de una organización política y a pesar de tener gran diversidad de organizaciones políticas; siguen surgiendo figuras caudillistas que exacerban las pasiones y que se encuentran por encima de sus organizaciones políticas. Este fenómeno caudillista se asocia no solo con el hiperpresidencialismo, sino también con el populismo y el autoritarismo. El caudillismo contribuye también a la falta de ideología de los partidos políticos al centrar la atención en un líder y a su vez las lealtades políticas se vuelven más personales que programáticas. Esta falta de ideología en los partidos políticos dificulta la formulación de políticas consistentes y la construcción de consensos duraderos en torno a cuestiones importantes para el desarrollo del país, ya que parece que los partidos se forman para favorecer a un líder y no con la finalidad de crear una identidad ideológica. De igual forma el caudillismo tiene relación con el clientelismo debido a la repartición de poder y cargos entre los seguidores del caudillo; según (Weber, 1967, p. 88) en el caudillismo *"el séquito del guerrero recibe el honor y el botín, el del demagogo los spoils, la explotación de los dominados mediante el monopolio de los cargos, los beneficios políticamente condicionados y las satisfacciones de vanidad"*

## 2. EL CLIENTELISMO POLÍTICO EN LA ACTUALIDAD

### 2.1. Cambio de modelo constitucional, el tránsito de la Constitución de 1886 a la Constitución de 1991

El clientelismo se ha mantenido a lo largo de los años. Con la constitución de 1886 y sus reformas se permitió que perdurara este fenómeno propio de las sociedades precapitalistas. Cabe recalcar como se señaló anteriormente, ésta era una Constitución propia del siglo XIX fundamentada en el concepto del Estado de Derecho[30], por lo tanto no tenía tantos valores protegidos constitucionalmente, ni un catálogo amplio de derechos, y tampoco fuerza normativa; según (Vila, 2021, p. 39) La fuerza normativa es la característica más importante de la Constitución de 1991, ya que permite la protección directa de los derechos fundamentales, y permite que la Constitución que establece el Estado Social de Derecho sea un mandato con fuerza jurídica, lo anterior permite la subordinación de las demás normas jurídicas a las consignas constitucionales, por lo tanto los operadores jurídicos deben interpretar las normas según el sentido dado por la Constitución, dando lugar así a la "Constitucionalización del derecho".

El Estado de Derecho, tiene origen liberal y su principal tarea es ser un Estado respetuoso de la Ley y garantizar la libertad de los individuos; este es insuficiente para hacer realidad el principio de igualdad del Estado de Derecho, pues el legislador no tiene en cuenta las relaciones sociales de poder y se convierte el derecho en una expresión de los más fuertes. Por su parte, el Estado Social de Derecho, concepto creado por el jurista alemán Hermann Heller (1891-1933) según Villar Borda (2007, p. 83) debe favorecer la igualdad social real y trae la obligación de proteger derechos como los laborales, de seguridad social, educación, entre otros, y su aplicación contiene principios como la dignidad humana, el libre desarrollo de la personalidad, el derecho a la vida, vivienda, prohibición de discriminación y a un ambiente sano.

No obstante, en la actualidad, más de treinta años después de la proclamación de la Constitución de 1991, se sigue hablando de clientelismo, lo cual evidencia una falla en el Estado Social de Derecho[31], si bien es cierto esta

---

30 (Villar Borda, 2007, p. 77-81) Señala como principios básicos del Estado de derecho: a) La existencia de una constitución escrita que permita realizar sus fines y garantizar la seguridad jurídica. b) Separación de poderes para que *"el poder frene el poder"*. c) Principio de legalidad donde las autoridades no tomen decisiones que contradigan a la Ley. d) Principio de garantía de los derechos fundamentales, cuya función principal es poner límites al poder del Estado a fin de proteger al individuo de la arbitrariedad de este. e) Seguridad jurídica y protección de la confianza que garantice la claridad de las normas y la racionabilidad del Estado. f) Proporcionalidad, que indica que una acción administrativa que afecte a un individuo no solo debe están fundada en la Ley, sino que debe evitar afectar los derechos protegidos de los ciudadanos.

31 Para Daniel Pécaut: *"La regulación de lo social por el Estado, tal como se comienza a presentar a partir de 1930 en América Latina, se inscribe en un proceso de institución de la sociedad muy diferente del que se presenta en la democracia liberal. Y conduce a que el orden y la violencia sean promovidos al rango de categorías centrales dentro de lo político"*. Según el autor la intervención de lo social en los Estados latinoamericanos se hace de manera desorganizada y el poder no es útil para representar una *instancia simbólica*

Constitución amplió el catálogo de derechos constitucionalmente protegidos y previó acciones positivas para eliminar las brechas sociales, también estableció como garantía de la libertad el mercado como institución económica (Jiménez, 2016, p.8)[32] atendiendo también al proceso de globalización[33] que ocurría en el mundo. Esta situación genera una tensión entre el Estado Social de derecho como institución que debe propender por crear las condiciones sociales para disminuir las desigualdades sociales; y el mercado que prevé la intervención mínima[34] del Estado[35]. Además, se han llevado a cabo una serie

---

y los partidos políticos no hacen esfuerzo alguno para disimular sus pretensiones de apropiarse el Estado y usarlo como instrumento.

32 (Jiménez, 2016, p. 8) "Una de las cuestiones que deben identificarse es que la constitución, como garantía de la libertad reconoce el mercado como una institución económica que posee un impacto directo en la concreción del estado social de derecho y los derechos constitucionales, entre ellos las libertades económicas. Por tanto, no se trata de una institución aislada, o técnica, sino que se trata de un ámbito que es objeto de regulación por parte del Estado, como director de la economía".

33 (Silva, 2000, p. 3) Argumenta que después de los años 30 en América Latina el Estado bajo la forma de populismo social y proteccionismo económico cooptó la sociedad, el mercado y la iniciativa individual, y con la llegada de la globalización y su exigencia de competir en el mercado internacional, demostró que los Estados tenían agentes económicos con baja capacidad de inserción en el mercado mundial y así mismo impedían a los sectores sociales tener iniciativas económicas. En el diagnóstico anterior resaltan los niveles ineficiencia y corrupción, así como el proceso de clientelización, con apoyo del Estado y de recursos públicos que han hecho que la política de estos países no sea un ejercicio de deliberación ciudadana si no una forma de organizar apoyos sociales sobre la base de recompensas y beneficios.

34 Para (Friedman, 2011, pp. 50-51) el papel de los gobiernos en una sociedad en el que el ideal es alcanzar el grado más alto de libertad es: "En primer lugar, la protección de los individuos de una sociedad de la violencia, tanto si viene del exterior como si procede de los demás ciudadanos, a menos que exista esta protección, no somos realmente libres de elegir. (...) El segundo deber público va más allá de la simple función policíaca de proteger al pueblo frente a la coacción física, implica una exacta administración de justicia. Tercera, la obligación de realizar y conservar determinadas obras públicas y determinadas instituciones públicas, cuya realización y mantenimiento no pueden ser nunca de interés para un individuo particular o para un pequeño número de individuos, porque el beneficio de las mismas no podría nunca rembolsar de su gasto a ningún individuo particular o a ningún pequeño grupo de individuos. Un cuarto deber del gobierno es el de proteger a los miembros de la comunidad que no se pueden considerar como individuos responsables".

35 Según (Jiménez, 2016, p. 8) esta tensión de evidencia entre los jueces que toman decisiones sin tener en cuenta las condiciones del mercado, y el legislativo y ejecutivo que han pretendido la prevalencia del mercado.
Para (Friedman, 1966, p. 43) "*Las funciones básicas del Estado en una sociedad libre son: ofrecer un medio por el que se puedan modificar las reglas, mediar en la diferencias que surjan entre nosotros en cuanto al significado de las reglas e imponer el cumplimiento*

de reformas con la finalidad de encaminar a Colombia a un modelo económico neoliberal[36], de acuerdo con (Martínez, 2015) estas reformas sobre todo las de la salud, educación y del trabajo, han traído impactos negativos en el bienestar de la población y en la economía, toda vez que privilegian a las empresas privadas, y en ese sentido quién tiene los recursos puede acceder a la salud y educación de mejor calidad.

La entrada de una economía neoliberal en Colombia se realizó de manera gradual, desde finales de los años ochenta y principios de los noventa, se adoptó lo acordado en el Consenso de Washington como una guía neoliberal. Esto impone una competencia entre diversos actores socioeconómicos y deriva en individualismo y competencia entre lo público y lo privado y termina por beneficiar a las potencias económicas por encima de los países en vía de desarrollo; un ejemplo de esto es el TLC de Colombia con Estados Unidos que pone en desventaja a los campesinos, Según (Robledo, 2004) entre los años 2000 y 2002 lo que le pagó Estados Unidos a sus productores fue de 71.269 millones de dólares anuales, mientras Colombia realizó pagos a sus productores por 1.142 millones de dólares, 62 veces menos. De conformidad con (Valencia, 2020) En el marco de un Estado neoliberal se implementa un sistema normativo "*que hace de la ganancia, la utilidad, el beneficio, la inversión y la privatización de los servicios públicos un paradigma que tiende a instaurarse*" esto funciona con de inversión extranjera y privatización que son causas de una mayor corrupción ya que supone el uso del poder para beneficios de privados.

El modelo económico neoliberal promueve el Estado mínimo y retoma los principios de libertad individual, propiedad privada y la no intervención del Estado en la economía, y así mismo tiene como finalidad proteger las libertades individuales de los ciudadanos, mantener el orden y fomentar el mercado tanto nacional como internacional. Sin embargo, con la implementación de este modelo se fueron dejando en manos de privados servicios que antes

---

*de las reglas sobre aquellos que decidieron romperlas"* De conformidad con lo anterior el papel del Estado es mínimo ya que se limita a tener las reglas claras y hacerlas cumplir, pero no debe procurar por eliminar las diferencias sociales que puedan derivarse del libre mercado, Friedman establece que debe existir un Estado que cumpla esas funciones mínimas ya que la libertad absoluta es imposible y la anarquía no es factible en un mundo de *hombres imperfectos*.

36 (Martínez, 2015, p. 80) "En Colombia se comienza a aplicar este modelo a partir de 1989 bajo la administración del presidente Virgilio Barco (1986-1990), quien comienza a desmontar el Estado de Bienestar, dando apertura a los mercados mediante las diferentes reformas, que permiten la entrada de productos con muy bajos aranceles, privilegiando de este modo el interés privado a costa del aniquilamiento de la industria nacional, promoviendo en forma directa el desempleo por el cierre de estas industrias que no pueden mantener su competitividad".

encabezaba el Estado derivando en un desmantelamiento de las empresas de este. Esta situación tuvo consecuencias, tal como lo señala (Díaz, 2009, p. 219) con el modelo económico que se implementó a partir de las diversas reformas realizadas en los años noventa, ocurrió una apropiación desigual de la riqueza producida socialmente, un ejemplo de esto fue la Ley 49 de 1990 que aumentó el IVA del 10 al 12 por ciento para toda la población convirtiéndose en un impuesto regresivo, y con lo recaudado se financió a los comerciantes e industriales a los que se les disminuyó el pago de la sobretasa de importaciones del 13 al 10 por ciento. En ese sentido el neoliberalismo[37] contribuye a establecer un Estado mínimo que no provea medidas positivas para la eliminación de la desigualdad, sino que por el contrario fomenta la filosofía del más fuerte y deriva en el aumento de la pobreza.

En un país en desarrollo, con una economía débil, muchas necesidades a satisfacer, polarización y distribución desigual de la riqueza, se plantean dos alternativas para la administración pública: Por un lado, el desmantelamiento de derechos y libertades y debilitamiento del Estado Social de Derecho, y por el otro, una administración que busca fortalecer la democracia y defender la constitución; y así mismo, mitigar a poderosos enemigos tales como: el neoliberalismo que busca excluir la intervención estatal. Por otra parte, el populismo que ofrece beneficios que exceden las capacidades fiscales del país (Villar Borda, 2007, p. 84) Colombia ha optado por la primera opción, debilitando la administración pública y la adecuada garantía de los derechos de los ciudadanos, ya que presenta una falla en la implementación del Estado Social de Derecho.

La pobreza, según Sen (1999, p. 114) "debe concebirse como la privación de capacidades básicas y no meramente como la falta de ingresos, que es el criterio habitual con el que se identifica la pobreza". La pobreza, entendida no solo como la falta de rentas, sino que debe comprenderse a esta como el mínimo vital para sortear las contingencias de la vida y garantizar la subsistencia (Sen, 2001), se acentúa con las políticas neoliberales en este sentido (Ra-

---

[37] (Valencia, 2021, p. 244-245) Indica que hacia el año 1973 la economía mundial entró en crisis por el incremento de las tasas de inflación y los defensores del liberalismo económico como Margaret Tatcher y Ronald Reagan argumentaron que esta situación se derivó en el aumento del nivel de vida de la clase obrera en el Estado de Bienestar y por ello aumentaron las críticas a la función social del Estado porque se relacionó a las reivindicaciones laborales y el gasto público con el estancamiento de la economía. Para los defensores del liberalismo económico el Estado Interventor fracasó porque generó inflación ya que para los seguidores de la escuela de Friedrich August Von Hayek estas políticas se diseñaron para coartar las libertades individuales. Según Hayek los programas de ayuda económica y de promoción de salud, empleo y seguridad social, educación, vivienda, entre otras, terminan infiriendo en la forma de vida de las personas ya que no dan espacio para una construcción individual de trayectoria de éxito.

mirez, 2016) plantea que el "neoliberalismo convierte al mercado en la única referencia reguladora de la sociedad y, por lo tanto, colocada por encima del Estado (Rodríguez, 2004, p. 2). Por lo tanto, el Estado Social de Derecho debe cooperar con el Mercado para que de esta manera se puedan superar las condiciones de pobreza y desigualdad (Jiménez, 2016, p. 23), sin embargo, como en la actualidad no ha ocurrido esta cooperación se puede evidenciar una falla del Estado Social de Derecho que consagra la Constitución de 1991.

Así mismo debe garantizarse la igualdad y la libertad para los ciudadanos, Sen (1999) ha entendido la igualdad de una manera amplia que debe incluir las particularidades y necesidades básicas de cada individuo, en ese sentido no se puede referir solo a un mínimo vital en general, sino uno adecuado a las circunstancias en las que nace cada persona ya que no todos tienen las mismas necesidades. Así mismo, Sen (1999, p. 55) establece que la expansión de la libertad es: 1) El fin primordial (papel constitutivo) y 2) El medio principal de desarrollo (papel instrumental). El primero está desarrollado con la importancia de las libertades fundamentales para el enriquecimiento de la vida humana, entre estas están: Poder evitar la inanición y desnutrición, mortalidad prematura o realizar tareas como leer, escribir, participación política y libertad de expresión; siendo así el desarrollo un proceso de expansión de las libertades básicas. Por su parte las libertades instrumentales contribuyen a como les gustaría vivir a los individuos, entre esas están las libertades políticas, servicios económicos, oportunidades sociales, garantías de transparencia y seguridad protectora.

La Constitución Política de 1991 estableció en su artículo segundo como fines esenciales del Estado; "(...) servir a la comunidad, promover la prosperidad general y garantizar la efectividad de los principios, derechos y deberes consagrados en la Constitución; facilitar la participación de todos en las decisiones que los afectan y en la vida económica, política, administrativa y cultural de la Nación (...) Las autoridades de la República están instituidas para proteger a todas las personas residentes en Colombia, en su vida, honra, bienes, creencias, y demás derechos y libertades, y para asegurar el cumplimiento de los deberes sociales del Estado y de los particulares." Así mismo en el artículo trece establece: "El Estado promoverá las condiciones para que la igualdad sea real y efectiva y adoptará medidas en favor de grupos discriminados o marginados." Sin embargo, el hecho de que en la actualidad los colombianos sigan hablando de clientelismo, falta de oportunidades y altos niveles de desigualdad y pobreza, demuestra que no se están cumpliendo con los preceptos constitucionales.

## 2.2. La existencia de una Constitución material y la desnaturalización del Estado social de derecho

La Constitución de un Estado hace referencia a la unidad política de un pueblo, significa la situación total de unidad y ordenación política, como también significa un sistema cerrado de normas que designa una unidad no real sino pensada (ideal), lo anterior hace referencia a la Constitución absoluta, sin embargo, también se entienden por Constitución varias leyes, generando el concepto de Constitución relativa, ya que no hace referencia a una sino a varias prescripciones legales (Schmitt, 1934, p. 4). Para (Schmitt, 1934, p. 5-13): La Constitución en sentido absoluto significa la manera de ser resultante de la unidad política y tiene varias significaciones: 1. La concreta situación de conjunto de la unidad política; designa al Estado en concreto en su existencia política. 2. Manera especial de ordenación política y social, es la forma de dominio y subordinación. 3. El principio del devenir dinámico, el Estado no es estático[38], sino que siempre está surgiendo de nuevo. La Constitución relativa no se fija en el concepto unitario sino en la ley constitucional concreta que cumple características formales.

De igual manera Schmitt plantea que: la Constitución en sentido positivo surge mediante el acto del poder del Constituyente, en ese sentido, vale por la voluntad política que le da vida, de igual manera el concepto ideal de la Constitución surge cuando esta es aceptada por todas las voluntades políticas[39] (Schmitt, 1934, p. 24-25). En Colombia existe una constitución material distante de la constitución formal, que impide la implementación fáctica del

---

38 Esta aseveración es similar al concepto de "Constitución viva" utilizado por Bruce Ackerman (2007) que hace referencia a que la Constitución no es un ente estático, sino que cambia porque está viva. "Pasaremos la antorcha de la Constitución viva a ustedes, con la esperanza que aún brille cuando ustedes se lo pasen a sus hijos mientras éstos se preparan para el desafío que es la ciudadanía estadounidense." (p. 63).

39 (Schmitt, 1934, p.41) "La terminología de la lucha política comporta el que cada partido en lucha reconozca como verdadera Constitución sólo aquella que se corresponda con sus postulados políticos. Cuando los contrastes de principios políticos y sociales son muy fuertes, puede llegarse con facilidad a que un partido niegue el nombre de Constitución a toda Constitución que no satisfaga sus aspiraciones. En particular, la burguesía liberal, en su lucha contra la Monarquía absoluta, puso en pie un cierto concepto ideal de Constitución, y lo llegó a identificar con el concepto de Constitución. Se hablaba, pues, de "Constitución" sólo cuando se cumplían las exigencias de libertad burguesa y estaba asegurado un adecuado influjo político a la burguesía. De esta forma surge un concepto singular, distintivo, de Constitución. Así, cada Estado no tiene ya por sí mismo una Constitución, sino que hay Estados con y sin Constitución, Estados "constitucionales' Estados "no constitucionales". Se habla de una Constitución constitucional del Estado, lo que sería absurdo en y sí mismo, si no hubiera un cierto programa político en el fondo del concepto de Constitución".

cambio de modelo constituyente. La constitución material protege intereses políticos, sociales, económicos, incluso culturales, que confluyen para constituir un orden constitucional. Para (Goldini, M. y Wilkinson, 2020, p. 18) "Sin una constitución material correlativa, sin tracción política y social, una constitución formal sigue siendo letra muerta[40], una lista de voluntariosas aspiraciones o incluso una impostura". Si bien la brecha existente entre la constitución formal y la material es difícil de medir, se podría establecer que fenómenos como el de la corrupción en Colombia y el clientelismo no se han eliminado del sistema político[41] es una situación que pone de manifiesto la inestabilidad de nuestro régimen Constitucional.

En Colombia existe una captura del Estado Colombiano por parte de los grupos de poder. Esta cooptación deslegitima la política de manera material y desnaturaliza el Estado Social de Derecho, toda vez que las instituciones públicas no van a procurar satisfacer los principios y derechos consagrados en la parte dogmática de la Constitución, sino que estos grupos de poder se van a servir de las entidades del Estado para satisfacer sus propios intereses, cooptando las instituciones públicas y la burocracia. Para Rodrigo Uprimmy, en Colombia existe una distancia entre lo político y lo social que "impide que la política sea ese lugar de condensación y mediación de las contradicciones sociales", (Uprimny, 1989, p. 153) "Esta captura se ha dado a través de diversas prácticas, siendo el clientelismo una de las más comunes, práctica que se reproduce simbióticamente con la corrupción, lo cual es objeto de análisis más adelante" (Rúa, 2013, p. 88). Así pues, a pesar de existir una Constitución con un catálogo amplio de derechos, hace falta de voluntad por parte de los políticos, la clase dirigente y dominante de implementar materialmente el texto constitucional.

## 2.3. clientelismo político en la actualidad

Las dificultades que presenta el Estado Social de Derecho y que fueron mencionadas en el acápite anterior, se pueden evidenciar estadísticamente en relación con los índices de pobreza existente en el país en la actualidad. Según el Anuario Estadístico de América Latina y el Caribe publicado por la CEPAL

---

40 Según (García Villegas, 2013) Existe una inadecuación en América Latina con el modelo del Estado Social de Derecho que fue consagrado en Europa, ya que deben crearse instituciones propias y no solo importarlas desde el viejo continente, así mismo, señala que existen pobladores que desconocen las normas jurídicas ya que le dan prevalencia a otra clase de normas como morales o culturales.

41 Según (García Villegas, 2013, p. 32) *"Como consecuencia de todo esto es frecuente que en América Latina solo exista una superioridad simbólica de la ley y del Estado, la cual se combina con una superioridad fáctica de la costumbre".*

en el año 2023. Colombia es el cuarto país con mayor cantidad de personas en condición de pobreza extrema con un índice del 15 % y se establece además que 35.4 % personas viven en pobreza según el índice de Gini. Así mismo, con relación a las cifras del DANE para el 2022, en el total nacional la pobreza monetaria fue de 36,6 % y la pobreza monetaria extrema del 13,9 %. Con respecto al 2022, se establece una condición de pobreza de carácter de multidimensional cuyo índice es del 12,9 %. En ese sentido, se puede determinar que las condiciones económicas de la población no son buenas, lo que implica un aumento en la brecha social y una mayor vulnerabilidad y desprotección de un gran número de ciudadanos, los cuales, ante el fenómeno del clientelismo y la falta de legitimidad en las instituciones públicas, son fiel evidencia de la distancia existente entre los preceptos constitucionales y su aplicación fáctica.

Según la Organización para la Cooperación y el Desarrollo Económicos OCDE (2021) "la mayoría de los colombianos percibe que la corrupción ha aumentado a pesar de las reformas y los trabajos emprendidos, y que Colombia no se gobierna en aras del interés público sino en beneficio de algunos grupos poderosos". Esta organización también ha realizado un análisis acerca de las circunstancias económicas de América Latina y establece en su informe "Perspectivas Económicas de América Latina (LEO) 2022"[42] que en respuesta al deterioro de las condiciones sociales, la respuesta debe ser una política pública monetaria acompañada de medidas fiscales que incluyan apoyos a los más vulnerables y enfocado en la transición a energías limpias establece que las políticas de empleo y protección social juegan un papel crucial para estimular la creación de nuevos puestos de trabajo y mitigar las consecuencias negativas de la transición a las energías limpias.

Referente con la transformación del modelo económico por uno sostenible la Comisión Económica para América Latina y el Caribe (CEPAL) en su informe Hacia la transformación del modelo de desarrollo en América Latina y el Caribe: producción, inclusión y sostenibilidad del año 2022, señaló

> Es esencial contar con sistemas de protección social universales y el resguardo de un nivel básico de bienestar y acceso a servicios sociales (en especial educación y salud), no solo para compensar y reducir pérdidas para grandes sectores de las sociedades latinoamericanas, sino también para no ampliar o generar nuevas brechas de desigualdad, como efectos colaterales de dicha transición estructural hacia la sostenibilidad.

---

42 El informe se puede visualizar en: https://www.oecd.org/dev/americas/economic-outlook/LEO-2022-Overview-SP.pdf

Tanto la OCDE como la CEPAL hacen énfasis en la necesidad de transitar hacia una economía sostenible, pero garantizando los derechos de los trabajadores y evitar la generación de más brechas sociales.

En muchas regiones del país ocurre un “apartheid institucional” es decir, que el Estado es precario o inexistente y por ello los habitantes de estos territorios carecen de la protección efectiva de sus derechos” (García Villegas, 2013, p. 12). El Estado Social de Derecho debe ser eficaz, legítimo y legal, sino cumple estas condiciones se entiende que es un Estado deficiente, sin embargo, la mayoría de los Estados están en construcción, ya que ninguno logra la realización plena de esas tres condiciones, (García Villegas, 2013, p. 17). Sin embargo, las condiciones fácticas de los países[43] así como las costumbres hacen que la realidad diste de lo consignado en las constituciones del Estado Social de Derecho, de conformidad con (García, 2013, p. 33) El clientelismo desde el punto de vista jurídico corresponde a una desviación de las instituciones, pero desde el punto de vista sociológico podría parecer una distribución de recursos y acceso al poder de las clases dominadas, es por esto que vale la pena preguntarse: ¿Es el clientelismo una manera de corrupción? o ¿una forma de participación en política?

Como se ha visto a lo largo del capítulo, el clientelismo per se no es sinónimo de corrupción ya que este se mueve en un margen entre la ilegalidad y lo que no se encuentra expresamente prohibido[44], sin embargo, este trae también consecuencias negativas en la institucionalidad. De conformidad con (Garay, 2008, p. 33)

> El clientelismo y prácticas ilegítimas traen consecuencias que afectan la legitimidad e institucionalidad del Estado y este ya deja de funcionar en pro del bien común y afecta comportamiento de los ciudadanos y la fidelidad de estos con el Estado, lo cual lo debilita para el provecho de la clase dominante, así mismo, según (Garay, 2008, p. 67-70) los partidos políticos son la plataforma institucional para acceder a la maquinaria estatal y mediante este mecanismo pueden acceder al poder personas que buscan satisfacer intereses particulares y afectar el Estado mediante su clientelización.

De esta manera la proliferación de partidos y movimiento políticos contribuye a la reproducción de prácticas de captura instrumental de los partidos políticos.

---

43 (Roll, 2002, p. 65) *“Pero como bien se ha anotado, “en el clientelismo de hoy subsiste una dosis grande de atavismo. Es decir, se reproduce en buena medida el viejo tipo, en parte porque las antiguas condiciones sociales aún permanecen, aunque ya no de manera generalizada”’). Para algunos, justamente toda relación clientelista debe descifrarse a partir de su análisis como instrumento de poder de la clase dominante”.*

44 Según (Guerrero, 2014, p. 83) señala que “O’Donnell, sugiere asumir al clientelismo no como un aspecto que se ubica fuera de la institucionalidad, sino como una forma diferente de la misma u “otra institucionalidad” anclada a los procesos de construcción del Estado y al sistema democrático de cada país”

De conformidad con el movimiento global *Transparencia Internacional*, en una escala de 0 a 100, donde 100 corresponde a un país muy limpio y cero a un país altamente corrupto; la percepción de la corrupción en Colombia tuvo 39 puntos y ocupa la posición 91 en un ranking de 180 países, así mismo, en la última década Colombia ha fluctuado entre los 36 y los 39 puntos lo que significa que permanece en un estancamiento sin lograr avances significativos con respecto a la corrupción. Lo anterior se relaciona con la captura del Estado por parte de actores -legales o ilegales- que deriva en una *Reconfiguración cooptada del Estado*, que es entendida como la acción organizada de estos actores que mediante prácticas ilegítimas buscan modificar desde adentro el régimen político de manera sistemática e influir en la formación y aplicación de las reglas de juego y las políticas públicas, para obtener beneficios (Garay, 2008. p. 96).

Por lo anterior podemos hablar de la existencia de una crisis de la república, en términos de (Arendt, 2015, p. 69) El gobierno representativo se encuentra en crisis debido a que las instituciones que permiten la participación efectiva de los ciudadanos se han perdido con el paso del tiempo y se han visto afectadas por la burocratización y la tendencia de los partidos políticos de representar sus propios intereses. Según (Arendt, 2015, p. 106) es el apoyo del pueblo lo que otorga poder a las instituciones de un país, en los gobiernos representativos, el pueblo domina a quienes lo gobiernan; no obstante, esto no se ve reflejado en la institucionalidad colombiana ya que el pueblo está muy alejado de las instituciones, e incluso en varias regiones debido a la debilidad institucional, terceros ilegales intentan sustituir al Estado en la prestación de los servicios (García Villegas, 2013, p. 120).

La política también se ve perjudicada por el actuar del clientelismo ya que la pone al servicio de pocos. Según (Arendt, 2018, p. 10-11) si se quiere hablar de política se debe hablar de prejuicios, ya que el hombre no puede vivir sin prejuicios, por eso la política siempre tiene que ver con la aclaración y disipación de prejuicios, respecto a la política interior se piensa que es fraudulenta y engañosa de intereses mezquinos. El clientelismo aumenta estos prejuicios negativos que se tienen respecto a la política, de igual manera (Arendt, 2018, p. 21-23) señala que anteriormente se creía que el sentido de la política era garantizar la libertad, sin embargo, en la actualidad la política solo se encarga de mantener la subsistencia de la sociedad y el desarrollo. Al perderse la confianza en la política por parte de los ciudadanos se debilita la democracia, ya que un aspecto que llama la atención acerca de los estudios del clientelismo es que solo votan quienes tienen un interés particular, y los demás se abstienen (Roll, 1999, p. 297).

Los altos índices de percepción de la corrupción y pobreza, la captura del Estado por parte de particulares que buscan sus propios beneficios y de las mafias que quieren cambiar las reglas del juego para favorecerse y evitar la sanción penal, así como la falta de abandono estatal en varias regiones del país -*apartheid institucional*- favorecen a que el clientelismo se mantenga rampante en el país. En ese sentido la célebre frase de "*Cada pueblo tiene el gobierno que se merece*" debe ser recibida con beneficio de inventario, ya que si bien los ciudadanos son libres de elegir democráticamente a los gobernantes, la realidad es que existen diversidad que factores que vician ese consentimiento de manera directa o indirecta, ya que como se ha visto el clientelismo se alimenta de las necesidades de las personas para poder operar con facilidad por lo que muchos ciudadanos tranzan con su apoyo electoral a cambio de conseguir algún contrato o beneficio que ayude a su situación económica y social, de igual manera el clientelismo armado también obliga a los ciudadanos a votar por determinados políticos so pena de recibir escarmientos por parte de grupos ilegales o los grupos al margen de la ley financian las campañas electorales.

El clientelismo político no es sólo una característica del sistema político colombiano, sino que es el elemento articulador de este (Roll, 2002, p. 61) Si bien todos los sistemas políticos en el mundo son susceptibles de que se cuelen intereses de particulares, es el uso desmedido del clientelismo lo que perjudica la institucionalidad, ya que según (Roll, 1999) el clientelismo es una especie de corrupción que perjudica los bienes y servicios del Estado, afecta la representación al afectar la legitimidad de las instituciones, y permea una cultura de la corrupción en Colombia. El clientelismo subsiste en Colombia debido a las condiciones de atraso que aún se mantienen y a la falta de voluntad política de implementar reformas que contrarresten el accionar de este fenómeno en el país y le devuelvan la confianza en la democracia y las instituciones a los colombianos.

A pesar de que han pasado muchos años desde que se empezaron a atisbar prácticas primitivas del clientelismo en Colombia, este no se ha extinguido, sino que por el contrario ha evolucionado y mutado cuando se intenta eliminar, ya que es un instrumento de poder las clases políticas dominantes para someter a la clase dominada. Mientras prime el mercado, y no se realicen acciones positivas y contundentes para combatir la desigualdad y garantizar la efectividad del Estado Social de Derecho y el cumplimiento de los fines del Estado, el clientelismo seguirá existiendo y alimentándose de la pobreza y la falta de oportunidades de los ciudadanos, que ven en este fenómeno una oportunidad para mejorar sus condiciones de vida, afectando así la legitimidad de las políticas, las instituciones y la democracia.

## 3. El ideal burocrático de Max Weber

Cuando se habla de burocracia se debe hablar de su principal teórico, Max Weber, es por esto por lo que se pretende resumir de manera breve su ideal burocrático con la finalidad de compararlo posteriormente con la manera en la que funciona la burocracia en Colombia. Según Weber, la burocracia estatal ayudó a la destrucción del linaje[45], esta se desarrolló principalmente en Egipto, durante el nuevo imperio, ya no se observa organizaciones por linajes, porque el Estado no lo soporta, de esta manera prima la igualdad entre hombres y mujeres[46] (Weber, 1923, p. 39) de igual manera Weber considera que en el Estado racional, el único Estado donde puede prosperar el capitalismo moderno, debe apoyarse en una burocracia especializada y en un derecho racional (procede el derecho romano en sentido formal) (Weber, 1923, p. 188). No obstante, Weber también se refirió a la utilización de la burocracia en beneficio de los partidos de los políticos, ya que aseveró que con la entrada de la burocracia se evidencia un repentino incremento en los cargos públicos, y esto deriva en una burocracia numerosa, debido a la necesidad que tiene el partido vencedor de proveer a sus partidarios con prebendas (Weber, 1923, p. 182)

Para Weber existen rasgos característicos de la burocracia moderna, los cuales se relacionan en la siguiente tabla y son extraídos del libro "*¿Qué es la burocracia?*, 1985, de Max Weber:

Max Weber en su libro *¿Qué es la burocracia?* Estipula las diferentes características que tiene la burocracia en su modelo, en dónde la estructura es clara con actividades específicas para los trabajadores, con un modelo jerarquizado al que los ciudadanos pueden acudir cuando no se sientan conformes con una decisión y a su vez es un modelo que le brinda estabilidad y garantías a los trabajadores para que puedan desempeñar de manera adecuada su labor:

---

45 (Weber, 1923, p. 38) "*El desarrollo del linaje —palabra que implica "parentesco de sangre", del mismo modo que el "clan" gálico correspondiente se identifica con laproles— tiene lugar conforme a las siguientes líneas. En primer término, interesa distinguir diversas clases de linajes: 1. El linaje en el sentido de un parentesco mágico de los individuos entre sí, con prohibición de ciertas viandas, normas para una determinada conducta ritual mutua, etc. Estos linajes son los que denominamos tótems.2. Linaje militar (fratrías) son ligas como las que originalmente tenían su expresión en la casa de varones.3. El linaje como circulo de parentesco de determinado grado. En él ejerce un papel decisivo, sobre todo, el linaje masculino.*"

46 Así mismo en su artículo de investigación (Méndez, 2003, p. 20) indica que para Max Weber el rol del hombre se limita a hacer lo que tiene que hacer, independientemente de sus relaciones sociales, en ese sentido la burocracia tiene como característica la impersonalidad de las relaciones sociales lo que garantiza su imparcialidad y divide las relaciones del hombre con su trabajo y sus relaciones sociales, las ideas del autor conciben a un hombre "sometido" a la organización, así mismo, el énfasis en la productividad y la gestión evaluado por el desempeño reafirman la impersonalidad sobre la cuál se concibe al hombre en la organización.

**Tabla 3. Rasgos característicos de la burocracia weberiana**

| Rasgos característicos de la burocracia | | | | | |
|---|---|---|---|---|---|
| Existe el principio de sectores jurisdiccionales estables y oficiales organizados normativamente, es decir, mediante leyes u ordenamientos administrativos. La "autoridad burocrática" es: i) las actividades normales exigidas por los objetivos de la estructura gobernada burocráticamente, que se reparten como deberes oficiales ii) Una autoridad que da órdenes para que los deberes estén repartidos de manera estable y delimitada por normas referidas a los medios coactivos, físicos, sacerdotales o de otra especie, de que pueden disponer los funcionarios y iii) El cumplimiento de los deberes y el ejercicio de derechos están asegurados por un sistema de normas en el que solo pueden prestar servicios aquellas personas que están calificadas para ello. | Los principios de jerarquía de cargos y los diversos niveles de autoridad implican que exista subordinación y exige organización, un sistema donde los funcionarios superiores controlan a los funcionarios inferiores, donde los ciudadanos sepan ante quiénes apelar las decisiones de los funcionarios | La administración del cargo se funda en documentos escritos ("archivos"), existe una oficina con los instrumentos y archivos, y allí es donde acuden los funcionarios, la organización moderna del servicio civil separa, en principio, el domicilio privado del funcionario de su actividad estatal, los recursos y los equipos están separados de la propiedad privada del funcionario y, la burocracia considera la actividad oficial como un ámbito independiente de la vida privada. | Para administrar un cargo de manera especializada, se debe contar con una preparación cabal y experta. Esto se exige cada vez más del ejecutivo moderno y del empleado de las empresas privadas, así como se exige del funcionario público. | Las tareas burocráticas deben considerarse una actividad principal, por ello los funcionarios deben cumplir con un horario que está estrictamente fijado, si el cargo está en pleno desarrollo, la actividad del funcionario requiere toda su capacidad laboral. | La administración del cargo se ajusta a normas generales, más o menos estables, más o menos precisas, y que pueden aprenderse. El conocimiento de estas normas es un saber técnico particular que posee el funcionario. Abarca la jurisprudencia, o la administración pública o de empresas. Por ejemplo, la teoría de la administración pública moderna supone que la autoridad para disponer ciertos asuntos por decreto –legalmente concedida a las autoridades públicas– no le da a la repartición derecho alguno para regular la cuestión por medio de órdenes dadas para cada caso, sino sólo para regularla de un modo general. |

Nota de tabla: En esta tabla se presentan las principales características del modelo burocrático weberiano.

Según (Martínez, 2015, p. 148-149) para Weber existen tres tipos de dominación que tienen una forma de legitimidad distinta y por lo tanto de autoridad, la primera es la dominación tradicional se basa en la creencia de la santidad de las órdenes y poderes heredados de tiempos lejanos, el dirigente basa su mando en la tradición y los hábitos que son sagrados para los dominados. La segunda es la dominación carismática definida por Weber como una cualidad que pasa por extraordinaria y se le considera en posesión de fuerzas sobrenaturales o enviados de dios, pueden ser caudillos o jefes. La tercera es la dominación legal-racional se caracteriza por estar sujeta a normas establecidas por la organización. De igual manera (Martínez, 2015, p. 149.150) señalas como las seis principales características de la burocracia según Weber las siguientes: i) Se rige por el principio de atribuciones oficiales fijas[47], ii) se rige por el principio de la jerarquía funcional y de la tramitación, iii) se basa en documentos, minutos, empleados, que son los elementos que forman un despacho, iv) Exige cada vez mayor formación profesional a los funcionarios de la administración burocrática, v) Demanda el máximo rendimiento del funcionario en el cargo, vi) El ejercicio del cargo es una actividad que puede aprenderse, ya que se puede aprender las normas bajo las cuales se realiza y estos son más o menos estables.

Por otro lado, (Weber, 1967, p. 89-90) menciona que todas las organizaciones estatales pueden ser clasificadas en dos grandes categorías, en primer lugar, aquellas donde el equipo humano (funcionarios) con cuya obediencia debe contar el que ostente el poder, ya que este posee en propiedad los medios de la administración (dinero, edificios, material bélico, transporte, entre otros), en segundo lugar se encuentran las que cuyo cuadro administrativo está separado de los medios de administración, en estas el titular del poder tiene los bienes. En las asociaciones políticas en las que los medios de la administración son propiedad del cuadro administrativo dependiente las llama asociación "estamentalmente", en esta se gobierna con el concurso de una aristocracia independiente con la que se ve obligado a compartir el poder.

---

47 (Martínez, 2015, p. 149) Este principio se señala como se señala como "principio de sectores jurisdiccionales estables y oficiales organizados normativamente" *"Esto quiere decir que: a) las actividades del aparato burocráticos son distribuidas de acuerdo a leyes y reglas fijadas, y son consideradas como "deberes oficiales"; b) los poderes dados al aparato administrativo están determinados por normas que se refieren a los medios coactivos que utiliza dicho aparato; c) tanto el cumplimiento de los deberes, como el ejercicio de los derechos del cargo, se fijan por un sistema de normas, y las personas que los realicen deben estar preparadas para ello".*

Weber explica que para que exista una dominación legal[48] debe ejercerse por medio de un *cuadro administrativo burocrático* (Weber, 1922, p. 175) que se compone de los funcionarios más capaces que están en constante formación profesional y que tiene la posibilidad de aumentar sus saberes por medio del servicio, este funcionario es nombrado por un superior jerárquico, no por los gobernados, y por lo general su cargo es vitalicio, tiene derecho a una remuneración y prestaciones sociales y a ascender en su carrera, así mismo deben realizar tareas específicas de la administración, esto con la finalidad de lograr una superioridad técnica[49], así mismo la burocracia debe estar fundada formalmente en el derecho contraponiéndose a las concepciones tradicionales. La burocracia debe propender por la nivelación de las diferencias sociales y económicas, en ese sentido, procurar la igualdad ante la ley y repudiar a los privilegios y el tratamiento de los asuntos caso por caso, esto implica una vinculación con el derecho, y por ello necesita de recursos, ya que la burocracia es un modelo con un carácter más "económico", y por esto, la burocracia debe tener un carácter de permanencia y estabilidad. (Weber, 1985).

Para Weber el capitalismo prospera bajo un Estado racional compuesto de una burocracia sólida, en ese sentido, el autor explica el capitalismo como la ética de ganar cada vez más y más dinero "*evitando austeramente todo disfrute despreocupado, un ganar dinero despojado por completo de cualquier aspecto eudemonista o hedonista*" (Weber, 2001, p. 62) en ese sentido el motivo del capitalismo es que los humanos tengan el ganar dinero como objetivo de vida, esto se relaciona así mismo con las capacidades de este ya que si se gana dinero legal es el resultado de la habilidad en la profesión. En relación con lo hablado anteriormente sobre el neoliberalismo, Weber considera que el capitalismo es un cosmos terrible que ha llegado a dominar la vida económica, expulsando del sistema a quienes no se ciñan a sus normas y realizando la

---

48 La dominación legal según Weber parte de las siguientes premisas: 1. El derecho es pactado de manera racional con la finalidad de que sea respectado por los asociados. 2. El derecho es un cosmos de reglas abstractas, que la judicatura implica la aplicación de esas reglas al caso concreto; y que la administración supone el cuidado racional de los intereses previstos por las ordenaciones de la asociados 3. El soberano está sometido al orden impersonal que orienta sus disposiciones. 4. Los miembros de las asociaciones solo obedecen al derecho. 5. Los asociados que obedecen al soberano, no lo hacen por atención a su persona, sino que obedecen a aquel orden impersonal; y que sólo están obligados a la obediencia dentro de la competencia limitada, racional y objetiva, a él otorgada por dicho orden.

49 (Weber, 1977, 47) "*Precisión, velocidad, certidumbre, conocimiento de los archivos, continuidad, discreción, subordinación estricta, reducción de desacuerdos y de costos materiales y personales son cualidades que, en la administración burocrática pura, y fundamentalmente en su forma monocrática, alcanzan su nivel óptimo.*"

selección económica de las personas adecuadas a las características del capitalismo (Weber, 2001). Si bien es cierto el capitalismo se enfoca en lo económico, se debe propender por una burocracia que también se enfoque en prestar servicios a los ciudadanos.

Las consecuencias de la burocracia pueden ser del orden socio-políticas y económicas, la burocracia es un recurso de poder para controlar su aparato estatal por ser el mejor instrumento de socialización de las relaciones de poder y en ese sentido contra las acciones del aparato burocrático no puede actuar ninguna acción de masas ya que la burocracia moderna es inexpugnable, el peligro radica en el carácter impersonal del aparato y su objetividad por lo que no es complicado hacerlo actuar al servicio de intereses particulares (Martínez, 2015, p. 152) Lo anterior resulta perjudicial sobre todo cuando nos encontramos en el contexto de una democracia participativa como es el caso de Colombia, lo que exige especial atención de la administración pública de las demandas de la ciudadanía. Otra consecuencia sociopolítica es que debido a la reserva en las relaciones al interior del aparato burocrático en función de aumentar la superioridad de sus miembros que se consideran profesionalmente informados y este secreto no permite que haya transparencia. Respecto a las consecuencias económicas, la burocracia favorece los intereses del sistema económico establecido sea capitalista o socialista (Martínez, 2015, p. 152).

## 4. EL CLIENTELISMO Y SU AFECTACIÓN EN LA GESTIÓN Y PROBIDAD DEL ESTADO

### 4.1. Formas de vinculación con la administración pública en Colombia

El sistema de carrera administrativa se creó en Colombia con la ley 165 de 1938, sin embargo han existido inconvenientes para su implementación de manera efectiva, con la entrada de la Constitución Política de 1991 se inicia un proceso de cambio estructural y conceptual de la función pública, adoptando modelo de neogerencialismo que se origina en Nueva Zelanda y que pretende organizar la administración pública en la que los funcionarios deban actuar como gerentes en el sector privado, con flexibilidad en el empleo de recursos, contratación de personal e incentivos (Flórez-López, 2018, p. 12) Lo anterior deriva en que varios cargos de la administración pública están revestidos de discrecionalidad. En el apartado anterior se describió de manera breve el ideal burocrático de Max Weber, ahora se procederá con el análisis de las diferentes maneras de vinculación que existen con el Estado Colombiano, de conformidad con lo relacionado en el siguiente diagrama:

**Figura 1.**

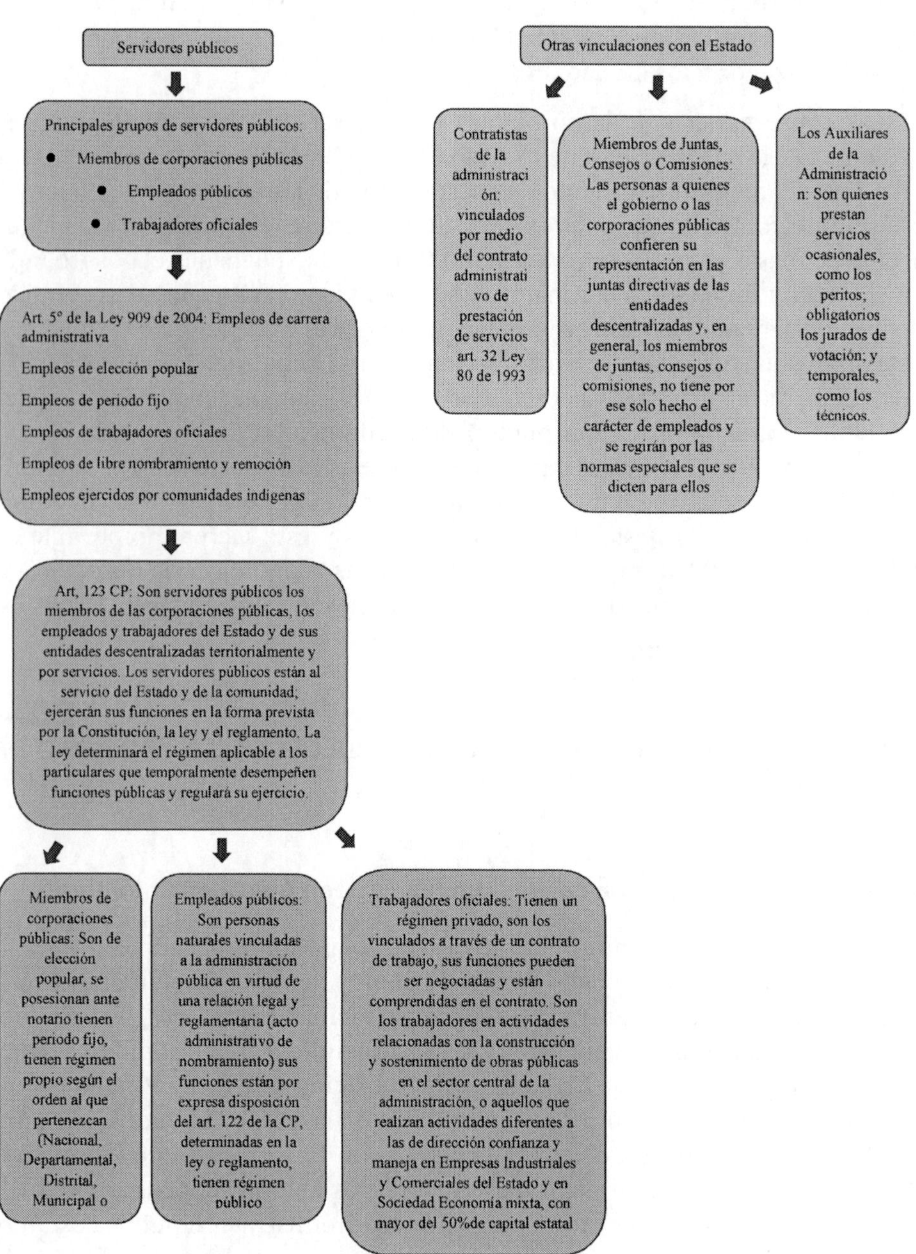


Como lo demuestra el diagrama anterior existen diversas vinculaciones con el Estado, así mismo, existen categorías de empleo público, las cuales son: de carrera administrativa y de libre nombramiento y remoción; a la carrera administrativa se ingresa con base en el mérito, mediante concurso. Para el caso de los empleos de libre nombramiento y remoción se nombran de manera discrecional por parte de la autoridad competente limitada por el cumplimiento de requisitos mínimos para su acceso. La Constitución política enumera los empleos que son de libre nombramiento y remoción y otorgó al legislador la facultad de fijar criterios que permitan identificarlos, de esta manera la ley 909 de 2004, consagra los siguientes relacionados en la tabla número 4.

**Tabla 4. Empleos de libre nombramiento y remoción establecidos por la Ley 909 de 2004.**

| Empleos de libre nombramiento y remoción establecidos por la Ley 909 de 204 | | | | | |
|---|---|---|---|---|---|
| Los de dirección, conducción y orientación institucionales, cuyo ejercicio implica la adopción de políticas o directrices. | Los empleos cuyo ejercicio implica especial confianza, que tengan asignadas funciones de asesoría institucional, asistenciales o de apoyo, que estén al servicio directo e inmediato de los siguientes funcionarios, siempre y cuando tales empleos se encuentren adscritos a sus respectivos despachos. | Los empleos cuyo ejercicio implica la administración y el manejo directo de bienes, dineros y/o valores del Estado. | Los empleos que no pertenezcan a organismos de seguridad del Estado, cuyas funciones como las de escolta, consistan en la protección y seguridad personales de los servidores públicos. | Los empleos que cumplan funciones de asesoría en las Mesas Directivas de las Asambleas Departamentales y de los Concejos Distritales y Municipales. | Los empleos cuyo ejercicio impliquen especial confianza que tengan asignadas funciones de asesoría institucional, que estén adscritos a las oficinas de los secretarios de despacho de los Directores de Departamento Administrativo, de los gerentes, tanto en los departamentos, distritos especiales, Distrito Capital y distritos y municipios de categoría especial y primera. |

Nota de tabla: En esta tabla se presentan la diversidad de empleos que libre nombramiento y remoción que establece la Ley 909 de 2004.

En la presenta tabla se señalarán los diversos empleos de libre nombramiento y remoción que establece la Ley 909 de 2004 con la finalidad de demostrar que son varios empleos los que tienen esta característica propia del modelo neogerencial y por lo cual aleja a Colombia de cumplir con el ideal weberiano de la burocracia y a su vez permite que muchas veces estos cargos sean proveídos por política y no por mérito.

Si bien el modelo neogerencial se estipuló con la Constitución de 1991, la ley 909 de 2004 crea tres mecanismos para implementar este modelo, los cuales son, según (Flórez-López, 2018, p. 12), los siguientes:

> 1) Organización: Multiplicidad de organizaciones más pequeñas con estructuras horizontales, separación de asesoramiento y ejecución de políticas, tercerización de servicios de apoyo (consultores privados). 2) Personal: Empleo temporal-diversidad de empleos, ejecutivos-jefe con contratos temporales, habilidades gerenciales para personal superior. 3) Procedimientos: Libertad gerencial y responsabilidad por resultados, responsabilidad basada en los productos generados, presupuestos por programas sobre la base de recursos devengados (Ferraro, 2009, p. 132).

Estos aspectos constituyen la nueva gerencia pública, una que permita mayor libertad en la organización intentando equiparar la administración pública con las empresas privadas, este modelo neogerencial nace del neoliberalismo[50] y siguiendo las transformaciones de la globalización, supone una esencia empresarial dentro del gobierno en reemplazo de la agotada administración pública burocrática (Guerrero, 2019, p. 10)

En ese sentido, la Ley 909 de 2004 le otorgó a los directivos responsabilidades administrativas ante el Estado, e implementó la modalidad de empleos temporales, los cuales denotan una connotación neogerencial ya que les otorga a los directivos la capacidad de tener más flexibilidad a la hora de contratar

---

50 Según (Guerrero, 2019, p. 8) "(...) *el origen, desarrollo y declinación de la nueva gerencia pública es inexplicable sin la consideración de sus vínculos parentales con el neoliberalismo. Esto obedece a las siguientes consideraciones: en primer lugar, el neoliberalismo emergió a finales de la década de 1930 como una reivindicación del liberalismo, pero sustentado en nuevas fuentes y como una réplica al avance planetario del socialismo, y particularmente por motivo del progreso del intervencionismo en las economías occidentales; sin embargo, emergió a la vida carente de un instrumental que viabilizara su programa de acción. En segundo lugar, como lo adelantamos, la nueva gerencia pública surge a la vida a mediados de la década de 1960, bajo el sustento de un incipiente número de ideas basadas en la economía de mercado, la competencia y la orientación al cliente, pero con la forma de un recetario práctico apenas sustentado doctrinalmente. De modo que el neoliberalismo adquiere consistencia programática a través del desarrollo de la nueva gerencia pública; y la nueva gerencia pública obtiene un cuerpo de doctrina por medio del neoliberalismo para sustentar su desarrollo.)*

según las necesidades, no obstante esta clase de empleos van en contravía del principio de estabilidad que deben poseer los cargos públicos, por otro lado, si bien es cierto la ley consigno que se elegirán las personas para estos empleos de acuerdo con las listas de elegibles para empleos permanentes, también establece que de no ser posible la utilización de las listas se tiene que realizar una *evaluación de las capacidades y competencia de los candidatos*, lo anterior abre la posibilidad de que se realice una mala utilización de los empleos temporales para pagar cuotas burocráticas, ya que no se sigue el principio de méritos.

Si bien desde 1938 con la creación de la Ley 165 se intentó establecer el sistema de carrera administrativa en Colombia, han existido inconvenientes en su implementación, uno de ellos fue el proceso de apertura económica que trajo consigo el neoliberalismo, ya que este tiene como principios la desregularización del trabajo y la desburocratización del Estado, llevando así a que el primer concurso de méritos se haya realizado apenas en el año 2004, casi 70 años después de que fue expedida la Ley (Martínez-Ramírez, 2012, p. 6). La ley 909 de 2004 de conformidad con (Hernández, 2006) muestra el interés del legislador de reducir la informalidad que históricamente ha caracterizado la provisión de empleos de carrera en Colombia, aunque tiene los contras que se han señalado a lo largo del acápite, relacionados con el modelo neogerencial. Sin embargo, más allá de los avances normativos, se debe propender por avanzar de manera práctica para que el empleo público en Colombia sea la regla y no la excepción. (Cárdenas, 2010).

El sistema de carrera administrativa en Colombia no se ha adaptado a las circunstancias reales del país, ya que no ha existido una verdadera voluntad política de los gobiernos por implementarlo, lo que deriva en que las normativas y reglamentaciones se queden solo en el papel, si bien es cierto, como lo menciona (Álvarez, 2009) los sistemas de carrera administrativa no se presentan de manera pura y excluyente, sino en grados de aplicación o adaptación, es cierto también que predominan las prácticas de antaño en las instituciones públicas, por lo que el empleo público se convierte en una de las maneras que utilizan los políticos para pagar apoyos electorales, mover prebendas políticas y tener a su gente en la burocracia, lo cual genera que la función pública se desvalorice y la cultura de lo público sea inexistente, otro motivo más para que cualquier tipo de legislación tendiente a frenar tales prácticas y a profesionalizar la administración sea un intento inoficioso (Martínez, 2010, p. 124).

Por otro lado, las entidades del Estado en virtud de las necesidades del servicio pueden proveer los empleos de carrera en forma transitoria mediante los nombramientos por encargo o en provisionalidad, el encargo según la Ley 1960 de 2019 y el Decreto 1083 de 2015, podría definirse como una situación administrativa y una modalidad de provisión del empleo público dónde mientras se supera la situación administrativa o se surte el proceso de selección para proveer empleos de carrera administrativa los empleados de carrera administrativa tendrán derecho a ser encargados si cumplen los requisitos exigidos para tal fin. Por su parte, los nombramientos en provisionalidad según el concepto 079591 de 2022 del Departamento Administrativo de la Función pública, "*son un mecanismo de carácter excepcional y transitorio que permite proveer temporalmente un empleo de carrera administrativa, con personal que no fue seleccionado mediante el sistema de mérito, con fundamento en unas causales específicamente señaladas en la norma*" y procede siempre que no haya personal de planta que cumpla con los requisitos para ser encargados y su duración va hasta que se efectúe el nombramiento en periodo prueba del empleado de carrera.

Mediante Circular externa No. 0007 del 05 de agosto de 2021, la Comisión Nacional del Servicio Civil, "*reitera el deber de los nominadores de verificar, previo a llevar a cabo el proceso de provisión transitoria de empleos de carrera administrativa en condición de vacancia definitiva, la existencia de listas de elegibles vigentes para el momento en el que surgió la vacante*" No obstante el hecho de que estas vacantes se puedan proveer con personal que no ha sido seleccionado mediante el sistema de mérito abre las puertas a su utilización con fines políticos. Así mismo, estos cargos excepcionales se convirtieron en la regla, (García Villegas, 2010, p. 34) establece que en muchas ocasiones el congreso en lugar de ordenar la realización de concursos ha autorizado el ingreso a la carrera administrativa a los empleados que ocupan cargos en provisionalidad o encargo[51]. García Villegas también señala que en el año 2007 cuando la CNSC abrió convocatoria para suplir 120.000 cargos los empleados en encargo o provisionalidad concursaban a la par que recurrían a entidades de control, jueces y políticos para permanecer en sus cargos[52].

---

51 (García Villegas, 2010, p. 34) Da como ejemplo de esta situación "*los decretos 2400 de 1968 y 583 de 1984, en las leyes 61 de 1987, 27 de 1992 y 190 de 1995, y en el Acto Legislativo 01 de 2008 (Puentes 2008).*"

52 (García Villegas, 2010, p. 37) Señala también que se establecen tres obstáculos normativos destinados a omitir los concursos: El primero la Ley 1033 de 2006 aprobada por el Congreso que "*excluyó del concurso a los empleados públicos civiles no uniformados del Ministerio de Defensa, sus entidades descentralizadas, a las Fuerzas Militares, a la Policía Nacional y a las Empresas Sociales del Estado en reestructuración*". El segundo, la unión de varios sectores políticos opuestos para impulsar leyes que le dieran estabilidad a los nombramientos por encargo o provisionalidad, que adquirían derechos y estabilidad, esta ley fue objetada por el ejecutivo y ante la insistencia del congreso llegó a la Corte Constitucional que declaró fundadas las objeciones presidenciales, y ante este fracaso en un intento de reformar la constitución surge la tercera norma; el Acto Legislativo 01 de 2008 que autorizó el ingreso extraordinario a la carrera, no

El clientelismo político sumado con la discrecionalidad que existe en varios cargos públicos de libre nombramiento y remoción[53], la provisionalidad y al abuso de las otras modalidades de vinculación con el estado y los contratos de prestación de servicios, derivan en que la función pública se encuentre debilitada, ya que no funciona como debería funcionar y de manera imparcial, sino que se mueve en torno a intereses políticos, la falta de implementación total del sistema de carrera es un efecto de los intereses políticos en ya que estos prefieren continuar implementando de facto el sistema clientelista que ha estado adosada desde el inicio de la república, ya que si el clientelismo se mantiene vigente como regla para acceder a un vínculo laboral con el Estado, para los políticos es más fácil tranzar con el apoyo de los electores, en detrimento de la función pública.

---

obstante esta nueva norma también fue declarada inconstitucional por la Corte Constitucional.

53 Como ejemplos están los siguientes: Sector Central: Ministro; Director de Departamento Administrativo; Superintendente, Superintendente Delegado e Intendente; Director y Subdirector de Unidad Administrativa Especial; Director de Academia Diplomática; Jefes de Control Interno y de Control Interno Disciplinario; Jefe de Oficina, Jefes de Oficinas Asesoras de Jurídica, Planeación, Prensa o de Comunicaciones; Negociador Internacional; Interventor de Petróleos, y Capitán de Puerto. En la Unidad Administrativa Especial de Aeronáutica Civil, además, los siguientes: Agregado para Asuntos Aéreos; Administrador de Aeropuerto; Gerente Aeroportuario; Director Aeronáutico Regional; Director Aeronáutico de Área y Jefe de Oficina Aeronáutica. En la Administración Descentralizada del Nivel Nacional: Presidente, Director o Gerente General o Nacional; Vicepresidente, Subdirector o Subgerente General o Nacional; Director y Subdirector de Unidad Administrativa Especial; Superintendente; Superintendente Delegado; Intendente; Director de Superintendencia; Secretario General; Director de Unidad Hospitalaria; asesores que se encuentren adscritos a los despachos del Superintendente Bancario y de los Superintendentes Delegados y Jefes de División de la Superintendencia Bancaria de Colombia. En la Administración Central y órganos de control del Nivel Territorial: Secretario General; Secretario y Subsecretario de Despacho; Veedor Delegado, Veedor Municipal; Director y Subdirector de Departamento Administrativo; Director y Subdirector Ejecutivo de Asociación de Municipios; Director y Subdirector de Área Metropolitana; Subcontralor, Vicecontralor o Contralor Auxiliar; Jefe de Control Interno o quien haga sus veces; Jefes de Oficinas Asesoras de Jurídica, de Planeación, de Prensa o de Comunicaciones; Alcalde Local, Corregidor y Personero Delegado. En la Administración Descentralizada del Nivel Territorial: Presidente; Director o Gerente; Vicepresidente; subdirector o Subgerente; Secretario General; Jefes de Oficinas Asesoras de Jurídica, de Planeación, de Prensa o de Comunicaciones y Jefes de Control Interno y Control Interno Disciplinario o quien haga sus veces.

### 4.2. Entre el ideal burocrático Weberiano y el funcionamiento de la burocracia en Colombia

*"La función pública y la carrera administrativa se creó con la finalidad de estructurar una burocracia profesionalizada, cuyo personal posea los méritos suficientes para una eficiente y eficaz prestación de servicios"* (Flórez-López, 2018, p. 17) sin embargo, esto difiere de la manera en la que funciona la burocracia en Colombia, ya que como se relacionó en el apartado anterior la burocracia en Colombia tiene un modelo neogerencial acorde con el sistema neoliberal que se implementó con la apertura de mercado que trajo consigo la Constitución política de 1991, este modelo que pretende equiparar el Estado a las empresas privadas, se caracteriza por que los cargos directivos no son permanentes sino que son de libre nombramiento y remoción a discreción de la autoridad competente, así mismo contempla empleos temporales, flexibilidad laboral y de recursos.

Si bien es cierto, *"La estabilidad en el cargo es otro elemento fundamental junto con los incentivos y las posibilidades de ascenso que se le deben suministrar al servidor"* (Flórez-López, 2018, p. 17) y por esto el Estado *"Debería ampliar su cobertura a ciertos cargos de dirección, con la finalidad de avanzar en el logro de la eficacia, eficiencia y progreso en la prestación de los servicios públicos y los cometidos estatales"* (González, 2010, p. 161) la realidad es que en Colombia esto no funciona así, por el modelo neogerencial implementado, que es la antítesis de la burocracia weberiana (Flórez-López, 2018, p. 17), y gracias a ello muchos de los cargos de la administración pública son de libre nombramiento y remoción y carecen de estabilidad. No obstante, más allá de la implementación del neogerencialismo, la burocracia en Colombia está a medio hacer, ya que no ha existido una verdadera voluntad política y legislativa de implementar el sistema de carrera administrativa.

Es un desacierto que la administración pública tenga tantos cargos de libre nombramiento y remoción que no brindan estabilidad ni vocación de permanencia a los servidores públicos ya que muchas veces estos cargos no se otorgan por la idoneidad y experiencia de los opcionados, sino que se utilizan para pagar favores políticos, así mismo, debido a la estipulación de la carrera administrativa, y al hecho que ahora los alcaldes y gobernadores no los elige el presidente, sino que son cargos de elección popular, el clientelismo mutó, y ahora no solo utiliza los cargos de la administración pública, sino que empezó a utilizar los contratos administrativos de prestación de servicios[54], estos

---

[54] (Rodríguez, 2019, p. 105) *"al cambiar el tamaño y las dimensiones del Estado —entendido como empleo público, fruto de las crisis del Estado de bienestar y los procesos de mo-*

contratos regulados por el artículo 32 de la ley 80 de 1993, constituyen una relación civil y comercial, más no laboral, sin embargo, en muchas ocasiones son utilizados para camuflar verdaderas relaciones laborales con el Estado.

La falta de implementación adecuada del sistema de carrera administrativa fomenta la utilización de los contratos administrativos de prestación de servicios, ya que en muchas entidades se utilizan estas clases de contratos para desarrollar actividades que no pueden ser realizadas por el personal de planta debido a la insuficiencia de este, y en ese sentido se empiezan a utilizar estos contratos de manera indebida, para camuflar una verdadera relación laboral y para realizar funciones que deberían ser desarrollados por el personal de planta de las entidades. Lo anterior es perjudicial ya que como se ha visto a lo largo del trabajo, el clientelismo utiliza a la administración pública como botín político, y de esta manera los prestadores de servidos de las entidades públicas no actúan de manera imparcial sino en pro de su benefactor, logrando la captura de la burocracia colombiana.

El clientelismo es peligroso en la administración pública ya que, en muchas ocasiones, actores ilegales o grupos de poder, financian campañas de los servidores públicos por elección popular que actuarán en representación de los ciudadanos, no obstante, *"al financiar las campañas en comento garantizan la lealtad de los políticos e influencian las decisiones tomadas por ellos conforme a sus intereses"*. (Rodríguez, 2019, p. 104) En ese sentido el clientelismo imperante en el país es un debilitador no solo de la democracia, al viciar las decisiones de los gobernantes y legisladores, sino también de la administración pública, ya que a su vez, los políticos elegidos en cargos de elección popular otorgan contratos por medio de contratación directa a las personas que ayudaron en su campaña, así pues, se termina por cooptar gran parte del aparato estatal, debido a la insuficiencia de los cargos de carrera administrativa.

Según (Weber, 1985, p. 25-32) hay que compensar monetariamente a los funcionarios, y las rentas deben representar una compensación por el cumplimiento de sus deberes oficiales, ya que la burocracia está unida al presupuesto de una existencia de ingresos para sostenerla. No obstante, en Colombia, debido al uso y abuso de la contratación directa y los contratos por prestación de servicios esto no se cumple en la administración pública, ya

---

*dernización del Estado en la década de los ochenta del siglo xx— las dinámicas del sistema clientelista variaron y adquirieron nuevas formas, dada la necesidad de obtener nuevas fuentes de "botín político" para brindar contraprestación a las clientelas por su apoyo electoral en comicios. En consecuencia, la forma de contraprestación pasaría a tener un nuevo entorno, ya no en el empleo público, sino en la contratación pública, principalmente, de órdenes de prestación de servicios"* que al no existir una relación laboral con los contratistas no hay lugar a prestaciones sociales o el pago de seguridad social, por lo que existe una precarización de las condiciones laborales de los trabajadores de facto, debido a que en teoría su relación es civil y comercial, más no laboral, así pues, en las entidades públicas se tienen por un lado, unos pocos servidores públicos de carrera administrativa remunerados adecuadamente, y por el otro, unos colaboradores, que en muchas ocasiones realizan funciones del personal de planta y de manera permanente, que no tienen una remuneración adecuada por sus servicios.

En ese sentido (Weber, 1985, p. 71) establece que la estructura burocrática prevé una nivelación de las diferencias económicas y sociales, ya que a diferencia de las administraciones no burocráticas que se fundan en los privilegios y rangos, la burocracia requiere de las personas más idóneas, en ese sentido, la burocracia va unida a la democracia de masas y la igualdad ante la ley; esto contrasta con los contratistas ya que muchas personas debido a las brechas sociales y las faltas de oportunidades, ven como opción brindar su apoyo a un político para obtener un contrato de prestación de servicios, y a su vez estos son utilizados para mitigar las falencias de la administración pública y la carrera administrativa, sin embargo, esta situación crea brechas entre los servidores públicos que gozan de estabilidad, prestaciones sociales, seguridad social entre otros beneficios, y los prestadores de servicios, que realizando las mismas actividades, carecen de lo anterior.

En la actualidad existe un uso desmedido de los contratos administrativos de prestación de servicios por parte de las entidades públicas, consultando el portal de datos abiertos del gobierno nacional, con fecha del 06 de julio de 2023, existen 969.063 de estos contratos en ejecución, y en diciembre del año 2022 el director de Empleo Público del Departamento Administrativo de la Función Pública, Francisco Camargo Salas en Colombia hay 1.351.000 servidores públicos, de los cuales el 55 % de la fuerza laboral del Estado son docentes y militares. En consecuencia, la cantidad de contratistas es excesiva en contraste con la cantidad de servidores públicos, teniendo en cuenta que en un principio estos contratos fueron creados para que se utilicen de manera excepcional cuando las actividades que realizan no puedan realizarse por el personal de planta o se requieran de servicios especializados.

La situación anterior sumada al modelo neogerencial y a la gran cantidad de cargos que existen que son de libre nombramiento y remoción hacen que el modelo burocrático colombiano diste de ser el ideal burocrático que menciona Weber, si bien es cierto, "*una autoridad burocrática perdurable y pública, jurisdiccionalmente determinada, constituye normalmente una excepción y no una regla histórica*" (Weber, 1985, p. 10), lo cierto es que en Colombia se está lejos de tener una burocracia consolidada y que funcione en pro del bien común, ya que debido a fenómenos como el clientelismo, se utiliza la burocracia en beneficio de unos pocos. Por esa razón las autoridades de cada entidad deben realizar de manera acuciosa la tarea de examinar las plantas de personal de sus entidades, y pasar los listados actualizados a Departamento Administrativo de la Función Pública, así mismo, los gobiernos deben aumentar el presupuesto a la administración pública, y en ese sentido realizar los concursos de méritos que sean necesarios para fortalecer las plantas de personal, para evitar que se siga cooptando la burocracia por medio de contratos de prestación de servicios y cargos de libre nombramiento y remoción.

Aunado a lo anterior "*desde finales del siglo XIX el Estado tiene que responder a una creciente demanda social de servicios públicos y de infraestructura*" (López Medina, 2006, p. 11) y en ese sentido el Estado Colombiano estaba tomando al ideal weberiano para consolidar su burocracia racionalidad, sin embargo, aunque este ideal fue fuerte en teoría no lo fue en la práctica debido a la imposibilidad de separar la administración de la política. Weber hablaba de una "*rama burocrática*" alejada de las presiones políticas, no obstante, esta separación no ocurría en Colombia ya que la administración estaba politizada y basada en un sistema de influencias. Para (López Medina. 2006, p. 13) para lograr la realización de los ideales de Weber es necesario que la administración se someta al "*principio de justicia*" que implicaría que esta se resista a aceptar desigualdades inmotivadas y preferencias. En ese sentido se debe avanzar en la eliminación de las presiones políticas en la administración pública y en la implementación del principio de justicia, para que así se avance en una "*justicia administrativa*".

Lo anterior toda vez que la administración en muchas ocasiones tiene facultades discrecionales, según (Marín, 2007, p. 141-142) se está en presencia de estas facultades cuando la autoridad administrativa se encuentra frente a "*disposiciones que le confieren mayor o menor de libertad de juicio y decisión*" ya que algunos de los elementos de la norma aplicable no han sido agotados plenamente por el legislador. Esta figura tiene definiciones "materiales" o "positivas" que hacen alusión a que la discrecionalidad opera cuando la norma no precisa el interés general y en ese sentido le otorga a la administración la facultad de ponderar los hechos, derechos e intereses para elegir una solución adecuada para el interés público; por su parte las definiciones "formales" o "negativas" hace referencia a la forma en la que se configura la facultad, la discrecionalidad surge desde la perspectiva formal como un ámbito no regulado o regulado parcialmente por el ordenamiento, otorgándole a la administración el propósito de que esta decida de manera libre (Marín, 2009).

En ese sentido, debido a que existen facultades discrecionales de la administración para la toma de decisiones y la expedición de actos administrativos, resulta nociva que en la misma se encuentren vinculadas personas que tienen viciados sus intereses ya que en la toma de decisiones procurarán favorecer a ciertos sectores e intereses, viciando la imparcialidad que debe tener la administración y comprometiendo el principio de justicia. Así pues, se debe avanzar en la consolidación de una burocracia apartada de los vaivenes políticos y en procura del interés general de los ciudadanos, apartándola de las influencias políticas, ya que mientras persistan las presiones políticas dentro de la administración se verá comprometido el adecuado funcionamiento de esta y por lo tanto la satisfacción de interés común y de los derechos de los ciudadanos.

## Conclusiones del primer capítulo

### *El clientelismo como bastión en la historia política colombiana, y su impacto en la burocracia: Una perspectiva histórica y contemporánea*

*El clientelismo forma parte de la historia colombiana*" (Leal y Dávila, 1990, p. 188) ya que como se ha visto a lo largo del capítulo es una clase de relación de poder que lleva existiendo y mutando desde la época colonial, y se ha mantenido vigente a través de los años a pesar de los intentos por eliminarlos; lo cual evidencia una falla institucional y del Estado social de derecho que debilita la democracia, ya que generan una deficiente gobernabilidad[55]. Así mismo, el clientelismo impidió la modernización estatal ya que tiene capacidad de transformación y de adaptación y este fue capaz de rearmar sus redes en el nuevo orden constitucional, el *neoclientelismo postconstitucional* al ahora estar bajo una democracia participativa adoptó nuevas estrategias, se dejaron de lado los "jefes naturales" y las nostalgias ideológicas, ahora se presta

---

55 Para María Teresa Uribe, la gobernabilidad tiene concepciones diferentes de acuerdo al grupo político que lo emplee, ya que para los políticos tradicionales con acentos *"personalistas y corruptos"* la gobernabilidad era un asunto de modernización del Estado, ya que querían que este fuera más eficiente y funcional, así se sacrificara la participación, ya que debía contar con un "*capital humado organizado y propositivo que facilitara la gestión pública y no la entorpeciera con sus acciones disruptivas e ilegales*" y esta derivaba en un sacrificio de la democracia. Por otro lado, las nuevas fuerzas presentes en la constituyente "*(Independientes, indígenas, cristianos, guerrilleros reinsertados)*" tenían una visión democrática de la gobernabilidad ya que debía primar la planeación participativa para incidir en las decisiones estatales y ampliar los derechos de la ciudadanía, en esta propuesta prima la democracia sobre la modernización del Estado. (Uribe, 2002, p. 37-38).

atención en las regionales y los líderes regionales al existir tantos partidos políticos, pueden escoger la propuesta más rentable. (Uribe, 2002, p. 38-39).

El clientelismo ha hecho parte de la historia colombiana, como se mencionó en el trabajo tiene sus inicios en la época colonial y fue evolucionando hasta el clientelismo de mercado que impera en la actualidad. Esto demuestra que este flagelo hace parte de un sistema político y cultural, ya que ha sobrevivido a los cambios normativos y constitucionales que pretendían mitigarlo. El clientelismo tiene gran adaptabilidad a los cambios jurídicos y políticos y esto es porque no existe un cambio cultural en la manera en la que se ejerce la política, ya que se ha normalizado que existan promesas y prebendas de por medio para poder ejercer el derecho y el deber al voto y esto también se debe a una apatía política por parte de los ciudadanos que no les interesa quién llegue al poder porque saben que el que llegue no va a favorecer al pueblo sino a intereses particulares, y por eso tranzan con su voto ya que consideran que el que gane igual no va a representar un cambio sustancial al sistema político colombiano.

La persistencia del clientelismo como una forma desigual e ilegítima de distribuir recursos también refleja la ausencia de una cultura política que fomente en los ciudadanos el sentido de bien común, justicia social y redistribución equitativa. Esta falta de cultura política no solo afecta la participación ciudadana durante los procesos electorales, sino que también limita la vigilancia efectiva sobre la ejecución de los recursos públicos y el uso del Estado por parte de los políticos para beneficiar intereses personales en lugar del interés general de la sociedad. El clientelismo se diferencia de la corrupción en que este no es ilegal necesariamente, sino que más bien son prácticas para intercambiar favores y privilegiar intereses particulares por encima del interés general y es por esto por lo que el clientelismo no es un fenómeno jurídico, e incluso no es un fenómeno político porque va más allá de la política, sino que es un fenómeno cultural y una manera en la que se concibe el sistema democrático. Es por esto por lo que el clientelismo ha sobrevivido a los intentos normativos por eliminarlo y la solución para mitigar estos problemas tiene que ver más con una cultura política y consciencia de lo público más allá que modificaciones normativas.

Legado de la colonización, los países latinoamericanos tienen una fuerte tendencia hacia los modelos presidenciales e hiperpresidenciales, en los cuales el ejecutivo tiene una gran concentración de poder y se diluye el sistema de pesos y contrapesos ya que tiene poder por encima del legislativo y judicial. En este caso el clientelismo entra a jugar un papel importante para que el ejecutivo negocie con el congreso para obtener mayorías que aprueben sus proyectos. Es una rama que tiene tanto poder que deriva en que solo accedan a la administración aquellos adeptos al presidente, así mismo, esta figura es concebida como un héroe o redentor que tiene la capacidad de solucionar todos los problemas sociales, por lo que recae sobre este la responsabilidad de todo lo que pasa en el país. Por otro lado, el escepticismo de las personas hacia la política genera que cuando el presidente realice algún proyecto social o cuando se vean beneficiados por alguna política se creen sentimientos de deuda en los ciudadanos. Este exceso de poder en cabeza del presidente no solo es favorable al clientelismo ya que este cuenta con los recursos y la influencia para negociar con las demás ramas e incidir en la gestión pública, sino que también permite que no exista un sistema adecuado de rendición de cuentas ya que al concebir al presidente casi que como un monarca no se cuestionan sus decisiones, no existe un sistema sólido de contrapesos y los ciudadanos no tienen la iniciativa y la confianza para exigirlas.

El clientelismo tuvo efectos positivos para mitigar la época de la Violencia precedente al Frente Nacional por lo que es de resaltar su efecto pacificador, pero de igual manera fue nocivo ya que al crear un pacto entre dos partidos políticos rivales con la finalidad de distribuir el poder los ciudadanos empezaron a notar una desideologización de los partidos políticos y empezaron a ver que estos tenían más similitudes de las que creían, con lo que empezó a aflorar una apatía electoral ya que al perder los ideales por los que antes se mataban y al convertirse en partidos que solo favorecen intereses particulares y que se repartían la función pública, generaron un sentimiento de apatía hacia quienes no se veían favorecidos de este juego político y por lo tanto solo participaban quienes tenían la ilusión de recibir algo a cambio.

Por otro lado, el clientelismo al ser una forma poco usual de repartición de recursos ha permitido que algunos sectores puedan participar en la política, ya que atrapó con su entramado a sectores pobres de la población que ven en este intercambio de favores la oportunidad de mejorar su posición social, y a su vez puede verse como una forma de representación política ya que permite que estas personas puedan expresar sus necesidades a los partidos políticos. Con el clientelismo de mercado que inició posterior a la Constitución de 1991 se iniciaron las dinámicas clientelistas a nivel regional y local ya que debido a la descentralización se fueron empleando las elecciones territoriales y los mecanismos de participación para conseguir recursos para las regiones. Si bien esta distribución de recursos puede traer consigo hechos de corrupción, también son una oportunidad para las regiones tradicionalmente olvidadas de formar parte de la política.

El clientelismo se fortalece debido a la debilidad del Estado para lograr una igualdad material y por la falla del Estado Social de Derecho en satisfacer las necesidades básicas de los ciudadanos. Por esta razón, una de sus principales áreas de influencia son las personas que buscan empleo o ingresos, quienes son movilizados para votar y hacer campaña a cambio de un cargo o contrato. La desigualdad, la pobreza y la escasez de oportunidades, especialmente de empleos formales bien remunerados, hacen que muchos ciudadanos vean las dinámicas clientelistas como una opción viable para asegurar su futuro. Es común escuchar en la vida diaria que los ciudadanos sienten la necesidad de contar con "palanca política" para obtener un empleo o contrato, y la percepción de que sin ella las posibilidades de progresar son mínimas. Esta situación no solo normaliza y perpetúa el clientelismo, sino que también lo mantiene arraigado en la sociedad. El clientelismo es favorable para la persona que hace parte de el ya que es una oportunidad de mejorar sus condiciones de vida, no obstante, es perjudicial para la democracia y la legitimidad de las instituciones.

Analizar al clientelismo solo como una característica negativa del sistema político colombiano es quedarse en la superficie, ya que como se demostró a lo largo del trabajo este concepto ha tenido diversos matices tanto negativos como positivos, si bien es cierto que el clientelismo genera apatía electoral, falta de representación y movilización inadecuada de recursos, también es cierto que puede ser visto como una manera de mejorar la posición social y a su vez de tener poder político y ser escuchados, y es por esto que es importante cambiar la manera en la que se concibe y se practica la política en Colombia, ya que si bien el clientelismo puede generar representación para una parte de la población, la mayoría resultaría excluida debido a que solo se le presta atención con quienes se generaron intercambio de favores. Incentivar la inclusión en la política y fomentar la participación de todos los sectores, y aumentar las oportunidades a los más vulnerables es crucial para acabar con el campo de cultivo clientelista.

Así mismo, como ya se vio a lo largo del capítulo, la burocracia colombiana difiere del ideal burocrático establecido por Max Weber para las sociedades modernas capitalistas, ya que el país tiene un modelo que permite que exista discrecionalidad en varios cargos estatales y así mismo, debido a la ineficiente implementación de la carrera administrativa se abusa de la contratación directa y los contratos administrativos de prestación de servicios, esto a su vez permite que el clientelismo siga operando ya que se aprovecha de la ineficiencia del servicio público para colocar en las entidades públicas como contratistas a la gente que le brindó apoyo electoral, y a su vez no existe una verdadera voluntad política de cambiar esta situación y los ciudadanos tampoco muestran real interés en que el clientelismo se elimine, ya que debido a las desfavorables condiciones socioeconómicas, muchos ciudadanos utilizan al clientelismo como mecanismo para obtener beneficios que ayuden a mitigar su situación, tales como un contrato de prestación de servicios.

El modelo neogerencial surge fruto de la entrada del neoliberalismo en Colombia y va en contravía del ideal burocrático de Weber; toda vez que pretende equiparar el Estado a las empresas privadas. Este modelo exige una menor participación estatal en los países que por el contrario requieren de acciones del Estado para garantizarle a los ciudadanos condiciones de vida dignas y oportunidades de acceso a la educación y trabajo digno que les permita desarrollarse plenamente y contribuir al desarrollo nacional de manera equitativa y sostenible. Con la entrada de la Constitución de 1991 nace una ambigüedad toda vez que si bien el texto constitucional posee un amplio catálogo de derechos también dio entrada al neoliberalismo que exige una mínima intervención estatal. El modelo neogerencial trae consigo muchos cargos de libre nombramiento y remoción y permite cierta flexibilidad para el manejo de recursos lo cual da entrada al clientelismo, tanto en la manera en la que se distribuyen estos cargos, como en la manera en la que se ejecutan los recursos.

La carrera administrativa en Colombia ha tenido tropiezos en su implementación debido a una falta de voluntad política para su consolidación efectiva y esta es una falencia que sigue aprovechando el clientelismo, en primer lugar, ya que los cargos de libre nombramiento y remoción son fácilmente utilizados como botín político y por otro lado se utilizan contratos de prestación de servicios para suplir las necesidades del sistema de carrera administrativa. Esta situación aunada al modelo neogerencial hacen no solo que la carrera administrativa esté ejecutada a medias sino también que esta diste muchísimo del ideal burocrático de Weber según el cual deben funcionar los Estados modernos.

El clientelismo no es culpa de los ciudadanos y tampoco el hecho de que esta práctica esté tan normalizada, sino que es culpa de un Estado fallido que no ha sido capaz de cumplir de manera eficiente sus fines previstos en la Constitución Política, y por el contrario trabaja en pro de beneficiar a las clases dominantes y en ese sentido los ciudadanos pierden la legitimidad en el ejercicio democrático. De igual manera el neoliberalismo adoptado por la Constitución de 1991 y que tiene como uno de sus principios la desregularización del trabajo también ha sido un factor determinante para que el clientelismo se mantenga ya que los ciudadanos sienten que no hay oportunidades de un trabajo digno y por esto es que prefieren tranzar con políticos a cambio de algún contrato. El neoliberalismo a su vez ha permitido que los ricos sean cada vez más ricos y los pobres cada vez más pobres sin que el Estado pueda intervenir para controvertir esta situación, así mismo el neoliberalismo es revictimizante ya que al propagar la idea de que solo lo más fuertes y capaces sobresalen y que el Estado no debe hacer nada para favorecer a los vulnerables solo perpetúa y exacerba las desigualdades socioeconómicas y culpa a los desfavorecidos de su situación sin mirar el contexto social, político y económico de estos.

Para (Rawls, 1971) el principio de justicia da estructura a una sociedad bien ordenada, así mismo existe el principio de participación que obliga a quienes ostentan el poder deben responder a los intereses del electorado, por lo tanto, debe existir una legislación justa y eficaz que a su vez mantenga el orden con quienes pretenden afectar la estabilidad de la cooperación social, ya que una sociedad bien ordenada es una *unión social de uniones sociales* (p. 109), sin embargo la participación en Colombia se ha desarrollado de manera compleja, si bien en un inicio se planteó la Constitución de 1991 como un instrumento de participación para la paz, este propósito no se consiguió debido a los conflictos armados existentes para la época, ya que la guerra afecta las instituciones y las prácticas de la vida en común y es por esto que los espacios participativos y comunitarios fueron colonizados por el conflicto (Uribe, 2002, p. 44-46).

Para (Uribe, 2003, pg 11) en los albores del nuevo milenio se discutía entre los modelos de acción política de representación y participación. Sustituir la representación por la participación y abrirle canales institucionales a esta, parecía ser la estrategia más adecuada para la crisis política de la época caracterizada por su ausencia estatal, clientelismo, corrupción, crisis de partidos políticos, abstención entre otros, además era lo adecuado para mitigar la dinámica de la guerra y avanzar en los procesos de paz. Es por esto por lo que con la entrada de la Constitución de 1991 se posicionaba en un primer plano a la ciudadanía, amplió el catálogo protegido de derechos en comparación con el Estado Liberal y establecía mecanismo para participar activamente. No obstante, debido a la crisis política y a la acentuación de la violencia se deterioró la democracia participativa que fue colonizada por el clientelismo pos-constitucional y por diversos actores armados de derecha y de izquierda.

En ese sentido se debe avanzar en el fortalecimiento y ejecución de la participación ciudadana, y no solo para refrendar las normas, sino avanzar hacia una democracia que escuche a los ciudadanos y sus problemas y que estos puedan entrar a formar parte del debate de las normas y políticas públicas que sean propuestas desde el gobierno nacional, así mismo, se debe fortalecer la democracia y la confianza de los ciudadanos en los partidos políticos y hacer que estos rindan cuentas de sus gestiones a los ciudadanos. En el año 2016 se firmaron los acuerdos de paz que constituyen un gran avance para dejar al lado el conflicto armado y es necesario aprovechar esa coyuntura para implementar políticas que garanticen la participación e inclusión de los sectores de la sociedad que durante años han sido marginados, ya que a lo largo de los años el país ha sido gobernado por y para las élites. Es por esto por lo que es necesario proveer garantías para la participación de líderes sociales, defensores de derechos humanos y personas con ideologías políticas diferentes a las dominantes, para poder tener unos espacios de participación seguros para todos sus participantes y es importante aprovechar la coyuntura de postconflicto ya que la violencia ha silenciado muchas voces que solo querían que sus necesidades fueran escuchadas.

Si bien como se señaló anteriormente los canales de participación fueron colonizados por el conflicto, ahora en esta época de postconflicto en la que se está intentando dejar a un lado ese oscuro pasado del país y empezando a construir uno nuevo con la paz como su pilar fundamental, es importante descongestionar los canales de participación, si bien el clientelismo y su cooptación de la burocracia no es algo que se resuelva con normas o jurisprudencia, los jueces deben jugar un papel importante para garantizar que en esta época de postconflicto los ciudadanos puedan participar activamente de las decisiones que se tomarán, descongestionando los canales de participación como lo señala John Hart Ely. Se requiere de un verdadero compromiso político para que lo decidido por los ciudadanos se implemente y no se quede en papel, como se evidenció a lo largo del capítulo el clientelismo tiene gran adaptabilidad a los cambios normativos y es por esto por lo que este solo se superará con un verdadero compromiso social y político por parte de varios sectores, tanto políticos como ciudadanos.

Así mismo, es importante que estos espacios de participación y debate fomenten la consolidación de una administración pública imparcial, autónoma y libre de presiones políticas que trabaje bajo el ideal de cumplir los fines esenciales del Estado y garantizar los derechos fundamentales y constitucionales a todos los ciudadanos y en especial, a aquellos que merecen especial protección estatal; para así avanzar en la consecución de una igualdad real de las personas y una disminución de las brechas sociales y los altos índices de pobreza. En la medida en que las entidades e instituciones del Estado se deslinden de la parcialización de la política que tienen varios de sus colaboradores estas funcionarán de una manera más eficiente, a su vez se deben garantizar que las vinculaciones con el Estado sean en mayor medida laborales y conforme al sistema de mérito y carrera administrativa para que así los empleados puedan gozar de la estabilidad propia del ideal burocrático de Weber y laborar de manera imparcial y eficiente para la administración.

Como se señaló a lo largo del capítulo la Constitución de 1991 trajo consigo al Estado Social de Derecho y un amplio catálogo de derechos, pero también trajo consigo un modelo económico y político neoliberal respondiendo a la globalización, en esta contradicción debe primar el Estado Social y Democrático de Derecho por encima de los efectos nocivos para la población, en especial la más pobre, que trae consigo el neoliberalismo. En ese sentido se necesita de un Estado que verdaderamente se preocupe por garantizar que todos los ciudadanos tengan oportunidades de mejorar su calidad de vida incluso es necesario que se tomen medidas de discriminación positiva para prestar mayor atención en los grupos que generalmente se encuentran marginados y que merecen especial cuidado para que así se pueda ir superando la desigualdad reinante en el país y que los ciudadanos no tengan que recurrir a tranzar con su voto para obtener algunos ingresos sino que tengan los condiciones necesarias para que su elección sea libre de presiones políticas.

Es importante ejercer un verdadero esfuerzo por poner en práctica los derechos y deberes consignados en la constitución en virtud del Estado Social de Derecho para mitigar el accionar y los efectos del clientelismo en la política colombiana. Así mismo es importante que el Estado avance en la consolidación de una *Nación,* yendo más allá de la simple intervención económica para encarnar lo que tradicionalmente ha sido llamado *Proyecto Nacional,* un esfuerzo material y cultural como política de Estado, para conectar los grupos y las regiones diversas de la sociedad, proponiendo la ficción de una *Historia en común* relatada como *Historia Nacional* y la esperanza de un futuro que se apoye en esta ficción (Silva, 2000, p. 4).

En muchas ocasiones se utiliza la frase *"Cada pueblo tiene el gobierno que se merece"* para culpar a los ciudadanos de las malas decisiones que se toman en política, y en ese sentido es muy fácil juzgar a las personas que votan para obtener algún beneficio, sin embargo, culpar a los ciudadanos solo es parte del problema ya que no se tienen en cuenta las razones que motivan a una persona a votar como lo hacen, trasladar la culpa al pueblo no es la solución ya que en Colombia, como se mostró a lo largo del capítulo, los índices de pobreza y desigualdad son altos, muchas personas no tienen la oportunidad de acceder al sistema educativo y sienten que voten por quién voten su situación no mejorará, la abstención sigue siendo alta y es porque el clientelismo ha deslegitimado la política haciendo ver que solo los que están vinculados con algún político o partido podrán obtener algo a cambio y los demás seguirán igual. Así pues, reduciendo las prácticas clientelistas también se contribuirá a fortalecer la legitimación de la democracia.

Si bien es cierto erradicar una práctica tan adosada a la historia del sistema político colombiano como la cooptación de la burocracia, es un asunto complejo que involucra a varios actores sociales, se debe procurar por avanzar hacia la consolidación del Estado Social de Derecho y a poner en práctica el cambio constitucional que ocurrió en 1991, dando prevalencia al amplio catálogo de derecho introducidos en esta constitución, para que los ciudadanos tengan bienestar y recuperen la confianza en el Estado y en la política, ir avanzando hacia una soberanía más social e incluyente de todos los sectores sociales para evitar la marginalidad y la cooptación del Estado por unos pocos. Es por esto por lo que este cambio exige más allá de un cambio normativo y jurisprudencial, exige un verdadero compromiso político, social y cultural por garantizar los derechos fundamentales, así como los económicos, sociales y culturales de todos los ciudadanos, para que el Estado sea de y para todos y no solo de unos pocos.

La eliminación del clientelismo no ocurrirá de manera instantánea; requiere un cambio gradual que involucre a la ciudadanía en la toma de decisiones políticas y jurídicas. Este proceso debe incluir a todos los sectores de la población: políticos, la sociedad civil, víctimas del conflicto, y movimientos sociales, entre otros. Es fundamental cambiar la percepción de la política, que no sea vista como un privilegio para unos pocos con conexiones políticas, sino como algo relevante para todos los ciudadanos y que afecta a toda la sociedad en general. Es necesario fomentar un cambio cultural en la manera de hacer y participar en la política, abandonando la visión de la política como un evento electoral cada cuatro años y convirtiéndose en ciudadanos activos que están informados sobre los asuntos políticos del país. Esto permitirá una vigilancia efectiva sobre el gobierno y sus acciones, y la exigencia de transparencia y rendición de cuentas. Esto garantiza que los ciudadanos se sientan parte integral de la política, desarrollando un sentido de bien común y responsabilidad pública. Además, promueve una conciencia cívica que facilita la elección de buenos líderes y refuerza la confianza en la población, motivando la participación activa de aquellos que antes mostraban apatía hacia la política.

*Segundo capítulo*

# Contratos administrativos de prestación de servicios: ¿Instrumento clientelista?

*Una revisión a la naturaleza jurídica de los contratos de prestación de servicios, para determinar la razón de su uso excesivo en detrimento del sistema de carrera administrativa que conlleva a la generación de una nómina paralela.*

**Resumen:** La contratación estatal en Colombia está prevista para lograr el eficaz desarrollo de la actividad estatal para el cumplimiento de sus fines previstos en la Constitución. Los contratos de prestación de servicios según la Ley 80 de 1993 son los que celebran las entidades estatales con personas naturales para desarrollar actividades relacionadas con la administración o funcionamiento de la entidad y sólo pueden suscribirse cuando dichas actividades no puedan realizarlas el personal de planta o requieran conocimiento especializados. Por otro lado, la carrera administrativa en Colombia aún continúa teniendo fallas en su implementación a pesar que fue creada en 1938, ya que aún persisten cargos discrecionales y a que no ha existido una verdadera voluntad de fortalecer las plantas de personal de las entidades públicas, lo cual deriva en una debilidad institucional que tiene que ser subsanada por medio de contratos estatales y es por esto que existe un uso y abuso de esta modalidad de contratos por parte de las entidades públicas y esto en parte también gracias al clientelismo que usa estos contratos como botín electoral para pagar favores políticos. A su vez este trabajo tiene como finalidad describir el principio de mérito en Colombia ya que este puede ser un principio constitucional e internacional pero a pesar de ello no logra desplazar el contrato de prestación de servicios en las entidades del Estado, así mismo se cuestionará la meritocracia en un país desigual que no tiene las mismas oportunidades de acceso a la educación y a un trabajo digno para toda la población y en ese sentido la idea de que trabajen para el Estado los mejores es incompatible con la desigualdad material. Por otro lado, se analizará el concepto de nóminas paralelas y como los contratos de prestación de servicios contribuyen a que exista una nómina paralela en el principal empleador que es el Estado y cómo esto no solo perjudica la administración, sino que vulnera derechos laborales.

**Palabras claves:** contratos de prestación de servicios, carrera administrativa, clientelismo, mérito.

**Conclusiones que espero obtener:** espero obtener como conclusión que la contratación estatal y en particular los contratos de prestación de servicios han sido desnaturalizados en la práctica ya que no se utilizan como una ayuda a las entidades públicas para cumplir sus fines estatales establecidos en la Constitución Política, sino que se utilizan de manera clientelista y así mismo mostrar que existe una debilidad en el sistema de carrera administrativa ya que no existe una verdadera voluntad política para fomentarlo y por el contrario los políticos se aprovechan de esta debilidad institucional para utilizar los contratos de prestación de servicios a su favor como botín político, y que estos contratos a su vez se utilizan para realizar labores propias de las plantas de personal de las entidades públicas. Así mismo se pretende demostrar que el sistema de mérito no funciona adecuadamente debido a la desigualdad reinante en el país y que los contratos de prestación de servicios contribuyen a la generación de una nómina paralela que perjudica a la administración y vulnera los derechos laborales de los contratistas.

**Metodología:** la metodología que se empleará en este capítulo es la cualitativa, ya que se realizará la revisión bibliográfica o documental, teniendo en cuenta que la pretensión es establecer la naturaleza jurídica de la contratación estatal y los contratos de prestación de servicios lo que implica una revisión de la normativa aplicable, así como de la jurisprudencia de las altas cortes. Así mismo se realizará un recorrido histórico del sistema de carrera administrativa en Colombia, se analizará y cuestionará la aplicación del principio de mérito en Colombia y la manera en la que el clientelismo utiliza los contratos de prestación de servicios a su favor generando una nómina paralela, para cumplir con estos fines de debe realizar un análisis de información en la doctrina nacional acerca de la carrera administrativa, el clientelismo en Colombia, el principio de mérito y el concepto de nóminas paralelas. De igual manera la metodología empleada tiene un enfoque: analítico, crítico y hermenéutico, que busca describir, analizar, interpretar y criticar la información encontrada.

## Introducción

La contratación estatal tiene fundamento en la necesidad que tiene el Estado de contratar con particulares o con el mismo Estado para el cumplimiento de sus fines estatales previstos en la Constitución Política. La Ley 80 de 1993 regula la contratación estatal ya que expide el Estatuto General de Contratación de la Administración Pública y en su artículo número 32 numeral 3 estipula los contratos de prestación de servicios como los que celebran las entidades estatales para desarrollar actividades relacionadas con la administración o funcionamiento de la entidad, con personas naturales, cuando dichas actividades no puedan realizarse con personal de planta o requieran conocimiento especializados. Por otro lado, existen entidades públicas con régimen especial de contratación a las cuales no les es aplicable la Ley 80 de 1993 y Ley 1150 de 2007 sobre contratación estatal y que se rigen principalmente por sus manuales de contratación que también pueden tener regulados los contratos de prestación de servicios.

La carrera administrativa es un sistema mediante el cual se realiza la provisión y administración del personal que trabajará para el Estado y que tiene regulación constitucional y legal para poder garantizar la igualdad en su acceso y poder así brindar un buen servicio, no obstante, a pesar que la carrera administrativa en Colombia fue creada por la Ley 165 de 1938 por el contexto político y social del país se han tenido inconvenientes para su implementación de manera efectiva ya que no fue sino hasta el 2004 que se realizó el primer concurso de méritos que culminó varios años después. De igual manera Colombia se ha debatido entre responder a procesos de modernización del Estado que se implementan de manera mundial y que requieren menos "Estado" y por lo tanto menos funcionarios en este; y por otro lado responder al Estado Social de Derecho que establece la Constitución Política de 1991 y que exige una mayor ampliación de la esfera pública en pro de que el Estado tome medidas para reducir las brechas sociales.

En ese sentido la carrera administrativa en Colombia se encuentra aún en un estado muy débil de implementación, por un lado está el modelo de neogerencialismo que busca equiparar al Estado con una empresa privada en la que los cargos directivos son proveídos de manera discrecional por el ejecutivo y se les da libertad para manejar sus recursos y su personal de confianza; y por el otro lado una falta de voluntad política para tomar medidas y crear normas y políticas públicas que verdaderamente incentiven el establecimiento de una carrera administrativa fortalecida, lo anterior toda vez que muchos políticos se valen de la insuficiencia de las plantas de personal de las entidades para suplirlas por medio de contratos de prestación de servicios que en ocasiones son "corbata" es decir que son contratos para obtener beneficios económicos sin desarrollar actividades que beneficien a las entidades, pero que también pueden ser contratos que verdaderamente están desempeñando actividades propias del personal de planta y por lo tanto camuflan una verdadera relación laboral.

Así mismo la intención de este capítulo es cuestionar el principio del mérito, si bien este es un principio constitucional e internacional, a pesar de ello no logra desplazar el contrato de prestación de servicios en las entidades del Estado, por otro lado, este trabajo pretende cuestionar la meritocracia porque en un país desigual que no tiene las mismas oportunidades de acceso a la educación y a un trabajo digno para toda la población hablar de meritocracia puede tornarse clasista ya que las oportunidades de educación y empleo formal en Colombia no son iguales para todo el mundo, según cifras oficiales del Sistema de Matrícula Estudiantil del Ministerio de Educación (Simat), un poco menos de la mitad de los estudiantes que entran a primero de primaria no termina el bachillerato, así mismo, el Laboratorio de Economía de la Educación (LEE) de la Universidad Javeriana publicó el informe de análisis estadístico "Inasistencia a establecimientos educativos en Colombia antes y durante la pandemia: cifras y razones" en donde muestra que en 2021 la cantidad de personas en edad escolar (De 5 a 24 años) que no se encontraban escolarizadas era de 5.049.813. De igual manera según cifras del Ministerio de Educación Nacional solo el 53,94 % de los jóvenes se matriculó en la Universidad para el año 2021.

Aunque el Estado colombiano asegura el derecho a la educación gratuita hasta el nivel de básica secundaria, reconociéndola como un derecho fundamental de los niños, niñas y adolescentes, es importante señalar que este derecho no siempre se materializa de manera plena para todos los sectores de la población. A pesar de la normativa y los esfuerzos institucionales, existen múltiples barreras que dificultan el acceso universal a la educación. Entre estas barreras se incluyen factores sociales, culturales y económicos, que afectan de manera directa a las familias más vulnerables y marginadas. Las desigualdades económicas, por ejemplo, pueden generar dificultades para que muchas personas, especialmente en áreas rurales o en contextos urbanos marginalizados, puedan costear los gastos asociados al proceso educativo, como uniformes, transporte o materiales.

Además, la geografía del país desempeña un papel crucial en la accesibilidad a la educación. Colombia, con su compleja topografía y la dispersión de muchas de sus poblaciones en regiones alejadas o de difícil acceso, enfrenta desafíos logísticos importantes. En zonas rurales o en territorios con difícil conectividad, como las áreas montañosas o las zonas de conflicto, las infraestructuras educativas son limitadas y, en ocasiones, los estudiantes deben recorrer largas distancias para asistir a clases. Este fenómeno no solo aumenta las dificultades físicas para acceder a la educación, sino que también contribuye a la deserción escolar, ya que muchos niños y adolescentes no cuentan con los recursos necesarios o enfrentan condiciones que les impiden mantener una educación continua. Por lo tanto, aunque la educación es un derecho garantizado por el Estado, los contextos sociales, económicos, culturales y geográficos siguen siendo factores determinantes que limitan el acceso y la permanencia en el sistema educativo para una parte importante de la población colombiana.

Por su parte respecto a las cifras de empleo, es preciso señalar que según el DANE se considera como ocupados informales a todos los asalariados o empleados domésticos que no cuentan con cotizaciones a salud ni a pensión por concepto de su vínculo laboral con el empleador que los contrató, así mismo se consideran informales a todos los Trabajadores sin remuneración, en ese sentido a nivel nacional en el trimestre móvil mayo-julio 2023 la proporción de ocupados informales fue 56,0 %, por otro lado para el mes de julio de 2023, la tasa de desocupación del total nacional fue 9,6 %, que si bien representó una disminución de 1,4 puntos porcentuales respecto al mismo mes de 2022 (11,0 %) no demuestra que se ha mejorado las condiciones laborales de las personas. Teniendo en cuenta lo anterior este trabajo pretende cuestionar que no se puede hablar de mérito en un país que no garantiza la igualdad material ni la disminución de las brechas sociales y la falta de oportunidades.

Por otro lado, en este trabajo también se analizará la manera en la que la debilidad de la carrera administrativa permite el uso y abuso de los contratos de prestación de servicios en las entidades públicas derivando en la conformación de nóminas paralelas ya que la cantidad de contratistas del Estado es casi equiparable a la cantidad de servidores públicos que hay en el país y esto no solo genera una cooptación de la burocracia a manos de terceros y deficiencias en la adecuada administración pública, sino que también vulnera derechos laborales de personas que hacen lo mismo que el personal de planta pero no tienen estabilidad, ni pago de seguridad social o prestaciones sociales. Las nóminas paralelas son fruto de una débil implementación del sistema de carrera administrativa pero también del uso de los contratos estatales como botín político lo que genera que se desvíen recursos del Estado para pagar a terceros, pero también que se utilicen como prebendas políticas.

Este trabajo tiene como finalidad caracterizar la naturaleza de la contratación estatal y los contratos de prestación de servicios y como estos se utilizan como botín político en detrimento de una carrera administrativa que se encuentra a medio implementar y como el sistema de mérito puede ser cuestionado debido a las fallas del Estado Social de Derecho que no garantizan la disminución de la igualdad material en los colombianos y no reduce las brechas sociales.

## 1. La contratación estatal en Colombia

El contrato es la base de las relaciones sociales ya que permite la realización de gran cantidad de negocios que se encuentran regulados en el derecho, y el Estado no es la excepción ya que necesita contratar con terceros para desarrollar de manera óptima sus funciones y cumplir con las tareas públicas, es por esto por lo que surge la contratación estatal como una rama del derecho administrativo, que como lo menciona (Bahamón, 2018, p. 7)

> tiene su génesis teórica en el derecho de los contratos del derecho privado y, sin embargo, se ha separado de este a tal punto que ha roto con la tradicional autonomía de la voluntad de aquellos para dar lugar a una relación contractual supeditada a principios de orden público al interior de la cual, se otorga a la administración una serie de facultades exorbitantes o extraordinarias que excluye, toda posibilidad, de igualdad entre las partes contratantes.

Colombia Compra Eficiente es una entidad descentralizada de la rama ejecutiva del orden nacional, con personería jurídica, patrimonio propio y autonomía administrativa y financiera, adscrita al Departamento Nacional de Planeación (DNP) que es el rector del Sistema de Compra Pública de Colombia, se encarga de ofrecer a los partícipes del sistema de compra pública herramientas para facilitar los procesos y fortalecer sus capacidades para obtener mayor valor por el dinero público en el Sistema de Compra Pública, de igual manera esta entidad se encarga de administrar el SECOP que es la plataforma transaccional de la contratación pública. Colombia Compra Eficiente fue creada por medio del Decreto 1510 de 17 de julio de 2013 surge de reconocer la importancia estratégica de las compras públicas para el funcionamiento del Estado, respaldada por una política de gasto público. Su objetivo es desarrollar políticas públicas que maximicen el valor obtenido por el dinero invertido, enfocándose en eficiencia (costos de adquisición), eficacia (relación entre necesidad y producto adquirido), y economía (costos durante el ciclo de vida del producto). Este enfoque va más allá del precio inicial para incluir consumibles y disposición final del producto.

La contratación estatal dista mucho de las relaciones contractuales del derecho privado[56] toda vez que se debe proteger el interés general por encima de los intereses privados y por ello se supeditan a una serie de procesos de selección para evitar la malversación de recursos públicos en beneficio de particulares y así evitar la corrupción. De conformidad con (Bahamón, 2018,

---

[56] De conformidad con (Palacio, 2010, p. 32-33) "Frente a la dificultad de los diferentes criterios que la doctrina manejó para establecer una distinción clara entre los contratos administrativos y de derecho privado de la administración, se aspiraba al establecimiento de un régimen jurídico único al que estuvieran sometidos todos los contratos de la administración pública, misión que se propuso el estatuto actual, señalando una sola especie de contrato para englobar todos los que celebre la administración pública y que aunque tenga en su contenido un soporte de regulación privada, sigue conservando un régimen excepcional o de potestades exorbitantes que lo hacen de naturaleza diferente a aquellos que celebran los particulares, pudiendo decir que están dotados de una verdadera cobertura administrativa".

p. 15-16) los contratos estatales además de tener que cumplir con los requisitos de existencia y validez del artículo 1502 del Código Civil también debe cumplir con las particularidades propias de los contratos de la administración como lo son: i) ejecución de una obra o prestación de un servicio público o cualquier contraprestación para satisfacer el interés general. ii) Participación de un órgano estatal o de un ente de carácter público en ejercicio de la función administrativa. iii) Por lo general tiene naturaleza de adhesivo ya sea por la existencia de un acuerdo marco o por la limitación de las condiciones por parte de la administración. iv) La existencia de prerrogativas de la administración que subordinan al interés público los principios de la contratación privada como la autonomía de la voluntad y la igualdad de las partes.

De acuerdo con el artículo 209 de la Constitución Política de Colombia la función administrativa está al servicio de los intereses generales y tiene como principios la *"igualdad, moralidad, eficacia, economía, celeridad, imparcialidad y publicidad, mediante la descentralización, la delegación y la desconcentración de funciones."* Así mismo la ley 80 de 1993 establece como principios de la contratación pública: *"los principios de transparencia, economía y responsabilidad y de conformidad con los postulados que rigen la función administrativa."* Por otro lado en la contratación estatal se habla reiteradamente del principio de planeación, que si bien no tiene una definición concreta establecida en la norma se puede extraer de los artículos 339 (que habla de los planes de desarrollo que deben implementar las entidades territoriales y el gobierno nacional) y 341 (que dispone que el Gobierno elaborará el Plan Nacional de Desarrollo con la participación activa de las autoridades de planeación, de las entidades territoriales y del Consejo Superior de la Judicatura) de la Constitución Política, así mismo el artículo 15 del Decreto 1510 de 2013 estipula que la entidad estatal durante la etapa de planeación debe hacer el análisis para conocer el sector relativo al objeto del Proceso de Contratación desde la perspectiva legal, comercial, financiera, organizacional, técnica, y de análisis de riesgo.

De igual manera la contratación estatal no ha sido ajena a los cambios que se producen a nivel mundial, y en ese sentido como lo menciona (Benavides, 2002, p. 27) debido a los cambios políticos que se generaron en el siglo XX que atienden a las dinámicas de la globalización se realizó un cambio en la gestión pública en las que se evidencia las carencias de la administración que incentivan la participación del sector privado que se traduce no solo en una mayor presencia del capital privado sino también en un cambio en la manera en la que se concibe esa participación. Por otro lado, el neoliberalismo trajo consigo una apertura contractual a partir de los años 90 debido a que se evidenció la imposibilidad de limitar la contratación solo a lo nacional, lo anterior se puede evidenciar en los Acuerdos Comerciales que tienen las entidades estatales con algunos países y que deben ser tenidos en cuenta a la hora de realizar los procesos de selección y atendiendo a los requisitos establecidos en cada acuerdo; estos acuerdos se pueden visualizar con mayor detalle en el Manual para el Manejo de los Acuerdos Comerciales en Procesos de Contratación de Colombia Compra Eficiente (CCE-EICP-MA-03) V.01 24/11/2021.

Por otro lado, el neoliberalismo también trajo consigo un cambio en la manera en la que se concibe la administración pública ya que de conformidad con (Benavides, 2002, p. 28) al ser percibida como un servicio estará sujeta a imperativos económicos que imponen una concepción de efectividad y eficacia, y es por esto por lo que ahora la administración puede ser objeto de evaluaciones y mediciones para mirar la calidad del servicio y la utilidad de las instituciones. La Constitución Política de 1991 por un lado establece la apertura económica del país dando entrada al neoliberalismo, pero por el otro al establecer que Colombia es un Estado Social de Derecho impone una obligación estatal de garantizar los derechos de los ciudadanos e implementar medidas afirmativas con la finalidad de proteger a los más vulnerables, lo cual implica un esfuerzo estatal que debe ser afín con los preceptos constitucionales y es por esto que desde los años 90 se avanzó hacia una contratación estatal que fuera más flexible y eficiente y que resultara más práctica para las entidades públicas para que pudiesen responder tanto a las exigencias de la apertura del mercado y del Estado Social de Derecho.

Atendiendo a lo anterior se expidió el Estatuto General de Contratación de la Administración Pública mediante la Ley 80 de 1993 pretendiendo la modernización de los contratos administrativos, posteriormente la ley 1150 de 2007 se expidió con la finalidad de establecer medidas para la eficacia y transparencia y dictar otras disposiciones. Sin embargo, la Ley 80 de 1993 y posteriores no es aplicable a todas las entidades estatales ya que como lo estableció su artículo 13 hay varias excepciones a la aplicabilidad del Estatuto General de Contratación de la Administración Pública debido también a los procesos de globalización y modernización del Estado existen entidades públicas que se deben regir por la normatividad civil y comercial en razón a que entran en competencia con las empresas privadas lo cual evidencia una relación entre lo público y lo privado. A pesar de contar con un régimen exceptuado de contratación estas entidades públicas deben atender a los principios de la función administrativa y el control fiscal ya que gestionan recursos públicos y por su carácter público deben garantizar el interés general, así mismo deben contar con sus manuales de contratación[57].

---

[57] De conformidad con la guía G-EEREC-01 de Colombia Compra Eficiente "Guía para las Entidades Estatales con régimen especial de contratación" los manuales de contra-

Si bien es cierto debe existir un régimen que permita mayor flexibilidad a las entidades públicas que entran en competencia con empresas privadas ya que la contratación estatal de la administración pública se percibe como lenta debido a la cantidad de requisitos y procesos que se deben surtir para celebrar un contrato, y en ese sentido resulta pertinente tener un régimen exceptuado de contratación, no obstante, esto deriva en varios inconvenientes como la inseguridad jurídica ante la pluralidad de existencia normativa al respecto, o la desviación de recursos públicos toda vez que en muchas ocasiones se abusa de la contratación directa para eludir los requisitos y procesos que se deben surtir para contratar, muestra de ello son los llamados "contrataderos" que son intermediarios que se utilizan para burlar las reglas de la contratación, es decir, las entidades sometidas al régimen de contratación para la administración pública realizan convenios o contratos interadministrativos con entidades que tienen un régimen de excepción para que estas puedan contratar por ellos sin tener que cumplir con los requisitos legales[58].

---

tación deben tener "entre otros elementos, lo siguiente: a) Una descripción detallada de los procedimientos para seleccionar a los contratistas. b) Los plazos de cada una de las etapas de los procedimientos c) Los criterios de evaluación y desempate. d) El contenido que deben tener las propuestas. e) Los Procedimientos para la aplicación de las restricciones de la Ley 996 de 2005 f) Todos los demás aspectos que garanticen el cumplimiento de los objetivos del Sistema de Compra Pública en todas las etapas del Proceso de Contratación, con base en su autonomía". De igual manera esta guía establece las normas que son aplicables a todas las entidades independiente de su régimen de contratación como la Ley 816 de 2003 que es aplicable a todas salvo las de servicios públicos, la Ley 996 de 2005, la Ley 1474 de 2011 y la Ley 1712 de 2014, el decreto 1082 de 2015 y diversas circulares, manuales y guías. De igual manera las entidades con régimen exceptuado de contratación deben atender a los acuerdos comerciales existentes. Así mismo estas entidades tienen las siguientes obligaciones: i) de publicar su actividad contractual en el SECOP. ii) obligación de elaborar y publicar su plan anual de adquisiciones, iii) de hacer uso del Clasificador de Bienes y Servicios iv) Obligaciones de reportar sanciones, multas, inhabilidades e incompatibilidades v) Obligación de realizar el análisis del sector económico y de los oferentes por parte de las Entidades Estatales.

58 Como muestra de la anterior de conformidad con el boletín 170 de 2023 para el año 2023 la Procuraduría General de la Nación requirió a 19 entidades, conocidas popularmente como "contrataderos" para que informen sobre la ejecución de $ 3,3 billones provenientes de 918 convenios interadministrativos, según este boletín "El ente de control investiga si estas organizaciones tenían la experiencia e idoneidad para ejecutar los respectivos proyectos y si se adelantaron procesos de contratación con normas de derecho privado, seleccionando proveedores por medio procedimientos de competencia restringida e incluso contrataciones directas, excluyendo a posibles competidores o presuntamente incumpliendo los principios de la función administrativa" así mismo establece que "el Ministerio Público busca establecer si por medio de la celebración de estos convenios, las entidades, en especial las del orden territorial, obviaron la obligatoriedad de los documentos tipo expedidos por Colombia

## 1.1. La finalidad de la contratación estatal en Colombia

En el apartado anterior se señalaron algunas nociones sobre la contratación estatal en Colombia, por lo tanto, en este acápite se pretende describir su naturaleza jurídica y su finalidad. Como se mencionó anteriormente debido a la globalización y los cambios políticos que se presentaron en el Estado en el siglo XX, la contratación estatal empezó a cobrar mayor importancia debido a que el Estado necesitaba ayuda de capital privado para poder prestar sus servicios, lo cual derivó en la existencia de un debate en torno a la privatización. Según lo explica (Silva, 2010, p. 44-45) "*una de las razones más poderosas que justificarían la privatización es la ganancia en eficiencia económica, aunque también lo que suena plausible, promover el apoyo suficiente para que un grupo político permanezca o alcance el poder, en cuyo caso la eficiencia probablemente se relega a un segundo lugar*". Según Silva se parte de que las empresas públicas son menos eficientes que las privadas ya que se presumen carentes de incentivos para reducir costos, y propensos a las presiones políticas y se piensa que la privatización promueve la competencia, sin embargo, esto no necesariamente significa más eficiencia.

Por otro lado (Matallana y Sierra, 2019, p.15-20) señalan como desventajas de las asociaciones público-privadas que estas: i) no contribuyen al gasto público, ii) pueden generar un monopolio iii) La inadecuada asignación de riesgos pone en peligro el surgimiento y perfeccionamiento del contrato, (mayores exigencias al sector privado) iv) La duración de las APP no permite realizar un adecuado análisis del riesgo v) La renegociación de los contratos. Como bien se señaló anteriormente el argumento a favor de la privatización es la eficiencia y que el sector privado se encuentra lejos de presiones políticas, no obstante, (Silva, 2010, p. 45-46) establece que aun cuando hay regulaciones y leyes antimonopolios en algunos manejos de los privados se observan prácticas colusivas y monopólicas dónde esta no es público y por lo tanto la eficiencia de los privados puede cuestionarse, así mismo la privatización de las empresas estatales implica un cambio de propiedad cuando pasan del sector público al sector privado, y este cambio en la naturaleza de los derechos de propiedad requiere una estructura diferente de incentivos para administrar y por tanto cambios en el comportamiento administrativo y el desempeño de una empresa. En ese sentido puede resultar cuestionable que

---

Compra Eficiente." En ese sentido se evidencia que, si bien la existencia de un régimen exceptuado tiene una razón de ser, debido a la cultura de la corrupción existente en el país, muchas veces se utilizan a esta clase de entidades para eludir los mandatos de la contratación estatal.

empresas privadas se encarguen de suministrar servicios públicos y derechos ya que empiezan a ser vistos como un negocio[59].

De igual manera (Palacio, 2010, p. 21) argumenta que

> hoy se piensa que la modernización del Estado es llevarlo a la privatización de la actividad estatal, para que los particulares adelanten las actividades y presten los servicios que están a cargo de él, partiendo del supuesto de que la ineficiencia del Estado, radicaba en el sinnúmero de tareas que asume, por un gigantismo que lo hacía ineficiente y poco competitivo en las tareas que propiamente se mueven con el interés de los particulares.

Es por lo anterior que se piensa que se debe dejar la economía en manos de particulares y que el Estado solo ordene dicha actividad, en ese sentido el Estado entrega la prestación de los servicios a los privados. Según Palacio "*tal ánimo privatizador fue la antesala para la expedición de la Ley 80 de 1993 y su influencia se hizo presente a la logar del articulado del estatuto*"

Si bien es cierto la privatización puede resultar cuestionable, también es cierto que la contratación estatal se planteó como el medio idóneo para cumplir con los fines del Estado, en ese sentido la Ley 80 de 1993 tiene como finalidad la satisfacción del interés general y en su artículo tercero establece que los servidores públicos tendrán en cuenta a la hora de suscribir y ejecutar los contratos que las entidades públicas a través de ellos buscan "*el cumplimiento de los fines estatales, la continua y eficiente prestación de los servicios públicos y la efectividad de los derechos e intereses de los administrados que colaboran con ellas en la consecución de dichos fines*"; Este artículo va en consonancia con el artículo 209 de la Constitución Política que desarrolla la función administrativa y establece que esta está al servicio del interés general.

---

59 De acuerdo con (Silva, 2010, p. 46) Las empresas estatales pueden solucionar los fallos del mercado, así mismo mientras las empresas privadas buscan maximizar beneficios, las empresas públicas buscan maximizar el bienestar social. Si bien es cierto que las empresas públicas tienen imposiciones de racionalidad económica y por lo tanto tienen que cobrar un precio alto y no competitivo, significa que opera con competencia imperfecta que resulta ineficaz, no obstante, las empresas privadas que reciben recursos públicos para producir bienes o servicios, no tienen incentivos para producir con eficiencia, sino que por el contrario también pueden estar bajo la influencia de "grupos de presión y captura de rentas", y por esto buscará apoderarse de los recursos públicos y de la debilidad institucional para no cumplir con su tarea y buscar indemnizaciones, por lo que resultaría más ineficiente que la misma empresa pública. Así mismo el autor pone como ejemplo las concesiones de infraestructura ya que cuando se entregaron al sector privado la infraestructura de los países no desarrollados sufre un retroceso porque las obras no se realizaban o incurrían en sobrecostos o les faltaba calidad, por lo tanto, la privatización genera una mayor ineficiencia que cuando lo realiza el sector público.

Hay una falta de precisión normativa acerca de qué es el interés general. (Marín, 2007, p. 141) establece que el Estado social de Derecho trajo consigo un proceso de pérdida de precisión de las normas jurídicas ya que exige mayor intervencionismo estatal que viene con una tendencia a la informalización de un Derecho que se muestra incapaz de predeterminar con toda precisión las decisiones más concretas y establecer con exactitud los intereses generales a servir por la Administración Pública. En ese sentido Marín establece qué:

> ante la imposibilidad de conciliar de antemano la multiplicidad de intereses que pueden resultar implicados al regular determinado asunto, los enunciados normativos actuales optan por no definir –al menos no del todo– los intereses generales, autorrestringiéndose al señalamiento de fines a la Administración con el cada vez más frecuente recurso a cláusulas generales y conceptos indeterminados de amplio espectro programático o valorativo, con la consecuente remisión que ello supone a "criterios de decisión extra-jurídicos (morales, políticos, técnicos, económicos)", o, lo que es igual, a una "politización o moralización, economización o tecnificación –suponiendo que fuera correcto hablar así– del Derecho"10, a una mayor "flexibilidad" de los modelos jurídicos, que no es otra cosa, en definitiva, que un incremento de la discrecionalidad administrativa" (Marín, 2007, p. 144).

El artículo tercero de la Ley 80 de 1993 también se refiere a los contratistas del Estado y menciona que deben tener en cuenta que además de la obtención de utilidades, colaboran al Estado al cumplimiento de sus fines y cumplen con una función social. Según (Benavides, 2002, p. 69) El contrato estatal de la Ley 80 de 1993 tiene una doble finalidad ya que tiene en cuenta el interés económico de los contratistas y el interés público, y en ese sentido las bases de la noción del contrato estatal son el acuerdo de voluntades y los efectos jurídicos particulares generados. Respecto al acuerdo de voluntades se refiere a que no existen contratos unilaterales, si bien existe un papel preponderante de la administración eso no niega la intervención del contratista. Por otro lado, los efectos jurídicos la concepción del contrato es "*la de un instrumento de regulación de intereses de las partes hacia una doble finalidad*" (p. 71) y en ese sentido le impone a la administración la obligación de garantizar los derechos e intereses del contratista, pero al mismo tiempo este es un colaborador de la administración para la consecución de las finalidades públicas y en ese sentido desarrolla una función social que le impone obligaciones.

## 1.2. Naturaleza jurídica del contrato de prestación de servicios

Los contratos de prestación de servicios están en el numeral tercero del artículo 32 de la Ley 80 de 1993:

> Son contratos de prestación de servicios los que celebren las entidades estatales para desarrollar actividades relacionadas con la administración o funcio-

> namiento de la entidad. Estos contratos sólo podrán celebrarse con personas naturales cuando dichas actividades no puedan realizarse con personal de planta o requieran conocimiento especializados. En ningún caso estos contratos generan relación laboral ni prestaciones sociales y se celebrarán por el término estrictamente indispensable.

En relación con el acápite anterior, se puede inferir que estos contratos al ser parte de la contratación estatal tienen como finalidad ayudar a la administración a que se cumplan con sus fines estatales previstos constitucionalmente[60], además la norma es clara al exigir que la actividad a contratar no pueda ser desarrollada por el personal de planta o que requiera un conocimiento especializado que no tiene el personal de planta.

Por otro lado, el Decreto 1082 de 2015, en el artículo 2.2.1.2.1.4.9., señala lo siguiente:

> Contratos de prestación de servicios profesionales y de apoyo a la gestión, o para la ejecución de trabajos artísticos que solo pueden encomendarse a determinadas personas naturales. Las Entidades Estatales pueden contratar bajo la modalidad de contratación directa la prestación de servicios profesionales y de apoyo a la gestión con la persona natural o jurídica que esté en capacidad de ejecutar el objeto del contrato, siempre y cuando la Entidad Estatal verifique la idoneidad o experiencia requerida y relacionada con el área de que se trate. En este caso, no es necesario que la Entidad Estatal haya obtenido previamente varias ofertas, de lo cual el ordenador del gasto debe dejar constancia escrita.
>
> Los servicios profesionales y de apoyo a la gestión corresponden a aquellos de naturaleza intelectual diferentes a los de consultoría que se derivan del cumplimiento de las funciones de la Entidad Estatal, así como los relacionados con actividades operativas, logísticas, o asistenciales.
>
> La Entidad Estatal, para la contratación de trabajos artísticos que solamente puedan encomendarse a determinadas personas naturales, debe justificar esta situación en los estudios y documentos previos.

Por otro lado, el Decreto 1068 de 2015 menciona sobre las condiciones para contratar por prestación de servicios en las entidades públicas lo siguiente:

---

60 Según el artículo segundo de la Constitución Política de Colombia: "*Son fines esenciales del Estado: servir a la comunidad, promover la prosperidad general y garantizar la efectividad de los principios, derechos y deberes consagrados en la Constitución; facilitar la participación de todos en las decisiones que los afectan y en la vida económica, política, administrativa y cultural de la Nación; defender la independencia nacional, mantener la integridad territorial y asegurar la convivencia pacífica y la vigencia de un orden justo. Las autoridades de la República están instituidas para proteger a todas las personas residentes en Colombia, en su vida, honra, bienes, creencias y demás derechos y libertades, y para asegurar el cumplimiento de los deberes sociales del Estado y de los particulares*".

> ARTÍCULO 2.8.4.4.5. Condiciones para contratar la prestación de servicios. Los contratos de prestación de servicios con personas naturales o jurídicas, sólo se podrán celebrar cuando no exista personal de planta con capacidad para realizar las actividades que se contratarán.
>
> Se entiende que no existe personal de planta en el respectivo organismo, entidad, ente público o persona jurídica, es imposible atender la actividad con personal de planta, porque de acuerdo con los manuales específicos, no existe personal que pueda desarrollar la actividad para la cual se requiere contratar la prestación del servicio, o cuando el desarrollo de la actividad requiere un grado de especialización que implica la contratación del servicio, o cuando aun existiendo personal en la planta, éste no sea suficiente, la inexistencia de personal suficiente deberá acreditarse por el jefe del respectivo organismo.
>
> Tampoco se podrán celebrar estos contratos cuando existan relaciones contractuales vigentes con objeto igual al del contrato que se pretende suscribir, salvo autorización expresa del jefe del respectivo órgano, ente o entidad contratante. Esta autorización estará precedida de la sustentación sobre las especiales características y necesidades técnicas de las contrataciones a realizar.

Por su parte el ARTÍCULO 2.8.4.4.6. menciona lo siguiente:

> Prohibición de contratar prestación de servicios de forma continua. Está prohibido el pacto de remuneración para pago de servicios personales calificados con personas naturales, o jurídicas, encaminados a la prestación de servicios en forma continua para atender asuntos propios de la respectiva entidad, por valor mensual superior a la remuneración total mensual establecida para el jefe de la entidad. (...).

La Corte Constitucional y el Consejo de Estado han expedido extensa jurisprudencia acerca de los contratos de prestación de servicios que celebran las entidades estatales, es por esto por lo que se presenta la siguiente línea jurisprudencial con la jurisprudencia más relevante en el tema:

**Tabla 5. Línea jurisprudencial sentencias Corte Constitucional.**

| Corte Constitucional | |
|---|---|
| Sentencia C- 326 de 1997 | Sostiene que “el contratista persona natural pone a disposición de la entidad contratante su capacidad de trabajo para asumir funciones o tareas relacionadas con aquella que por alguna razón no puede realizar el personal de planta”.<br>Establece que los contratos de prestación de servicios son los que celebren las entidades estatales para desarrollar actividades relacionadas con la administración o funcionamiento de la entidad. Estos contratos sólo podrán celebrarse con personas naturales cuando dichas actividades no pueden realizarse con personal de planta o requieren conocimientos especializados. “En ningún caso estos contratos generan relación laboral ni prestaciones sociales y se celebrarán por el término estrictamente indispensable.” |

| | |
|---|---|
| | En estos contratos se vincula una persona natural en forma excepcional, para suplir actividades o labores relacionadas con la administración o funcionamiento de la entidad, o para desarrollar actividades especializadas que no puede asumir el personal de planta; si bien con él se materializa una relación contractual entre la entidad estatal que contrata y la persona natural, relación que no admite el elemento de subordinación de parte del contratista, quien actúa como parte autónoma e independiente sujeta a los términos del contrato. |
| C-614 de 2009 | Fijó los criterios que diferencian un contrato de prestación de servicios de una vinculación laboral. Estableció que, independientemente de la denominación que las partes asignen al contrato, existirá una relación laboral cuando: "i) se presten servicios personales, ii) se pacte una subordinación que imponga el cumplimiento de horarios o condiciones de dirección directa sobre el trabajador y, iii) se acuerde una contraprestación económica por el servicio u oficio prestado."<br>En contraste, existirá una relación contractual regida por la Ley 80 de 1993 cuando: "i) se acuerde la prestación de servicios relacionadas con la administración o funcionamiento de la entidad pública, ii) no se pacte subordinación porque el contratista es autónomo en el cumplimiento de la labor contratada, iii) se acuerde un valor por honorarios prestados y, iv) la labor contratada no pueda realizarse con personal de planta o se requieran conocimientos especializados."<br>Concluyó que la administración no puede suscribir contratos de prestación de servicios para que se desempeñen funciones de carácter indefinido, pues para ese efecto debe crear los cargos requeridos en la respectiva planta de personal. En este orden de ideas, la permanencia en el empleo constituye un factor determinante para reconocer si en un caso se presenta una relación laboral. Así pues, la Corte fijó cinco criterios para determinar el concepto de permanencia de la función, a saber: i) Criterio funcional: implica que, si la función contratada se refiere a aquellas que usualmente debe adelantar la entidad pública, debe ejecutarse mediante un vínculo laboral. ii) Criterio de igualdad: si las labores desarrolladas por el contratista son las mismas que las de los servidores públicos vinculados a la planta de personal de la entidad. iii) Criterio temporal o de la habitualidad: si las funciones contratadas demuestran el ánimo de la administración de emplear de modo permanente y continuo los servicios de una misma persona iv) Criterio de la excepcionalidad: si la tarea acordada corresponde a una "actividad nueva" que no puede ser desarrollada por el personal de planta, o se requieren conocimientos especializados, o de manera transitoria resulta necesario redistribuir funciones por la excesiva carga laboral para el personal de planta, puede acudirse a la contratación pública. v) Criterio de la continuidad: si la vinculación se realiza mediante contratos sucesivos de prestación de servicios, para desempeñar funciones de carácter permanente. |

| | |
|---|---|
| C-154 de 1997 | Analizó la constitucionalidad del concepto contrato de prestación de servicios contenido en el artículo 32 de la Ley 80 de 1993 y estableció las características de este tipo de vinculación, en especial sus diferencias con el contrato de trabajo. La Corte determinó que el contrato de prestación de servicios con el Estado presenta las siguientes características:<br>(i) El contratista adquiere una obligación de hacer, para ejecutar labores en razón a su experiencia, capacitación y formación profesional en determinada materia.<br>(ii) El contratista goza de autonomía e independencia desde el punto de vista técnico y científico.<br>(iii) Se trata de un tipo de vinculación excepcional, motivo por el cual su vigencia es temporal, es decir, por el tiempo indispensable para ejecutar el objeto contractual convenido.<br>(iv) Este tipo de contratación no da derecho al reconocimiento de las prestaciones derivadas del contrato de trabajo. No obstante, si se acreditan las características esenciales de la relación laboral (prestación personal del servicio, salario y subordinación), se desvirtuará la presunción establecida en la norma y surgirá el derecho al pago de las prestaciones sociales en favor del contratista, en aplicación del principio de la primacía de la realidad sobre las formas. |

**Tabla 6. Línea jurisprudencial sentencias Consejo de Estado.**

| **Consejo de Estado** | |
|---|---|
| Sentencia 2013-01143de 2021 | Expone un marco normativo y jurisprudencial de la protección del derecho al trabajo y los límites que este impone al contrato estatal de prestación de servicios, no lo compara con las relaciones laborales, sino que asume su estudio y da criterios para establecer una relación laboral encubierta. Los demandantes deberán demostrar, con fundamento en los estudios previos y demás documentos precontractuales y contractuales, que el objeto de dichos contratos, las necesidades que se querían satisfacer, las condiciones pactadas al momento de su celebración y las circunstancias que rodearon su ejecución, develan la subyacencia de una verdadera relación laboral encubierta, de igual manera la sentencia intenta establecer desde lo gramatical que significa por el término estrictamente necesario que establece la ley para los CAPS. Se requiere probar 1. Prestación personal 2. Cumplir horario de trabajo 3. Cumplir funciones permanentes de la entidad 4. Pago de remuneración y 5. Subordinación |

| | |
|---|---|
| Fallo 1129 de 2011 | Establece que se requiere que el actor pruebe los elementos esenciales de la relación laboral, esto es, que su actividad en la entidad haya sido personal y que por dicha labor haya recibido una remuneración o pago y, además, debe probar que en la relación con el empleador exista subordinación o dependencia, situación entendida como aquella facultad para exigir al servidor público el cumplimiento de órdenes en cualquier momento. Así se entienda probada la relación laboral, no se le puede dar la calidad de empleado público porque no se dieron los presupuestos de nombramiento o elección y posesión. Por otro lado, menciona que el elemento de subordinación o dependencia es el que determina la diferencia del contrato laboral frente al de prestación de servicios, ya que en el plano legal debe entenderse que quien celebra un contrato de esta naturaleza, como el previsto en la norma acusada, no puede tener frente a la administración sino la calidad de contratista independiente sin derecho a prestaciones sociales. |
| Fallo 1187 de 2012 | Menciona que además de las exigencias legales citadas, le corresponde a la parte actora demostrar la permanencia, es decir que la labor sea inherente a la entidad y la equidad o similitud, que es el parámetro de comparación con los demás empleados de planta. por el hecho de haber estado vinculado no se le puede otorgar la calidad de empleado público. El fundamento según el cual el contratista que desvirtúa su situación no se convierte automáticamente en empleado público, no restringe la posibilidad de que precisamente luego de probar la subordinación se acceda a la reparación del daño, que desde luego no podrá consistir en un restablecimiento del derecho como el reintegro, ni el pago de los emolumentos dejados de percibir, pues evidentemente el cargo no existe en la planta de personal, pero sí el pago de la totalidad de las prestaciones sociales que nunca fueron sufragadas. |
| Sentencia 04117 de 2018 | Principio de primacía de la realidad. El ejercicio de funciones permanentes en la administración pública debe realizarse con el personal de planta, que corresponde a las personas que ingresaron a la administración mediante el concurso de méritos. Así mismo, la creación de empleos en la planta de personal de la administración exige convocar, en igualdad de condiciones, a todos los aspirantes y, de todos ellos, escoger con moralidad y transparencia, al servidor con mayores calidades y méritos. Establece las características de un contrato de prestación de servicios. |

| | |
|---|---|
| Sentencia del 4 de febrero de 2016, expediente 0316-14. | Desarrolló los elementos de la relación laboral así: (i) la subordinación o dependencia es la situación en la que se exige del servidor público el cumplimiento de órdenes en cualquier momento, en cuanto al modo, tiempo o cantidad de trabajo, y se le imponen reglamentos, la cual debe mantenerse durante el vínculo; (ii) le corresponde a la parte actora demostrar la permanencia, es decir, que la labor sea inherente a la entidad, y la equidad o similitud, que es el parámetro de comparación con los demás empleados de planta, requisitos necesarios establecidos por la jurisprudencia, para desentrañar de la apariencia del contrato de prestación de servicios una verdadera relación laboral; y, (iii) por el hecho de que se declare la existencia de la relación laboral y puedan reconocerse derechos económicos laborales a quien fue vinculado bajo la modalidad de contrato de prestación de servicios que ocultó una verdadera relación laboral, no se le puede otorgar la calidad de empleado público, dado que para ello es indispensable que se den los presupuestos de nombramiento o elección y su correspondiente posesión |
| Sentencia 2012-00214 de 2021 Consejo de Estado | El régimen jurídico tiene previstas tres clases de vinculaciones con entidades del Estado: a) De los empleados públicos (relación legal y reglamentaria); b) De los trabajadores oficiales (relación contractual laboral) y c) De los contratistas de prestación de servicios (relación contractual estatal). Si en el caso de los contratos de prestación de servicios se llegan a desdibujar sus elementos esenciales, corresponderá decidir, a la justicia ordinaria, cuando la relación se asimile a la de un trabajador oficial o, a la jurisdicción contencioso-administrativa, cuando el contratista desarrolle el objeto del contrato ejerciendo las mismas funciones que corresponden a un cargo de empleado público. El elemento de subordinación o dependencia es el que determina la diferencia del contrato laboral frente al de prestación de servicios. |

| | |
|---|---|
| Sentencia del 15 de noviembre de 2018. Rad: 25000-23-42-000-2014-00759-01(4967-15) | El contrato de prestación de servicios tiene como propósito el de suplir actividades relacionadas con la administración o funcionamiento de las entidades estatales, o para desarrollar labores especializadas que no pueden ser asumidas por el personal de planta de estas. Por su parte, como características principales del contrato de prestación de servicios esta la prohibición del elemento de subordinación continuada del contratista, en tanto que este debe actuar como sujeto autónomo e independiente bajo los términos del contrato y de la ley contractual, y estos no pueden versar sobre el ejercicio de funciones permanentes. De acuerdo con lo anterior, debe advertirse que la vinculación por contrato de prestación de servicios es de carácter excepcional, a través de la cual no pueden desempeñarse funciones públicas de carácter permanente o de aquellas que se encuentren previstas en la ley o el reglamento para un empleo público. Ello con el fin de evitar el abuso de dicha figura y como medida de protección de la relación laboral, en tanto que, a través de la misma, se pueden ocultar verdaderas relaciones laborales y la desnaturalización del contrato estatal. |

De la jurisprudencia anterior se puede inferir que es clara la distinción entre los contratos de prestación de servicios y una relación laboral con el Estado, de igual manera se entiende que su naturaleza jurídica es ayudar a la administración pública y al Estado a cumplir con sus fines esenciales, sin que de ninguna manera se deban utilizar de manera permanente para cumplir funciones propias de las entidades públicas y bajo ningún concepto se debe entablar una relación de subordinación en esta clase de contratos ya que los contratistas son autónomos e independientes y así mismo de este vínculo contractual no puede derivarse el pago de prestaciones sociales. El concepto 77061 de 2019 del Departamento Administrativo de la Función Pública menciona que

> el contrato de prestación de servicios es una modalidad de vinculación con el Estado de tipo excepcional que se justifica constitucionalmente si es concebida como un instrumento para atender funciones ocasionales, que son aquellas que no hacen parte del "giro ordinario" de las labores encomendadas a la entidad, o que, siendo parte de ellas, no pueden ejecutarse con empleados de planta o requieren de conocimientos especializados; vinculación que en ningún caso debe conllevar subordinación.

Por su parte en el concepto C – 707 de 2022 de Colombia Compra Eficiente menciona que a partir de la normatividad sobre los contratos de prestación de servicios se puede inferir:

i) Admite que se suscriba con personas naturales o jurídicas. Sin embargo, cuando se celebre con aquellas, la entidad estatal debe justificar, en los estudios previos, que las actividades «no puedan realizarse con personal de planta o requieran conocimientos especializados». Esto sucede en varios eventos, por ejemplo, cuando no exista personal de planta para ejecutar las labores; o existiendo, está sobrecargado de trabajo, necesitando apoyo externo; o habiendo personal de planta, carece de la experticia o conocimiento especializado, razón por la cual es necesario contratar los servicios de una persona natural que tenga el conocimiento y la experiencia en el tema.

ii) Si bien se celebran para obtener la prestación personal de un servicio, se diferencian del contrato de trabajo en que quien celebra el contrato de prestación de servicios debe mantener autonomía e independencia en la ejecución de la labor, lo que significa que no debe existir subordinación ni dependencia, que es uno de los elementos constitutivos del vínculo laboral. Por eso, el artículo 32, numeral 3º, de la Ley 80 de 1993 establece que «En ningún caso estos contratos generan relación laboral ni prestaciones sociales». Este inciso, más que un enunciado que aluda al «ser», se refiere al «deber ser», pues debe interpretarse en el sentido de que los contratos de prestación de servicios profesionales no pueden generar relación laboral, ni dar lugar a que las entidades estatales paguen por su cuenta los aportes al Sistema de Seguridad Social Integral del contratista. Tal como se indicó, no puede existir subordinación y dependencia, por lo que la relación laboral está proscrita y el contratista es quien, como «trabajador independiente», debe cotizar por su cuenta y riesgo al Sistema de Seguridad Social Integral.

De igual manera, en el citado concepto Colombia Compra Eficiente indica que aun así es posible que se utilicen estos contratos para camuflar una verdadera relación laboral.

Por otro lado, por mandato constitucional los empleos públicos deben ser de carrera administrativa y se proveen por medio de concurso de mérito, de conformidad con el artículo 125 de la Constitución Política de Colombia, lo que significa que en ningún caso se debe entender que los cargos públicos se van a proveer de manera directa por medio de la celebración de un contrato. Así pues, de la normativa y jurisprudencia expuesta se entiende que la naturaleza de los contratos de prestación de servicios es clara y que el uso indebido que se realiza de los mismos no tiene nada que ver con que falte más regulación al respecto sino que es más bien un problema fáctico, ya que estos contratos son utilizados como botín político y a su vez se usan para suplir las fallas de planta de personal que tienen las entidades públicas, por lo que no se trata de desprestigiar la figura de los contratos de prestación de servicios, ya que como se mencionó anteriormente, son una herramienta útil para la administración pública, y tampoco se trata de exigir mayor normatividad sobre el tema, sino que se debe propender porque se utilicen estos contratos de conformidad con su naturaleza jurídica y para los fines para los que fue previsto.

## 2. La carrera administrativa en Colombia

En este apartado se realizará un breve recuento de la historia de la carrera administrativa en Colombia para mostrar los inconvenientes que se han tenido para su implementación efectiva para más adelante realizar un paralelo de cómo los contratos de prestación de servicios terminan ayudando a la función pública, pero a su vez se utilizan para detrimento de esta.

Antes de empezar a hablar del sistema de carrera administrativa, es importante entender los diferentes sistemas de administración pública existentes, de conformidad con (Álvarez, 2009, p. 13-15) existen tres sistemas, el primero es el sistema patrimonialista que se caracteriza por considerar los cargos públicos como propiedad privada o un bien de un gobernante o de quién tiene el poder y por lo tanto el cargo se puede vender, comprar o heredar. El segundo sistema hace referencia al sistema de botín político o *spoiled system* entiende que los cargos públicos deben ser ejercidos por las personas que son adeptas al partido político que ocupa el poder, lo que implica que son elegidos quienes tengan mejor padrino político y no necesariamente los más capaces. Por último, el tercer sistema hace referencia al sistema de mérito y de carrera administrativa es una concepción de la administración de personal que pretende que la selección y ascenso de los funcionarios públicos tenga como principal motivo la idoneidad, experiencia y capacidad, es decir, el mérito.

### 2.1. La historia de la carrera administrativa en Colombia

De conformidad con lo expuesto por (Álvarez, 2009, p. 85-86) la función pública en Colombia tiene como antecedentes la constitución de la Gran Colombia desde 1819, durante ese periodo la administración fue ocupada por oficiales y suboficiales del ejército que ocuparon cargos públicos como recompensa por su labor patria, así como por funcionarios de la colonia permanecieron en sus cargos por jurar lealtad a la República y porque su experiencia resultaba necesaria para el Estado; por otro lado Simón Bolívar propuso la constitución del cuatro poder, el "poder moral", como una cámara vitalicia de hombres virtuosos que se encargarían de vigilar la función pública, sin embargo este poder no tuvo un desarrollo real.

Así mismo (Álvarez, 2009, p. 86) menciona:

> Después del desmoronamiento de la Gran Colombia, el antiguo gran departamento de Cundinamarca pasó a llamarse República de la Nueva Granada (1831-1843-1853), Con- federación Granadina (1858-1861), Estados Unidos de la Nueva Granada (1861-1863), Estados Unidos de Colombia (1863-1886) y finalmente República de Colombia (desde 1886). Esto demuestra cómo el

> siglo XIX es un período de gran inestabilidad política e institucional para Colombia, el cual estará marcado por las sucesivas confrontaciones armadas de tipo partidista y regional y por la práctica generalizada del reparto de la Administración Pública como parte del "botín de guerra".

Posteriormente, cuando se constituyó el Estado Colombiano, en el año 1902, Rafael Uribe Uribe presentó ante el congreso el primer anteproyecto de carrera administrativa, sin embargo, como lo expresa (Puentes, 2004, p. 64) este no prosperó debido a la situación política que vivía el país en el momento. Así mismo, el partido liberal expresaba la importancia de contar con un sistema de carrera administrativa que para el año 1922 tenía una tercera parte de los cargos ministeriales y secretariales del Estado debido a que en ese año gobernaba el régimen conservador. En 1930 con el fin de la República Conservadora y la llegada a la presidencia de Enrique Olaya Herrera se señaló nuevamente la importancia de contar con una administración basada en el mérito y la competencia.

De lo anterior se puede inferir que la carrera administrativa ha sido tema de controversia incluso antes de que se consolidara el Estado Colombiano y que si bien los partidos hablaban de la importancia de contar con un sistema que permitiera que en la administración estuvieran los más idóneos faltaron esfuerzos para llevar el discurso a la realidad (Álvarez, 2009, p. 91) señala:

> Históricamente, como lo señala el profesor Huertas, los partidos políticos tradicionales han tendido a hablar más de Carrera Administrativa cuando están por fuera del poder o no son el partido de gobierno, pues cuando están en el gobierno, en el ejercicio del poder, el tema de Carrera Administrativa no ha sido un tema importante; pero cuando salen del gobierno, estos han abanderado el tema como una forma subjetiva de protección del personal que dejaron en la Administración y como un discurso para cautivar votos.

No fue sino hasta el año 1938 que nace oficialmente la carrera administrativa en Colombia por medio de la Ley 165 de 1938.

La Ley 165 de 1938 por la cual se crea la carrera administrativa, va dirigida a los empleados de los niveles nacional, departamental y municipal para que presten sus servicios de carácter permanente y concede los derechos de no ser removidos del cargo a menos que incurran en faltas y consagra la posibilidad de ascenso en caso de que se presente una vacante y estipula como requisitos mínimos para el ingreso a la carrera: i) Ser colombiano, ii) Haber cumplido con los deberes militares, iii) Estar a paz y salvo con el tesoro nacional y iv) No tener una enfermedad contagiosa. Esta Ley surge en el contexto de la "Revolución en Marcha" de Alfonso López Pumarejo que pretendía la modernización del país en la administración pública, de igual manera López Pumarejo atendiendo al contexto de la época implementó una serie de reformas sociales ya que consideraba que el Estado colombiano era intervencionista pero no tenía manera de intervenir eficazmente debido a las deficiencias de la administración.

Sin embargo, la Ley fue expedida bajo el gobierno de Eduardo Santos el 16 de noviembre de 1938, no obstante, como lo señala (Puentes, 2004, p. 68) *"esta ley pasó sin pena ni gloria"* ya que los gobernantes le dieron poca importancia lo cual se reflejó en la falta de apoyo presupuestal, adicionalmente a la clase política le molestaba la idea de que un ciudadano pudiera permanecer en un cargo público de manera indefinida ya que lo que prevalecía para la época era que el ganador de la contienda electoral pudiera disponer del presupuesto así como de la nómina y tenía la potestad de contratar y pagar favores electorales, según Puentes *"La estabilidad relativa, como derecho establecido en la ley, producto del eficiente desempeño, se confundió con la inamovilidad absoluta, representada en una suerte de escrituración del cargo a los empleados públicos e olvidaron los críticos que las mismas disposiciones previeron el retiro del servicio por faltar al cumplimiento de sus funciones"*. En ese sentido, la clase política dominante no estaba preparada para pasar del *spoiled system* a un sistema de carrera administrativa porque perdería su control sobre los cargos del Estado.

De conformidad con (Álvarez, 2009, p. 93) existen cinco etapas sobresalientes del desarrollo normativo sobre la carrera administrativa en Colombia. El primero es con su nacimiento en 1938 y hasta 1956; el segundo surge con la reforma plebiscitaria de 1957 y su desarrollo en la Ley 19 de 1958; el tercero se ubica desde 1960 hasta 1968 año en el que se expide un nuevo régimen legal contenido en el Decreto 1732 de 1968; el cuarto periodo comprende desde 1968 hasta 1988 años en los cuales se expidieron varios Decretos para regular la carrera administrativa; y finalmente el quinto momento comprende el periodo desde la promulgación de la Constitución de 1991 hasta la expedición de las leyes 27 de 1992, 443 de 1998 y 909 de 2004 hasta la fecha. Para ilustrar de mejor manera estas etapas se sintetizarán las normas mencionadas en la siguiente tabla:

Con la siguiente línea de tiempo se realizará un recorrido por la normatividad más importante expedida en Colombia para regular la carrera administrativa, para ello se dividió en los cinco momentos establecidos por (Álvarez, 2009, p. 93), así mismo se tomó como referencia lo señalado por (Buitrago, 2001, p. 57-65)

Figura 2. Línea de tiempo sobre la normatividad de la Carrera Administrativa en Colombia

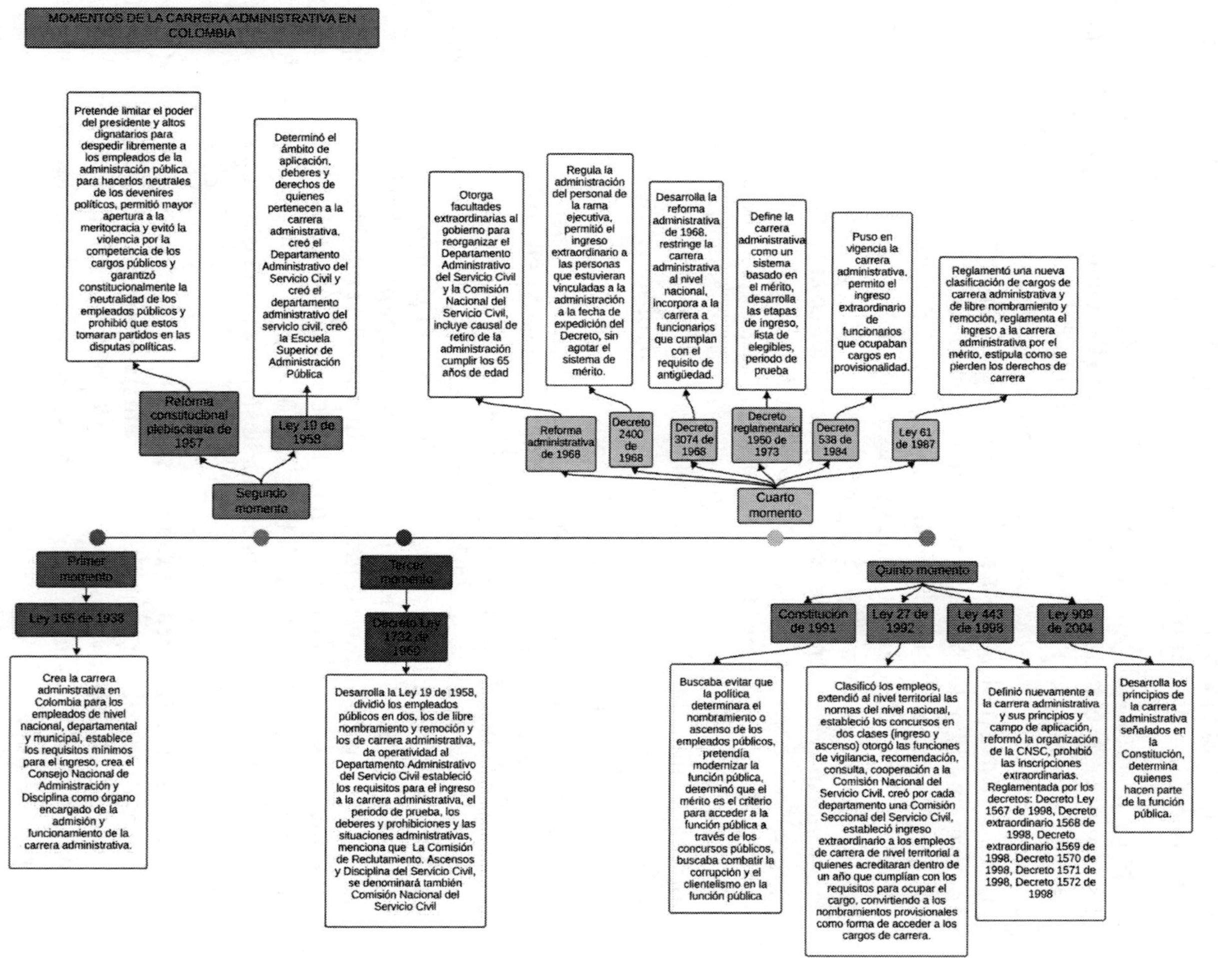

## 2.2. La actualidad de la carrera administrativa en Colombia

La normativa anteriormente mencionada pretendía lograr el establecimiento del sistema de carrera administrativa en Colombia, sin embargo, tuvo varias frustraciones como ya se señaló anteriormente la primera frustración según (Puentes, 2004) fue con la Ley 165 de 1938 ya que "*Los gobiernos le dieron poca importancia, lo cual se reflejó en su poca reglamentación y su casi nulo apoyo financiero y presupuestal para que los consejos de Administración y Disciplina pudieran instalarse y funcionar*" (p. 68). Posteriormente con la Ley la frustración fue que:

> las organizaciones gubernamentales, creadas por la Ley 19 de 1958, pronto empezaron a funcionar, pero no la institución de la carrera administrativa. El gobierno y las fuerzas políticas, con su inercia intencionada, lograron que su clientela electoral, incrustada en los cargos públicos, continuara disfrutando beneficios que no le corresponden, porque en la mayoría de los casos sus integrantes han carecido del mérito requerido para llegar a ostentar la dignidad de funcionario o de empleado público. (p. 74).

Por otro lado, como se señaló en la tabla anterior varios decretos permitieron el ingreso extraordinario a la carrera administrativa creando así la denominada por (Puentes, 2004, p. 75) "ventana siniestra de la carrera administrativa" inaugurada con el Decreto 2400 de 1968 que permitió que las personas que se hallen ocupando un empleo público de carrera para la expedición del decreto sin que les aplicasen el proceso de selección previsto en el Decreto, tenían el derecho al cumplirse un año de su vigencia de solicitar y obtener su inscripción en la carrera administrativa, y según (Puentes, 2004) por esta vía de produjeron más ingresos a la carrera administrativa que por el procedimiento establecido. Otro factor que impidió el adecuado establecimiento de la carrera administrativa fue el contexto político y social que se vivía en Colombia durante los años sesenta y setenta, de conformidad con (Martínez, 2010, p. 113) durante esos años se gobernaba a través de Estados de Sitio, que permitía a los gobiernos de turno dejar sin vigencia el ordenamiento jurídico y facultaba al presidente para suspender temporalmente los derechos de los empleados públicos.

La administración pública en Colombia ha estado subordinada a los intereses de los partidos políticos predominantes lo cual ha derivado en que la carrera administrativa tenga como detractores a los que se supone son los que deberían tomar medidas para su implementación efectiva, es decir, a los políticos gobernantes y legisladores. Según (Buitrago, 2011, p. 69) Los adversarios de la carrera administrativa se centran en que aspectos como el acceso por mérito, igualdad de oportunidades, estabilidad y promoción del cargo no son viables para que ellos puedan continuar con la costumbre política de transar cargos a congresistas y miembros de corporaciones públicas para que ayude la administración de los gobiernos nacionales y territoriales. En ese sentido la burocracia estatal se utiliza como medio para pagar favores electorales y como instrumento para obtener votos a favor de los grupos políticos que se mantienen en el poder. Es decir, paradójicamente son quienes tienen la facultad y el deber de implementar la carrera administrativa quienes se benefician de las falencias de la administración pública para tranzar con cargos de la administración y por esta razón es que la aplicación plena de la carrera administrativa no ha sido posible.

Además de lo político han existido varios factores que dificultan la real aplicación de la carrera administrativa, de conformidad con (Martínez, 2010, p. 116-123) otros factores son: i) La corrupción en la administración pública que desvía el servicio público para atender a intereses privados y a su vez los funcionarios ven su cargo como un negocio y buscan maximizar sus ingresos ya que los bajos salarios públicos podrían convertirse en un estímulo para ello. ii) El dualismo política-administración la problemática de la desintegración de la política y la administración señalada por Weber. iii) La falta de voluntad política para implementar la carrera administrativa. iv) factores económicos como fruto de las crisis económicas que debilitan el Estado interventor. v) Nuevas prácticas de administración como el gerencialismo. vi) Flexibilidad laboral. vii) ingresos extraordinarios a la carrera administrativa. viii) Los ganadores del concurso no son nombrados ya que no necesariamente nombraban al primero de la liste de elegibles sino al segundo o tercero. ix) La supresión de empleos o cambios en las características del empleo. x) Los funcionarios que ingresaron de manera extraordinaria adquieren los mismos derechos de carrera administrativa.

Otro factor importante a tener en cuenta es que cuando surgió la carrera administrativa por medio de la Ley 165 de 1938 y según el mismo López Pumarejo, se pensó en Colombia como un Estado interventor, no obstante, según (Buitrago, 2011, p.17) El Estado moderno ha tenido importantes desarrollos especialmente en las últimas décadas del siglo XX que se reflejaron en la función pública y a partir de los años ochenta el papel de la intervención del Estado en la economía cambia de uno intervencionista a uno con menor intervención lo cual trajo como consecuencia la reducción del tamaño de este y *"da paso a nuevas tendencias en el manejo estatal con una mayor influencia del sector privado"*. Lo anterior aunado con la falta de voluntad política ha desencadenado en una carrera administrativa implementada a medias. Para (García y Revelo, 2010, p. 34) la carrera administrativa existe en Colombia, pero lo que se contempló para ser la regla general se convirtió en la excepción, ya que incluso el Congreso en lugar de ordenar la realización de concursos, permitió el ingreso extraordinario.

La Constitución quiso remediar lo anterior dándole rango constitucional a la carrera administrativa y a la Comisión Nacional del Servicio Civil, no obstante, un año después con la Ley 27 de 1992, nuevamente se permitió el ingreso extraordinario a los cargos de carrera, disposición que fue declarada inexequible por la Corte Constitucional por ir en contravía de los principios de la carrera administrativa, lo mismo hizo con varias disposiciones de la Ley 443 de 1998. De conformidad con (García y Revelo, 2010, p. 34) con la expedición de la ley 909 de 2004 se abrió convocatoria para suplir cargos del Estado, sin embargo, los que venían ocupando los cargos en provisionalidad recurrieron a entidades de control y jueces para permanecer en sus cargos, y consecuencia de ello se crearon tres obstáculos normativos para omitir los concursos. El primero de ellos fue la aprobación por parte del Congreso de la Ley 1033 de 2006 que excluyó del concurso a los empleados públicos civiles no uniformados del Ministerio de Defensa, sus entidades descentralizadas, a las Fuerzas Militares, a la Policía Nacional y a las Empresas Sociales del Estado en reestructuración.

El segundo obstáculo se trató de un hecho poco común ya que los sectores políticos en oposición (polo democrático alternativo y la derecha se unieron junto con las centrales obreras para fomentar una Ley que diera estabilidad a los empleados en provisionalidad y encargo y pretendían darles derechos y estabilidad sin propiciar un ingreso extraordinario a la carrera, en medio de los debates el presidente de la Corte Constitucional y el Procurador solicitó al presidente objetar la Ley por inconstitucional y esta le hizo caso, no obstante el Congreso insistió y el proyecto de Ley llegó a la Corte Constitucional donde se declararon fundadas las objeciones presidenciales y se solicitó el archivo del proyecto. Como la decisión de la Corte era de esperar el Congreso empezó a tramitar el Acto Legislativo 01 de 2008 y autorizó el ingreso extraordinario a la carrera, esta reforma fue nuevamente declarada inconstitucional por parte de la Corte Constitucional, lo cual demuestra según (García y Revelo, 2010, p. 34) el claro compromiso de esta institución con el desarrollo de la carrera administrativa aún en contra de la voluntad del gobierno y del Congreso.

La Comisión Nacional del Servicio Civil, de conformidad con el artículo 130 de la Constitución Política, es "responsable de la administración y vigilancia de las carreras de los servidores públicos, excepción hecha de las que tengan carácter especial", es un órgano autónomo e independiente, del más alto nivel en la estructura del Estado Colombiano, con personería jurídica, autonomía administrativa, patrimonial y técnica, y no hace parte de ninguna de las ramas del poder público, como antecedentes tiene el Consejo Nacional de Administración y Disciplina creado por la Ley 165 de 1938; posteriormente le siguió la Comisión de Reclutamiento, Ascensos y Disciplina creada por la Ley 19 de 1958; y la Comisión Nacional del Servicio Civil ya que en los Decretos

1679 y 1732 de 1960 se estableció que "La Comisión de Reclutamiento. Ascensos y Disciplina del Servicio Civil, se denominará también Comisión Nacional del Servicio Civil", y el Consejo Superior del Servicio Civil creado por el Decreto 728 de 1968, finalmente se incorporó como Comisión Nacional del Servicio Civil en el texto constitucional en 1991 y la Ley 909 de 2004 reguló la Comisión Nacional del Servicio Civil.

De conformidad con el Acuerdo 1 de 2004 la CNSC tiene como finalidad y principios ser un órgano de garantía y protección del sistema de mérito en el empleo público que actuará de acuerdo con los principios de la función administrativa consagrados en el artículo 209 de la Constitución y, en especial en los de objetividad, independencia e imparcialidad, y respecto al control político menciona que esta será responsable ante la ciudadanía y ante el Congreso de la República y atenderá las solicitudes y requerimientos que este último le solicite a través de las plenarias o de cualquiera de sus Comisiones. Por otro lado, en su página web la Comisión Nacional del Servicio Civil menciona que la Corte Constitucional fijó en las sentencias C-372 de 1999 y C-1262 de 2005 los alcances del artículo 130, de los cuales hacen parte los siguientes componentes:

> La función de administración a cargo de la Comisión comprende la selección de los candidatos para la provisión de cargos de carrera. A partir de entonces, las competencias para seleccionar y para nombrar empleados públicos de los sistemas de carrera, excepto los especiales, están asignadas a autoridades diferentes.
>
> La Constitución prevé la existencia de una única Comisión Nacional del Servicio Civil, lo cual excluye la posibilidad de organizar comisiones seccionales o departamentales encargadas de la administración y vigilancia de las carreras en el orden territorial.
>
> La Comisión Nacional del Servicio Civil, en los términos del artículo 113 de la Constitución, es un órgano autónomo e independiente, del más alto nivel en la estructura del Estado Colombiano, con personería jurídica, autonomía administrativa, patrimonial y técnica, y que no hace parte de ninguna de las ramas de poder público.
>
> Los anteriores lineamientos fueron recogidos por el legislador en la Ley 909 de 2004. En dicha ley se consagran las normas básicas sobre la integración, organización y funciones de la Comisión Nacional del Servicio Civil, así como el régimen de sus integrantes. La Ley contiene, además, normas sobre carrera administrativa, empleo público y gerencia pública.

Así mismo, en su página web tiene una sección dedicada a la carrera administrativa y tiene una subsección de doctrina dónde se publican todos los conceptos que surgen de las consultas que le realizan a la Comisión Nacional del Servicio Civil, en su concepto de Radicado No: 10-01-2012-47451 señaló que:

> Dentro de las competencias de esta Comisión Nacional del Servicio Civil se encuentra adelantar los procesos de selección para proveer empleos de carrera administrativa del sistema general y sistemas específicos de manera definitiva, por lo que no es posible que alguna entidad regida por la Ley 909 de 2004, tenga autonomía para adelantar convocatorias para realizar este tipo de provisión. Sin embargo, en caso de presentarse algún tipo de reclamación frente a los procesos que realice la Comisión del Servicio Civil, el procedimiento se encuentra reglamentado en el Decreto 760 de 2005, en los artículos 12 y siguientes; así como también es una responsabilidad de las Comisiones de Personal velar porque los procesos de selección se adelanten de conformidad con lo establecido en las normas y procedimientos legales.

En el Criterio Unificado de provisión de empleos de personal administrativo de instituciones educativas oficiales que prestan su servicio a población indígena mencionan que no están llamados a ser convocados en los procesos de selección a cargo de la CNSC las vacantes de personal administrativo de instituciones educativas que reúnen los siguientes requisitos: 1. Que el establecimiento educativo esté ubicado en territorio indígena y atienda a población mayoritariamente indígena, 2. Que atienda población mayoritariamente indígena, aunque se encuentre en territorio que no sea considerado indígena y; 3. Cuando estén desarrollando proyectos educativos comunitarios, proyectos o modelos etnoeducativos o proyectos educativos propios o cuando presenten una propuesta educativa integral en el marco del proceso de construcción e implementación del sistema educativo indígena propio y acorde al contexto sociocultural de la población indígena dónde se va a desarrollar.

Así mismo al responder el radicado No. 01-12-2006-9585 menciona la CNSC, que si se solicita la autorización judicial para el retiro del servicio de un empleado de carrera administrativa basada en un estudio técnico que demuestra la necesidad del servicio, esto queda desvirtuado si con la modificación de la planta se crean nuevamente empleos con las mismas funciones que los que se van a suprimir, por lo tanto no existe razón suficiente para que se omita la incorporación de los antiguos empleados en la nueva plata de personal. Por su parte, en respuesta al radicado 2013ER 44693 respecto a la experiencia relacionada, menciona la CNSC que, cuando se trate de un empleo del nivel profesional, la experiencia relacionada que se exija debe ser igualmente del nivel profesional, y si las actividades no guardan relación con la disciplina académica no puede tenerse en cuenta como experiencia profesional.

La Comisión Nacional del Servicio Civil es un importante órgano que debe ser fortalecido si se quiere fortalecer la carrera administrativa, ya que este no solo se encarga de administrar y vigilar la carrera de los servidores públicos, sino que también otorga los lineamientos que deben ser tenidos en cuenta en los procesos de selección. Es crucial consolidar la Comisión Nacional del

Servicio Civil para robustecer la carrera administrativa, asegurando que el ingreso, ascenso y permanencia en el servicio público se base en la capacidad, no en favoritismos políticos. Esto promueve la transparencia, reduce la corrupción y garantiza una gestión pública eficiente, profesional y capacitada. Por otro lado, con una CNSC fortalecida se fomenta la profesionalización del servicio público mediante la capacitación continua y mejora la eficiencia en la prestación de servicios, asegurando que los funcionarios estén mejor preparados para enfrentar los desafíos y responder efectivamente a las necesidades de la sociedad.

### 2.3. El modelo neogerencial de la administración pública y la discrecionalidad en los cargos y las decisiones de la administración

En el apartado anterior se señalaron algunos de los impedimentos que se han tenido para lograr la consolidación de la carrera administrativa como la regla general y no la excepción para la conformación de la burocracia estatal, sin embargo, otro obstáculo para lograr la consolidación de la carrera administrativa tiene que ver con el neoliberalismo, debido a que este modelo económico buscaba disminuir la burocracia estatal y promover la dominación del mercado es por esto que gracias a estas ideas se fue pensando en un nuevo modelo de gestión pública denominado "Nueva Gerencia Pública " o "neogerencialismo".

Es por esto que según (Guerrero, 2019, p. 8) El origen de esta nueva gerencia pública no puede explicarse sin sus *"vínculos parentales con el neoliberalismo"* en primer lugar porque el neoliberalismo surge en los años treinta como una reivindicación del liberalismo, pero sin un instrumento que pusiera en marcha su programa de acción; y en segundo lugar la nueva gerencia pública surge en los años sesenta sustentándose en las ideas de la *"economía de mercado, la competencia y la orientación al cliente pero con la forma de un recetario práctico apenas sustentado doctrinalmente"*. En ese sentido el neoliberalismo adquiere un programa a través de la nueva gerencia pública y esta a su vez se nutre doctrinalmente del neoliberalismo.

Desde los años setenta se empezó a evidenciar una deficiencia del proteccionismo y aunado a las crisis de deuda y crisis fiscales de los Estados, generó la necesidad de realizar un cambio estructural, lo que deriva en el Consenso de Washington, de conformidad con (Jiménez, 2022, p. 208) *"las políticas y estrategias de reforma del Estado y la administración pública planteadas por las agencias internacionales de crédito habían sido formuladas a instancias de pensadores neoliberales y tecnócratas, recogían experiencias del proceso de ajuste estructural de los años 80 y recibieron hacia 1989 el nombre de "Consenso de Washington"*.

Estas políticas surgen como respuesta a las críticas sobre funcionamiento de la administración pública, que era considerada ineficiente y con deficiencias debido a su organización burocrática que no ofrecía buenos resultados y por lo tanto la respuesta a esto fue la reducción del Estado. De conformidad con (García, 2007, p. 38) el sector público empezó a perder credibilidad como garante del bienestar de la comunidad, y por lo tanto se empezó a exigir que este actuara aplicando los principios de economía, eficiencia y eficacia, lo anterior como consecuencia del déficit público planteó como una nueva alternativa la Nueva Gerencia Pública, que tiene como objeto que el sector público funcione solamente en los lugares donde no exista un proveedor privado más adecuado y lo realice de forma eficiente y eficaz.

De acuerdo con (Ramírez, 2009, p. 122) en la mayoría de los países latinoamericanos se tomaron las siguientes medidas:

> 1. Descentralización: transfiriendo responsabilidades de gestión-ejecución a gobiernos locales.2. Privatizaciones: dejando la provisión de gran parte de los servicios públicos a empresas privadas. 3. Desregulación: desmantelando o eliminando organismos que ejercen funciones reguladoras de actividades económicas, por representar un freno para el libre desarrollo de las mismas.4. Externalización: reemplazando la provisión de servicios e insumos propia (a través de unidades operativas estatales) por la ofrecida en el sector privado.5. Reducción de personal en la administración pública.

Según (Jiménez *et al.*, 2021, p. 209) El proceso de descentralización en Colombia empezó con la elección popular de alcaldes y gobernadores. Por su parte el proceso de privatización se vio reflejado en la venta de activos del sector público al sector privado y con la política de desregularización de los mercados bienes y servicios, ya que se tercerizaron servicios que antes eran parte de la administración pública, se liquidaron empresas estatales, se redujeron las plantas de personal, entre otras acciones que se implementaron durante la época de los noventa.

De conformidad con (Jiménez *et al.*, 2021, p. 211) los autores de la Nueva Gerencia Pública manifiestan que este modelo se basa sobre cuatro propuestas teóricas que pretenden estructurar el gobierno y la administración pública a un menor costo (eficiencia) con mejores resultados (efectividad). Estas propuestas son: 1) teoría de la elección pública, que pretende la introducción del sector privado en la gestión pública e introduce mecanismos de competencia, 2) la de los costes de transacción, que propone una reestructuración organizativa para tener una función de costos más óptima 3) el neo taylorismo, propone una reducción de la burocracia y sus normas de regulación, simplificar su estructura jerárquica, e implementar mecanismos de motivación; y 4) la teoría de la agencia, que pretende la implementación de herramientas de control al ejercicio de las responsabilidades.

Con los cambios propios de la globalización se evidenció la necesidad del Estado de contratar con particulares. Según (Restrepo, 2011, p. 373) La crisis del modelo burocrático[61] es también la del Estado Social, el intervencionismo y el servicio público y esto llevo a replantear el modelo de administración pública y en ese sentido se da entrada a nuevos agentes de mercado como los prestadores del servicio y el papel del Estado pasa de ser el prestador del servicio a ser el garante a través de la regulación y por ello su papel como regulador y prestador de servicios de interés general se intenta aproximar a la gestión que realiza la empresa privada. El Estado Social tuvo crisis fiscales derivadas del endeudamiento y a su vez los actores privados del mercado acumularon liquidez desde la terminación de la Segunda Guerra Mundial y empezaron a buscar espacios para intervenir en la prestación de los servicios públicos; de lo anterior surge la idea de que los problemas de la gestión pública se pueden superar utilizando los conceptos y técnicas de las organizaciones privadas.

De conformidad con (Restrepo, 2011, p. 374) la idea con estos cambios es pasar de un modelo burocrático en el que no participan los ciudadanos a uno dónde predomine el control a posteriori de los resultados de la administración, lo cual trae consigo que las políticas no se van a regir por lo que piensen los administradores, sino que deben guiarse por la satisfacción a los ciudadanos para lo cual se requiere flexibilizar la gerencia administrativa. Para alcanzar los objetivos propuestos por este nuevo modelo de gestión los funcionarios directivos deben actuar como gerentes en el sector privado con flexibilidad en los recursos y en la contratación de personal y con los mismos incentivos. Según (Ramió Matas y Salvador, 2003, p. 64) estos cambios en Europa ocurrieron en virtud de las crisis económicas que tuvieron y los requerimientos de los ciudadanos para la prestación de los servicios, sin embargo, estas circunstancias no ocurrieron en Latinoamérica dónde el cambio en la administración pública se dio debido a presiones de organismos internacionales y a las crisis de gobernabilidad que hacían factible esta intromisión internacional.

En razón a las crisis sociales y políticas, Colombia terminó adoptando medidas que se consideraron idóneas para la modernización y mejora de la administración pública tal y como es el caso de la adopción en 1951 de la misión Currie y Lebret, AID, Cepal, que según (Cruz, 2009, p. 155)*"expusieron e introdujeron*

---

61 Según el documento de Centro Latinoamericano de Administración para el Desarrollo (1998, p.11) "la administración pública burocrática no dio cuenta del problema de la eficiencia. Como resultado de la disminución de los recursos a disposición de los gobiernos, se tornó fundamental aumentar la eficiencia administrativa. Esta cuestión es todavía más importante en América Latina, donde el Estado es más pobre, la sociedad es más desigual y donde, por lo tanto, es imprescindible la optimización de los recursos utilizados en las políticas sociales"

*en Colombia nuevos conceptos económicos y recomendaciones sobre los enfoques y estrategias de la administración pública, partiendo de un estado paternalista, para luego incursionar en las décadas de los ochenta".* Por otro lado, con la nueva Constitución de 1991 también se introdujeron varios apartados que exponen la ideología neoliberal adoptada en virtud de las recomendaciones realizadas por los organismos internacionales. Con la expedición de la Constitución se establecieron lineamientos para el manejo de la administración pública para afrontar el clientelismo que imperaba en la burocracia, tales como la descentralización. No obstante, posterior a la Constitución se continuó con los ingresos extraordinarios a la carrera administrativa para las personas que trabajaban en provisionalidad debido a la sanción de la Ley 27 de 1992.

Con la Ley 909 de 2004 se dan nuevos lineamientos para implementar la nueva gerencia pública de conformidad con (Flórez-López, 2018, p. 12) este modelo contempla diversos aspectos que se dividen en tres grandes grupos:

> 1) Organización: Multiplicidad de organizaciones más pequeñas con estructuras horizontales, separación de asesoramiento y ejecución de políticas, tercerización de servicios de apoyo (consultores privados). 2) Personal: Empleo temporal-diversidad de empleos, ejecutivos-jefe con contratos temporales, habilidades gerenciales para personal superior. 3) Procedimientos: Libertad gerencial y responsabilidad por resultados, responsabilidad basada en los productos generados, presupuestos por programas sobre la base de recursos devengados (Ferraro, 2009, p. 132).

En ese sentido esta Ley reconstruye la Comisión Nacional del Servicio Civil y le otorga autonomía administrativa y patrimonial; les dio connotación gerencial a los cargos directivos del Estado y estos son empleos de libre nombramiento y remoción. Otra característica neogerencial que adoptó la Ley fue la causal de retiro por "Razones de Buen Servicio mediante Resolución Motivada" y se trata de la separación del cargo porque el funcionario no logra las metas propuestas por la entidad.

El artículo 125 de la Constitución política establece que "Los empleos en los órganos y entidades del Estado son de carrera. Se exceptúan (...) los de libre nombramiento y remoción". De acuerdo con la Constitución el nombramiento de los funcionarios está determinado en la Constitución y en la Ley y es por esto por lo que la Ley 909 de 2004 entra a clasificar el sistema de empleo público y respecto a los empleos de libre nombramiento y remoción según su artículo 5 establece que son los que cumplen con los siguientes criterios:

a) Los de dirección, conducción y orientación institucionales, cuyo ejercicio implica la adopción de políticas o directrices;

b) Los empleos cuyo ejercicio implica especial confianza, que tengan asignadas funciones de asesoría institucional, asistenciales o de apoyo, que estén al servicio directo e inmediato de los siguientes funcionarios, siempre y cuando tales empleos se encuentren adscritos a sus respectivos despachos;

c) Los empleos cuyo ejercicio implica la administración y el manejo directo de bienes, dineros y/o valores del Estado;

d) Los empleos que no pertenezcan a organismos de seguridad del Estado, cuyas funciones como las de escolta, consistan en la protección y seguridad personales de los servidores públicos;

e) Los empleos que cumplan funciones de asesoría en las Mesas Directivas de las Asambleas Departamentales y de los Concejos Distritales y Municipales;

f) Los empleos cuyo ejercicio impliquen especial confianza que tengan asignadas funciones de asesoría institucional, que estén adscritos a las oficinas de los secretarios de despacho, de los Directores de Departamento Administrativo, de los gerentes, tanto en los departamentos, distritos especiales, Distrito Capital y distritos y municipios de categoría especial y primera.

Respecto a los cargos de libre nombramiento y remoción el Departamento Administrativo de la Función Pública en su Concepto 039731 del 2020 menciona que:

> El concepto u objeto "de libre nombramiento y remoción" se traduce en que la persona que ha de ocupar un empleo de tal naturaleza puede ser nombrada y también desvinculada por quien tiene la facultad de hacerlo. Es decir, el órgano o persona a quien corresponda, puede disponer libremente del cargo confirmando o removiendo a su titular, mediante el ejercicio exclusivo de la facultad discrecional que, entre otras cosas, se justifica precisamente porque en virtud de las funciones que le son propias al cargo de libre nombramiento y remoción, (de dirección, manejo, conducción u orientación institucional), se toman las decisiones de mayor trascendencia (adopción de políticas o directrices fundamentales) para la entidad o la empresa de que se trate.

Así mismo el DAFP en su concepto 071221 de 2021 establece que "*La declaratoria de insubsistencia de un empleado de libre nombramiento y remoción obedece a la facultad discrecional del nominador, fundada en la necesidad de mejoramiento del servicio y en el derecho de escoger a sus colaboradores por tratarse, de cargos de dirección, confianza y manejo*"

De lo anterior se evidencia que a partir de varios reformas neoliberales en Colombia, también se ha optado por una visión de la función pública como un modelo gerencial que pretende equipararse al modelo de administración de las empresas privadas y muestra de esto es la Constitución Política con sus tintes ideológicos neoliberales y la más reciente Ley sobre el empleo público, la Ley 909 de 2004 que estableció varios lineamientos con carácter neogerencial y un amplio catálogo de empleos de libre nombramiento y remoción[62]. Lo anterior tienen implicaciones en la manera en la que se maneja la burocracia estatal debido a la falta de estabilidad que tienen esta clase de empleos y a que son empleos de carácter directivo y tienen la facultad de tomar decisiones decisivas y discrecionales.

Respecto a la discrecionalidad de las decisiones de la administración (Marín, 2007, p. 141-142) menciona que *"cuando estamos en presencia de facultades discrecionales la autoridad administrativa se encuentra frente a disposiciones que le confieren esa mayor o menor libertad de juicio y decisión"* lo anterior toda vez que la norma no ha sido completada por el legislador, es decir, tiene una textura abierta y en ese sentido *"la discrecionalidad es un espacio o ámbito de decisión no regulado o tan sólo parcialmente cubierto por el legislador"* (p.142). De conformidad con (Marín, 2009, p. 162-163) esta discrecionalidad tiene definiciones "materiales" o "positivas" y las "formales" o "negativas". Las primeras operan cuando el interés general no se encuentra "exhaustivamente precisado" por la norma y en ese sentido la discrecionalidad autoriza a la administración para que encuentre una solución posterior a ponderar los hechos, intereses, derechos y principios jurídicos, para así elegir una medida adecuada para el interés general. Por su parte, en las "formales" o "negativas" la discrecionalidad aparece debido a una omisión del legislador y por lo tanto otorga a la administración esta facultad para que decida cuál de las alternativas es la mejor para resolver el caso.

Teniendo en cuenta lo anterior, la administración en muchas ocasiones se encuentra en la posición de tomar decisiones para la ciudadanía en las que tiene que actuar con discrecionalidad debido a las omisiones legislativas o a la textura abierta de las normas que dan pie a varias interpretaciones y soluciones para cada caso en concreto. No obstante, debido a que existe gran variedad de cargos en libre nombramiento y remoción o en provisionalidad que en muchas ocasiones están proveídos para pagar favores políticos pueden resultar viciadas

---

62 Según (Flórez, 2015, p. 91) "Esta concesión a nociones gerencialistas de flexibilidad puede generar, sin embargo, espacios para que se mantenga una cultura clientelista, dificultando así la implementación real de la ley en lo que concierne a la consolidación de un servicio público profesional."

estas decisiones ya que pueden no ser tomadas de manera neutral por el personal que planta que entró por concurso y sin incidencias políticas, (aunque esto no quiere decir que el personal de planta no pueda tener incidencias políticas en sus decisiones, ya que la ideología termina incidiendo en las decisiones, así no se le deba el cargo a un político) sino que son tomadas por personas que tienen un interés político de por medio. Es por lo anterior que vale la pena cuestionarse si el modelo de gerencia pública es el más idóneo para la burocracia estatal toda vez que al permitir flexibilidad en el manejo de recursos y de personal y al plantear que los cargos directivos no sean de carrera sino de libre nombramiento y remoción puede facilitar que se mezclen intereses políticos en las decisiones de la administración.

## 3. El clientelismo y la cooptación de la burocracia a través contratos de prestación de servicios

De conformidad con (Álvarez, 2009, p. 13-17) existen tres sistemas de administración de personal en el sector público: 1. Patrimonialista 2. De botín político o *spoiled system* 3. De mérito y de Carrera Administrativa. El patrimonialista ve los cargos públicos como una propiedad privada susceptibles de ser heredados. El sistema de mérito y de carrera administrativa pretende que los funcionarios públicos se seleccionen teniendo en cuenta su mérito, idoneidad y experiencia. Por su parte el *spoiled system* o de botín político establece que los cargos públicos deben ser ocupados por personas adeptas al movimiento o partido político que obtenga la victoria electoral, por lo que la selección de personal no se hace necesariamente basándose en los mejores sino en los que tengan mejor padrino político y a su vez existe poca estabilidad de estos cargos ya que ante cualquier cambio político pueden cambiar.

Según (García, 2000, p. 14) *"El clientelismo es una práctica legendaria en la historia política nacional (...) Su manifestación actual encuentra raíces en las viejas relaciones feudales impuestas desde la Colonia y aún persistentes en ciertas áreas rurales del país."*[63] En ese sentido el clientelismo es un fenómeno que ha estado adosado al sistema político colombiano desde hace varios años y ha pasado por varias etapas: i) El clientelismo tradicional que hace referencia a la institución

---

[63] De igual manera (Dávila, 1999, p. 62) aclara que existe una relación entre el clientelismo, la intermediación y la representación política, ya que una de las dimensiones de la representación política es la intermediación de intereses y esta *"pasa por la puesta en práctica de relaciones clientelistas, de mecanismos y procedimientos de carácter clientelista (...) en síntesis, se concibe al clientelismo como el mecanismo de intermediación política por excelencia en un caso como el colombiano"*

colonial la que el rey le otorgaba a un conquistador para retribuir sus servicios, a un indígena que trabajara para él a cambio de ser instruido en la doctrina cristiana (Gamboa, 2004, p. 752) ii) El clientelismo moderno, que fue el que se vivió en el Frente Nacional, dónde la burocracia cobra un papel importante, y iii) El clientelismo de mercado que surge desde la Constitución de 1991 se caracteriza por tener a los políticos como protagonistas y valerse de la existencia de nuevas reformas institucionales tales como la descentralización, la elección popular y los mecanismos de participación para conseguir recursos, muchas veces de tipo ilegal, este clientelismo tiene carácter local y distribuye los recursos en las regiones bajo la intermediación de políticos ligados a instituciones nacionales como el Congreso. (García y Revelo, 2010, p. 25).

Como se mencionó con anterioridad a lo largo de la historia del país ha existido el clientelismo y este ha evolucionado, en un principio se pensaba que era un fenómeno propio de las regiones periféricas y de la etapa precapitalista que eventualmente desaparecería como lo menciona (Duarte, 2003, p. 19). No obstante, se puede evidenciar que por el contrato de esta afirmación el clientelismo no ha desaparecido, sino que se ha adaptado a las circunstancias del país para evolucionar. El clientelismo tuvo efectos positivos como la mitigación de la *Violencia* que se presentó en el país durante los años 1946 y 1958 en la que Conservadores y Liberales peleaban por sus convicciones políticas, ya que una vez renunció Rojas Pinilla a la presidencia, los Liberales y Conservadores se aliaron por medio del Pacto de Sitges en el que acordaron 12 años de gobierno conjunto con paridad en los ministerios, organismos electivos y la burocracia, surgiendo así el Frente Nacional que tuvo como consecuencias la mitigación de los actos violentos entre los mencionados partidos pero a su vez una repartición de la burocracia (*Spoiled system*) y una apatía electoral entre los ciudadanos.

Ahora bien, el clientelismo no se ha podido eliminar del sistema político debido a las falencias del Estado Social de Derecho ya que de conformidad con (Gonzaléz, 1997, p. 98) *"El clientelismo se constituye así como un sistema primitivo y deformado de seguridad social, donde actúan como intermediarios los partidos tradicionales que otorgan bienes y servicios a cambio del apoyo electoral que les permite legitimar su poder en términos de democracia formal, el clientelismo se alimenta del atraso, desempleo, pobreza e insatisfacción de las necesidades básicas de la mayoría de la población y de la necesidad que tienen las clases políticas de una refrendación electoral de su poder por parte de las masas populares (así esta refrendación electoral no logre sobrepasar el 30 % del potencial electoral). El clientelismo sobrevive gracias a la marcada desigualdad de oportunidades para las diferentes clases sociales y al desarrollo desigual de las diversas regiones del país. Así, el clientelismo es la respuesta de una sociedad basada en la desigualdad frente a la igualdad política de tipo formal".*

Ahora bien, en esta parte del trabajo se pretende evidenciar como el clientelismo en la actualidad se vale de los contratos de prestación de servicios para tener incidencia en la burocracia colombiana aprovechándose de las falencias que ha tenido el sistema de carrera administrativa para su implementación efectiva y también de las fallas del Estado Social de Derecho ya que el clientelismo se nutre de la pobreza, de las brechas sociales, de la desigualdad y de las comunidades históricamente vulnerables para seguir funcionando, ya que en la actualidad existen clanes políticos que operan transando votos a cambio de contratos con la administración, en mayor escala tranzan con grandes licitaciones adecuando los procesos de selección a las empresas que aportaron a la campaña, pero en menor escala y la que será objeto de estudio en este trabajo tranzan con personas naturales ofreciendo la obtención o renovación de contratos de prestación si apoyan a determinados candidatos en las diferentes elecciones populares que se realizan en el país.

### 3.1. Los contratos de prestación de servicios como botín electoral

Desde el Frente Nacional la burocracia y el Estado han sido botín político, al respecto (Zuluaga, 2002, p. 350) menciona *"Los intereses en juego y la fragilidad institucional se manifiestan en los críticos niveles de corrupción. Esta ha sido favorecida por la hegemonía bipartidista durante siglo y medio, la ausencia de una eficaz oposición y la inexistencia de una ética de lo público. El Estado ha sido mucho más un botín de la política partidista que espacio de representación de los intereses comunes"*. Así mismo, menciona (Vélez, 2020, p. 52) Citando a Zuluaga que

> En este contexto, varios analistas ubican al período del Frente Nacional como una de las causas que sirvieron de base a la violencia y a la corrupción que ha vivido Colombia en los últimos 60 años. Autores como Jaime Zuluaga Nieto (1996), afirman que "el control hegemónico del Estado por el bipartidismo, en ausencia de oposición y de mecanismos eficaces de control del poder público, permitió que el Estado fuera tratado como un «botín político» y favoreció al extremo las prácticas clientelistas" (Zuluaga, 1996, p. 6).

Debido a que a partir de 1991 la carrera administrativa es un mandato constitucional, el botín político se trasladó a la contratación estatal, y particularmente en los contratos de prestación de servicios como cooptación de la burocracia.

Los contratos administrativos de prestación de servicios son una herramienta para ayudar a alcanzar los fines del Estado; y sus elementos han sido estudiados por la jurisprudencia de la Corte Constitucional y el Concejo de Estado ya que esta clase de contratos tienen una finalidad específica y no pueden ser utilizados para disfrazar una verdadera relación laboral con el Estado, lo anterior toda vez que estos contratos si bien pueden ser utilizados para desarrollar actividades relacionadas con el funcionamiento o la administración de la entidad o para desarrollar las actividades especializadas que no pueden ser realizadas por el personal de planta, así mimo estos contratos tienen el carácter de temporalidad, es decir, solo deben celebrarse por el término estrictamente necesario. Si bien el deber ser es que el jefe o director de la entidad pública informe al Departamento Administrativo de la Función Pública sobre la necesidad de realizar una ampliación o modificación de la planta de personal y que así se pueda convocar al correspondiente concurso esto no ocurre y los contratos de prestación de servicios son utilizados bien sea para pagar favores políticos sin que se identifique la necesidad de la contratación (nóminas corbata[64]) o para que los contratistas desarrollen labores propias de la planta de personal de la entidad y se camufle una relación laboral.

Si bien el clientelismo puede permear en el nombramiento de los cargos de libre nombramiento y remoción y en provisionalidad, para efectos de este trabajo se analizará la manera en la que el clientelismo utiliza los contratos administrativos de prestación de servicios como botín político[65]. Con la creación de la carrera administrativa se pretendió alejar al clientelismo de la burocracia estatal, no obstante, como se mencionó anteriormente durante el siglo XX el Estado empezó a cambiar de uno intervencionista a uno con menor intervención estatal fruto de la crisis del Estado de bienestar y a partir de los años ochenta se empezó a reducir el tamaño del Estado, en ese sentido la planta de personal se empezó a reducir y según (Rodríguez, 2019, p. 105) esto generó en que cambiaran las dinámicas clientelistas para obtener un nuevo botín político ya que este no sería el empleo público sino la contratación pública y en particular los contratos de prestación de servicios y a su vez estos contratos empezaron a ser utilizados para llenar los vacíos de planta de personal que trajo consigo la re-

---

64 Las nóminas corbata hacen referencia a un contrato que se realiza en virtud de un pago por un favor político sin que se realice una verdadera actividad que aporte a la misionalidad de la entidad pública. En el año 2022 el director del Departamento Administrativo de la Presidencia de la República (DAPRE), denunció que se realizó un gasto "escandaloso" en contratos corbata ya que se entregó evidencia a la Fiscalía General de la Nación de que en los años 2021 y 2022 se han gastado 4,5 billones en contratación de prestación de servicios.

65 La contratación estatal también puede ser botín político por medio de los diferentes procesos de selección, muestra de esto es la cifra divulgada por el diario la Vanguardia que menciona que "En Colombia hay actualmente grandes núcleos de contratistas que, procediendo como mafia, tienen en su poder más de 113 mil contratos estatales, por sumas que ascienden a cientos de billones de pesos, que salen de las arcas del Estado a nivel nacional, de los 32 departamentos y de muchos de los más de mil municipios en que se divide nuestro territorio" Fuente: https://www.vanguardia.com/opinion/editorial/2018/12/21/el-estado-como-botin/

ducción del tamaño estatal. De acuerdo con la nota de prensa, Clientelismo en Colombia: un problema que se mantiene y empeora de Pablo Sanabria, a pesar de que la Constitución de 1991 establece el mérito como sistema de acceso al empleo público, el clientelismo y patronazgo político a florecido a través de los contratos de prestación de servicios, *"Estos contratos ofrecen una alternativa a las rigideces de las organizaciones burocráticas porque dan flexibilidad para armar equipos y facilitan la evaluación del desempeño. Sin embargo, se convirtieron en moneda de cambio para pagar lealtades, influir en negociaciones y facilitar arreglos con determinados actores políticos o económicos"*[66].

El sistema de *Spoiled system* o de botín político corresponde a la concepción de que los cargos públicos deben ser desempeñados por personas afines al movimiento político que obtenga la victoria electoral, lo que significa que los funcionarios no necesariamente serán los más capaces y con mejores méritos, sino aquellos que tienen mayores influencias, de igual manera, la estabilidad del funcionario no está garantizada porque cualquier cambio político puede removerlo de su cargo, este sistema utiliza al Estado como un medio para pagar los favores electorales y así mismo como instrumento para asegurar votos, su nombre se debe al hecho de que logrando la victoria se considera que se debe otorgar recompensa al que resulte victorioso (Álvarez, 2009, p. 13-14). Este sistema ha estado adherido al sistema político colombiano desde hace décadas (Martínez, 2010, p. 115) menciona que desde 1938 el presidente tenía facultad para nombrar y remover los funcionarios del gobierno central lo que ponía en primer lugar los intereses políticos sobre la función pública. Por su parte menciona (Vergara, 2011, p. 29) *"El llamado botín político era la característica común en la gestión del personal del Estado, lo que no solamente ponía en riesgo la idoneidad y la calidad de los servidores públicos, sino también al mismo sistema democrático."*

De conformidad con (Rodríguez, 2019, p. 30-31) Después de la segunda guerra mundial surgen las lógicas del Estado benefactor lo que significó ampliar la burocracia, Latinoamérica fue congruente con este cambio global y empezó aumentar el tamaño del Estado, lo mismo ocurrió en Colombia, pero los cargos fueron utilizados como botín político lo que generó que el Estado no fuera eficaz para satisfacer las necesidades sociales. Como la burocracia estaba siendo financiada con deuda externa, fue visualizada como un problema y surgieron recetas económicas, como el Consenso de Washington, que pretendían la reducción del Estado, este proceso fue denominado como proceso de modernización estatal y fueron presionados por organismos multilaterales de la banca internacional, como el FMI y Banco Mundial, en Colombia,

---

[66] Fuente: https://razonpublica.com/clientelismo-colombia-problema-se-mantiene-empeora/

los presidentes Andrés Pastrana (1998-2002) y Álvaro Uribe (2002 -2006), se comprometieron con el proceso de ajuste fiscal que ha afectado, significativamente, la composición de la administración pública estatal; no obstante, al reducirse el tamaño del Estado, los cargos públicos que se utilizaban como "botín político" para pagar favores dentro de las dinámicas clientelistas, debieron reemplazarse por los contratos estatales.

De conformidad con (Barreto, 2019, p. 30), pese a que los contratos de prestación de servicios están revestidos de legalidad y a que existe una necesidad en su aplicación, existe un exceso de esta modalidad de contratación que trae consigo la vulneración de los derechos fundamentales de los trabajadores y esto debido a la fuerza que ha recobrado la defensa de los modelos de tipo, neoliberal, neoclientelista, y la desmoralización de la actividad laboral. En ese sentido los modelos neoliberales que pretenden la mínima intervención del Estado en la vida de los ciudadanos también traen consigo una debilidad institucional para satisfacer los fines del Estado y así mismo no permiten que se cierren las brechas sociales, de conformidad con (Rodríguez, 2019, p. 112) lo anterior amplia la desigualdad y pobreza y *"necesidad de los "clientes" frente a los "patrones" dentro de las lógicas del "sistema clientelista", quienes en últimas siguen las lógicas del sistema clientelista colombiano al no encontrar otra forma de solucionar sus requerimientos económicos u otra posibilidad de solución de ocupación laboral".*

En ese sentido no deben utilizarse los contratos de prestación de servicios para camuflar una relación laboral no solo porque se vulneran los derechos laborales sino también porque se desnaturaliza esta figura contractual que resulta útil para la administración. No obstante, esta modalidad de contratos se ha utilizado como botín político ya que el sistema político del clientelismo que existe en Colombia se aprovecha de las brechas sociales para tranzar por medio de contratos, lo anterior teniendo en cuenta los índices de pobreza[67], además se debe tener en cuenta que gran parte de la fuerza laboral en Colombia están bajo la informalidad ya que según cifras del DANE: "Para el total nacional, en el trimestre julio–septiembre 2023 la proporción de ocupados informales fue 56,1 %, lo que significó una disminución de 1,9 puntos porcentuales respecto al mismo trimestre del año anterior (58,1 %)". Lo anterior quiere decir que, debido a las condiciones socioeconómicas y la escasez de

[67] Según el Anuario Estadístico de América Latina y el Caribe publicado por la CEPAL en el año 2023, Colombia es el cuarto país con mayor cantidad de personas en condición de pobreza extrema con un índice del 15 % y se establece además que 35.4 % personas viven en pobreza según el índice de Gini. Así mismo, con relación a las cifras del DANE para el 2021, en el total nacional la pobreza monetaria fue de 39,3 % y la pobreza monetaria extrema del 12,2 %. Con relación al 2022, se establece una condición de pobreza de carácter de multidimensional cuyo índice es del 12,9 %.

oportunidades, además teniendo en cuenta la vulneración a grupos históricamente marginas por cuestiones de raza, género, clase social, entre otros factores; el clientelismo puede tranzar con contratos de la administración pública ya que las personas se someten a las dinámicas clientelistas por la necesidad de ocuparse laboralmente y obtener un ingreso. En ese sentido menciona (Rodríguez, 2019, p. 32) que una de las principales soluciones de ocupación laboral en Colombia es el sector público, pues el sector privado es insuficiente. Debido a la reducción del tamaño del Estado derivado de los procesos de reestructuración y el desplazamiento de la prestación de algunos servicios que prestaba el Estado a los particulares mediante contratos derivó en que el *"botín político"* ya no era el empleo público sino la contratación pública.

Como se mencionó anteriormente, el sistema de *spoiled system* o de botín político no tiene la misma estabilidad que el sistema de carrera administrativa porque ante cualquier cambio político se puede cambiar la burocracia, no obstante, de conformidad con (Rodríguez, 2019, p. 36) el *spoiled system* utilizado por el clientelismo antes de los años ochenta era el empleo público en la planta de personal de las entidades públicas, lo cual daba relativa estabilidad al funcionario, con el sistema de carrera administrativa se incluyen a las nóminas paralelas como botín político y al ser conformadas por contratos de prestación de servicios, que no pueden exceder de la vigencia anual, (o incluso contratos por mucho menos del año), genera que los contratistas tengan mayor inestabilidad y dependencia frente al patrón o político, quien se encarga de la renovación periódica del contrato según los resultados que el contratista entregue en relación con la refrendación electoral o como parte de su maquinaria política.

En muchas ocasiones no solo se utilizan los contratos para pagar un favor político, sino que los contratistas son utilizados para participar en campañas políticas infundiendo el miedo de no contar con la renovación de su contrato que en muchas ocasiones es la única fuente de ingresos de las familias. Esta práctica es muy común y como ejemplo de ello se puede mencionar a *Kontacto*[68], una aplicación utilizada para las elecciones territoriales del 2019 que rastreaba la labor que estaban realizando los contratistas de la Alcaldía de Pereira a favor del candidato apoyado por el Alcalde, por medio de esta aplicación se hacía seguimiento de cuántos referidos ha conseguido cada contratista y los datos de estos, por esta razón se consideró que Alcalde de Pereira, Juan Pablo Gallo participó en política y por lo tanto fue suspendido por la Procuraduría General de la Nación. De igual manera, para las elecciones

---

68 Fuente periodística: https://ligacontraelsilencio.com/2019/10/24/kontacto-la-app-que-capta-votos-en-la-alcaldia-de-pereira/

territoriales del 2023 fue utilizada la aplicación llamada *Artemis*[69] para los mismos fines de tener referidos y ejercer presión a los contratistas de la Alcaldía de Pereira para que apoyaran al candidato afín a la administración saliente.

De conformidad con la organización Transparencia por Colombia,

> otro ámbito preocupante de riesgo de corrupción en la gestión pública corresponde a las debilidades en el empleo público que convierten a una parte importante de la burocracia estatal en un atractivo botín electoral. Por un lado, el reclutamiento y selección del personal no garantiza el cumplimiento con los requisitos de competencia y mérito para ingresar a desempeñar funciones estatales, por lo cual corre el riesgo de realizase sobre la base del criterio discrecional de la autoridad pública, lo cual se intensifica en épocas particularmente sensibles como los periodos de fines de gobierno a nivel territorial. Lo anterior abre las puertas a deficiencias en el resto de los procesos de la gestión del talento humano del Estado, como es la dignidad de las condiciones laborales, la eficiencia de los procesos de seguimiento al desempeño, los obstáculos a la capacitación y la inconveniencia que personas bajo esta modalidad de contratación adelanten funciones misionales[70].

El informe *así se mueve la corrupción radiografía de los hechos de corrupción en Colombia 2016-2018* presentado por monitor ciudadano de la corrupción, muestra que analizados hechos de corrupción: el 73 % del total de los hechos analizados respondieron a casos de corrupción administrativa y del 27 % restante correspondió a hechos de corrupción privada (9 %), corrupción judicial (7 %), corrupción política (6 %), captura del Estado (2 %) y otros (2 %), utilizaron las siguientes cinco tipologías para realizar el análisis 1) Corrupción Administrativa, 2) Corrupción Privada, 3) Corrupción Política, 4) Corrupción Judicial y 5) Captura del Estado, en cuanto a los ámbitos afectados por la corrupción se evidencia que de los casos asociados a corrupción administrativa, son la contratación pública (46%), la provisión de bienes y servicios (19%) y el manejo de presupuesto y gasto público (13%) en donde más se identificaron irregularidades. El 21% restante corresponde a empleo público (6%), trámites y servicio al ciudadano (5%), funciones de planeación (3%) y otros procesos administrativos (7%). Del 46% de hechos de corrupción administrativa asociados a la contratación pública, se identificaron seis irregularidades como las más frecuentes: 1. Adjudicación o celebración irregular de contratos (29%) 2. Violación a los principios de transparencia, idoneidad y responsabilidad en la contratación estatal (17%) 3. Abuso de la

---

69 Fuente periodística: https://www.wradio.com.co/2023/09/21/artemis-la-app-que-usaria-un-candidato-a-la-alcaldia-de-pereira-para-captar-votantes/

70 Fuente: https://transparenciacolombia.org.co/reflexiones-sobre-las-causas-de-la-corrupcion-y-los-medios-para-enfrentarla/

figura de contratación directa (8%) 4. Detrimento patrimonial por incumplimiento del objeto contratado (8%) 5. Apropiación ilegal de recursos en los contratos (6%) y 6. Sobrecostos por irregularidades en celebración de contratos (6%)[71].

De conformidad con el Segundo Informe Elecciones y Contratos 2018-2022 de Transparencia por Colombia muestra las modalidades bajo las cuales se celebraron los contratos con financiadores en las elecciones de 2018, de las cuales las principales modalidades de celebración de los contratos son Contratación Directa y Régimen Especial, concentrando casi el 90% de la contratación; por otro lado, respecto a las modalidad de contratación de los financiadores de las elecciones territoriales de 2019, el 86,8% de los contratos que celebran los financiadores se hacen mediante modalidades directas de contratación, particularmente Contratación Directa, representando casi el 40% y Régimen Especial 32%, lo cual muestra un incremento con las elecciones territoriales del 2015 de las cuales el 80% de los financiadores de las campañas territoriales de 2015 se contrataron mediante esta modalidad. Transparencia por Colombia hace un llamado debido a que la alta contratación por medio de estas modalidades *"tiene un riesgo intrínseco relacionado con la posibilidad de elegir al contratista mediante decisiones discrecionales, dado que no se requiere un proceso abierto de selección que garantice que se está seleccionando al mejor oferente bajo un principio de objetividad y no favoreciendo a algún proponente por razones particulares. Esta observación coincide con los hallazgos encontrados en el Primer Informe de Elecciones y Contratos"* (p. 19)[72].

## 4. Los contratos de prestación de servicios y su generación de nóminas paralelas

Los contratos administrativos de prestación de servicios han sido objeto de extensos análisis por parte de las altas cortes lo cual ha permitido que se pueda diferenciar con claridad esta clase de contratos con una relación laboral con el Estado. En ese sentido los contratos de prestación de servicios fueron concebido por la Ley 80 de 1993, así como también en los manuales de contratación de las entidades públicas con régimen especial de contratación[73], como unos con-

---

71 Fuente: https://transparenciacolombia.org.co/Documentos/2019/Informe-Monitor-Ciudadano-Corrupcion-18.pdf

72 https://transparenciacolombia.org.co/segundo-informe-elecciones-contratos/

73 De conformidad con (Gómez, 2019, p. 3) ", las entidades exceptuadas del EGCAP pueden celebrar contratos de prestación de servicios, pero no en virtud del numeral 3 del artículo 32 de la Ley 80 de 1993 —pues esta definición no les aplica— sino a partir de la autonomía de la voluntad que les concede el derecho privado, y con arreglo a las disposiciones de este régimen"

tratos que pueden ser utilizados para ayudar a las entidades públicas con sus actividades cuándo estas lo requieran y así procurar la consecución de los fines del Estado. No obstante, ha existido una desnaturalización de estos contratos debido al uso excesivo que se les da a los mismos ya que se utilizan para camuflar una verdadera relación laboral y de subordinación. Si bien es cierto estos contratos suelen usarse como botín político y por lo tanto pueden derivar en la constitución de nóminas corbata, en la que se celebran contratos con personas que no cumplen con ninguna actividad que necesite la entidad, sino que más bien son para pagar los favores políticos; también es cierto que en otros casos los contratistas se vuelven indispensables en las entidades públicas para que estas puedan cumplir con sus funciones.

La Ley estableció que estos contratos deben ser excepcional, según (Gómez, 2019, p. 4) esta excepcionalidad establecida en la Ley 80 se refiere tanto al objeto, como a las personas que puedan ser contratadas por el Estado bajo esta modalidad, así mismo, esto aplica también para las entidades estatales con un régimen de contratación exceptuado, toda vez que el artículo 122 de la Constitución Política establece que todo empleo público debe tener funciones detalladas en la Ley o reglamento y para proveerlos se requiere que estén contemplados en su respectiva planta de personal. Esta excepcionalidad se predica para de los contratos de prestación de servicios con personas naturales, limitando su aplicación a: i) que las actividades no puedan desarrollarse por el personal de planta ii) que requieran de conocimientos especializados. Así mismo según el numeral 3 del artículo 32 de la Ley 80 de 1993 estos contratos deben celebrarse por el término estrictamente indispensable, imponiendo así una limitación temporal a estos contratos. No obstante, existe un uso excesivo de estos contratos para desarrollar las actividades que deben ser realizadas por el personal de planta y así mismo se contraría el mandato legal de la temporalidad toda vez que se mantiene la necesidad de contratación en el tiempo con la renovación de los contratos.

### 4.1. ¿Los contratos de prestación de servicios pueden ser utilizados para desarrollar actividades propias del funcionamiento de las entidades públicas?

Como se ha señalado a lo largo del presente trabajo la carrera administrativa en Colombia ha tenido varios cambios a lo largo del tiempo y fruto de los procesos de globalización y del sistema capitalista y neoliberal se ha optado por la disminución del Estado y con ello de su aparato burocrático. De conformidad con (Rodríguez, 2019, p. 108) después de la Segunda Guerra Mundial empieza a tener protagonismo el Estado benefactor como respuesta a los sacrificios que hicieron los ciudadanos europeos, este Estado también empezó a popularizarse en Latinoamérica implicando el aumento del Estado para responder a las demandas sociales, no obstante en Colombia este aumento del Estado se utilizó con fines clientelistas que diferían de la satisfacción del interés general generando que la burocracia se costeara por medio de deuda pública, lo cual derivó en *recetas económicas* como el consenso de Washington que pretendían la disminución del tamaño del Estado y la modernización estatal y fueron impulsados por organismos multilaterales de la banca internacional, como el FMI y Banco Mundial, y es por esto que en Colombia desde 1998 se empezaron políticas para realizar un ajuste fiscal que afectó la composición de la administración pública, cuyos vacíos y falencias empezaron a ser llenados por la contratación estatal.

Así pues, fruto de políticas neoliberales propiciadas por organismos internacionales se empezó a disminuir la burocracia colombiana y por lo tanto sus falencias empezaron a ser suplidas por medio de la contratación estatal, lo que a su vez desplazó el botín político de los cargos públicos a los contratos. Lo anterior significa que los contratos de prestación de servicios se desnaturalizan ya que en lugar de ser utilizados como un instrumento de colaboración para la administración pública, empiezan a ser empleados para suplir las falencias de las plantas de personal de las entidades públicas, en ese sentido se utilizan a contratistas para desarrollar actividades propias de la entidad que deben ser desarrolladas por el personal de planta y se pierde el carácter temporal del cual están revestidos esta clase de contratos ya que son utilizados de manera constante debido a las deficiencias de personal que tiene la administración. Así mismo se transgrede el carácter de excepcionalidad que tienen estos contratos ya que según la Sentencia C-614/2009, estos contratos son una modalidad contractual de vinculación excepcional, por lo tanto, deben ser utilizado para atender funciones ocasionales, que no hagan parte del giro ordinario de las labores encomendadas a la entidad, o que siendo parte de ellas no pueden ejecutarse con empleados de planta o exijan conocimientos especializados.

Si bien es cierto la Corte Constitucional en su sentencia C-171/2012 establece que la administración no puede celebrar esta clase de contratos para que desempeñen funciones de carácter permanente pues para esto se deben crear los cargos en la planta de personal, esto no ocurre en la realidad[74] ya que es mucho más fácil y económico contar con contratistas que realicen las

[74] Esto puede deberse en parte a lo largo que puede resultar el proceso de concurso y nombramiento para los cargos de carrera administrativa. Según (Martínez y Ramírez, 2012) En Colombia prevalecen las prácticas patrimonialistas y clientelistas como orientadoras de la gestión pública, es por esto que aunque la primera ley de carrera administrativa se expidió hace más de 70 años, no fue sino hasta el año 2004 dónde se intentó realizar un concurso amplio, sin embargo, este se vio envuelto de trabas por

funciones propias de la entidad a crear los cargos correspondientes para tal fin. Lo anterior se puede contrastar con lo señalado por (Gómez, 2019, p. 2)

> Según informes recientes del Banco Mundial y de la Organización para la Cooperación y el Desarrollo Económico (OCDE, por sus siglas en español), los contratos de prestación de servicios constituyen la causal de contratación directa más utilizada de la legislación colombiana. Así, cerca del 62 % de los contratos que se celebran directamente por parte de las entidades estatales del orden nacional corresponde a contratos de prestación de servicios. Esta tendencia no solo se mantiene, sino que aumenta a nivel territorial, donde el porcentaje puede llegar a constituir el 84 % de la contratación directa.

## 4.2. ¿Qué implica una nómina paralela en el contexto de la administración?

Si se habla de un abuso en la utilización de los contratos administrativos de prestación de servicios con persona natural para suplir las necesidades de planta de personal de las entidades públicas, habrá que referirse al concepto de "nóminas paralelas", este término fue inicialmente acuñado popularmente y por los medios de comunicación para referirse a la problemática del exceso de los contratos de prestación de servicios. La Corte Constitucional en la sentencia C-614/2009 con M. P. Jorge Ignacio Pretelt Chaljub acuñó esta terminología y al respecto dijo lo siguiente:

> (...) A pesar de la prohibición de vincular mediante contratos de prestación de servicios a personas que desempeñan funciones permanentes en la administración pública, en la actualidad se ha implantado como práctica usual en las relaciones laborales con el Estado la reducción de las plantas de personal de las entidades públicas, el aumento de contratos de prestación de servicios para el desempeño de funciones permanentes de la administración y de lo que ahora es un concepto acuñado y públicamente reconocido: la suscripción de "nóminas paralelas" o designación de una gran cantidad de personas que trabajan durante largos períodos en las entidades públicas en forma directa o mediante las cooperativas de trabajadores, empresas de servicios temporales o los denominados out soursing, por lo que la realidad fáctica se muestra en un contexto distinto al que la norma acusada describe, pues se ubica en una posición irregular y abiertamente contraria a la Constitución, desviación práctica que desborda el control de constitucionalidad abstracto y su corrección corresponde a los jueces contencioso administrativos, o, excepcionalmente, al juez constitucional por vía de la acción de tutela; práctica ilegal que evidencia una manifiesta inconstitucionalidad que la Corte Constitucional no puede pasar

---

parte de actores que quería vincular sin concurso a quienes venían desempeñando cargos con el Estado gracias a relaciones clientelistas.

> inadvertida, pues afecta un tema estructural en la Carta de 1991, cual es el de la carrera administrativa como instrumento esencial para que el mérito sea la única regla de acceso y permanencia en la función pública (...).

Así mismo la Sala de Consulta y Servicio Civil del Consejo de Estado en su respuesta del radicado número: 11001-03-06-000-2005-01693-00(1693) con Consejero Ponente Flavio Augusto Rodríguez Arce; señala los elementos del contrato de prestación establecidos en el artículo 32 de la Ley 80 de 1993 así como las características que ha precisado la jurisprudencia y señala el alcance del objeto de esta clase de contratos ya que si bien puede tener relación con la administración o funcionamiento de la entidad el contenido del contrato es obligacional con una prestación de hacer, es decir lo que realizan los contratistas es un apoyo para el cumplimiento de las funciones administrativas. De igual manera este concepto delimita las restricciones para la celebración de esta clase de contratos como lo son el decreto 222 de 1983 y el Código Disciplinario Único–ley 743 de 2002 y establece que: "*Mediante los anteriores mecanismos y la consagración de consecuencias disciplinarias, se evita, de una parte, la generación de nóminas paralelas y el desconocimiento tanto del régimen constitucional y legal de la función pública–que prevé unos procedimientos de ingreso al servicio – y, de otra, la observancia de la finalidad del contrato de prestación de servicios*"

De igual manera el Consejo de Estado en su fallo 1129 de 2011 con Consejero Ponente Gerardo Arenas Monsalve, estableció:

> (...) se advierte que las entidades estatales no deben recurrir a la práctica de vincular personal bajo la modalidad de prestación de servicios para cumplir actividades permanentes propias de la administración y de esta manera evitar el pago de prestaciones sociales y de aportes parafiscales, entre otros, pues con dicha conducta, como lo ha reiterado tanto esta Corporación como la Corte Constitucional, no sólo vulneran los derechos de los trabajadores sino que además dicha nómina paralela desvirtúa la razón de ser del numeral 3º de la Ley 80 de 1993, cual es la independencia y autonomía del contratista en el desarrollo del contrato con carácter temporal. En consecuencia, a los contratistas de prestación de servicios que logren demostrar que en realidad se configuraron los tres elementos propios de la relación laboral, se les debe reconocer y pagar como reparación del daño, los mismos emolumentos que perciben los servidores públicos de la entidad en la cual prestaron los servicios bajo la apariencia de un contrato administrativo(...).

De la jurisprudencia anteriormente mencionada y de conformidad con lo señalado por (Rodríguez, 2019, p. 106) las nóminas paralelas son la consecuencia de la ineficiente aplicación del sistema de carrera administrativa y del sistema de mérito como mecanismo de selección de personal para trabajar en las entidades públicas y esto surge a partir de los procesos de reducción del Estado que se han desarrollado desde los años ochenta. Las nóminas paralelas no solo van en contravía de los preceptos constitucionales establecidos en los artículo 122 (no habrá empleo público que no tenga funciones detalladas en Ley o reglamento) y 125 (Los empleos en los órganos y entidades del Estado son de carrera) como lo estableció la Corte Constitucional en la sentencia C-614/2009 sino que además resulta discriminatorio con los contratistas que tienen un contrato realidad[75] porque no tienen las prestaciones y beneficios de los empleos públicos, pero adicionalmente de conformidad con (Gómez y Díaz, 2019, p. 4) las nóminas paralelas también imponen una carga económica adicional a las entidades públicas derivadas de la duplicación de un cargo de planta en uno o varios contratos de prestación de servicios, lo anterior sin contar con las demandas que recibe el Estado por parte de los contratistas exigiendo el pago de sus prestaciones laborales y seguridad social.

Respecto a las nóminas paralelas la Sentencia C-614 de 2009 de la Corte Constitucional mencionó lo siguiente:

> A pesar de la prohibición de vincular mediante contratos de prestación de servicios a personas que desempeñan funciones permanentes en la administración pública, en la actualidad se ha implantado como práctica usual en las relaciones laborales con el Estado la reducción de las plantas de personal de las entidades públicas, el aumento de contratos de prestación de servicios para el desempeño de funciones permanentes de la administración y de lo que ahora es un concepto acuñado y públicamente reconocido: la suscripción de "nóminas paralelas" o designación de una gran cantidad de personas que trabajan

[75] El artículo 53 de la Constitución Política consagra el principio de la primacía de la realidad. En ese sentido se entiende como contrato realidad cuando a pesar de tener un contrato con determinadas características en la realidad se han venido desempeñando tareas, labores y dinámicas contrarios a los que dice el contrato en papel. Respecto a este principio la Corte Constitucional en su Sentencia C-555/94 establece: *"La primacía de la realidad sobre las formalidades establecidas por los sujetos de las relaciones laborales, es un principio constitucional. Si el Juez, en un caso concreto, decide, porque lo encuentra probado, otorgarle a un docente-contratista el carácter de trabajador al servicio del Estado, puede hacerlo con base en el artículo 53 de la CP. Sin embargo, a partir de esta premisa, no podrá en ningún caso conferirle el status de empleado público, sujeto a un específico régimen legal y reglamentario. El principio de la primacía de la realidad sobre las formalidades establecidas por los sujetos de las relaciones laborales, no tiene, adicionalmente, el alcance de excusar con la mera prestación efectiva de trabajo la omisión del cumplimiento de los requisitos constitucionales y legales previstos para acceder a la función pública que, en la modalidad estatutaria, son el nombramiento y la posesión, los que a su vez presuponen la existencia de un determinado régimen legal y reglamentario, una planta de personal y de la correspondiente disponibilidad presupuestal. El mencionado principio agota su cometido al desentrañar y hacer triunfar la relación de trabajo sobre las apariencias que hayan querido ocultarla. Y esta primacía puede imponerse tanto frente a particulares como al Estado mismo. Su finalidad no puede dilatarse hasta abarcar como función suya la de aniquilar las que son formalidades sustanciales de derecho público."*

> durante largos períodos en las entidades públicas en forma directa o mediante las cooperativas de trabajadores, empresas de servicios temporales o los denominados out soursing, por lo que la realidad fáctica se muestra en un contexto distinto al que la norma acusada describe, pues se ubica en una posición irregular y abiertamente contraria a la Constitución, desviación práctica que desborda el control de constitucionalidad abstracto y su corrección corresponde a los jueces contencioso administrativos, o, excepcionalmente, al juez constitucional por vía de la acción de tutela; práctica ilegal que evidencia una manifiesta inconstitucionalidad que la Corte Constitucional no puede pasar inadvertida, pues afecta un tema estructural en la Carta de 1991, cual es el de la carrera administrativa como instrumento esencial para que el mérito sea la única regla de acceso y permanencia en la función pública, por lo que se insta a los órganos de control a cumplir el deber jurídico constitucional de exigir la aplicación de la regla prevista en la norma acusada y, en caso de incumplimiento, imponer las sanciones que la ley ha dispuesto para el efecto, y se conmina a la Contraloría General de la República, a la Procuraduría General de la Nación y al Ministerio de la Protección Social a que adelanten estudios completos e integrales de la actual situación de la contratación pública de prestación de servicios, en aras de impedir la aplicación abusiva de figuras constitucionalmente válidas.

### 4.3. El impacto de los contratos de prestación de servicios en la generación de nóminas paralelas

En este apartado se señalará la manera en la que los contratos de prestación de servicios generan una nómina paralela, distinguiendo esta de las nóminas corbatas ya que se parte del entendido que las nóminas paralelas son utilizadas para disfrazar verdaderas relaciones laborales con el Estado que surgen de una necesidad que debe ser suplida por medio del sistema de mérito y carrera administrativa y no a través de la contratación directa, a diferencia de las nóminas corbata que son utilizadas para pagar un favor político sin que en realidad la entidad pública se vea beneficiada por las actividades que debería realizar el contratista pero que en realidad no cumple. En ese sentido se parte del hecho que las nóminas paralelas surgen de la falta de personal en las entidades públicas para la realización de las activades propias de su administración y funcionamiento.

El abuso de los contratos de prestación de servicios genera que en las entidades públicas el número de contratistas iguale o incluso supere al de los empleados de la planta de personal, para ilustrar la afirmación anterior se puede poner como ejemplo a la entidad pública RTVC Sistema de Medios Públicos que cuenta con 72 empleados en su planta de personal y casi 2000 contratistas[76], no obstante, esta situación se replica en casi todas las entidades a nivel nacional o territorial y esto se puede comprobar con la cantidad de contratistas que hay actualmente, de conformidad con la información suministrada por el Ministerio del Trabajo hay aproximadamente 910.000 contratistas de conformidad con el último estudio realizado, y así mismo existen 1.351.000 servidores públicos[77], por su parte el Departamento Administrativo de la Función pública mencionó que son 1.318.729 los servidores públicos[78], así mismo, consultando el día 18 de junio de 2024, en el portal de Datos Abiertos, sección SECOP II contratos electrónicos aparecen registrados 936.043 contratos de prestación de servicios en ejecución en dicha página (https://www.datos.gov.co/Gastos-Gubernamentales/SECOP-II-Contratos-Electr-nicos/jbjy-vk9h/data_preview)

Respecto a las cifras de las nóminas paralelas resulta complejo encontrar una cifra exacta, en las páginas de la Contraloría General de la República y la Procuraduría General de la Nación, no aparece información respecto a este tema, y así mismo es difícil saber a ciencia cierta que contrato respeta la naturaleza jurídica de los contratos de prestación de servicios (es decir, que sean para realizar actividades que no pueden ser realizadas por la planta de personal y de carácter temporal) y cuales son en realidad una relación laboral en cubierta o contratos que no le representan ningún beneficio a la entidad y solo se suscriben para cumplir con promesas electorales, así mismo, resulta complejo rastrear cual contrato fue fruto de clientelismo y cual no.

No obstante, lo anterior, existen cifras aproximadas que son reveladas generalmente por los opositores políticos de la administración en turno. Un ejemplo de lo anterior es que para el año 2015 el Concejo de Bogotá publicó una nota de prensa dónde mostraba que, de acuerdo con un informe presentado por el Cabildante Miguel Uribe Turbay, muestra un crecimiento de las órdenes de prestación de servicios-OPS, que le cuesta distrito 1,2 billones de pesos al año y que incluye la contratación de Hospitales, colegios, localidades por lo que advirtió que “podría constituirse en nóminas paralelas”, ya que mostró que al finalizar la administración anterior había 29.659 contratos, y

---

76 Fuente: https://www.elespectador.com/politica/rtvc-en-la-era-petro-a-hacer-producciones-propias-de-la-mano-de-norida-rodriguez/

77 Fuente: https://www.mintrabajo.gov.co/prensa/comunicados/2022/diciembre/gobierno-nacional-buscara-formalizar-a-910-mil-contratistas#:~:text=En%20Colombia%20hay%201%20mill%C3%B3n,sector%20administrac%C3%B3n%20p%C3%BAblica%20y%20defensa

78 https://www1.funcionpublica.gov.co/-/quienes-somos-los-servidores-publicos#:~:text=Recordemos%20que%20Colombia%20cuenta%20con%201.318.729%20servidores%20p%C3%BAblicos.

durante la gestión del Alcalde Gustavo Petro se incrementó a 41.357 en el 2014 y en lo corrido del 2015 la cifra alcanza los 39.546 contratos[79].

Por otro lado, con el empalme del cambio de gobierno en el año 2022, Gustavo Petro dio la orden en Consejo de Ministros de desmantelar las nóminas paralelas, posteriormente Mauricio Lizcano, el Director del Departamento Administrativo de la Presidencia (Dapre) denunció que en el gobierno anterior en los años 2021 y 2022 se gastaron 4.5 billones de pesos en contratación en prestación de servicios y expuso que a su juicio es una cifra escandalosa y se buscará reducirla, expuso que si bien estos contratos están en casi todo el Estado no todo el que tenga un contrato de prestación de servicios es una nómina paralela, pero se planea es que una persona no pueda tener más de dos de estos contratos con el Estado, de igual manera mencionó que entregó las pruebas a la fiscalía para ampliar su denuncia dónde señaló que encontró una política laxa en la supervisión de los contratos y que hay personas que son beneficiarias de varios contratos en distintas entidades públicas, no obstante añadió que la información aún no era precisa ni veraz ya que fue entregada por personas que manifestaron haber notado irregularidades, sin precisar circunstancias de tiempo, modo y lugar pero que se deben realizar las verificaciones[80].

La fiscalía anunció a través de un comunicado de prensa que se remitió la información suministrada a la Contraloría General de la República para que desde allí se establezca la necesidad de realizar o no una auditoría sobre los contratos y de encontrarse algún hallazgo remita copias a la Fiscalía para adelantar las acciones investigativas de carácter penal[81]. Por su parte la Contraloría General de la República, recibió las denuncias de las nóminas paralelas en el gobierno de Iván Duque y aclaró que pese a que hay 4.5 billones de pesos en contrataciones, no significa que todos esos contratos sean de nóminas paralelas pero que se revisarán las circunstancias y casos específicos frente a los contratos que hayan podido incurrir en dicha figura, y aclaró que no se puede estigmatizar al contratista ya que su labor es muy dura pero lo que no está bien es que existan personas que tengan más de cinco contratos ya que eso impide la ejecución de la labor[82].

---

79 Fuente: https://concejodebogota.gov.co/durante-alcaldia-de-petro-nominas-paralelas-crecieron-un-40/cbogota/2015-06-16/125318.php

80 Fuente: https://www.infobae.com/america/colombia/2022/09/02/fiscalia-le-pasa-a-la-contraloria-el-caso-de-las-nominas-paralelas/

81 Fuente: https://www.infobae.com/america/colombia/2022/09/02/fiscalia-le-pasa-a-la-contraloria-el-caso-de-las-nominas-paralelas/

82 Fuente: https://www.rcnradio.com/colombia/no-todos-los-45-billones-en-contrataciones-serian-de-nominas-paralelas-contraloria

La Fundación Vorágine envió un derecho de petición al Departamento Administrativo de la Presidencia para conocer los hallazgos, en la respuesta explicaron que "en desarrollo de las diferentes sesiones de empalme realizadas con el Gobierno saliente, se identificó un número elevado de contratos de prestación de servicios de apoyo a la gestión en los diferentes sectores (del gobierno Duque). La relación de los mismos se puede corroborar en la plataforma pública SECOP II", por lo que Vorágine hizo la suma de los valores entregados por el Dapre y obtuvo el resultado de 7.9 billones de pesos, sumando los contratos de prestación de servicios de 2021 y 2022, de igual manera según la documentación aportada es que en 2021 el sector de Agricultura habría tenido una nómina paralela de más de 300.000 mil millones de pesos; el sector de Ambiente y Desarrollo una por más de 169.000 millones; el sector Cultura habría tenido una nómina paralela por más de 63.000 millones; el sector Defensa habría tenido una nómina paralela por más de 384.000 millones; el de Educación habría tenido una nómina paralela por más de 100.000 millones; el de Hacienda habría tenido una nómina paralela por más 82.000 millones; el de Inclusión una de 356.000 millones; el de Información Estadística habría tenido una nómina paralela por más de 174.000 millones: el de Salud habría tenido una nómina paralela por más de 185.000 millones, el DANE habría tenido una nómina paralela por 132.000 millones de pesos, el ICBF, contando todas sus regionales, en 2021 habría superado una contratación paralela por 249.000 millones de pesos, y respecto al SENA el presupuesto que habría gastado esa entidad es superior a un billón de pesos solo en ese año.

Con respecto al año 2022 el sector Agricultura reporta una supuesta nómina por más de 353.000 millones de pesos; el sector Ambiente por más de 183.000 millones; el sector Cultura por más de 50.000 millones; el sector Defensa por más de 306.000. Solo el Ministerio del Deporte en la supuesta nómina paralela reportada en 2022, se habría gastado más de 50 mil millones de pesos; el sector Educación más de 92.000 millones; el sector de Hacienda más de 68.000 millones; el ICBF más de 184.000; el de Salud más de 75.000 millones; el de Tecnologías de la Información y las Comunicaciones más de 109.000 millones; el de Trabajo más de 105.000 millones, respecto del SENA en el 2022 vuelve a arrojar supuestas contrataciones por más de un billón de pesos[83].

Por otro lado, y aunque resulte paradójico, los organismos de control también reportan nóminas paralelas, el medio la W denunció que dentro de los seis días antes del inicio de la Ley de Garantías en la Procuraduría General de la Nación hicieron una jornada maratónica de contratación directa la cual originó la incorporación de una nómina paralela de contratistas por 3.370

---

83 Fuente: https://voragine.co/bajo-reserva/las-supuestas-nominas-paralelas-de-ivan-duque/

millones de pesos, la cual es encabezada por los exmagistrados de la Corte Suprema, Clara Dueñas, y de la Corte Constitucional, Luis Guillermo Guerrero. Cada uno por la suma de 220 millones de pesos por asesorar a la Procuraduría. Otro contrato fue asignado a la firma de abogados Carvajalino García S.A.S. por valor de 230 millones de pesos; firma cuya representante legal, Adriana Carvajalino García es hermana de Ingrid Carvajalino García, quien desempeñaba el cargo de asesora de la procuradora de ese entonces, Margarita Cabello, en temas de nombramiento de personal. De igual manera la W conoció que la Contraloría General de la República adelantaría una investigación a la Procuraduría[84].

Respecto a la Contraloría General de la República, las Contralorías territoriales son cuestionadas respecto a su utilidad, de acuerdo con (Corredor y Cortés, 2018, p. 273) mencionan que estos "*Como guardianes del erario, han sido capturadas por el regulado en un ambiente en el que el clientelismo regional facilita los sobornos y dádivas que dan lugar a acuerdos colusorios en pro de intereses particulares*". Por otro lado concluyen que las condiciones del clientelismo en las regiones determinan la inoperancia de las contralorías territoriales como agentes de control ya que hay intercambio de favores por medio de sobornos, su independencia no está garantizada porque son capturadas por las élites y políticos regionales, la supervisión no cuenta con la tecnología idónea para realizar la vigilancia, y las contralorías territoriales son un nivel de supervisión intermedio que no contribuyen con el control de recursos públicos (Corredor y Cortés, 2018, p. 303-305). Si bien no hay cifras oficiales respecto a nóminas paralelas en la Contraloría con la reforma que se le realizó a dicho ente mediante el Acto Legislativo 04 de 2019 se aumentó su burocracia con 2.325 nuevos cargos.

## 5. El principio de mérito en la administración pública: Fundamento y aplicación

Frecuentemente se escucha mencionar al mérito como el principio de selección que debe tener la carrera administrativa; de conformidad con (Álvarez, 2009, p. 14) "*El sistema de mérito y de Carrera Administrativa es una concepción de la administración de personal en el sector público que pretende la selección y promoción de los empleados, teniendo como base principal la idoneidad, capacidad y mérito de la persona*". En ese sentido según Álvarez los elementos básicos del sistema de carrera administrativa son: i) Igualdad de oportunidades para todos los ciudadanos de acceder al servicio público, ii)

---

[84] Fuente: https://www.wradio.com.co/2022/03/02/la-millonaria-nomina-paralela-que-nacio-a-pocos-dias-de-la-ley-de-garantias-en-la-procuraduria/

Selección basada en el mérito, iii) Estabilidad en el empleo basada en los resultados del empleado público, iv) Ascenso basado en la eficiencia y capacidades del empleado.

De acuerdo con (Barrera, 2022, p. 19) el principio de mérito no ha sido criterio de selección de funcionarios exclusivo del Estado moderno pues desde la antigüedad se intentó implementar para reemplazar a los criterios subjetivos de administración de personal, en ese sentido Barrera coloca como ejemplo las civilizaciones de Grecia y Roma que realizaron esfuerzos para tener criterios basados en mérito para seleccionar a quienes fueran a desempeñar los cargos públicos. De igual manera el autor indica que nunca ha existido un concepto inequívoco sobre el mérito, sino que por el contrario han existido distintos tipos de méritos que se adaptan dependiendo de los contextos. Para rastrear los orígenes de la meritocracia (Sandel, 2020) propone nociones como "meritocracia cósmica" y "pensamiento providencial" y establece los orígenes del mérito desde la creencia judeocristiana ya que esta predica la salvación por medio de las buenas obras, en ese sentido los buenos van al cielo y los malos al infierno.

De igual manera (Sandel, 2020) indica que según el pensamiento de Calvino y los puritanos se empezó a introducir el pensamiento de una ética meritocrática del trabajo, ya que para estos el éxito era el signo de la salvación y es por esto por lo que desde ese punto en adelante la meritocracia se ha relacionado con el ascenso social y una justificación de la desigualdad. No obstante, no es tan sencillo hablar de mérito en un país como Colombia ya que debido a la desigualdad y la falta de movilidad social puede resultar hasta revictimizante. De acuerdo con lo anterior (Sandel, 2020, p. 32) argumenta que *"En una sociedad desigual, quienes aterrizan en la cima quieren creer que su éxito tiene una justificación moral. En una sociedad meritocrática, eso significa que los ganadores deben creer que se han "ganado" el éxito gracias a su propio talento y esfuerzo"*. En concordancia con lo anterior (Muñoz, 2008, p. 253) establece que la meritocracia puede producir o profundizar la desigualdad si el Estado no garantiza la igualdad de oportunidades para todas las personas que habitan su territorio.

En ese sentido si una persona no tiene las mismas oportunidades que otra considerada "exitosa" no significa que esta sea menos capaz o idónea sino simplemente no ha tenido las oportunidades necesarias para que pueda desarrollar sus capacidades adecuadamente por lo tanto decir que no ha tenido los méritos suficientes para ser exitoso sería una conclusión parcializada que no tiene en cuenta la realidad individual de las personas y más en los contextos de marcada desigualdad y pobreza, al respecto (Young, 1964, p. 14) establece el siguiente ejemplo:

> Algunos muchachos de una capacidad tal que les hubiera permitido ser, por ejemplo, secretarios de empresa, se veían obligados a dejar la escuela a los quince años y hacerse carteros. ¡Un secretario de empresa repartiendo cartas! Parece increíble. Otros muchachos de escasa inteligencia, pero bien emparentados y relacionados, pasaban casi a la fuerza por Eton y Balliol, y se situaban, en su edad madura, como altos miembros del cuerpo diplomático. ¡Un cartero manejando los asuntos del Estado! Es cómico y hasta trágico.

## 5.1. Desigualdad en Colombia: Un análisis crítico desde la perspectiva del mérito

En el argot popular colombiano es muy frecuente escuchar la frase "el pobre es pobre porque quiere" para referirse en pocas palabras a que la pobreza es un estado mental y es cuestión de proponerse salir de ella para alcanzar el éxito, sin embargo esta frase dista de la realidad sobre todo de países como Colombia en dónde las brechas sociales son demasiado amplias, de conformidad con el documento titulado "Estudios Económicos de la OCDE COLOMBIA" publicado en febrero de 2022 la movilidad social entre generaciones es la más baja de los países de la OCDE ya que el número de generaciones necesarias para pasar del 10 % inferior al ingreso medio de la sociedad es de once generaciones, de igual manera de conformidad con OXFAM internacional, que es una confederación internacional formada por 19 organizaciones no gubernamentales estableció que de conformidad con cifras del Banco Mundial, Colombia es el segundo país más desigual de Latinoamérica ya que el 10 % de la población más rica de Colombia recibe 11 veces más que el 10 % más pobre del país. Por su parte el Informe Nacional de Desarrollo Humano Colombia: territorios entre fracturas y oportunidades 2024, menciona que existe *"peso significativo de la desigualdad (una de las más altas del mundo), donde el coeficiente de Gini apenas ha variado desde 2002, pasando de 0,572 a 0,556 en 2022 (DANE, 2023b)"* (p. 19)

El mérito para la carrera administrativa también se refiere a la idoneidad académica y de experiencia y en Colombia si bien la educación es un derecho fundamental de los niños y la educación superior está establecida como un servicio público, lo cierto es que por diferentes razones y debido a sus conflictos políticos y sociales internos la educación de los niños y niñas ha sido todo un reto, de conformidad con la UNESCO[85]; "mientras que en América Latina el número de niños sin escolarizar se redujo en un 8,9 %, en el Caribe se incrementó en un 11,4 %. En 2012, solo Colombia, que se vio afectada por

---

[85] Documento titulado "Equipo del Informe de Seguimiento de la Educación en el Mundo Panorama regional: América Latina y el Caribe" año de publicación 2015.

conflictos, representó casi el 16 % de los niños que están fuera de la escuela de toda la región". Así mismo de igual manera según las cifras del DANE del total de niños y niñas escolarizados para el 2021 la matrícula en el sector urbano fue del 75,6 %, con 7.405.053 alumnos, mientras la matricula del sector rural fue del 24,4 % con 2.392.624 matriculados, frente a 2.334.158 del año 2020. Las anteriores cifras son contrastantes teniendo en cuenta que 53.066 fueron las sedes educativas reportadas, de las cuales, 17.174 están ubicadas en la parte urbana (32,4 %) y 35.892 en parte rural (67,6 %), otra cifra que muestra la desigualdad entre la educación rural y la urbana es que solo el 22.7 % de las sedes educativas rurales cuentan con internet, para las sedes educativas urbanas es de 90.8 %.

Por otro lado, según cifras oficiales del Sistema de Matrícula Estudiantil del Ministerio de Educación (Simat), un poco menos de la mitad de los estudiantes que entran a primero de primaria no termina el bachillerato, de igual manera según el informe "Deserción escolar en Colombia: análisis, determinantes y política de acogida, bienestar y permanencia" del Ministerio de Educación en el año 2021 de aumentó significativamente el porcentaje de deserción intraanual al 3,58 % y por otro lado, solo 4 de cada 10 estudiantes que terminan el bachillerato logran acceder a la educación superior de conformidad con lo concluido por el Laboratorio de Economía de la Educación (LEE) de la Universidad Javeriana, así mismo según este mismo estudio llamado "Inasistencia a establecimientos educativos en Colombia antes y durante la pandemia: cifras y razones" muestra que en 2021 la cantidad de personas en edad escolar (De 5 a 24 años) que no se encontraban escolarizadas era de 5.049.813. Así mismo, según cifras del Ministerio de Educación Nacional solo el 53,94 % de los jóvenes se matriculó en la Universidad para el año 2021.

Así mismo, según el Informe Nacional de Desarrollo Humano Colombia: territorios entre fracturas y oportunidades 2024, menciona que: En Colombia, existen desafíos significativos relacionados con el acceso, la calidad y la adecuación de la educación. Grupos como la población rural, afrodescendientes, indígenas y personas en situación de pobreza enfrentan desde una edad temprana la falta de acceso a servicios educativos de buena calidad, lo que les impide desarrollar todo su potencial y perpetúa la desigualdad intergeneracional. Estas disparidades educativas se reflejan en las diferencias en las habilidades con las que las personas entran al mercado laboral, lo cual resulta en grandes inequidades en la obtención de empleos dignos. Este mismo informe menciona que "*La acumulación de desigualdades a lo largo de la vida repercute en las posibilidades que tiene una persona para vincularse al mercado laboral, ya que la desigualdad de capacidades básicas y aumentadas determina el tipo de empleo que puede desarrollar.*" (p. 61).

Por otro lado, según el DANE en el 2021 el 8,4 % de los hogares colombianos registraron, al menos, una persona de 15 años y más que no sabe leer y escribir, cifra que representa una disminución de -0,9 puntos porcentuales con respecto al 2019 (9,3 %). Así mismo persiste la desigualdad entre la población rural y urbana ya que mientras que en las cabeceras municipales apenas disminuyó -0,3 puntos porcentuales y en los centros poblados y rural disperso el -2,4 puntos porcentuales, en el mismo año[86]. De igual manera los resultados del Censo Nacional de Población y Vivienda (CNPV) de 2018 realizado por el DANE arroja que el 5.1 % de las personas censadas mayores de 15 años no sabían leer ni escribir.

Por otro lado, el DANE considera como ocupados informales a todos los asalariados o empleados domésticos que no cuentan con cotizaciones a salud ni a pensión por concepto de su vínculo laboral con el empleador que los contrató y de igual forma se consideran ocupados informales por definición a los trabajadores sin remuneración o trabajadores por cuenta propia, en ese sentido según el DANE para el trimestre de agosto – octubre de 2023 "la proporción de ocupados informales fue 55,7 %, lo que significó una disminución de 2,1 puntos porcentuales respecto al mismo trimestre del año anterior (57,9 %)."[87]. Así mismo para noviembre de 2023, la tasa de desocupación del total nacional fue 9,0 %, la tasa global de participación se ubicó en 64,1 % y la tasa de ocupación fue 58,3 %. En el mismo mes de 2022 estas tasas fueron 9,5 %, 63,4 % y 57,4 %, respectivamente.

De igual manera el Informe Nacional de Desarrollo Humano Colombia: territorios entre fracturas y oportunidades 2024 señala que el mercado laboral colombiano enfrenta desafíos significativos debido a la falta de correspondencia entre la oferta de empleo (la población buscando trabajo) y la demanda laboral (las necesidades del sector productivo). Estos problemas están relacionados con varias causas principales. Primero, las capacidades educativas tanto básicas (como la educación primaria) como avanzadas (como la educación superior) carecen de calidad y relevancia para las vocaciones locales, lo que resulta en una escasez de oportunidades laborales acordes con las habilidades adquiridas. Segundo, los micronegocios, que son la principal fuente de empleo, no ofrecen trabajos formales debido a los altos costos asociados con las contribuciones parafiscales. Tercero, el sistema de protección social colombiano está vinculado a la formalidad laboral.

---

86 Fuente: https://www.defensoria.gov.co/-/la-alfabetizaci%C3%B3n-nos-permite-avanzar-en-la-construcci%C3%B3n-de-una-sociedad-igualitaria#:~:text=De%20acuerdo%20con%20los%20datos,2019%20(9%2C3%25).

87 Fuente: https://www.dane.gov.co/index.php/estadisticas-por-tema/mercado-laboral/empleo-informal-y-seguridad-social

Como consecuencia, resulta difícil que la población más vulnerable acceda a trabajos formales y, por ende, a una protección social integral y a las grandes empresas que son quienes principalmente generan empleo formal para una población educada con estándares de calidad y pertinencia adecuados.

Las anteriores cifras demuestran una desigualdad estructural respecto a la educación y las oportunidades de empleo que tienen los colombianos, si bien es cierto las cifras muestran una pequeña mejoría con el paso de los años, estas siguen siendo prueba de que en Colombia existe una falla del Estado Social de Derecho a la hora de procurar por mejorar la calidad de vida de sus ciudadanos y de brindarles oportunidades para poder superar las condiciones de atraso que han presentado a lo largo de los años. Es por esto por lo que resulta contradictorio hablar de mérito ya que se puede inferir que las personas que argumentan que gracias a su mérito alcanzan sus metas ignoran los privilegios que han tenido en comparación con otros sectores de la población que han sido abandonados por el Estado y que tienen más dificultades y limitaciones en su día a día.

### 5.2. Meritocracia en Colombia: Definición y retos para su aplicación teniendo en cuenta la desigualdad estructural

El artículo 125 de la Constitución política de Colombia se refiere al principio del mérito en el siguiente sentido: "El ingreso a los cargos de carrera y el ascenso en los mismos, se harán previo cumplimiento de los requisitos y condiciones que fije la ley para determinar los méritos y calidades de los aspirantes", así pues, la Constitución de 1991 establece al mérito "*como criterio único y exclusivo de selección de los servidores públicos del Estado el constituyente primario quiso responder a la carencia histórica de la administración pública colombiana de seleccionar a sus servidores a través de mecanismos difícilmente compatibles con un modelo de Estado de Derecho, en el que principios como la equidad y la igualdad de oportunidades deberían prevalecer por encima de cualquier otro tipo de consideración a la hora de escoger a aquellos ciudadanos que integraran los cuadros de personal de las instituciones y entidades del Estado.*" (Bohórquez, 2015, p. 311-312). Así mismo esta Constitución en su artículo 130 creó la Comisión Nacional de Servicio Civil como el "responsable de la administración y vigilancia de las carreras de los servidores públicos, excepción hecha de las que tengan carácter especial".

Al respecto la Corte Constitucional en la Sentencia SU – 086 de 17 de febrero de 1999 con M.P. Dr. José Gregorio Hernández Galindo se refiere respecto al mérito en los siguientes término: "*como factor determinante de la designación y de la promoción de los servidores públicos, con las excepciones que la Constitución contempla (art. 125 C.P.), tal criterio no podría tomarse como exclusivamente reservado para la provisión de empleos en la Rama Administrativa del Poder Público, sino que, por el contrario, es, para todos los órganos y entidades del Estado, regla general obligatoria cuya inobservancia implica vulneración de las normas constitucionales y violación de derechos fundamentales".* En ese sentido constitucionalmente se le da un carácter primordial para la selección de personal de todas las entidades públicas para que de esta manera se pueda garantizar que los empleados estatales sean escogidos en cuestión a sus méritos y no por influencias de otras razones.

Lo anterior teniendo en cuenta que históricamente se habían provisto los cargos públicos de manera discrecional ya que no se tenía en cuenta las capacidades de las personas sino su "palanca" política, así mismo se privilegiaba otra clase de nombramientos como los nombramientos en provisionalidad ya que el gobierno y el legislador intentó múltiples veces conceder el cargo en propiedad a aquellos que lo venían desempeñando en provisionalidad e ignorando así el sistema de carrera administrativa. No obstante, la Constitución de 1991 no fue la primera en intentar eliminar las influencias políticas de los cargos públicos ya que de acuerdo con (Barrera, 2022, p. 46) *"desde las primeras constituciones de Tunja (1811) y Cundinamarca (1812) se emprendió una lucha por la supresión de los privilegios para ejercer puestos públicos".*

En ese sentido el sistema de mérito pretende garantizar que los cargos públicos estén ocupados por los más idóneos para tal fin para así garantizar un adecuado servicio a la comunidad y no estén supeditados a intereses políticos, al respecto, (Bohórquez, 2015, p. 318) menciona que, en un Estado de derecho, los funcionarios públicos deben ser seleccionados según criterios objetivos como el mérito, con el objetivo de reducir al mínimo la discrecionalidad de la autoridad que los nombra. Esto se debe a que, conforme a los principios fundamentales establecidos en la normativa superior, todos los ciudadanos deben ser tratados igualmente por la ley y en su aplicación. Por lo tanto, la administración no debe expresar preferencias discriminatorias o basadas en motivos subjetivos al elegir a los candidatos a servidores públicos, sino que debe gestionar este proceso garantizando la transparencia, la eficacia y la igualdad de oportunidades.

Por su parte, la Corte Constitucional en su sentencia C-588/2009 expresa que la carrera administrativa se funda exclusivamente en el mérito, al respecto menciona:

> De conformidad con la interpretación que de las disposiciones superiores ha realizado la Corte Constitucional, la carrera administrativa "se fundamenta única y exclusivamente en el mérito y la capacidad del funcionario público", mérito que, en tanto elemento destacado de la carrera administrativa, comparte el carácter de regla general que a ésta le corresponde. En efecto, de acuerdo

> con la jurisprudencia constitucional, los principios generales de la carrera administrativa se enfocan "todos ellos a la eficacia del criterio del mérito como factor definitorio para el acceso, permanencia y retiro del empleo público" y, en esa medida, el artículo 125 superior establece el criterio del mérito como regla general. Estrechamente vinculado al mérito se encuentra el concurso público, pues el Constituyente lo previó como un mecanismo para establecer el mérito y evitar que criterios diferentes a él sean los factores determinantes del ingreso, la permanencia y el ascenso en carrera administrativa.

De igual forma hace énfasis en excluir otros factores diferentes al mérito como acceso a la carrera administrativa, al respecto establece:

> tratándose de la relación de la carrera administrativa con el derecho a la igualdad, la Corporación ha indicado que "el acceso a la carrera mediante concurso dirigido a determinar los méritos y calidades de los aspirantes es una manifestación concreta del derecho a la igualdad" que se opone al establecimiento de "requisitos o condiciones incompatibles y extraños al mérito y a la capacidad de los aspirantes", pues, en tal evento, se erigirían "barreras ilegítimas y discriminatorias que obstruirían el ejercicio igualitario de los derechos fundamentales" y "La igualdad también tiene importantes proyecciones siempre que se trata de evaluar el mérito, porque tampoco se admiten formas de evaluación que propicien el establecimiento "de requisitos que aplican para unos aspirantes pero no para otros", dado que "de nada serviría permitir que todas las personas que cumplen con los requisitos del cargo participen en el concurso para su provisión, si a todas no se les evalúa igual".

De igual manera la Corte Constitucional en su Sentencia C-249/2012 menciona:

> Como quedó visto el principio de carrera administrativa se relaciona con el mérito, el concurso público y la igualdad de condiciones para el acceso, permanencia y ascenso a los cargos públicos. Este principio estructural o axial que identifica la Constitución de 1991 tiene como finalidad garantizar la selección del personal fundado en la evaluación que determine la capacidad e idoneidad del aspirante y de esta manera evitar que se provean los cargos públicos por elementos subjetivos e irrazonables. Por ende, la carrera administrativa, el mérito, el concurso público y la igualdad conforman un eje definitorio de la identidad de la Constitución y su ausencia o eliminación trastocaría y afectaría contenidos relevantes de la Carta de 1991.

No obstante, en Colombia han existido varias dificultades para el establecimiento del sistema de mérito, (Reyes y Fuentes, 2020, p. 7) establecen que estas dificultades son: el clientelismo, falta de una política pública de Estado sobre carrera administrativa, y problemas técnicos de la CNSC referente a las convocatorias. Respecto al primer punto es cierto que este fenómeno se ha apoderado de la burocracia y no permite que los cargos públicos se elijan de una manera imparcial, sino que es un sistema de *spoiled system*, de botín político para los afines a los gobernantes de turno. Respecto a la falta de políticas públicas Reyes y Fuentes mencionan; *"existen normas que regulan el empleo público e instituciones que cumplen diversas funciones en el sistema de empleo público en Colombia, pero no existe una política pública de Estado que determine objetivos, agendas, responsabilidades, entre otros aspectos que caracterizan las políticas públicas, que de existir permitirían asegurar "la atención y satisfacción de los intereses generales de la comunidad"*. Respecto a las fallas técnicas de la CNSC se menciona que falta capacitación, así como evaluación objetiva, que debe ser criterio para la estabilidad, ascenso o retiro del cargo, así mismo existen muchos empleados contratados bajo modalidades como encargo o provisionalidad.

Ahora bien, como se señaló en el acápite anterior en Colombia existe una desigualdad marcada, dónde no todas las personas tienen las mismas oportunidades ya que el acceso a los servicios básicos y la educación resultan un lujo para algunos, en ese sentido el mérito puede generar una desigualdad aún más grande, ya que, de acuerdo con (Barrera, 2022, p. 126) *"Mientras la desigualdad producto de la herencia no se podía justificar, la que se produce por el mérito resulta ser una desigualdad justa"*. Así pues, mientras existan diferencias sociales significativas entre la población el sistema de mérito está destino a perpetuar aún más estas diferencias, al respecto (Barrera, 2022, p. 148) menciona: *"Creemos que el modelo de meritocracia pura debe aplicarse en aquellos países en los que las brechas de desigualdad no son tan grandes, o que por lo menos, tienen satisfechas sus necesidades básicas. En suma, los competidores harán parte de un juego en el que no existen desventajas tan significativas. Sin embargo, no consideramos conveniente que países con extrema desigualdad y alta demanda por necesidades básicas insatisfechas sigan este modelo único de distribución de los cargos públicos"*.

La meritocracia en un país con diferencias sociales marcadas puede resultan revictimizante y excluyente ya que no tiene en cuenta que quizás esos que son considerados con el mérito e idoneidad para ocupar un cargo, han tenido privilegios que la mayoría de la población no han tenido debido a la escases de oportunidades. Al respecto (Barrera, 2022, p. 153) menciona *"En estos casos de extrema desigualdad no se supera el mínimo de razonabilidad. Consideramos que en aquellos eventos donde rige la meritocracia pura entre desiguales, se legitima un sistema excluyente, porque, los estudiantes con educación de menor calidad resultan desaprobados por sus bajos resultados, al igual que los grupos poco visibles."*. Así pues, es válido cuestionar si en realidad el mérito consignado constitucionalmente es el sistema más idóneo para la realidad colombiana, con relación a esto (Barrera, 2022, p. 216-218) argumenta: *"el mérito no resulta ser el criterio más idóneo para la realidad colombiana, caracterizada por una profunda desigualdad social, en cuyo caso es necesario previamente nivelar el terreno de juego. (...)*

*En este orden de ideas, una premisa para que el mérito sea el mejor criterio posible de ingreso al empleo público es la reducción de la desigualdad.*"

Ahora bien, partiendo del supuesto que la desigualdad en Colombia no es tan marcada ¿aun así el sistema de mérito es el más justo? Con relación a esto (Barrera, 2022, p. 108) trae a colación a lo que piensa Aristóteles que considera que si se rompe la justicia es sinónimo de desigualdad por lo tanto si es injusto es desigual y si es justo es igual. Así pues, los concursos en Colombia se realizan y se saca una lista de elegibles donde el primer o primeros lugares son los que obtendrán el cargo o los cargos, sin embargo (Barrera, 2022) Se cuestiona sobre si esto es lo más justo teniendo en cuenta que por ejemplo solo se va a proveer un cargo, el primero en la lista de elegibles sería el que tendría derecho a quedarse con este, no obstante, si el segundo lugar es un padre o madre cabeza de familia, o una persona con discapacidad o perteneciente a una población indígena ¿aun así resulta justo que el primer lugar se quede con el cargo?.

Por las anteriores razones es válido cuestionarse si el sistema de mérito escuetamente implementado en Colombia es el más adecuado teniendo en cuenta las circunstancias fácticas del país, la desigualdad existente y las pocas oportunidades que tienen ciertos sectores de la población, aunado al abandono estatal que ha derivado que durante muchos años el país se encuentre en una situación de Estado de Cosas Inconstitucional. La adecuada implementación del sistema de mérito y la implementación de políticas públicas para fomentar el sistema de carrera administrativa no necesariamente son la opción más adecuada para evitar que exista un uso y abuso de los contratos de prestación de servicios por parte de las entidades públicas ya que no solo no atacan el problema de raíz, sino que incluso pueden profundizar aún más las desigualdades del país.

## ¿Los contratos de prestación de servicios son un mal para las entidades públicas?

Una vez analizada la naturaleza jurídica de los contratos de prestación de servicios, y entendiendo que en la actualidad se tiene una connotación negativa de los mismos por que se cree que son utilizados para cooptar la burocracia de las entidades públicas por parte de los políticos y a su vez estos vulneran derechos laborales de los contratistas; vale la pena mencionar que estos contratos según y como están consignados en la normatividad y atendiendo a las interpretaciones que sobre estos han realizado las altas cortes, no van en contravía de la administración y la función pública, sino todo lo contrario, son una herramienta que tiene como finalidad ayudar a la entidad cuando sea necesario y de manera temporal, es por lo anterior que los contratos de prestación de servicios no necesitan ser reformados, ni muchos menos ser eliminados, porque tal y como están pensados no representan un mal para las entidades.

El problema del abuso de los contratos de prestación de servicios no se soluciona con una reforma ni con más jurisprudencia, toda vez que tanto la norma como la interpretación jurisprudencial es muy clara a la hora de distinguirlos de una relación laboral con el Estado, ya que el ingreso a ocupar un cargo público, por regla general, es por medio de la carrera administrativa y en virtud del mérito, excepto los de elección popular, los de libre nombramiento y remoción, los de trabajadores oficiales y los demás que determine la ley. Tanto la Corte Constitucional como el Consejo de Estado han dado lineamientos que diferencian los contratos de prestación de servicios de una relación laboral. Es por lo anterior que el abuso de los contratos de prestación de servicios en la administración pública no es un problema con la norma sino con la práctica.

Por un lado la carrera administrativa no se encuentra lo suficientemente consolidada lo que genera que en las entidades se tenga que suplir esta deficiencia de cargos por medio de contratos de prestación de servicios muchas veces utilizados con un carácter permanente por medio de la renovación indefinida de estos contratos, por otro lado, la contratación estatal representa el botín electoral por excelencia por medio del cual son pagados favores políticos, entonces los contratos de prestación de servicios son utilizados como método de canje con personas que brindaron su apoyo en campañas electorales, lo que genera que aunque no exista una necesidad de contratación esta se cree con la finalidad de seguir contratando.

Ahora bien, no existe una voluntad política de fortalecer la carrera administrativa para que los contratos de prestación de servicios sean utilizados de manera excepcional y para fines específicos. Esto se debe a que no le resulta beneficioso a los políticos tener una carrera administrativa consolidada ya que no podrían recurrir al botín que representan esta clase de contratos, lo que genera un círculo vicioso: no se fortalece la carrera administrativa, la planta de personal resulta insuficiente para ejecutar sus funciones, se necesita recurrir a los contratos de prestación de servicios para ayudar a la entidad a cumplir sus funciones, y los políticos ponen sus fichas a ejecutar estos contratos, por lo tanto no van a tomar medidas para fortalecer la carrera administrativa.

Por otro lado, como se mencionó anteriormente, las oportunidades en el mercado laboral en Colombia son escasas, en gran parte debido a los altos índices de informalidad laboral y a las pocas oportunidades de empleo. Así mismo, las oportunidades laborales son enfocadas en su mayoría a la población que ha tenido acceso a educación de calidad, por lo que personas que han sufrido de desigualdad no tienen buenas oportunidades ni de educación de calidad, ni de un empleo digno. Esta situación genera que los ciudadanos tengan que recurrir a dinámicas clientelistas para poder tener acceso a un contrato de prestación de servicios. Si bien por un lado el clientelismo se alimenta de la pobreza y la desigualdad, también es una alternativa a la que recurren los colombianos para tener alguna oportunidad de ingresos.

En síntesis, la cooptación de la burocracia por parte del clientelismo no se soluciona con más normatividad en relación con los contratos de prestación de servicios, y tampoco con su eliminación, ya que el clientelismo buscará otro botín electoral, así como antes utilizaba los cargos públicos y con el establecimiento de la carrera administrativa empezó a utilizar la contratación estatal. Por esto, el problema del abuso de los contratos de prestación de servicios debe solucionarse por medio de una cultura de lo público, con una ciudadanía activa que vigile a los funcionarios públicos y les exija a los encargados de solicitar la ampliación de la planta de personal de las entidades que realicen la solicitud para que sea ampliada la planta de personal en el caso de existir la necesidad para que no se utilicen los contratos de prestación de servicios para desempeñar funciones de carácter permanente, así mismo, se debe realizar un seguimiento a la contratación estatal que se realice y exigir una rendición de cuentas para evaluar los resultados obtenidos.

## Conclusiones del segundo capítulo

### *La desnaturalización de la contratación estatal y sus efectos en detrimento de la carrera administrativa: Más allá de la meritocracia como principio para contrarrestar el clientelismo*

Como se señaló en la primera parte de este trabajo, la contratación estatal está concebida para ayudar al Estado a la consecución de los fines estatales establecidos en la Constitución, no obstante, existen varios contras sobre a la contratación estatal, el primero de ellos es el desplazamiento del sector público por el sector privado, ya que se crean concesiones o asociaciones público-privadas[88] entre otras modalidades de contratación que no solo des-

---

88 De conformidad con el CONPES 3615 de 2009 la alianza público-privada "*Es una tipología general de relación público-privada materializada en un contrato entre una organización pública y una compañía privada para la provisión de bienes públicos y de sus servicios relacionados en un contexto de largo plazo, financiados indistintamente a través de pagos diferidos en el tiempo por parte del Estado, de los usuarios o una combinación de ambas fuentes. Dicha asociación se traduce en retención y transferencia de riesgos, en derechos y obligaciones para las partes, en mecanismos de pago relacionados con la disponibilidad y el nivel del servicio de la infraestructura y/o servicio, incentivos y deducciones,*

plazan al Estado sino que incluso llegan a crear monopolios[89] generando así una privatización de los servicios que debe proveer el Estado, situación que en muchas ocasiones deriva en cobros abusivos a los usuarios debido a la falta de regulación o control a estos privados. Por otro lado, el principal factor en contra de la contratación estatal es la corrupción, de acuerdo con (Martínez y Ramírez, 2006, p. 150) *"la corrupción es entonces un efecto y no una causa. Es un efecto de las relaciones del Estado y los individuos que no se dirigen hacia el bienestar colectivo".*

Así pues, si bien la contratación resulta necesaria cuando el Estado se ve incapaz de proveer todos los bienes y servicios a los ciudadanos y necesita de privados para lograr sus fines estatales, la realidad es que gracias a los procesos de neoliberalismo y globalización que exigen cada vez menos intervención estatal ha aumentado la contratación estatal y la privatización[90], de acuerdo con (Tobón, 1994, p. 2) estas fórmulas neoliberales dentro de las que se encuentra la privatización parten del estancamiento y de la recesión que se le imputa al exceso de regulación estatal de la actividad económica de particulares y a la deficiencia de las empresas estatales que ha derivado en crisis fiscales. Así mismo, se entiende por privatización aquellas áreas en las que el Estado no debería competir con el capital privado porque este lo podría hacer con mayor eficiencia

Otro factor del que se suele hablar cuando se refiere a la contratación estatal es sobre la corrupción, de acuerdo con (Martínez y Ramírez, 2006, p. 154) "*El fenómeno de la corrupción se halla inmerso en las diferentes funciones estatales. La planeación, el presupuesto, la gestión de recursos humanos, la administración de recursos físicos y el control fiscal, son entre otras áreas de gestión en donde resulta evidente la desnaturalización de la función pública por este fenómeno. Sin embargo, es en la contratación estatal donde resulta más evidente la injerencia de estas prácticas, ya que a través de la misma se ejecutan los recursos públicos destinados a los diferentes cometidos del Estado.*" Así pues, la corrup-

---

*y en general, en el establecimiento de una regulación integral de los estándares de calidad de los servicios contratados e indicadores claves de cumplimiento."*

89 Según (Matallana Torres, C y Sierra Fernández, M, 2019, p. 20) *"uno de los peligros de las APPs, es que se conviertan en un monopolio privado, de este modo se afecta la economía de los colombianos por los posibles altos cobros por parte de los administradores".*

90 Según (Tobón, 1994, p. 77) "La política económica de las privatizaciones o desnacionalización, es una política mundial, la cual se inscribe en la actual etapa de desregulación de la economía, iniciada en la llamada "era Thacher" o del neoconservadurismo o bautizada también como neoliberal, la que toma fuerza a mediados de la década del 70, y se profundizó en la del 80, y es una respuesta a la crisis capitalista de finales del siglo XX."

ción puede estar en varios ámbitos de las funciones estatales e incluso en la vida privada, pero es más notorio cuando se refiere a la contratación estatal y así mismo despierta más indignación ciudadana porque se malgastan los recursos públicos, en ese sentido una de las quejas de la ciudadanía es porqué aumentan los impuestos y estos no se ven reflejados en los servicios básicos y derechos que el Estado está obligado a suministrar.

En ese sentido, la contratación estatal es necesaria para ayudar al Estado a cumplir con sus fines esenciales y es así como está concebida en las normas que la regulan, sin embargo, existe un problema con la manera en la que la contratación se practica, ya que por un lado existen situaciones de corrupción y por el otro se abusa de la contratación hasta el punto en el que se privatizan servicios básicos que deben estar en cabeza del Estado. No obstante, no se debe estigmatizar la contratación estatal, las normas que regulan la contratación estatal, así como sus procedimientos exigen una rigurosidad para los procesos de contratación, de igual manera se cuenta con la entidad Colombia Compra Eficiente que es la encarga de desarrollar políticas públicas que maximicen el valor obtenido por el dinero invertido. Es así como los problemas de la contratación estatal no surgen de las normas sino de las prácticas que se realizan, como el clientelismo, la corrupción, el diseñar convocatorias para que quede el proveedor que ya se tenía elegido previamente, entre otras dinámicas que desnaturalizan la contratación estatal en perjuicio de los recursos públicos y la función pública.

De conformidad con el artículo 32 de la Ley 80 de 1993 los contratos de prestación de servicios son aquellos que están relacionados con la administración o funcionamiento de la entidad y solo pueden suscribirse con personas naturales cuando dichas actividades no puedan realizarse con el personal de planta o requieran conocimientos especializados. Ahora bien, según las cifras mostradas a lo largo del trabajo existe un abuso de los contratos de prestación de servicios en las entidades públicas. Esta situación ocurre debido a: i) El clientelismo, ii) La falta de implementación del sistema de carrera administrativa y iii) Una especie de privatización de la burocracia colombiana ya que se pone a terceros que no son servidores públicos para desarrollar actividades propias de la entidad en detrimento de la función pública.

Pues bien, de conformidad con lo analizado a lo largo del capítulo se podría decir que el abuso por parte de las entidades estatales de los contratos de prestación de servicios se debe en parte a los tres puntos mencionados anteriormente, respecto al primero, *"El clientelismo es una práctica que favorece la corrupción, si bien no hay que confundir clientelismo con corrupción"* (Dávila Ladrón de Guevara 1999, Banco Mundial 2002). En ese sentido si bien las prácticas clientelistas no necesariamente son corrupción si constituyen una degradación del servicio público, ya que en teoría tenemos un sistema de carrera administrativa donde el ingreso a los cargos públicos es por medio del concurso de méritos, pero en la realidad existe una nómina paralela de contratistas que prestan servicios públicos y que en muchos casos están allí debido al sistema de *spoiled system* o botín político, ya que se utilizan esta clase de contratos para pagar favores políticos y electorales.

En teoría la carrera administrativa en Colombia nació en el año 1938, sin embargo, como se mostró a lo largo el trabajo, hubo varios tropiezos a la hora de su implementación efectiva ya que no existió una voluntad política para ponerla en marcha debido a que a la clase política le disgustaba que un funcionario pudiera ocupar de manera indefinida un cargo. A lo largo de la historia de la carrera administrativa han surgido normativas que pretenden la incorporación extraordinaria a la carrera administrativa, omitiendo el concurso de méritos y privilegiando a quienes ocupaban el cargo en provisionalidad y que llegaron allí con ayuda política. Además de la falta de ganas para fomentar la carrera administrativa, en los años ochenta empiezan a aparecer la globalización y el neoliberalismo; que exigen una menor intervención estatal y por lo tanto una menor burocracia estatal, lo que constituyó otra dificultad para el fortalecimiento de la carrera administrativa.

El clientelismo antes de la carrera administrativa utilizaba los cargos públicos como botín político y es por esto por lo que no mostró especial interés en su fortalecimiento. Posteriormente y a pesar del avance a pasos lentos de la carrera administrativa, el clientelismo observó que los cargos de carrera ya no serían su botín electoral, por lo que se concentró en los cargos de libre nombramiento y remoción que su nombramiento es a discreción de la autoridad, y en la contratación estatal, y específicamente en los contratos de prestación de servicios que fueron los analizados en el presente trabajo. Esto significó que en las entidades existe una nómina paralela ya que los contratistas casi que igualan y en algunos casos superan la cantidad de trabajadores del personal de planta, y esto genera que la función pública esté en manos de particulares ya que los contratistas son más propensos a sufrir de presiones políticas ya que dependen de un político para que su contrato sea renovado, así mismo, en muchas ocasiones tienen funciones propias de los servidores públicos y desarrollan actividades misionales de la entidad por lo que en la práctica se equiparan a un trabajador, sin embargo, no poseen ni la estabilidad ni la libertad de presiones que si pueden tener los funcionarios de planta.

La anterior situación tiene tres principales consecuencias negativas: i) vulnera derechos laborales de los contratistas porque estos terminan haciendo lo mismo y hasta más que un funcionario de planta y no tienen seguridad social ni prestaciones sociales, ii) pone la función pública en manos de terceros que no hacen parte de la administración pública y que son vulnerables a sufrir de presiones políticas a la hora de desarrollar sus actividades, y iii) desnaturaliza la figura jurídica de contratos de prestación de servicios ya que estos tienen como finalidad ayudar al Estado a cumplir con sus fines esenciales, pero se han utilizado para desarrollar funciones que debe desarrollar el personal de planta, así mismo, se ha abusado de esta modalidad de contratación y en muchos casos no es evidente la necesidad de contratación lo que evidencia que se contrata solo para cumplir pactos políticos.

Por otro lado, vale la pena mencionar que la figura de contratación por prestación de servicios es útil para asistir a las entidades públicas a cumplir con sus actividades y para su adecuado funcionamiento y al estar consignados en la Ley 80 de 1993 tienen la naturaleza de ser creados para ayudar al Estado a cumplir con sus fines esenciales consignados en la constitución. En ese sentido la intención de este trabajo no fue la de estigmatizar los contratos por prestación de servicios ni mostrar una posición en contra de esta figura, sino más bien estudiar su naturaleza para llegar a la conclusión de que estos son beneficiosos para la entidad cuando son utilizados de acuerdo con el sentido material de la norma. De igual manera, con la jurisprudencia del Consejo de Estado y la Corte Constitucional que se ha referido sobre estos contratos se llega a la conclusión que la norma es clara al diferenciarlos de una relación laboral con el Estado, por lo tanto, para solucionar el abuso que se ha presentado con esta clase de contratos no es necesario ni expedir más normas, ni generar más jurisprudencia, se tienen es que cambiar las prácticas.

Es por esto por lo que el abuso de los contratos de prestación de servicios no surge de la manera en la que estos están concebidos en la norma, ni mucho menos es un error de la naturaleza jurídica que le dio el legislador. El abuso de la figura de contrato de prestación de servicios por parte de las entidades públicas es debido a una mala praxis que se realiza con ellos, esto en parte influenciada por el clientelismo, pero a también debido a la falta de consolidación del sistema de carrera administrativa que no le permite a las entidades contar con los funcionarios suficientes para desarrollar sus funciones para que así los contratos de prestación de servicios sean usados solo de manera excepcional y cuando sea estrictamente necesario para el adecuado cumplimiento de los fines estatales. Por lo anterior el problema del abuso de los contratos de prestación de servicios por parte de las entidades públicas no se va a solucionar por medio de reformas a la norma, ni mucho menos con la eliminación de esta herramienta que bien utilizada resulta de gran ayuda para las entidades públicas; el problema se soluciona mejorando las prácticas en torno a estos contratos.

El abuso de los contratos de prestación de servicios en las entidades públicas es solo la punta del iceberg visible de un problema estructural del sistema de provisión de la burocracia que tiene Colombia, ya que desde antaño esta se ha utilizado como botín político y a pesar de los avances constitucionales y normativos no ha existido una voluntad política para ponerse en la tarea de implementar de manera formal el sistema de carrera administrativa en Colombia, muestra de lo anterior son los intentos legislativos y gubernamentales de nombrar en propiedad a quienes ocupan cargos en provisionalidad, lo cual demuestra el poco compromiso que se ha tenido a la hora de implementar el sistema de carrera administrativa, en ese sentido por más que el sistema de carrera administrativa se haya creado en Colombia desde 1938, la realidad es que este no se ha desarrollado materialmente y en la práctica la burocracia se sigue viendo como la manera de pagar favores políticos[91].

Así pues, como objetivo de este trabajo estuvo el demostrar las falencias del sistema general de carrera administrativa, y por eso se omitió hacer referencia a los sistemas específicos y especiales de carrera. En ese sentido existen múltiples motivos por los cuales si bien la constitución formal del sistema de carrera administrativo data de la Ley 165 de 1938 esta no se haya implementado de manera adecuada lo cual deriva en que se utilicen los contratos de prestación de servicios para suplir estas falencias pero también de manera clientelista, en ese sentido el sistema de carrera administrativa presenta varias fallas estructurales y culturales que no han sido zanjadas a pesar de los varios intentos normativos que se han realizado, y como ya se señaló anteriormente algunos de esas normas han resultado incluso contraproducentes para lograr la efectiva implementación del sistema de carrera administrativa en Colombia.

De conformidad con (Martínez y Ramírez, 2012, p. 81-103) esta ficción de la carrera administrativa se debe a *factores políticos* (el legado colonial, ya que en la época de la colonia se instauró un poder alejado al interés social y comunitario; a las consecuencias de la repartición burocrática bipartidista; la corrupción en la administración pública; dualismo política-administración; la falta de voluntad política) *factores normativos* (Ausencia estructural de un sistema de carrera ya que las normas impiden la movilidad del sistema de carrera administrativa, incorporaciones extraordinarias o ingreso automático

---

91 Según (Martínez, 2010, p. 124) *"En Colombia, la carrera administrativa no ha pasado de ser más que una consagración constitucional y legal bastante distante de la realidad político-administrativa del país. El legado colonial sigue reflejado en nuestras instituciones republicanas; por ello, el empleo público es visto aún como una prebenda, de la cual dispone el político para compensar las contribuciones y lealtades personales de su clientela, haciéndose cada vez más distante cimentar los valores modernos de la igualdad y el mérito en la función pública, como garantía de una administración moderna, puesta al servicio del ciudadano, encargada de efectivizar los derechos de los ciudadanos."*

de los que ocupaban cargos en provisionalidad, los ganadores del concurso de carrera no son nombrados, derechos adquiridos por los funcionarios incorporados extraordinariamente) *factores económico-administrativos* (La rigidez en las condiciones para la prestación de servicios, la existencia de regímenes especiales y específicos de carrera ha ido en desmedro de la carrera administrativa ordinaria, requisitos demasiado específicos y limitados, inadecuada utilización de la evaluación de desempeño, nuevas prácticas administrativas de la gerencia pública -neogerencialismo-, flexibilidad laboral).

Ahora bien, en Colombia según el artículo 125 de la Constitución Política los empleos en las entidades estatales son de carrera y su ingreso y ascenso "*se harán previo cumplimiento de los requisitos y condiciones que fije la ley para determinar los méritos y calidades de los aspirantes*". Según lo anterior el sistema de carrera administrativa en el país viene de la mano con el principio de mérito ya que se pretende que quienes ocupen un cargo en las entidades públicas lo hagan en virtud de demostrar que son los mejores para ocuparlo. No obstante, como se evidenció a lo largo del capítulo el principio de mérito es bastante cuestionable y más teniendo en cuenta las circunstancias fácticas del país, ya que la marcada desigualdad y la falta de oportunidades de acceso a la educación, de empleo formal y la escasa movilidad social, son tan solo algunos de los factores que cuestionan el mérito, ya que como se mencionó en el trabajo, en países con altos índices de desigualdad en mérito solo la acentúa.

La retórica del ascenso social empleada por (Sandel, 2020, p. 49-50) hace referencia a que si bien ha crecido un descontento por parte de la clase media y obrera hacia la élite debido a que la globalización trajo consigo una repartición demasiado desigual de la riqueza, ésta desigualdad no es la fuente de la *ira populista,* ya que los gobiernos han respondido a esta desigualdad invocando a la necesidad de aplicar a mejores empleos y mejorando el acceso a la educación entre otras según Sandel esta retórica la resume el lema según el cual si una persona ha trabajado mucho y cumple las normas puede ascender "hasta donde sus aptitudes lo lleven", no obstante el autor explica que la retórica del ascenso suena vacía ya que en la economía actual no es fácil ascender. Así mismo, Sandel argumenta que los países con mayor movilidad social son aquellos que tienen mayor igualdad y que la capacidad de ascender no depende tanto del deseo de salir de la pobreza como del acceso a la educación, sanidad, entre otros servicios que son necesarios para que la persona se pueda desarrollar laboralmente (p. 52).

Contratar a las personas por su mérito es apenas lógico ya que se pretende contar con un profesional idóneo para desarrollar sus funciones, no obstante, ¿en qué punto el mérito puede resultar perjudicial? Para (Sandel, 2020, p. 70-74) contratar con base al mérito tiene principalmente dos razones de peso, la primera que un sistema que premia el esfuerzo y el talento termina siendo más productivo que aquel que da lo mismo a todos los trabajadores, y la segunda es que premiar a una persona por sus méritos es más equitativo ya que no discrimina otros factores que no sean logros, no obstante esta noción también trae consigo una *cierta noción de libertad* y la idea de que el destino depende de cada persona, en ese sentido el éxito es gracias a cada quién, no obstante este concepto, según el autor, puede dar un giro tiránico cuando las sociedades lo incumplen, pero sobre todo cuando lo aplican, ya que coloca toda la responsabilidad sobre cada individuo incluso sobre aquellas situaciones desfavorables que le tocaron debido a su "suerte".

En la actualidad el éxito se ve no como un producto de suerte sino algo que se gana con esfuerzo y según (Sandel, 2020, p. 126-128) este es el problema de la ética de la meritocracia, que parte del merecimiento que surge de la supuesta capacidad que tiene cada uno de controlar su destino, según el autor esta forma de pensar es empoderadora, ya que las personas se consideran responsables de su destino en vez de víctimas de las consecuencias, no obstante, partiendo de esta premisa, el fracaso también es culpa de cada individuo, esta visión resulta corrosiva para la comunidad. En ese sentido y a modo de ejemplo, decirle a una persona racializada de una región que históricamente ha sufrido de abandono estatal y que no tiene el mismo acceso a bienes básicos y educación que otras personas más privilegiadas, que está en situaciones precarias debido a su falta de esfuerzo o peor aún, decirle que está en esa situación porque quiere, debido a que no ha tenido la determinación para conseguir el éxito, no solo resulta en un absurdo, sino que también es revictimizante, ya que está culpando a la persona de circunstancias ajenas a su voluntad y que son difíciles de cambiar solo teniendo empeño.

De acuerdo con lo anterior y como se evidenció a lo largo del trabajo, la desigualdad es cada vez mayor y la movilidad cada vez menor, ya que, si bien han mejorado el acceso a la educación y servicios básicos, lo cierto es que Colombia sigue presentando cifras preocupantes respecto a la desigualdad social y las brechas sociales, partiendo de lo anterior se hace referencia al mito de la meritocracia, que según (Lizárraga, 2021, p. 94-95) tiene doble función ya que por un lado justifica el orden social y por otro lado tranquiliza a los descontentos, así mismo, esta promete movilidad social y se compromete a brindar igualdad de oportunidades, no obstante no muestra resultados de esto; aunado a lo anterior (Lizárraga, 2021, p. 98) argumenta que los discursos neoliberales acerca del mérito marcan la delimitación de las cosas de las que hay que escapar, es decir de las clases trabajadoras, así mismo (Lizárraga, 2021, p. 110) establece que estos discursos han causado estragos en la fuerza laboral *"no sólo en términos de pérdida de respeto propio y desciudadanización, sino en términos de vidas humanas; esas muertes por desesperación"*.

El mito de la meritocracia hace creer que cualquiera pueda alcanzar metas que incluso resultan ilógicas. La meritocracia también va de la mano con la noción de *"el pobre el pobre porque quiere"* pero en términos meritocráticos sería que el pobre es pobre porque no ha tenido la determinación o las capacidades suficientes para superar sus condiciones de pobreza. El mérito hace creer que si se tienen las capacidades suficientes se puede alcanzar el ascenso social, pero esta visión es perniciosa ya que responsabiliza las personas pobres o marginadas de su situación y les hace pensar que ellos están en precariedad porque no tienen las suficientes capacidades, pero no se mira que estas personas no han tenido acceso a bienes y servicios básicos como de salubridad, salud, educación, empleo formal y que esto hace más complicado que pueda mejorar su situación social. Por otro lado, no exige la intervención del Estado para que preste atención a las circunstancias de estas personas y les brinde los servicios adecuados e implemente las medidas de discriminación positiva que considere pertinentes para que puedan tener acceso a oportunidades y una calidad de vida diferente.

Para (Rawls, 1971, p. 20-21) el objeto primario de la justicia es la estructura básica de la sociedad, es decir, el modo en que las instituciones sociales distribuyen los derechos y deberes fundamentales, se entiende por ese la constitución política y las principales disposiciones económicas y sociales y pone como ejemplos la protección a la libertad de pensamiento, competencia mercantil, propiedad privada entre otros, las cuales en conjunto definen los derechos y deberes de los ciudadanos e influyen sobre sus perspectivas de vida, así pues esta estructura contiene varias posiciones sociales y las personas que nacen en posiciones sociales diferentes tienen diferentes expectativas de vida determinadas por el sistema político y circunstancias económicas y sociales, y en ese sentido estas instituciones favorecen ciertas posiciones sociales sobre otras creando así profundas desigualdades. Estas instituciones no solo son omnipresentes, sino que afectan a las personas en sus oportunidades iniciales en la vida y no pueden ser justificadas apelando a las nociones de mérito o demérito.

Así mismo, (Rawls, 1971, p. 20-21) argumenta que existe una notoria disparidad entre las clases altas y las bajas en sus medios de vida y sus derechos y privilegios, así pues, mientras la cultura de los estratos bajos se empobrece, la de la élite gobernante y tecnocrática tiene una base segura para sus fines de poder y riqueza. Por lo anterior Rawls considera que la igualdad de oportunidades es tener la misma oportunidad de dejar atrás a los menos afortunados en *la lucha por alcanzar influencia y posición social*. De acuerdo con el concepto de Rawls una sociedad bien ordenada es una unión social de uniones sociales, es por esto por lo que se debe tratar de que los menos favorecidos *tengan confianza en el sentido de su propia valía lo cual limita las formas de jerarquía y los grados de desigualdad permitidos por la justicia,* así pues, se deben brindar oportunidades a los menos favorecidos para ayudar al progreso de la sociedad. De conformidad con (Caballero, 2006, p. 9) para Rawls existe el velo de la ignorancia que tiene implicaciones redistributivas, uno de estos es la concepción de meritocracia de la justicia, que supone que las personas conocen sus habilidades y talentos, pero no su medio social y por lo tanto habría que *transferir recursos de los ricos a los más pobres.*

Así pues, si bien el ingreso y ascenso a los cargos públicos está previsto constitucionalmente con base en el mérito, hablar de este concepto en Colombia no resulta fácil, no solo debido a la ausencia de definición normativa de este sino también a lo complejo que resulta hablar de meritocracia en un país tan desigual y con baja movilidad social, si bien es cierto es entendible que se quieran proveer los cargos con los mejores, el sistema de mérito no tiene en cuenta factores estructurales que no solo mantienen las brechas sociales, sino que incluso las acentúan haciendo que el rico sea cada vez más rico y el pobre más pobre. Es por lo anterior que la meritocracia es un mito y que además como lo explica Sandel, deriva en una tiranía ya que se utiliza para culpar a quienes no han alcanzado el éxito sin tener en cuenta el contexto de estos en comparación con personas que han tenido más privilegios.

La meritocracia legitima estructuras de poder y sistemas políticos que no se preocupan por garantizar oportunidades a los ciudadanos menos favorecidos, sino que por el contrario el mérito los responsabiliza de su condición social, ya que le imputa toda la responsabilidad al individuo de que este no sea exitoso, incluso culpándolo de factores que han sido dados por "suerte" como lo son nacer en una familia sin recursos económicos o incluso pertenecer a minorías poblacionales que son normalmente rechazadas por la sociedad. En relación con esto, el sistema de carrera administrativa no ha podido funcionar adecuadamente no solo por los factores políticos, económicos, normativos y administrativos descritos a lo largo del trabajo, sino también debido al contexto del país, ya que Colombia es de los países más desiguales y con menos movilidad social de América Latina y no todos tienen las oportunidades de adquirir la idoneidad y experiencia suficiente para ocupar un cargo público.

Lo anterior es perjudicial para el sistema de carrera administrativa, el cual se basa en un principio de mérito que ignora las deficiencias del Estado Social de Derecho y el constante Estado de Cosas Inconstitucional del país, lo que impide su correcto funcionamiento. Además, esta noción de mérito intensifica las desigualdades sociales. Así mismo, la falta de acceso a la educación y servicios básicos contribuye a la desigualdad en el país, creando un ambiente propicio para que muchas personas hagan acuerdos con políticos para obtener contratos de prestación de servicios. Estos políticos se aprovechan de estas necesidades para obtener o mantener el poder, perpetuando un sistema corrupto que debilita la administración pública y corrompe la burocracia al ponerla en manos de personas que no son servidores públicos. Esto, sin mencionar los perjuicios derivados de esta situación, como la precariedad laboral de los contratistas del Estado.

Se entiende la intención del constituyente en establecer que el acceso y ascenso en la carrera administrativa se basa en el mérito, atendiendo a la historia tan arraigada que el país ha tenido con el clientelismo, no obstante, se evidencia la falta una definición más clara y profunda acerca del mérito y la manera en la que este está presente en la carrera administrativa, así mismo, si se quiere hablar de un sistema de mérito se debe garantizar que todos los ciudadanos tengan más o menos el mismo punto de partida y en ese sentido es crucial que el Estado efectúe acciones para disminuir la brecha social y las desigualdades sociales, brindando oportunidades a aquellos que más los necesitan y que son población vulnerable debido a su condición social, racial o que incluso fueron víctimas de la violencia. Así mismo, es necesario que aquellos que son servidores públicos tengan un sentido de consciencia social que les permita estar conectados con las necesidades de la comunidad para que así puedan ser atendidas, ya que muchas veces los servidores públicos provienen de sectores privilegiados de la sociedad que carecen de esta conexión con la comunidad y por lo tanto siguen ampliando la brecha entre comunidad y Estado.

Es por lo anterior que para alcanzar el ideal de una "sociedad bien ordenada" se debe empezar con hacer cambios estructurales en el sistema político, económico y social, y sobre todo culturales, para evitar que la cultura de la corrupción se siga permeando en la contratación pública, se pueda avanzar en una implementación adecuada del sistema de carrera administrativa lo que requiere de un verdadero compromiso del Estado y consecuencia de ello se dejen de abusar de los contratos de prestación de servicios para pagar favores políticos y además suplir las fallas del personal de planta de las entidades públicas.

La falta de oportunidades es el alimento del clientelismo ya que este aprovecha de la falta de empleo formal de las personas para que estas tengan la necesidad de caer en las dinámicas clientelistas con la esperanza de conseguir algún contrato por prestación de servicios que le ayude a mejorar sus condiciones de vida o por lo menos tener ingresos por algún tiempo. Es por esto que el Estado debe profundizar en políticas públicas que implementen acciones para que los sectores más vulnerables puedan tener acceso primero que todo a servicios básicos, pero también a oportunidades de educación, capacitación y empleo formal, y también fomentar el empleo para los profesionales y en esta medida las personas no se verán en la necesidad de recurrir al clientelismo, ya que en muchas ocasiones personas que tuvieron la oportunidad de acceder a la educación superior no tienen oportunidades de empleo digno y por esto también empiezan a formar parte del clientelismo.

Con la implementación de medidas estatales para brindar a los ciudadanos oportunidades de educación y empleo formal y digno se contribuye a que las personas tengan menos la necesidad de recurrir al clientelismo, así mismo, con la disminución del clientelismo los contratos de prestación de servicios dejarán de ser desnaturalizados y también es necesario fortalecer la carrera administrativa para que esta clase de contratos no sean utilizados para desarrollar actividades propias de la planta de personal. Superar esta problemática requiere de una verdadera voluntad que permita que se solucionen diferentes problemas, por un lado, procurar la igualdad material y de oportunidades de los ciudadanos, fortalecer la carrera administrativa y ejercer una vigilancia activa a la contratación estatal para que los ciudadanos puedan estar pendientes de esta evitando su desnaturalización y procurando que se ejecute en pro del bien común y para el cumplimiento de los fines esenciales del Estado.

*Tercer capítulo*

# Avanzando hacia la superación del clientelismo en Colombia.

## *Propuestas jurídicas y políticas para prevenir la cooptación de la burocracia.*

**Resumen:** En medio de la multiplicidad de posiciones políticas que tienen los colombianos, las opiniones se pueden dividir en dos grandes grupos, aquellos que participan activamente en la política y en aquellos que sienten una apatía por todo lo que tenga que ver con esta, la anterior situación se debe en gran parte a las prácticas clientelistas que han existido desde hace varias décadas y que en lugar de acabarse se han transformado de tal forma que han sabido acoplarse a los cambios sociopolíticos que ha tenido el país a lo largo de los años, lo cual hace que la política sea beneficiosa para aquellos que se inmiscuyen en esta y olvide a quienes no lo hacen, es decir, una política a base de prebendas y beneficios que no tiene en cuenta al bien común. Estas prácticas clientelistas se valen de cargos públicos o contratos estatales para poder tranzar con los ciudadanos lo que genera una cooptación de la burocracia por parte de algunos políticos, yendo en detrimento de los preceptos constitucionales que ordenan que los cargos públicos son de carrera administrativa y basados en el mérito. El propósito de este trabajo es cuestionar el modelo clientelista y burocrático y la manera en la que se proveen los cargos estatales y a su vez proponer lineamientos jurídicos y políticos para poder superar estas prácticas de antaño y por otro lado, cuestionar las causas estructurales de estos problemas tales como la desigualdad, pobreza, informalidad en el empleo, entre otras y así mismo cuestionar el principio de mérito ya que en un país desigual este principio establecido en la constitución no solo acentúa la desigualdad, sino que revictimiza. Este trabajo pretende establecer que existe una constitución material ya que, si bien existe la constitución de 1991 de manera formal, en la práctica aún pareciera que sigue vigente la constitución del siglo pasado y esto debido a las dinámicas anacrónicas, por lo tanto, la idea de esta investigación es determinar cuáles mecanismos establecidos en la Constitución de 1991 son útiles para ayudar a superar el problema planteado, y adicional a lo anterior se propondrán fórmulas para superar el problema cultural que permite que la política siga siendo una cosa de pocos.

**Palabras claves:** clientelismo, contratación estatal, burocracia, Constitución Política.

**Las conclusiones que espero obtener:** las conclusiones que espero obtener son que para ir superando el problema del clientelismo y la cooptación de la burocracia en Colombia es necesario empezar con un cambio cultural que permita que los colombianos se apropien más de las dinámicas políticas y les den la importancia de se merece, y para esto es primordial empezar por proponer soluciones políticas que permitan que se disminuya la desigualdad y la brecha social para que así las personas no sientan la necesidad de vender su voto y que además se pueda disminuir la apatía electoral, ya que consideran que la política es cosa de unos pocos. Así mismo es necesario abrir los canales de participación establecidos por la Constitución de 1991 para que los ciudadanos puedan participar en las decisiones transcendentales que se van a tomar y puedan realizar un adecuado control político de las mismas. Así mismo es necesario replantearse formas de vinculación laboral con el Estado que sean más incluyentes y no solo se basen en el mérito ya que este puede ser revictimizante, sino que también se puedan basar en factores de discriminación positiva que ayuden a superar barreras para poder acceder a cargos públicos.

**Metodología:** la metodología que se empleará en este capítulo es la cualitativa, ya que se realizará la revisión bibliográfica o documental, es plantear lineamientos y herramientas que permitan avanzar en un cambio cultural y en la manera en la que se percibe la política en Colombia, así mismo se pretende revisar las herramientas constitucionales para la participación ciudadana y bibliografía que permita orientar la manera en la que se pueden desbloquear estos canales de participación para que la ciudadanía pueda estar pendiente de las decisiones que se toman y que llegan a afectarlos. De igual manera la metodología empleada tiene un enfoque: analítico, crítico y hermenéutico, que busca describir, analizar, interpretar y criticar la información encontrada.

## Introducción

La Constitución política de 1991 establece que Colombia tiene una democracia participativa, según la Sentencia T-637 del 2001[92] esto quiere decir que "*los administrados no se limitan a votar cada cierto tiempo, sino que tienen una injerencia directa en la decisión, ejecución y control de la gestión estatal en sus diversos niveles de gobierno*". No obstante, la realidad es que la mayoría de los colombianos y sobre todo aquellos que suelen tener poca representación en el gobierno, sienten una apatía hacia la política y esto se demuestra con los ín-

92 Corte Constitucional, sentencia T-637 del 2001 M. P. MANUEL JOSÉ CEPEDA ESPINOSA.

dices de abstención electoral en cada contienda electoral. Para las elecciones del año 2019 votaron 22.189.063 de colombianos y para el 2023 lo hicieron 23.038.752, si bien existe un aumento en el número de personas que votaron lo cierto es que el porcentaje frente al total de habilitados para votar disminuyó, ya que para el 2019 la cifra de votantes fue del 60,55 % en relación con las personas habilitadas y en 2023 la cifra fue de 59,21 %.

Lo anterior está relacionado con la apatía que presentan los colombianos respecto a la política y las instituciones públicas derivado entre otras cosas de la corrupción y la falta de representatividad, de conformidad con la encuesta sobre de cultura política publicada por el DANE en el año 2024 con información de 2023, a las personas mayores de 18 años o más, respecto a la participación política; solo el 0.8 % de los encuestados pertenecen por a un partido o movimiento político y el 85,0 % no pertenecen a ningún grupo, organización o instancia, y respecto a los mecanismos de participación ciudadana, el 56 % no conoce o ha oído hablar de la revocatoria del mandato, el 74 % no conoce o ha oído hablar de la iniciativa popular legislativa, el 55,8 % no conoce o ha oído hablar del referendo, el 54,3 % no conoce o ha oído hablar del plebiscito, el 58,8 % no conoce o ha oído hablar de la consulta popular, y el 74,3 % no conoce o ha oído hablar del cabildo abierto.

De igual manera en la encuesta sobre cultura política se preguntó a los encuestados si consideran que Colombia es un país democrático de los cuales el 33,8 % consideró que es un país democrático, el 58.1 % consideró que es un país medianamente democrático y el 8 % consideró que no es un país democrático. De lo anterior se puede concluir que hay una falta de participación en la ciudadanía y no solo en la política y en relación con los comicios electorales, sino también en las decisiones que toma la administración ya que muchos se sienten ajenos al gobierno y adicional a lo anterior el clientelismo y la corrupción ha afectado la percepción que tiene la población sobre la política, en la ya mencionada encuesta del DANE se le pregunta a los encuestados sobre los niveles de corrupción, el 46,8 % considera que el gobierno nacional es muy corrupto, el 46,4 % considera que el gobierno departamental es muy corrupto, el 50,4 % considera que el gobierno municipal es muy corrupto, el 34,2 % considera que el sector privado es muy corrupto, el 35,8 % considera que los órganos de control son muy corruptos, el 57,8 % considera que el Congreso de la República es muy corrupto, y el 42,9 % considera que la rama judicial es muy corrupta.

Si bien es cierto el clientelismo no es sinónimo de corrupción, ya que el clientelismo se mueve en un margen entre la ilegalidad y lo que no está expresamente prohibido, a diferencia de la corrupción el clientelismo no necesariamente va en contra del sistema normativo, sino que es más bien una manera poco ortodoxa de repartir los recursos, no obstante las relaciones clientelistas si privilegian a los adeptos políticos de los vencedores electorales y por lo tanto se deja de lado a los demás que se sienten sin representación y debilita la confianza en la política y con ello en la democracia, derivando así que solo voten aquellos que tienen un interés en particular. Adicional a lo anterior los clientelistas usan y abusan de la contratación estatal para pagar favores políticos lo que deriva en una cooptación de la burocracia por medio de los contratos de prestación de servicios que o bien se convierten en nóminas corbatas, es decir, contratos en papel pero que no aportan beneficios a la entidad y no se prestan los servicios contratados, o bien se convierten en la manera en la que la administración suple cargos que deberían ser de carrera administrativa, yendo en contravía de los preceptos constitucionales que ordenan que los cargos estatales sean de carrera y con base en el principio del mérito.

Es por lo anterior que este trabajo tiene como finalidad dar lineamientos para poder enrutar al país hacia una verdadera democracia participativa y deliberativa y así superar las dinámicas anacrónicas que se presentan y que son provenientes del siglo pasado y permanecen a pesar de haber existido un cambio constitucional. Con la entrada de la Constitución de 1991 se establecieron una serie de mecanismos que tienen como finalidad transitar de la democracia representativa a la participativa, sin embargo a estos mecanismos no se les ha dado ni la importancia, ni el uso que ameritan, y estos pueden llegar a convertirse en un poderoso instrumento para poder transitar hacia una política más incluyente y poder ir dejando poco a poco de lado esas costumbres de antaño que hacen que la política sea para el beneficio de pocos. Igualmente, este trabajo pretende ofrecer lineamientos para mejorar la burocracia en Colombia, cuestionando el principio de mérito como mecanismo idóneo para proveer los cargos ya que éste no existe en un país desigual como Colombia, pero también ofreciendo ideas para que se pueda avanzar en la construcción de un sistema de carrera administrativa equitativo e incluyente, resaltando así la importancia de la voluntad política para poder cumplir con este objetivo.

## 1. Hacia la erradicación de las dinámicas clientelistas en Colombia

El clientelismo es una práctica y una manera de hacer política que consiste en crear fidelidades basándose en intercambio de favores y beneficios, esta dinámica es susceptible de aplicarse en cualquier país del mundo y Colombia no es la excepción ya que por su herencia colonial y feudal es común que se realicen intercambios entre patrón y cliente desde épocas remotas y en lugar de eliminarse esta práctica en la forma de hacer política en el país, se ha transformado junto con los cambios sociales, políticos y jurídicos, por lo que continúa siendo la principal manera en la que se ejerce la política en el país, y es por esto que el presente trabajo pretende ofrecer un panorama sobre la razón por la cual el clientelismo subsiste en el país y a su vez brindar lineamientos que se pueden implementar para ir avanzando hacia una manera de hacer política y gobernar teniendo en cuenta la ciudadanía en general y no solo a aquellos que votaron por los que ocupan cargos de poder en la administración.

### 1.1. Impactos del clientelismo en Colombia: ¿Un obstáculo para la democracia?

Según un estudio realizado por el banco mundial en el año 2022 el 42,5 % de los colombianos vive por debajo de la línea de pobreza, que corresponde al ingreso mínimo que debe devengar una persona para adquirir un nivel adecuado de vida de acuerdo con las costumbres de cada país; lo que convierte a Colombia en uno de los países con mayor porcentaje de la población viviendo bajo la línea de pobreza. La consecuencia de varias décadas de pobreza y abandono estatal se traducen en un sentimiento de apatía hacia la política y los gobernantes ya que estos generan incredulidad y la percepción es que votar no cambiará su situación, estos factores derivan en una sensación de desinterés de los ciudadanos a la política, según la encuesta sobre de cultura política realizada por el DANE en el año 2023 de los encuestados que no participaron en el proceso electoral de 2022 el 59,9 % no lo hizo por desinterés.

Por otro lado, hay quienes votan por intereses en particular ya sea para obtener un cargo, un contrato o alguna contraprestación económica a cambio de su voto, derivando así en la realización de prácticas clientelistas. El clientelismo es un movilizador electoral ya que las personas salen a votar con un propósito en particular más allá de ejercer su derecho al voto; pero esto puede ser un arma de doble filo, ya que por un lado puede llamar votantes, pero a su vez genera una apatía en el resto de los ciudadanos que no votan porque nadie les ofrece algo a cambio o porque piensan que aquellos que llegan al poder no los representan, sino que van a gobernar para ellos mismos y sus aliados políticos. Es por lo anterior que el clientelismo debilita el ejercicio político ya que hace que los ciudadanos pierdan la confianza en la contienda electoral y así mismo se muestren desinteresados de las decisiones que tomen quienes llegan al gobierno.

Así pues, por un lado están quienes votan a cambio de prebendas o incluso bajo amenazas (como en el caso de los contratistas del Estado que son presionados para votar por candidatos afines con la línea del gobierno de turno porque si no lo hacen no les renuevan de sus contratos); y por el otro están los ciudadanos que no tienen un interés particular por la política y no ejercen sus derechos políticos porque no sienten confianza en el gobierno y las instituciones del Estado, es por lo anterior que el clientelismo debilita la democracia no solo porque las cifras de abstencionismo son altas sino también porque da la sensación de que no se gobernará para todos. Así mismo, vale la pena mencionar que el clientelismo se nutre de la pobreza "*el clientelismo se alimenta del atraso, desempleo, pobreza e insatisfacción de las necesidades básicas de la mayoría de la población y de la necesidad que tienen las clases políticas de una refrendación electoral de su poder por parte de las masas populares*" (González, 1997, p. 98). Y es por esto por lo que no existe una voluntad política de disminuir las cifras de pobreza y desigualdad ya que si se acaba el clientelismo los clanes políticos consolidados y la clase política dominante corre el riesgo de perder el poder.

Según (Gonzáles y Rodríguez, 2013) como hipótesis se pueden plantear que las personas que han sido expuestas a ofertas clientelistas tienen una mayor probabilidad de votar, y que las personas que viven en un contexto clientelista tienen mayor posibilidad de votar, de igual manera argumentan que las personas con mayor nivel educativo, riqueza, edad, tienen una mayor sensación de eficacia con los partidos políticos y una mayor probabilidad de participar en elecciones, pero a su vez aquellos quienes pertenecen a una minoría política y son desempleados o migrantes, tienen menos posibilidades de votar porque se sienten excluidos del proceso político. Así pues, el clientelismo es una manera de hacer política que no tienen en cuenta a las minorías y la importancia de que estos grupos se sientan representados, sino que por el contrario se interesa en seguir gobernando para aquellos que suelen ocupar los cargos de toma de decisiones en la administración.

Como se señaló anteriormente, si bien hubo un incremento en el total de personas que votaron en 2023 con relación a 2019, no aumentó el porcentaje de votantes con relación a las personas habilitadas, de igual manera incrementó el porcentaje de abstención electoral, ya que en 2019 este fue del 39,44 % y en el 2023 del 40,91 % según cifras de la Registraduría General de la Nación. La percepción de los colombianos es que los políticos son corruptos y esto se traduce en una apatía para votar. En ese sentido, el clientelismo si bien puede ser un movilizador de votos mediante mecanismos de "incentivos" que van desde disponer de transporte para llevar los ciudadanos a los puestos de votación, también contribuye a que los colombianos consideren que los políticos son corruptos, debilitando la confianza no solo en el proceso electoral sino en la totalidad de las instituciones públicas y por lo tanto se sienten excluidos del gobierno, situación que afecta directamente la democracia, no solo porque en su mayoría solo votan quienes tienen un interés particular, sino también porque no hay interés en implementar los mecanismos de participación ciudadana que establece la Constitución Política de 1991 y que tienen como finalidad hacer tránsito de la democracia representativa a la participativa, y de igual manera no hay interés en hacer veeduría a las decisiones estatales.

El clientelismo lejos de acabarse se ha transformado, pasando del clientelismo tradicional que tiene origen colonial y en el que el rey le entregaba al conquistador a un indígena para que "trabajara" para él a cambio de ser educado en el cristianismo, pasando al clientelismo moderno dónde la burocracia empieza a cobrar un papel fundamental, fue el clientelismo que se utilizó durante el frente nacional, y posteriormente con la Constitución de 1991 empezó el clientelismo de mercado, que se aprovecha de las nuevas reformas como la descentralización, elección popular y mecanismos de participación ciudadana para movilizar recursos, tiene un carácter local "*Su función consiste en distribuir recursos en las localidades, bajo la intermediación de los caciques políticos ligados, a su turno, a los miembros del Congreso nacional*". (García y Revelo, 2010, p. 25). En la actualidad el clientelismo al tener un carácter local opera por clanes, según (Valencia, 2020, p. 11)

> Los clanes políticos son grupos de poder regionales con nexos familiares y/o afinidades políticas, económicas y sociales. Hunden sus raíces en los doscientos años de vida republicana. Pero se fortalecieron en el Frente Nacional como una reacción defensiva de las regiones ante los acuerdos de los líderes nacionales de los partidos Liberal y Conservador para repartirse el poder central. Al principio, su fundamento esencial era el clientelismo. Luego, con el auge del narcotráfico y de otras economías subterráneas, algunos de estos clanes se asociaron también con grupos al margen de la Ley para buscar beneficios en estas nuevas rentas.

Es por lo anterior que es común que estos clanes movilicen recursos que les permiten seguir ocupando puestos de poder tales como Alcaldías o Gobernaciones así mismo, los clanes políticos de carácter local tienen relaciones con la élite, según (Valencia, 2020, p. 11) la élite nacional necesita a los clanes políticos locales para hacerse elegir en los puestos de representación nacional y los clanes necesitan de la élite para apropiarse de recursos del nivel nacional. Los recursos y los cargos públicos alimentan el aparato político de los clanes y les aseguran votos elección tras elección lo que deriva en la perpetuación del poder de los estos clanes o familias. Aunado a lo anterior, un factor importante para la perpetuación del poder de los clanes políticos locales además del cúmulo de recursos económicos, es el poder que tienen estos sobre la contratación estatal en los territorios, utilizándola para seguir gobernando, como ejemplo de lo anterior están los contratos de prestación de servicios; al pasarse el poder entre los aliados de los clanes y las mismas familias, cuentan con injerencia sobre los contratistas cooptándolos para movilizar votos con el riesgo de perder su contrato si no ganan los clanes.

Esta movilización de recursos se balancea entre lo clientelista y lo ilegal, utilizan la corrupción como mecanismo para acceder o perpetuarse en el poder, con la complicidad de los partidos políticos nacionales, lo que deriva en que en cada región gobierne un grupo político distinto, perteneciente a partidos o movimientos políticos diferentes, asimilando a las regiones en pequeñas monarquías dónde se rota el poder entre los mismos y que gracias a todo el aparato político clientelista, resultaría casi imposible que llegasen al poder candidatos que no hacen parte del clan. Otro de los mecanismos utilizados por los políticos regionales para asegurar las elecciones son saltarse los topes máximos establecidos por la Ley para la financiación de campañas, entregas de dádivas electorales, y hacer promesas sobre el acceso a programas del Estado. En algunos casos utilizan la violencia, en 2019 ocurrieron 25 asesinatos, 179 amenazas y 33 atentados, en el marco de las elecciones (Valencia, 2020, p. 13)

Así pues, el clientelismo ha tenido diversas afectaciones en Colombia a través de los años y en la actualidad sigue siendo un factor de influencia en la política colombiana[93], con un gran poder de adaptación al cambio que le ha permitido adecuarse a los cambios sociales, políticos, jurídicos e incluso constitucionales, lo cual afecta de manera directa la democracia y la participación de los colombianos en la actividad del Estado, y al operar con intercambio de favores, genera compromisos de los políticos con sus votantes lo cual afecta la representación y deriva en que el aparato estatal trabaje en pro de intereses particulares y por lo tanto persistan y se acentúen las brechas sociales[94], así mismo, excluye a las minorías del ejercicio político por la falta de representación que tienen estas, y por el poco interés que existe en quienes gobiernan de que las personas que pertenecen a grupos vulnerables pueden acceder a mecanismos de participación ciudadana e interesarse por el ejercicio de los derechos políticos. El clientelismo tiene adaptabilidad a los cambios normativos debido a que es un fenómeno cultural, existe una cultura clientelista que impacta en la manera en la que los ciudadanos ven las relaciones sociales y las relaciones de poder.

---

93 (García y Revelo, 2010, p. 30) *"El clientelismo es mucho más que un fenómeno político de intercambio de favores. Es una forma de vida; una cultura y hasta una concepción de la sociedad. Así lo era en el clientelismo tradicional y lo sigue siendo en el clientelismo de mercado, cada uno con sus connotaciones específicas."*

94 (García y Revelo, 2010, p. 30) *"El clientelismo va más allá del simple intercambio de favores entre políticos nacionales y locales. Es una manera de concebir las relaciones sociales y, sobre todo, las relaciones entre el poder y los individuos. La cultura clientelista es contraria, o por lo menos es ajena, a la cultura ciudadana. Entre una concepción del mundo social regido por las clientelas y otra regida por la ley y la ciudadanía hay un abismo cultural."*. Es por lo anterior por lo que el clientelismo se adapta a los esfuerzos normativos, jurisprudenciales y incluso constitucionales por eliminarlo, porque más allá de ser una situación antijurídica es una cultura permeada en el imaginario de los colombianos.

## 1.2. ¿Transformación real o mera apariencia? El cambio constitucional de la democracia representativa a la participativa

Antes de hablar de la democracia representativa y la participativa es importante dejar claros algunos conceptos sobre democracia, este hace referencia a una entidad política y una forma de Estado y por esto se entiende el concepto de democracia política, no obstante, existen otras nociones de democracia, para (Sartori, 1993, p. 6-8) el concepto de democracia social que nace con Tocqueville en el libro Democracia en América que percibió que la sociedad estadounidense era caracterizada por una igualdad de condiciones y guiada por un espíritu igualitario, Sartori lo define como el conjunto de democracias primarias provenientes de pequeñas comunidades y asociaciones, que alimentan la democracia desde las bases de la sociedad civil, son microdemocracias que sirve de base a las macrodemocracias y se apoya en la igualdad de estatus.

Por otro lado, (Sartoti, 1993, p. 6-8) menciona otro concepto de democracia es la democracia económica que hace referencia a la igualdad económica, a la eliminación de la enorme brecha entre riqueza y pobreza, y persigue una redistribución del bienestar, es *"la democracia en el lugar de trabajo y dentro de la organización y la gestión del trabajo"* (p. 6) y es entendida como la versión marxista de la democracia. Estos conceptos de democracia social o política nutren la noción generalizada de democracia, entendida como la democracia política, ya que cuando existen, las democracias son más auténticas, porque con compuestas por las microdemocracias, entendiendo estas como las democracias de pequeños grupos.

De acuerdo con (Fals Borda, 1986, p. 35) La democracia representativa se caracteriza por desarrollarse principalmente en cuerpos colegiados o parlamentos elegidos por mayorías del "pueblo", actuando como representantes de la soberanía popular. Esto se establece mediante acuerdos sociales, convenciones o constituciones que reflejan el consenso político de la mayoría de los gobernados. Este enfoque ha sido promovido por pensadores de los siglos XVII y XVIII como Hobbes, Locke, Montesquieu y Rousseau, quienes formularon las conocidas teorías liberales sobre la transición de las sociedades desde un estado natural hacia un estado racional

No obstante, la democracia representativa tuvo sus crisis debido a la desconexión con la ciudadanía, al respecto (Fals Borda, 1986, p. 36) menciona en su ponencia presentada en la plenaria sobre "Luchas democráticas" en el 16o. Congreso Latinoamericano de Sociología, Rio de Janeiro, marzo 5 de 1986, que:

> cabe observar la crisis política a que se ven abocados hoy todos los países llamados democráticos, sin excepción y de todas las vertientes, cuando se descubren sus defectos a través de la letra muerta de las leyes, expresados en la

> falta de autenticidad de las elecciones y de la representación popular; en la manipulación política, la represión y el clientelismo; en la burocracia inmanejable e inútil; en naciones inviables o imperialistas; en estados leviatanes y marciales construidos mediante la violencia estructural; en el monopolio y control centralizado de las comunicaciones; y en la tendencia a imponer políticas de fomento y planeación desde arriba y desde los centro sin consultar a las bases populares y regionales afectadas por tales políticas. En general, se observa una tendencia formalista contraria a los contenidos democráticos genuinos (...).

Con la entrada de la Constitución se plantearon nuevos retos para el país en los albores del siglo XXI, que responden a los cambios sociales, económicos y políticos que se estaban desarrollando en el mundo y en el país; de esta manera se planteó a Colombia como un Estado Social de Derecho, este es un concepto adoptado por primera vez en Alemania que se basa en el "*continuo esfuerzo por implantar la justicia social, obliga al Estado a proteger a los estratos socialmente desfavorecidos y permite que se configuren como fundamentales los derechos económicos y sociales que sean consustanciales a la dignidad del hombre*"[95]. Ahora bien, el Estado Social de Derecho "*(...) se identifica con la democracia participativa, el pluralismo, el respeto de la dignidad humana, la garantía de los derechos fundamentales y la división de poderes*". (Vila, 2021, p. 507). Así pues, con la Constitución de 1991 se dio tránsito del Estado de Derecho con la democracia representativa ejercida a través del sufragio, al Estado Social de Derecho con la democracia participativa que entiende que el sufragio es insuficiente y exige mecanismos de participación más amplios.

En la Sentencia T-637/2001 la Corte Constitucional establece que:

> Esta nueva concepción de nuestra democracia implica un cambio trascendental del sistema político, cuya primera y más clara manifestación se encuentra en la manera como se comprende al ciudadano como tal. El concepto de democracia participativa es más moderno y amplio que el de la democracia representativa. Abarca el traslado de los principios democráticos a esferas diferentes de la electoral, lo cual está expresamente plasmado en el artículo 2° de la Carta. Es una extensión del concepto de ciudadanía y un replanteamiento de su papel en una esfera pública que rebasa lo meramente electoral y estatal. El ciudadano puede participar permanentemente en los procesos decisorios que incidirán en el rumbo de su vida. Esto se manifiesta en varios artículos de la Carta sobre participación en escenarios diferentes al electoral.

De lo anterior se puede decir que es una gran apuesta para la democracia colombiana ya que propone un papel más activo de la ciudadanía en la política y la toma de decisiones.

---

95 Renken, Gerd, citado por (Vila, 2021, p. 194-195).

Además de lo anterior, un cambio importante que se desarrolló con la Constitución de 1991 es la fuerza normativa, ya que la Constitución de 1886 debía ser validada por medio de Leyes para su aplicación, mientras que la nueva Constitución tiene fuerza normativa por si sola y se puede aplicar directamente y a su vez las Leyes deben ir conforme a lo que está estipulado en esta carta, ya que tiene una jerarquía superior. La Constitución de 1886 tenía un carácter de republicanismo, *"debido a su prolongada adhesión a la democracia representativa basada en el principio activo de la soberanía nacional o indivisible que fue definida por Rousseau en El Contrato Social"* (Valencia, 1987, p. 39) establecía que la soberanía reside en la Nación representada por el Congreso, es decir que la capacidad de establecer una *"organización política soberana en Colombia radica en la nación, pero la nación como tal no puede actuar por sí misma sino tan sólo a través de la mediación del Congreso. Se establece, en consecuencia, la tiranía de los representantes sobre los representados gracias a la irresponsabilidad política absoluta garantizada a los senadores y representantes a la Cámara (...)"* (Valencia, 1987, p. 39)

De acuerdo con lo anterior, en la Constitución de 1886 y sus múltiples reformas establecían que la soberanía recaía de manera indirecta en el Congreso al ser el representante de la Nación, y no consignaba mecanismos de participación o de control que pudiera ejercer la ciudadanía en general, incluso, de conformidad con (Valencia, 1987, p. 36-37) las reformas que se realizaban a la Constitución eran destinadas a generar solidaridad y apoyo a las clases dominantes. Por lo tanto, la Constitución de 1886 establecía un modelo de democracia representativa, en la que se le delegaba el poder de tomar decisiones al Congreso y así mismo, a través de este se ejercía la soberanía que en su momento recaía en la Nación, sin permitir control alguno por parte de los ciudadanos, ya que este modelo democrático se restringía al sufragio, lo cual resultaba útil al clientelismo que no tenía el control ciudadano sobre su actuar.

Ahora bien, en la Sentencia T-637/2001 de la Corte Constitucional se referencian los siguientes los fines de la democracia participativa, que son: i) Alcanzar mayores niveles de eficiencia porque se valora más al ciudadano, ii) un Estado en el que los ciudadanos cuentan con el derecho de tomar parte de forma directa en las decisiones a adoptar, iii) controlar los poderes públicos, iv) calificar resultados obtenidos para exigir responsabilidad política, v) satisfacer en mayor grado las necesidades de los ciudadanos, vi) servir a la comunidad. Así pues, la Constitución Política estableció una serie de mecanismos de participación ciudadana que de acuerdo con su artículo 103 son; el voto, el plebiscito[96], el referendo[97], la consulta popular[98], el cabildo abierto[99], la iniciativa legislativa[100] y la revocatoria del mandato[101]. Además de la anterior el artículo 3 de la Constitución de 1991 establece que la soberanía reside en el pueblo, de manera directa o por medio de sus representantes, con este cambio los asociados al Estado colombiano son quienes tienen el poder de la toma de decisiones y así mismo estas se toman a través del congreso o directamente, por medio de los mecanismos de participación ciudadana, lo cual exige un papel activo de los ciudadanos.

Colombia se ha caracterizado por ser un país con constantes conflictos, desde la época de la Violencia a los años cuarenta, los grupos guerrilleros que empezaron a surgir en los años cincuenta, el narcotráfico de los años ochenta, además, por varias décadas fue gobernado por las mismas élites que incluso hicieron un pacto para distribuirse entre ellas el poder, como lo fue el Frente Nacional, de acuerdo con (Guzmán, 2011, p. 31) la élite dominante que gobernaba se cerró a que otras fuerzas, como élites populares o minorías

---

96 De acuerdo con (Araújo, 199, p. 16) el plebiscito es una decisión popular, pero sobre una decisión política antes que sobre una norma, el plebiscito va dirigido sobre todo al gobernante, es el rechazo o apoyo que se le da a un gobernante. Normalmente se usa como solución a una situación de hecho o para decidir si determinado territorio se independiza o no. Implica el sometimiento al pueblo de una decisión entre un sí y un no con respecto a una opción propuesta. Menciona el autor que por el uso y abuso que han hecho del plebiscito los regímenes autocráticos, ha tomado un sabor antidemocrático.

97 De acuerdo con (Araújo, 199, p. 15) el referendo va dirigido a que el pueblo decida si acepta o no una norma jurídica (constitucional, legislativa, ordenanza, acuerdo, etc.), puede hacerse antes de que la norma sea proferida o después de expedida y puede tener un carácter consultivo, suspensivo, confirmativo, abrogativo, tanto de la normatividad ordinaria como de la constitucional; puede ser obligatorio o facultativo según que la consulta deba hacerse necesariamente al pueblo o no. Es un mecanismo que tiene el pueblo para corregir lo que han hecho sus representantes.

98 De acuerdo con (Araújo, 199, p. 17) Es una consulta que se hace al pueblo sobre decisiones de trascendencia para la nación, la decisión del pueblo es obligatoria.

99 De acuerdo con (Araújo, 199, p. 16-17) En los comienzos de la vida republicana se utilizó para adoptar decisiones que afectaron la vida nacional, en la legislación actual es la reunión del pueblo para tratar un asunto político que le interesa a toda la comunidad, especialmente a la comunidad local, es una institución heredada de la colonia española y que cumplió un gran papel en la independencia.

100 De acuerdo con (Araújo, 199, p. 15-16) Es un mecanismo para que el pueblo corrija lo que no han hecho sus representantes. Es la posibilidad de proponer leyes o actos reformatorios de la Constitución ante el órgano legislativo, que queda con la competencia para su adopción. El legislativo solo debe pronunciarse afirmativa o negativamente, no tiene la obligación de aprobar la propuesta de ley de los ciudadanos, por lo general se requiere un mínimo de firmas de los ciudadanos para que la propuesta sea considerada.

101 De acuerdo con (Araújo, 199, p. 17) tiene carácter individual en algunos Estados y colectivo en otros

políticas intentaran llegar al poder, y para ello creaban problemas sociales y de orden público. La anterior situación sumada a la violencia descomunal que ocurría en el país y la constante vigencia del Estado de Sitio fue el detonante de la Asamblea Nacional Constituyente y la manera en la que se llevaron las negociaciones con actores armados al margen de la Ley, desplegó la necesidad de diversas movilizaciones sociales por una Constitución que "propugnara por el restablecimiento de la capacidad para dirigir y movilizar los destinos del Estado y replantear sus finalidades". (Rojas *et al.*., 2019, p. 1045). De lo anterior derivó la creación de la Asamblea Nacional Constituyente, que fue impulsada principalmente por estudiantes de las universidades de élite bogotana, y al ser un movimiento social dio como resultado una Constitución que estableciera mecanismos para la participación ciudadana.

No obstante, la materialización de la democracia participativa se ha quedado en el idilio, diez años después de promulgada la nueva carta (Uribe, 2002, p. 191) decía que las esperanzas puestas en la democracia participativa para la "Construcción de un nuevo país" se habían esfumado, y también las de cambiar la vida y transformar las prácticas clientelistas y corruptas de la política colombiana, argumenta Maria Teresa Uribe que con el proceso de constituyente se tenía la esperanza de que la democracia participativa fuera la clave que abre las puertas bloqueadas por siglos de exclusión y abandono y terminando así con las diferencias entre las regiones y las brechas social, pero esto no ocurrió y pasados diez años de la entrada en vigencia de la Constitución el país era más "convulso, más violento y fragmentado" y en lugar de una movilización permanente y organizada de la sociedad, se produjo una mezcla de "silencios, ausencias y terrores" que se instaló en los espacios por donde transcurría la vida de los colombianos.

De igual manera, veinte años después de la Constitución (Guzmán, 2011, p. 32) menciona que el sueño de la participación veinte años después se comienza a volver tenue la esperanza ya que los ciudadanos siguen siendo excluidos de los procesos políticos y persiste el gobierno de las élites políticas. De igual manera treinta años después (Rubio, 2021, p. 67) menciona que estos mecanismos se pueden convertir en un instrumento para someter al Estado al excesivo protagonismo personal, y refrendación permanente y en un gobierno hiperpresidencialista, se han convertido la participación en un mecanismo de legitimación de decisiones previamente adoptadas por las élites; esto tiene que ver con el presidencialismo existente en Colombia ya que las decisiones presidenciales son sometidas a la validación del pueblo cuando han sido adoptadas, esto reduce la posibilidad de deliberación y contradicción (Jiménez, 2023, p. 167).

Así pues, si bien es cierto con la transición del Estado de Derecho al Estado Social de Derecho se pasó también de una democracia representativa con soberanía en la Nación representada por el Congreso a una democracia participativa con soberanía en el pueblo que puede ser ejercida por medio de representantes o de manera directa por medio de los mecanismos de participación ciudadana, lo cierto es que las élites continúan tomando las decisiones y en muchas ocasiones la participación ciudadana no es tenida en cuenta o se utiliza para validar decisiones que ya fueron tomadas previamente por los políticos de siempre. De igual manera los conflictos internos que ha tenido el país, han derivado en que en varias regiones, principalmente las apartadas, gobiernen los actores armados y tengan democracias y soberanías independientes y, por lo tanto, sean estos actores quienes colonicen los espacios participativos (Uribe, 2002, p. 44-46). Es por esto por lo que es de vital importancia avanzar hacia la consolidación de una verdadera participación ciudadana, y más que una participación, ir encaminándola a la deliberación, que más que refrendar decisiones adoptadas por la clase dominante, puedan tener voz y voto en las discusiones que se den sobre los temas que sean de su interés.

### 1.3. Inclusión de minorías y discriminación positiva: Avances hacia la equidad en Colombia

De acuerdo con (García de Enterría, 1997, p. 72) en dónde cita a Giovanni Sartori, la democracia hoy en día es el producto final de la civilización occidental, su elemento caracterizador es que no sólo actúa a nivel social, sino aún más, su espontaneidad, su naturaleza endógena, ya no se reconoce el derecho absoluto de la mayoría de imponer su voluntad sobre la minoría ya que esto iría en contra de los principios de la democracia, sino que el futuro de la democracia depende de la convertibilidad de mayorías en minorías y a la inversa, de minorías en mayorías. El pueblo es cada vez menos una comunidad orgánica y es más una sociedad de masas, por lo que el modelo debe dejar de ser un gobierno mayoritario incondicional, de igual manera es factible que los individuos cambien de opinión ya que ellos no pierden su libertad y es por esto por lo que en ningún caso la democracia puede exigir una indiscutibilidad de las decisiones.

Como ya se señaló anteriormente el clientelismo afecta la democracia no solo porque debilita la confianza de los ciudadanos sino también en términos de representación, debido a que la maquinaria política facilita que lleguen al poder aquellos que siempre lo han ocupado y que lo utilizan para su propio beneficio y en ese sentido no tienen en cuenta a otras facciones de la población que por sus características especiales y el constante abandono del Estado deberían contar con mayor participación en los espacios de discusión y representación política, lo anterior en razón a que la democracia inevitablemente es la tiranía de las mayorías, y para contrarrestar lo anterior deben implementarse mecanismos para garantizar que estos grupos de ciudadanos tengan participación e incidencia en las decisiones de gobierno, por lo anterior resulta necesaria la implementación de mecanismos de discriminación positiva que permita garantizar la inclusión de las minorías.

La noción de democracia trae consigo el dilema de la tiranía de las mayorías, ya que en un primer vistazo se puede entender que una decisión democrática es la que ha sido acogida por una mayoría. Para (Sartori, 1993, p. 16) el principio mayoritario absoluto se compone de una mayoría que gana todo y una minoría que pierde todo, lo que trae consigo que la mayoría, si lo desea puede reducir a la minoría (o minorías). Al respecto también considera (Kelsen, 1966, p. 12) que "*También aquel que vota con la mayoría no está ya sometido únicamente a su voluntad. Ello lo advierte cuando cambia de opinión*"; y por lo tanto "*para que el individuo sea libre nuevamente sería necesario encontrar una mayoría a favor de su nueva opinión*". Por esto es importante una visión de la democracia que no excluya la parte que perdió, es decir, la minoría, sino que también contemple herramientas para la oposición que es vital para la soberanía del pueblo.

De conformidad con (Quijano, 2017, p. 1) la Constitución de 1991 reconoció la diversidad étnica y cultural al reconocer el pluralismo y dar a Colombia el carácter de multicultural evidenciando "*la existencia de grupos étnicos con su propia cosmovisión, costumbres, practicas económicas y culturales, que habían sido invisibilizados por mucho tiempo siendo a partir de dicho momento considerados como sujetos de derechos, posibilidad que solo le asistía a los individuos*", por su parte (Araújo, 1999, p. 27) menciona que en la constitución, el pluralismo ideológico se encuentra reconocido al proclamar la libertad de conciencia, de cultos, y en la libertad de expresión y en algunas especificaciones como la libertad religiosa, sindical, política, de enseñanza, de presa, de investigación, entre otras, así como en la prohibición de la discriminación por motivos ideológicos y políticos.

Con este reconocimiento también se otorgó el derecho de la representación política con la creación de las circunscripciones especiales para la población afrocolombiana e indígena, los primeros con dos curules en la Cámara de Representantes y los segundos con una curul en la Cámara de Representantes y una en el Senado, no obstante, el hecho de tener curules en el congreso no es una garantía per sé de una adecuada representación de estas comunidades en las decisiones adoptadas en el Congreso, y en muchas ocasiones estas curules pueden ser usadas a su favor por parte de los partidos tradicionales.

Con relación a lo anterior, el periódico El Tiempo realizó una serie de entrevistas sobre la representación de las comunidades afro e indígena, en primer lugar, Jesús Carabalí, profesor de Etnoeducación, de la Universidad del Valle, aseguró: "La verdad las curules sirven, pero creo que las personas que han ocupado esos lugares, en la mayoría de los casos, han sido poco visibles", de igual manera aseguró que los candidatos solo se hacen visibles en épocas electorales y después no rinden cuentas a la comunidad, así mismo aseguró "Primero, creo que debemos tener más curules en el Congreso. Segundo, que quienes lleguen allá sean personas que tengan una trayectoria y hayan trabajado previamente por la comunidad: no puede ser que a mí se me ocurra ser representante por la Circunscripción sin haber hecho nada"[102]. En el mismo sentido, Rubén Hernández, miembro del equipo de coordinación nacional de Proceso de Comunidades Negras en Colombia, si bien es cierto que las curules han sido una conquista para abrir espacios políticos, no se ha visto reflejado en la labor realizada por quienes las ocupan, ya que estos no responden a los propósitos de la comunidad, y así mismo hace un llamado a los partidos tradicionales a que no entren promocionando a gente que de afro solo tiene el color de su piel. Por otro lado, Róbinson López, miembro de la Organización Nacional de los Pueblos Indígenas de la Amazonía Colombia (Opiac), siente que hay una participación, pero la representación es minoritaria lo que impide plantear temas estructurales para los pueblos indígenas.

Por otro lado, la Ley 581 del 2000 "Por la cual se reglamenta la adecuada y efectiva participación de la mujer en los niveles decisorios de las diferentes ramas y órganos del poder público, de conformidad con los artículos 13, 40 y 43 de la Constitución Nacional y se dictan otras disposiciones", dispone que mínimo el 30% de cargos de máximo nivel decisorio (cargos de mayor jerarquía en las entidades de las tres ramas y órganos del poder público, en los niveles nacional, departamental, regional, provincial, distrital y municipal) y de otros niveles decisorios (los que correspondan a cargos de libre nombramiento y remoción, de la rama ejecutiva, del personal administrativo de la rama legislativa y de los demás órganos del poder público y que tengan atribuciones de dirección y mando en la formulación, planeación, coordinación, ejecución y control de las acciones y políticas del Estado, en los niveles

[102] Como ejemplo de lo anterior se pone de presente el caso de Miguel Polo Polo, acérrimo defensor de partidos tradicionales y que su trabajo en la política ha sido para defender posturas conservadoras y que no favorecen a su comunidad, a tal punto que una vez fue elegido como Representante a la Cámara para ocupar la curul afro, llegó a acumular 12 demandas por parte de diversos movimientos y colectivos indígenas y afros, que argumentaban que no cumplían los requisitos para ocupar dicha curul, debido a que con anterioridad tenía reconocimiento como indígena y dos meses antes de iniciar con la inscripción de candidaturas al Congreso logró obtener el reconocimiento como afrodescendiente por parte del Ministerio del Interior, no obstante las demandas fueron desestimadas por el Consejo de Estado y en la actualidad el representante sigue ocupando su curul. Fuente: https://www.lasillavacia.com/detector-de-mentiras/falso/detector-no-hay-una-sentencia-que-obligue-a-polo-polo-a-dejar-su-curul/

nacional, departamental, regional, provincial, distrital y municipal, incluidos los cargos de libre nombramiento y remoción de la rama judicial) serán desempeñados por mujeres, y su incumplimiento será sancionado, así mismo, en los nombramientos que se eligen por ternas deberá incluir en su integración por lo menos el nombre de una mujer. De igual manera el artículo 28 de la Ley 1475 de 2011 se dispuso, en materia electoral, que las listas que tuvieran más de 5 candidatos a cargos de elección popular debían estar conformadas por un mínimo de 30 % de uno de los géneros.

En ese sentido para las elecciones de 2022 en las listas de candidaturas las mujeres representaban el 39,93 % lo que significa 5,39 puntos porcentuales más que en las elecciones de 2018-2022 y 7,53 puntos porcentuales más que en las elecciones de 2014-2018, según el boletín No. 30 de la Corporación Sisma Mujer sobre participación de mujeres en política elecciones al congreso 2022-2026, de igual manera el informe señala que: *"83 mujeres conformarían el Congreso, lo que representa un 29,33 % del total, frente a 200 hombres, que tendrían una representación del 70,67 %5. De esta forma, el porcentaje de mujeres en el Congreso mostraría un incremento de 9,62 puntos porcentuales con respecto a las elecciones 2018-2022, en donde el porcentaje de mujeres fue del 19,71 %."* De esta manera incrementó la participación política de las mujeres tanto en candidaturas como en elección. Así mismo de conformidad con el Balance electoral y legislativo en torno a la participación política de las mujeres en Colombia presentado por la Misión de Observación Electoral, para las elecciones de 2023 "se presentaron un total de 128.208 candidaturas, de ellas 50.059 pertenecen a mujeres, es decir, el 39,05 % y 78.149 a hombres lo que equivale al 60,95 % de los aspirantes".

De conformidad con el citado balance "La participación de las mujeres aumentó 1.55 puntos porcentuales respecto a los comicios de 2019, en donde las mujeres representaron el 37,50 % y los hombres el 62,50 % de las 116.428 candidaturas inscritas en ese entonces, sosteniéndose una marcada tendencia de sobrerrepresentación de hombres en las candidaturas a todos los cargos disputados en estas elecciones." No obstante "la proporción de mujeres candidatas se incrementó para todos los cargos, el mayor aumento se presentó para gobernación al pasar de 12,1 % a 18,3 %, y el menor en alcaldía al pasar de 15,2 % a 16 %.". De conformidad con el "Resumen Ejecutivo MUJERES Y HOMBRES: BRECHAS DE GÉNERO EN COLOMBIA" presentado por el DANE, se estimó que, en el 2022, el 51,2 % son mujeres y 48,8 % hombres, esto es, 105 mujeres por cada 100 hombres. De acuerdo con lo anterior se puede concluir que la Ley de Cuotas es útil en garantizar la participación de las mujeres en la política y la ocupación de cargos públicos, pero aun así su participación corresponde a un porcentaje muy inferior teniendo en cuenta la cantidad de mujeres en Colombia.

Ahora bien, también resulta cuestionable si las mujeres que llegan a cargos de poder en el Estado representan los intereses de las mujeres o si, por el contrario, lejos de presentar una postura progresista promueven ideales machistas que mantienen una segregación, situación que como se expresó anteriormente ocurre con las circunscripciones especiales. Así mismo, las cifras expuestas anteriormente evidencian que muy a duras penas se cumple con el mínimo 30% de mujeres en las candidaturas a cargos de elección popular y es aún menor el porcentaje de aquellas que resultan elegidas, lo que hace cuestionar si la inclusión de las mujeres en la política que hacen los partidos es porque en realidad les interesa la participación de estas o lo hacen simplemente por cumplir con la normatividad. De acuerdo con la anterior la Corporación Sisma Mujer en su boletín No. 30 propone: *"En este sentido, insistimos en la necesidad de continuar con los esfuerzos para la modificación de la normativa vigente, con el propósito de aumentar la cuota de género y hacer seguimiento y veeduría para que los partidos políticos se comprometan con la inclusión de mujeres en las listas y con el impulso de sus campañas en condiciones de igualdad, más allá del cumplimiento del mínimo establecido".*

Los mecanismos de discriminación positiva son útiles para garantizar la participación de grupos específicos que históricamente han sido excluidos de la política si se usan de manera adecuada, así mismo al garantizar lo anterior, dan una sensación de representación y confianza y producen motivación a la hora de salir a votar disminuyendo el clientelismo, ya que cuando los ciudadanos tienen convicciones claras acerca de por quién votar resulta más difícil que puedan tranzar con su voto. De igual manera es importante que todos puedan llegar a tener representación ya que ayuda a contrarrestar el clientelismo que opera para beneficiar a unos pocos. Si estos mecanismos de discriminación positiva se usan adecuadamente pueden llegar a tener un impacto en la realización de leyes y políticas que beneficien a las comunidades, para que poco a poco vayan mejorando su calidad de vida y sus oportunidades para romper paulatinamente las brechas sociales que han existido desde antaño en el país, y con la disminución de las brechas sociales ir acabando gradualmente con el clientelismo, ya que este se alimenta de la desigualdad, la pobreza y la falta de movilidad social, pues le conviene que haya gente muy pobre que esté dispuesta a negociar con su voto ya sea dinero o algún contrato para trabajar y generar ingresos.

En ese sentido, herramientas como las circunscripciones especiales y la ley de cuotas no solo son el resultado de la lucha de los movimientos indígenas, afrodescendientes y de mujeres, sino que también son un importante instrumento para poder garantizar la representación política de las comunidades y por lo tanto deben utilizarse para su fin y no para seguir favoreciendo a políticos tradicionales o solo de manera instrumental para cumplir con una obligación legal, es por esto que es importante la implementación de normativa que regule el uso de estas circunscripciones especiales para garantizar que solo aquellos que demuestren un trabajo por su comunidad puedan entrar a ocuparlas, de igual manera respecto a la Ley de Cuotas, si bien ha mostrado tener resultados positivos para garantizar la participación de las mujeres, en la actualidad se queda corta con la exigencia de solo el 30%, siendo que hay más población de mujeres que de hombres, y que como se evidenció en las candidaturas se cumple con esta disposición normativa muy a ras con la norma, por lo que sería importante aumentar el porcentaje de exigencia en aras de ir en busca de la paridad y así garantizar la participación política y en cargos decisorios a las mujeres que tienen más brechas a la hora de alcanzar sus metas en comparación con los hombres, pero más allá de imponer una Ley de cuotas es importante formar a las mujeres en política e incentivar la participación de las mismas, para que su candidatura o su cargo no sea un relleno sino que en realidad aporte a la lucha de las mujeres. De igual manera estas herramientas se pueden ampliar a otros sectores de la población que necesiten de especial representación tales como las víctimas del conflicto armado, población LBGT e incluso migrantes.

## 2. Optimización de la burocracia en Colombia: Directrices para un cambio efectivo

La burocracia en Colombia ha sido un botín en disputa de los políticos, durante el siglo pasado los cargos públicos eran distribuidos según quien ganara en la contienda electoral, a pesar que con la Ley 165 de 1938 hubo un intento por implementar la carrera administrativa en Colombia, este esfuerzo normativo no dio frutos ya que los gobernantes no le dieron importancia y no se realizaron esfuerzos presupuestales para implementarla ya que no les gustó la idea de tener una burocracia estable y alejada de los vaivenes políticos, tanto fue ignorada esta ley que durante el periodo del 7 de agosto de 1958 al 7 de agosto de 1974 se constituyó el Frente Nacional el cual se aprobó mediante el plebiscito de 1957, el Frente Nacional se deriva del Pacto de Sitges, firmado en julio de 1957 una vez se termina la dictadura de Gustavo Rojas Pinilla con su renuncia; debido a presiones políticas y sociales; y con la finalidad de impedir otra dictadura a manos de las fuerzas armadas, los partidos tradicionales firmaron este pacto de democracia limitada y excluyente que tenía como finalidad el reparto de poder entre los dos partidos Liberal y Conservador, y a su vez pretendía mitigar la violencia que se producía entre estos partidos.

El plebiscito como mecanismo de refrendación de este acuerdo fue acordado en el punto 2 del Pacto de Sitges, de conformidad con (Duque, 2021, p. 261-262) "*el 27 de septiembre la Comisión Política de Reajuste Institucio-*

*nal, integrada por los liberales Alberto Lleras Camargo, Carlos Lleras Restrepo, Antonio Rocha y Edgardo Manotas Wilches y los conservadores Enrique Gómez Hurtado, Pedro Araújo Grau y José Antonio Montalvo, aprobó varios puntos que serían sometidos a consideración de los electores en el plebiscito y se aprobó que el plebiscito se realizaría el 1 de diciembre del mismo año. Este fue convocado por la Junta Militar provisional a través de un decreto de estado de sitio.*" Aunque suene irónico este plebiscito marcó un hito en la democracia colombiana porque fueron las primeras elecciones en las que las mujeres ejercieron su derecho al voto, que les fue concedido en 1954, y con la victoria del SI los ciudadanos validaron un acuerdo en el que dos partidos políticos se turnaban el poder impidiendo que otros partidos y movimientos pudieran entrar en la contienda política y además se acordó la distribución de la burocracia de manera equitativa entre los partidos en todas las ramas del poder público.

La anterior situación se enmarca en el clientelismo moderno donde la burocracia cobra especial atención y existe una repartición de cargos públicos en razón a intereses políticos, no obstante, en la actualidad la situación no ha mejorado, si bien con la expedición de la Constitución de 1991 se establece que los cargos públicos son de carrera y basados en el mérito, y en la Ley 909 de 2004 se desarrollan principios y elementos para el fortalecimiento de carrera administrativa en Colombia, la realidad es que la burocracia en Colombia no ha dejado de ser un botín político, no solo por el establecimiento de un nuevo modelo de gerencia que establece una gran cantidad de cargos con discrecionalidad, en libre nombramiento y remoción, y el abuso de la creación de cargos en provisionalidad, sino también porque son utilizados los contratos de prestación de servicios no solo como botín político sino también para cubrir las falencias de un sistema de carrera administrativa que no se ha podido implementar en su totalidad.

## 2.1. Desafiando el mito de la meritocracia

El artículo 125 de la Constitución Política de Colombia establece no solo que los cargos públicos deben ser de carrera administrativa, sino que *se harán previo cumplimiento de los requisitos y condiciones que fije la ley para determinar los méritos y calidades de los aspirantes*", así mismo el inciso primero del artículo 28 de la Ley 909 de 2004 consagra al mérito como: "*Principio según el cual el ingreso a los cargos de carrera administrativa, el ascenso y la permanencia en los mismos estarán determinados por la demostración permanente de las calidades académicas, la experiencia y las competencias requeridas para el desempeño de los empleos*" estableciendo así el principio de mérito para el ingreso y ascenso a los cargos públicos.

La meritocracia es un principio controversial, tiene sus orígenes en la teología, las personas buscan "la salvación" y por lo tanto deben ser buenos, y por lo tanto exitosos, para (Sandel, 2020, p. 49) *"la teología bíblica predica que los sucesos naturales ocurren por una razón. La meteorología favorable y las cosechas abundantes son recompensas divinas por una buena conducta; las sequías y las pestes son castigos por el pecado",* esto aunado a las ideas calvinistas de demostrar que son los elegidos de Dios mediante la dedicación a la profesión, desembocan en la ética protestante del trabajo que da origen al capitalismo y promueve el ideal del "destino propio" que decanta en una afán de generar éxito y riqueza, ya que esto refleja la virtud superior, y si lo tienen es porque lo merecen.

Esta concepción de la meritocracia se basa en la idea de que cada quién es dueño de su destino, esto por un lado puede ser empoderador porque anima a las personas pero por otro lado puede crear sentimientos de frustración cuando ven que otros alcanzan el éxito y ellos no; *"Si mi éxito es obra mía, su fracaso debe ser culpa suya"* (Sandel, 2020, p. 79) esta frase es corrosiva para la idea de comunidad ya que elimina la solidaridad y hace énfasis en el individualismo de que cada quien tiene lo que se merece o por lo que ha luchado y al ser cada uno responsable de su destino la comunidad no está obligada a ayudar a los demás, (Sandel, 2020, p. 92) explica que el "igualitarismo de la suerte" sostiene que la comunidad ayuda a los desfavorecidos luego de averiguar cuáles de esas personas no son responsables de su mala suerte, y solo se les tendía la mano a aquellas que no les cabía responsabilidad alguna de su situación.

Otro efecto adverso de la meritocracia es el despojo de la consciencia de clases de la clase trabajadora y la justificación de los acumuladores de riqueza. A diferencia de los modelos aristocráticos, la meritocracia tiene consigo una sensación de logro, las personas piensan que llegaron a la cima por sus propios medios, ignorando todos los privilegios que tuvieron para conseguirlo, y así mismo, ser pobre en un modelo meritocrático es desalentador ya que trae consigo la frustración de que no ha podido triunfar y cambiar su suerte, en una sociedad feudal, las personas que ocupaban la base de la pirámide no se sentían mal debido a que estaban allí en razón a un orden previamente establecido, en la meritocracia la situación desfavorable es solo culpa de las personas, esto genera no solo frustración sino una justificación de la acumulación de riqueza, ya que los pobres y los trabajadores no van a juzgar a los ricos sino que por el contrario los van a defender bajo la premisa de que ellos pueden alcanzar ese estatus social. Esto resulta que los trabajadores no sean conscientes de su clase y sus condiciones y por lo tanto no se movilicen en busca de mejorarlas, ya que piensan que en cualquier momento puede cambiar su condición y ser ellos quienes ocupan la punta de la pirámide social.

En un modelo no meritocrático la clase alta sabe que su puesto no puede ser ocupado por otra persona de otra clase social, y así mismo la clase obrera era consciente que sus jefes no estaban ahí por lo que sabían sino por otra serie de cosas como su ascendencia, sus condiciones económicas, entre otras, para (Sandel, 2020, p. 153) *"Saber que el sistema estaba amañado de ese modo fue lo que dio a la clase obrera la fuerza y el poder para desafiarlo políticamente. (...) Igualmente importante era el hecho de que la arbitrariedad del sistema de clases eximía a los trabajadores de juzgarse a sí mismos por el estatus inferior que la sociedad les había asignado"*. Ahora la meritocracia da la sensación de movilidad social, que es posible ascender y alcanzar la cima y la condición de trabajadores es no más una etapa transitoria, por lo tanto, no hay una apropiación sobre el ser trabajadores e incluso se llega a defender a jefes que vulneran derechos laborales.

Otro aspecto cuestionable de la meritocracia es que según (Sandel, 2020, p. 159) *"la esencia del ideal meritocrático no es la igualdad, sino la movilidad. No dice que haya nada de malo en que existan diferencias abismales entre ricos y pobres; solo pone el acento en que los hijos de los ricos y los de los pobres tengan la posibilidad, a lo largo del tiempo, de intercambiar posiciones en función de sus respectivos méritos"* es decir, el mérito no cuestiona la acumulación de riqueza y la desigualdad, cuestiona la falta de movilidad, lo cual resulta nocivo ya que no le interesa si mil personas se están muriendo de hambre, mientras que al menos una puede ascender de posición socio-económica, además, en países desiguales como Colombia esto resulta perjudicial ya que acentúa las desigualdades sociales, así mismo, es difícil garantizar el mérito cuando no todos tienen las mismas posibilidades en la vida. De igual manera las personas no son conscientes de sus privilegios y la meritocracia les hace entender que todo lo que consigan es gracias a ellos mismos, ignorando su contexto y las condiciones favorables de vida que han tenido en comparación con otros que tienen menos posibilidades, y en aquellos que no han tenido privilegios acentúa el sentimiento de frustración y de que algo están haciendo mal ya que no alcanzan a mejorar su calidad de vida, y esto es lo perverso de este sistema, que responsabiliza al pobre de su condición y le nubla la vista a la hora de entender que las condiciones materiales influyen a la hora de ascender o no[103].

---

[103] La meritocracia vende el ideal de que el "pobre es pobre porque quiere" o porque no se ha esforzado lo suficiente para cambiar su condición, revictimizándolo y frustrándolo, y a su vez no le interesa generar políticas sociales para ayudar a los desfavorecidos porque se nutre del individualismo, según la publicación de la OCDE "Estudios Económicos de la OCDE COLOMBIA" publicado en febrero de 2022 la movilidad social entre generaciones en Colombia es la más baja de los países de la OCDE ya que el número de generaciones necesarias para pasar del 10 % inferior al ingreso medio de la sociedad es de once generaciones, así mismo, de conformidad con OXFAM internacional estableció que de conformidad con cifras del Banco Mundial, Colombia es el segundo país más desigual de Latinoamérica ya que el 10 % de la población más rica de Colombia recibe 11 veces más que el 10 % más pobre del país.

Bajo el principio de mérito se elige solo el primer lugar, ya que fue el que más "méritos" tuvo lo que acentúa las brechas sociales y la desigualdad y más en países desiguales[104], por lo tanto que esta sea la manera en la que se selecciona el personal para trabajar con el Estado resulta contradictorio con el Estado Social de Derecho, y más cuando las oportunidades de educación y laborales en Colombia son escasas y no todos tienen la oportunidad de acceder a una educación de calidad y a un empleo formal, adicional a lo anterior, como se mencionó en el apartado anterior, existen grupos que históricamente han sido más vulnerables y discriminados y a los cuales el Estado debe proteger en razón a la multiculturalidad, como los pueblos indígenas y afrodescendiente o a los cuales se les debe brindar mayor atención debido a la discriminación que han sufrido en razón a su género, como las mujeres y la población LGBT, y teniendo en cuenta los conflictos internos que han ocurrido en el país, también debe procurarse acciones afirmativas para las víctimas del conflicto; entonces resulta ilógico que en un proceso de selección no se tengan en cuenta estos factores y se elija solo a quién obtuvo un puntaje mayor.

Si bien es cierto el mérito es una herramienta para impedir que el clientelismo se apodere del empleo público, debe tenerse en cuenta que Colombia es un país desigual y este debe implementarse de manera que procure cerrar las brechas sociales y no abrirlas más, por ello es importante que se tenga en cuenta el principio de igualdad establecido en el artículo 13 de la Constitución Política, y más que una igualdad formal ante Ley se avance hacia la igualdad material, de acuerdo con la Sentencia C 410/1994 de la Corte Constitucional,

> La igualdad sustancial alude al compromiso de remover los obstáculos que en el plano económico y social configuran efectivas desigualdades de hecho que se oponen al disfrute efectivo del derecho. Las causas que subyacen a situaciones de esta índole tienen que ver, entre otros aspectos, con la escasez, con necesidades no satisfechas del ser humano, con fenómenos históricos de segregación y marginación o con injusticias del pasado que se pretende subsanar. La igualdad sustancial revela, entonces, un carácter remedial, compensador, emancipatorio, corrector y defensivo de personas y de grupos ubicados en condiciones de inferioridad, mediante el impulso de acciones positivas de los poderes públicos[105].

---

104 *"Creemos que el modelo de meritocracia pura debe aplicarse en aquellos países en los que las brechas de desigualdad no son tan grandes, o que por lo menos, tienen satisfechas sus necesidades básicas. En suma, los competidores harán parte de un juego en el que no existen desventajas tan significativas. Sin embargo, no consideramos conveniente que países con extrema desigualdad y alta demanda por necesidades básicas insatisfechas sigan este modelo único de distribución de los cargos públicos. Así, tomamos partido por una modulación de la meritocracia pura en sociedades tan desiguales y excluyentes como la colombiana".* (Barrera, 2022, p. 148-149)

105 Corte Constitucional, sentencia C-410 de 1994 M. P. CARLOS GAVIRIA DÍAZ.

En consonancia con lo anterior (Sartori, 1993, p. 110-111) explica que en la democracia antigua y directa la relación era horizontal, pero con el paso a la democracia representativa se empezó a desarrollar de manera vertical, del ciudadano hacia quién lo gobierna, y el valor más importante en la democracia directa era el de la libertad política, pero con el tránsito a la democracia representativa la libertad ha perdido el valor de "valor", y lo que ha adquirido el valor de "valor" es la igualdad que no se ha podido realizar de manera adecuada. El valor de la igualdad debe distinguirse entre la "igualdad aritmética" y la "igualdad proporcional"; la primera entendida como "lo mismo para todos" y la segunda como, "cosas iguales a iguales y desiguales a desiguales" y "lo mismo a los mismos". Así pues, considera Sartori que la "igualdad proporcional" desciende del principio de "igualdad de oportunidades", "*es un principio de valor: sustituye la promoción por mérito al encontrarse colocado en lo alto sin mérito, por derecho de nacimiento o por algún azar semejante. Sin oportunidades iguales vence o prevalece el privilegio: un estado de hecho o de fuerza, "sin valor"*". (p. 111) Considera (Sartori, 1991, p. 111) "*es una tontería denunciar la meritocracia como desigualdad. La desigualdad está en la inmeritocracia, en atribuir iguales capacidades y talentos a quien no los tiene, a talentos y capacidades desiguales. Tontería que, a su vez, deriva de la aplicación de la igualdad aritmética en donde no debe aplicarse*".

Así pues, la propuesta es diseñar un sistema que proponga acciones afirmativas a la hora de acceder al empleo público y que, si bien se utilice el sistema de mérito como mecanismo para el ingreso a los cargos públicos ya que así se aleja el clientelismo de la provisión de la burocracia estatal, este se emplee junto con un enfoque diferencial, que permita reconocer que hay poblaciones que tienen condiciones especiales y por lo tanto se deben tener en cuenta herramientas que les permitan el acceso al empleo público, así pues implementar acciones afirmativas entendidas según la Sentencia C-964 de 2003 como "*(...) políticas o medidas dirigidas a favorecer a determinadas personas o grupos, ya sea con el fin de eliminar o reducir las desigualdades de tipo social, cultural o económico que los afectan, bien de lograr que los miembros de un grupo subrepresentado, usualmente un grupo que ha sido discriminado, tengan una mayor representación*"[106].

De conformidad con (García, 2020) los procesos de selección que ha llevado la Comisión Nacional del Servicio Civil[107] y cuentan con acciones afirmativas son: los procesos de selección No. 221 a 249 de 2012 dónde se abrió

---

106 Corte Constitucional, sentencia C-964 de 2003 M. P. ALVARO TAFUR GALVIS.

107 El artículo 130 de la Constitución Política de Colombia de 1991 estipuló: "Habrá una Comisión Nacional del Servicio Civil responsable de la administración y vigilancia de las carreras de los servidores públicos, excepción hecha de las que tengan carácter especial". No obstante, no fue sino hasta el año 2004 que se cumplió con el mandato constitucional y se creó la Comisión Nacional del Servicio Civil con la Ley 909 de 2004.

proceso de selección para etnoeducadores directivos docentes y docentes que prestan su servicio educativo a población afrocolombiana negra, raizal y palenquera en establecimientos educativos oficiales de entidades territoriales certificadas en educación, así mismo se hicieron consultas con las comunidades para llegar a acuerdos sobre las convocatorias, por lo anterior la prueba fue enfocada hacia demostrar los conocimientos acerca de estas comunidades y las capacidades etnoeducativas. Otro ejemplo son los procesos de selección No. 828 a 979 y 982 a 986 de 2018, que de conformidad con los acuerdos de paz se expidió el Decreto 893 de 2017 en donde determinan 16 PDET (Programas de Desarrollo con Enfoque Territorial) en 170 municipios priorizados, es por esto que se llevó a cabo procesos de selección de personal en dichos municipios y que tenía como requisitos de participación; i) haber nacido, en alguno de los 170 municipios priorizados ii) Acreditar, a través de certificado de vecindad, de estudio o laboral otorgado por autoridad competente, haber tenido la calidad de residente, estudiante o trabajador al menos dos (2) años continuos o discontinuos iii) Estar inscrito en el Registro Único de Población Desplazada iv) Estar inscrito en el Registro Único de Victimas v) Estar inscrito en el Sistema de Información de la Reintegración.

De lo anterior se puede concluir que el mérito acentúa las desigualdades sociales y más en países con brechas tan grandes como Colombia, no obstante, se entiende que la finalidad de incluirlo como principio a la hora de la selección de personal es evitar que el clientelismo se apropie de la burocracia y buscar que los cargos estatales sean ocupados por personas idóneas, por lo tanto es importante que los procesos de selección se hagan con base en el mérito pero que se implementen acciones afirmativas que permitan que poblaciones vulnerables puedan participar y acceder al empleo público, y que se tenga en cuenta que estas poblaciones tienen unas circunstancias especiales que han dificultado su acceso a la educación y al empleo formal y que han sido víctimas de discriminaciones derivando en que para ellos sea más complicado superar las brechas y las desventajas de las que han sido víctimas, por lo tanto el mérito debe tener en cuenta el mandato constitucional de procurar una igualdad material, y convertirse en un instrumento para la superación de desigualdades y no para la acentuación de las mismas.

## 2.2. Avanzando hacia la eliminación de la discrecionalidad y la provisionalidad

Con la Constitución de 1991 también se estableció la apertura de mercado y se dio entrada al neoliberalismo que pretende reducir la intervención del Estado, si bien en un inicio la agenda neoliberal no abordó la cuestión de la función pública, según (Guerrero, 2019, p. 7) en la década de los sesenta

Octave Gelinier realizó el primer planteamiento neoliberal sobre la administración pública y en los setenta fue publicado el libro nueva gestión pública (*nouvelle gestion publique*), allí se dan los primeros pasos del neoliberalismo en la función pública, dando entrada al nacimiento de la nueva gerencia pública, esta nueva visión pretende equiparar la administración del Estado a la de la empresa privada y por lo tanto los funcionarios se equiparan a los gerentes en el sector privado, tienen flexibilidad en la utilización de recursos y contratación de personal. De igual manera la Ley 909 de 2004 introdujo mecanismos de este nuevo modelo de gerencia como empleos temporales, libertad a la hora de gerenciar y responsabilidad sobre los resultados.

Lo anterior derivó en que la actualidad existan multiplicidad de cargos estatales que por su carácter de dirección, confianza y manejo son de libre nombramiento y remoción y así mismo pueden crearse empleos temporales y en provisionalidad, que si bien son permitidos por la Ley, su abuso atenta contra el mandato constitucional que dicta que los empleos en los órganos del Estado son de carrera, así mismo, si nos fijamos en lo estipulado en la Ley 909 de 2004 la mayoría de los cargos de libre nombramiento y remoción hacen referencia a la dirección y asesoría institucional así como el manejo de bienes y recursos del Estado. En la mayoría de los casos estos cargos también se usan para pagar favores políticos porque en estos empleos su provisión corresponde de manera discrecional al nominador sin estar sujeta a algún procedimiento y solo es suficiente la designación de la autoridad y la aceptación del designado y que cumpla los requisitos señalados para ocupar el empleo; es por lo anterior que resulta paradójico que aquellos que van a dirigir las instituciones y manejar los recursos públicos, sean elegidos sin un proceso de selección y solo por la voluntad de los gobernantes.

Para avanzar hacia la consolidación de la carrera administrativa en Colombia, y que esta sea imparcial y alejada de los vaivenes políticos, debe procurarse disminuir la discrecionalidad como mecanismo de provisión de cargos públicos por medio de la modalidad de libre nombramiento y remoción, si bien es cierto como lo señala (Marín, 2020, p. 240-241) existen al menos tres modalidad de vinculación de los servidores públicos con el Estado y una de ellas es en *"los niveles más elevados de la organización estatal, en los cuales se diseñan, formulan y adoptan políticas públicas o se profieren decisiones que constituyen elección entre diversas opciones o cursos de acción con fundamente en programas políticos"*. Lo cierto es que esta clase de empleos no solo son utilizados en la actualidad para este tipo de cargos sino que también se utilizan para omitir el proceso de provisión de empleos por medio de la carrera administrativa, y esto se puede evidenciar con el número de empleos públicos por libre nombramiento y remoción que existen en la actualidad cuya cifra asciende a 32.143, incluso hay entidades públicas que tienen más de 1000 empleos en libre nombramiento y remoción según el portal de datos abiertos (https://www.datos.gov.co/Funci-n-p-blica/Cantidad-de-empleos-y-tipos-de-planta-por-entidad/fvq4-wwtz/data_preview).

Por otro lado, la Ley 27 de 1992 en el inciso segundo de su artículo décimo establece que: "*Mientras se efectúa la selección para ocupar un empleo de carrera, los empleados inscritos en el escalafón de la carrera administrativa tendrán derecho preferencial a ser encargado de dichos empleos si llenan los requisitos para su desempeño. En caso contrario, podrán hacerse nombramientos provisionales*". Consignando de esta manera los empleos en provisionalidad que consiste en la asignación temporal de un empleo a una persona que cumpla los requisitos para el cargo y mientras se surte el respectivo concurso de méritos para proveerlo por carrera administrativa. No obstante, en varias ocasiones el Congreso ha autorizado el ingreso definitivo de carrera administrativa a quienes estén en provisionalidad o encargo, en lugar de promover la carrera administrativa, convirtiendo a la carrera administrativa en la excepción en lugar de la regla y así mismo al no tener un proceso de selección imparcial por medio de concursos, en estos nombramientos también influye la política y el clientelismo.

La Ley 909 de 2004 tiene aspectos de la nueva gerencia pública o neogerencialismo, ya que les da un carácter gerencial a los cargos directivos y más responsabilidad administrativa ante el Estado, y estos empleos siguen siendo de libre nombramiento y remoción. Así mismo, la inclusión de empleos temporales se relaciona con la flexibilidad laboral que tienen los cargos directivos en el neogerencialismo, ya que los directores de las entidades pueden contratar personal de manera transitoria de acuerdo con sus necesidades. De igual manera esta Ley pretende reducir el abuso de los cargos en provisionalidad por medio de concursos de méritos donde puede participar cualquier ciudadano que cumpla las condiciones para ejercer el cargo, pero se otorga preferencia a aquellos funcionarios que de manera provisional han ocupado el cargo. Según (Puentes, 2004, p. 102) "*Colombia es un Estado muy sensible a crear y expedir normas de todos los matices y jerarquías, y a creer que una vez hechas los problemas se resuelven casi de manera automática*", y eso no fue la excepción respecto a la carrera administrativa, ya que desde 1938 se han expedido varias Leyes y Decretos que pretenden regularla, pero en esencia no han generado cambios significativos en la administración pública.

De acuerdo con (Flórez-López, 2018, p. 14) "*La carrera administrativa, en Colombia, no se ha adaptado a las circunstancias reales del país, en el sentido de que sus normativas distan mucho de la situación política que realmente impera. Por lo que resulta que tales reglamentaciones no tienen una efectividad en la práctica.*" Así pues, por más normas que se expidan no ha habido un cambio trascendental en la manera de proveer cargos en la administración pública y esto es debido a la cultura política, ya que se mantienen las tradiciones clientelares y aún se concibe el empleo público como algo que ofrecen los políticos por lo tanto la cultura de lo público es casi inexistente, así mismo según (Flórez-López, 2018, p. 15)

> la cultura del servidor público colombiano amerita una transformación de valores donde la ética y el profesionalismo sean condiciones esenciales para el desempeño de una labor, debido a los altos índices de provisionalidad, las enormes redes clientelares y la desidia del gobiernos por hacer efectivos los concursos abiertos de mérito, los servidores públicos colombianos han sido cómplices en cierta forma de la organización y naturaleza de la función pública, es un problema de tradición, de cultura de la misma carrera administrativa.

El clientelismo en la administración pública resulta riesgoso para la actividad estatal porque la administración tiene discrecionalidad a la hora de tomar decisiones ya que la norma siempre dará espacio para la interpretación, y en ese sentido si quienes están en la administración no son imparciales y tienen compromisos políticos, las decisiones estatales no van a ir encaminadas hacia el bien común sino hacia intereses particulares. Es por lo anterior que se debe garantizar que quienes laboren en las instituciones públicas no tengan ningún compromiso que pueda viciar la toma de decisiones y esto se logra alejando la burocracia estatal de los vaivenes políticos y creando una cultura de lo público dónde los ciudadanos puedan participar y realizar un seguimiento tanto a las labores de los servidores públicos como a la ejecución de los recursos públicos.

Disminuyendo los cargos en libre nombramiento y remoción y en provisionalidad y dejándolos solo cuando sea estrictamente necesario y con la provisión de la mayoría de los cargos por medio de la carrera administrativa se garantiza que el Estado sea ocupado por personas que no tengan deudas políticas y en ese sentido las decisiones que tomen tendrán mayor legitimidad por parte de la ciudadanía. De igual manera como se señaló anteriormente, la cooptación de la burocracia por parte del clientelismo no es un fenómeno que se solucione con la expedición de más normas que regulen la carrera administrativa, ya que a lo largo de los años ha habido una proliferación normativa que incluso se contradice entre sí y el clientelismo ha sabido adaptarse a los cambios normativos, es por esto que es importante el fortalecimiento de una cultura de lo público, que implique que los ciudadanos puedan deliberar en los asuntos que consideren importantes, participar en la construcción del presupuesto público y realizar la vigilancia y control ciudadano a todos los funcionarios públicos para que cumplan sus funciones y ejecuten el presupuesto de manera adecuada.

Respecto a la discrecionalidad menciona (Marín, 2018, p. 39) que la extensión o profundidad de la planificación que realiza la ley positiva en relación con las actividades de los poderes públicos, especialmente en lo que respecta a la labor de la administración pública, implica un cambio hacia un derecho administrativo que se basa menos en reglas específicas y más en atribuciones, potestades, o principios. Este cambio refleja la transición hacia un derecho administrativo configurado principalmente a través de principios, mandatos de optimización o normas de programación final, dentro del marco de un Estado Social de Derecho, en el que la creciente complejidad y multiplicidad de funciones que se le asignan a la administración no deja otra opción diferente a la de investirla de márgenes de flexibilidad para maniobrar en campos cada vez más cambiantes diversos y conflictivos, propia de la atribución y el ejercicio de facultades discrecionales.

Expone (Marín, 2018, p. 40-43) que hasta la segunda mitad del siglo XX la discrecionalidad era considerada como un aval para que la entidad decidiera de manera *libre* de acuerdo con su valoración (a veces subjetiva) esta es la doctrina negativa de la discrecionalidad. Es por lo anterior que considera el autor que debe atender a las concepciones materiales o positivas de la discrecionalidad en virtud al Estado Social y Democrático de Derecho, esta visión se ejecuta en circunstancias en las cuales el interés general, para el caso concreto, no se encuentra taxativamente en la ley, y es allí cuando las facultades discrecionales otorgan una autorización que se le confiere de manera expresa o implícita a la administración pública para que, con la previa y debida ponderación utilizando el juicio de proporcionalidad de todos los principios, intereses, derechos o bienes jurídicos que se evidencian en el caso, encuentre una solución intentando escoger la solución más idónea para la satisfacción del interés general, lo cual le confiere libertad al órgano actuante otorgándole un poder discrecional.

La concepción de discrecionalidad administrativa que defiende Hugo Marín es aquella que establece una conexión indivisible entre el adecuado ejercició de estas atribuciones y la aplicación del principio de proporcionalidad. La discrecionalidad administrativa consiste principalmente en una leve programación positiva de la actividad de la administración pública por parte del legislador. Esto implica que la Administración tiene la responsabilidad de definir los criterios para aplicar la norma que le otorga la correspondiente potestad, ya que dicha norma puede ser deliberadamente vaga o incompleta en su supuesto de hecho. En este contexto administrativo, quien aplica esta norma debe complementarla con criterios objetivos y razonables de decisión, que generalmente se determinan mediante el uso del juicio de proporcionalidad. Este juicio ayuda a resolver los conflictos inevitables entre principios cuando se ejercen facultades discrecionales (Marín, 2018, p. 43-44).

Por lo anterior, para (Marín, 2018, p. 44-45) la falta de precisión en el texto de las normas de derecho administrativo no es un defecto del legislador descuidado, sino que representa una decisión consciente de otorgar a la Administración un poder discrecional. Este poder permite a la administración completar y definir los elementos del supuesto de hecho de la norma con criterios adicionales. Esta tarea de precisar el supuesto de hecho la realiza la administración mediante la ponderación, o más específicamente, utilizando el principio de proporcionalidad como una herramienta de argumentación técnica y conceptual. Por lo anterior la aplicación de una norma discrecional supone la aplicación de dos operaciones diferentes y consecutivas, que son: 1. Al decidir un caso específico, la administración completa o perfecciona el supuesto de hecho de la norma utilizando un criterio objetivo y razonable de decisión, el cual debe ser determinado considerando la regla de precedencia condicionada derivada del principio de proporcionalidad, con el objetivo de resolver conflictos entre principios que surgen en estos casos. 2. Posteriormente, se aplica el supuesto de hecho completado por la administración a los hechos específicos del caso a resolver, lo cual equivale a la aplicación de una regla en sí misma. (Marín, 2018, p. 45)

De conformidad con lo anterior, y teniendo en cuenta la proliferación de cargos en libre nombramiento y remoción o en provisionalidad, es necesario fortalecer la administración para que existan más cargos en carrera administrativa, y por otro lado, capacitarla en el sentido de darle las herramientas y conocimientos necesarios para que utilicen la discrecionalidad no de manera negativa o *libre,* sino de manera positiva o material para que utilice el principio de proporcionalidad y el test de ponderación a la hora de tomar decisiones que no se encuentran expresamente en la normatividad. De esta manera se contribuye a tener una administración pública más enfocada hacia el bien común y el interés general y se evita que se favorezcan intereses individuales.

## 2.3. Políticas públicas para fortalecer la carrera administrativa

La carrera administrativa en Colombia debe fortalecerse para que se disminuya la cooptación clientelista de la burocracia por medio de contratos de prestación de servicios y cargos de libre nombramiento y remoción o en provisionalidad. Como ya se ha señalado anteriormente la situación de la carrera administrativa no se fortalece únicamente con la promulgación de más normativa, debido a que desde el nacimiento de la carrera administrativa en 1938 se han expedido normas constitucionales, leyes y decretos que incluso se contradicen entre sí y privilegian otras maneras de acceder a un cargo público incluso por encima del sistema de carrera[108], es por lo anterior que es necesario por un lado fomentar en los ciudadanos una cultura de lo público que exija a los gobernantes la creación de políticas públicas que permitan fortalecer la carrera administrativa, y una verdadera voluntad política para que la implementación de estas políticas no se queden en papel y se puedan materializar. Es por lo anterior que se plantearán políticas públicas que pueden crearse para fortalecer el sistema general u ordinario de carrera administrativa en Colombia.

- **Fortalecimiento de la cultura de lo público:** De acuerdo con (Martínez y Ramírez, 2010, p. 82) con el proceso de colonización se instauró un poder superpuesto al interés social, arbitrario e injusto, y con la conformación de las élites criollas se empezaron a realizar actividades contrarias a la ética pública. Este legado colonial de prácticas negativas en lo público ha derivado en un atraso en las instituciones públicas debido a las prácticas patrimonialistas y clientelistas. Por lo anterior es necesario cambiar el imaginario de la administración pública, invirtiendo en una campaña que cambie la percepción que tienen los ciudadanos sobre la administración, procurando que estos entiendan que no es un asunto ajeno a la comunidad y que el Estado no es solo para la élite, que es necesario que la ciudadanía participe activamente y vigile la administración pública para que de esta manera y con el control ciudadano se alejen las instituciones públicas de los intereses particulares y estén orientadas al servicio de los intereses colectivos. Para cumplir los anterior la comunidad debe estar informada sobre las decisiones y acciones de las autoridades y la manera en la que se ejecutan los recursos del Estado y al mismo tiempo conocer los mecanismos de participación ciudadana y las diferentes herramientas que tienen para que sean escuchados por parte de la administración.

Así pues, generar una campaña que promueva entre los ciudadanos la cultura de lo público es útil para garantizar que los cargos públicos sean ocupados por personas idóneas para ello y que además no tengan pre-

---

108 El Decreto 2400 de 1968 permitió el ingreso extraordinario a las personas que estuvieran vinculadas a la administración a la fecha de expedición del Decreto, sin agotar el sistema de mérito, el Decreto 3074 de 1968, incorpora a la carrera a funcionarios que cumplan con el requisito de antigüedad, el Decreto 538 de 1984, permito el ingreso extraordinario de funcionarios que ocupaban cargos en provisionalidad, la Ley 27 de 1992 estableció ingreso extraordinario a los empleos de carrera de nivel territorial a quienes acreditaran dentro de un año que cumplían con los requisitos para ocupar el cargo, convirtiendo a los nombramientos provisionales como forma de acceder a los cargos de carrera, la Ley 909 de 2004 establece los empleos temporales.

siones políticas que desvíen el cumplimiento de sus funciones para favorecer determinados intereses; aunado a lo anterior la vigilancia ciudadana permitirá que aquellos que están en la administración sirvan a los fines esenciales del Estado, rindan cuentas de su gestión y la ejecución de recursos y sobre las decisiones que toman y con ello disminuir la corrupción que existe no solo en el ingreso de los empleados al cargo sino también en la ejecución de las actividades que estos realizan.

Para lo anterior se pueden implementar como estrategias cátedras en los colegios que motiven a las infancias y la juventud interesarse sobre la actividad del Estado, la democracia y la participación y que les inculque que lo público hay que cuidarlo y procurar porque quienes gobiernen lo hagan teniendo en cuenta el bien común; realizar campañas para sensibilizar a la ciudadanía sobre la importancia de lo público y de exigir al Estado el cumplimiento de sus fines esenciales teniendo en cuenta la comunidad; proporcionar a los ciudadanos información acerca de las plataformas en las que se puede encontrar información relevante sobre la actividad del Estado, como el SECOP II, portal de datos abiertos, entre otros, y capacitar a la ciudadanía de manera gratuita respecto al uso de dichas plataformas; fomentar la participación de la ciudadanía a través de los mecanismos previstos en la Constitución Política; reemplazar imaginarios culturales como "el vivo vive del bobo" por inculcar valores como el bien común, la solidaridad y la importancia del Estado.

- **Fortalecimiento de un sistema de mérito acorde con las desigualdades sociales:** Como se ha señalado anteriormente la meritocracia puede acrecentar la desigualdad en países ya desiguales ya que esta no castiga la desigualdad sino la falta de movilidad, así mismo no tienen en cuenta que las oportunidades no son equitativas para todos los individuos, ya que no todos tienen acceso a educación de calidad, ni capital social, económico, y cultural así como los contactos suficientes para el ascenso social, de igual manera no incluye a grupos vulnerables históricamente y que por lo tanto enfrentan barreras a la hora de acceder a la educación y empleo formal; así mismo ignora que hay personas que cuentan con privilegios que vienen de generación en generación y que por lo tanto lo que consigan no solo es mérito propio sino que atiende a estos beneficios con los que ha crecido.

No obstante, se entiende que la Constitución de 1991 haya querido establecer el principio de mérito como mecanismo para el ingreso y ascenso a la carrera administrativa, teniendo en cuenta el clientelismo que ha imperado en el sistema político y la administración pública a lo largo de los años, sin embargo, deben implementarse herramientas para que este sistema de mérito vaya en consonancia con el Estado Social de Derecho que exige la implementación de acciones afirmativas para ir en búsqueda de la igualdad material, por lo tanto, es importante que se realicen concursos diferenciados para aquellos grupos históricamente vulnerados cuando se trate de proveer cargos que van a prestar servicios a dichas comunidades[109] o que por ejemplo se le dé puntaje adicional cuando se acredite alguna condición especial, así mismo, como se señaló anteriormente se pueden realizar concursos con población especial cuando los cargos así lo ameriten.

Por lo tanto, debe procurarse que el sistema de mérito se implemente como una medida para impedir la cooptación de la administración pública por parte del clientelismo pero que a su vez no perpetúe las desigualdades estructurales imperantes en el país, sino que por el contrario sea implementado con un carácter diferenciador que pueda facilitar que grupos de especial protección o históricamente vulnerados puedan acceder a ocupar cargos públicos y así contribuir a disminuir las brechas sociales, ya que si se implementa el mérito sin un carácter diferenciador la administración pública va a ser ocupada principalmente por personas privilegiadas, que han tenido acceso a la mejor educación y empleos y que por lo tanto desconocen las realidades de aquellos que enfrentan desventajas sociales y económicas, y así mismo, la implementación estricta del principio de mérito puede conducir a un gobierno tecnocrático ocupado por expertos y profesionales altamente calificados, y esto trae como desventajas una falta de representación y desconexión con las necesidades de las personas menos privilegiadas y un gobierno elitista ya que concentra el poder en personas de cierta élite social y académica y excluye a quienes no tengan los mismos conocimientos y experiencia.

Es por lo anterior que utilizar únicamente al mérito como principio para proveer la burocracia puede resultar contrario con la obligación estatal de procurar la igualdad material, es por esto por lo que se deben fomentar políticas públicas para garantizar que los concursos tengan enfoque diferenciar que permita que comunidades vulnerables o grupos que ameritan especial protección puedan participar en ellos. Así mismo,

---

[109] Como el concurso 221 a 249 de 2012 de la Comisión Nacional del Servicio Civil que tenía como finalidad proveer cargos de etnoeducadores para directivos docentes y docentes que prestan su servicio educativo a población afrocolombiana negra, raizal y palenquera en instituciones educativas oficiales.

es importante la implementación de políticas públicas que reconozcan y propongan soluciones para abordar y superar las desigualdades estructurales de dichas comunidades (políticas en ámbitos como la educación, empleo formal, acceso a servicios básicos) se puede asegurar que el ingreso a los cargos en el sector público no esté limitado por factores como el origen socioeconómico, la raza, el género o la discapacidad.

- **Procesos de selección menos restringidos:** De acuerdo con (Martínez y Ramírez, 2010, p. 96) con la cantidad de requisitos se está impidiendo la vigencia efectiva de la carrera administrativa ya que resulta evidente que la práctica de imponer requisitos demasiado específicos para empleos que no lo ameritan se hace con el propósito de limitar el número de aspirantes a los empleos públicos, desdibujando los principios democráticos a los que aspira la función pública y que pretenden hacer efectivo el derecho que tiene cualquier ciudadanos a acceder a los empleos públicos, lo anterior genera una élite administrativa reducida y aristocrática que concentra la administración pública y que genera escepticismo en el ciudadano común respecto a la carrera administrativa y el servicio público.

Como se ha mencionado anteriormente ha existido una intención de los gobiernos de privilegiar los ingresos extraordinarios al empleo público, esto se ha evidenciado con la cantidad de intentos normativos de nombrar en propiedad a aquellas personas que ocuparan determinados cargos en provisionalidad, en la actualidad, en gran cantidad de convocatorias realizadas para proveer cargos por medio de la carrera administrativa, se exigen requisitos específicos de idoneidad y experiencia relacionada en cargos que muy difícilmente tendría un ciudadano común que aún no ha trabajado para la administración o que ha desarrollado su área del conocimiento en el sector privado lo que sin duda favorecería en mayor medida a aquellos contratistas o empleados provisionales que sí cumplen con aquellos requisitos restrictivos, pero que impide que cualquier otro ciudadano común pueda acceder a estos empleos.

Así pues, se hace necesario que se oferten cargos con requisitos menos restrictivos respecto a la idoneidad y la experiencia lo que permita que cualquier ciudadano que acredite los estudios, conocimientos y experiencia en determinada área del conocimiento pueda aplicar al empleo sin que existan requisitos restrictivos y solicitud de experiencia específica relacionada con el cargo. Estos concursos deben diseñarse de manera inclusiva, permitiendo la participación de una variedad de candidatos con diferentes habilidades que puedan competir en igualdad de condiciones; y más bien, si se quiere garantizar que aquellos que ocupen el cargo tengan los conocimientos y experticia para hacerlo, se pueden implementar modelos de inducción y capacitación más extenuantes, así como modelos de evaluación de resultados en el periodo de prueba, que permitan garantizar que aquellos que ganaron el concurso y ocupan el cargo sean los idóneos para tal fin.

- **Participación ciudadana:** El artículo 103 de la Constitución Política consigna los mecanismos de participación ciudadana, la Ley 134 de 1994 dicta normas sobre dichos mecanismos, la Ley 1757 de 2015 dicta disposiciones en materia de promoción y protección del derecho a la participación democrática, la Ley 850 de 2003 reglamenta las veedurías ciudadanas. Todos estos mecanismos de participación ciudadana permiten a los ciudadanos ejercer el control social sobre las actuaciones del Estado y participar activamente en la planeación y ejecución de las actividades públicas y verificar que estas sean encaminadas a la satisfacción del interés común y al cumplimiento de los fines del Estado.

No obstante, no hay ninguna acción que permita a los ciudadanos ejercer control social sobre los procesos de selección que se llevarán a cabo para proveer el personal en las entidades públicas y no hay manera de alertar sobre los errores que puedan contener los actos administrativos que se derivan de un concurso de méritos. Lo anterior deriva en que en se presenten reclamaciones e incluso demandas de nulidad sobre varios de los concursos que son realizados por la CNSC. Como ejemplo de la anterior situación está la Resolución No. 20191000103205 del 19 de septiembre de 2019 expedida por la CNSC donde declara irregularidades respecto a la filtración previa de la Prueba de Conocimientos Específicos y Pedagógicos y Psicotécnica para el empleo de Docente de Primaria y por lo tanto deja sin efectos las mencionadas pruebas y ordena a la Universidad Nacional de Colombia diseñar, construir y aplicar una Prueba de Conocimientos Específicos y Pedagógicos y Psicotécnica para el empleo de Docente Primaria, en 23 ciudades del territorio nacional; esto debido a la cantidad de denuncias que realizó la ciudadanía por medio de las redes sociales y medios de comunicación[110].

Si se garantiza un control ciudadano previo a los concursos de méritos no solo se promueve la transparencia y vigilancia de los procesos de selección, sino que también se evita que estos tengan requisitos estrictos y parcializados, y se asegura que sean diseñados y abiertos para la ciudadanía en general que pueda demostrar sus capacidades y talentos

---

110 https://www.mineducacion.gov.co/1759/w3-printer-388445.html

en los procesos de selección. Por lo anterior es importante la consolidación de un mecanismo de participación que pueda emplearse para que los ciudadanos puedan ejercer el control social en los concursos de méritos que se realizan para proveer los cargos públicos de las entidades estatales y así mismo es importante incentivar a que se realice este control fortaleciendo la cultura de lo público, resaltando la importancia que tiene que la administración pública esté ocupada por personal idóneo, lo cual genera confianza en las instituciones gubernamentales y garantiza que en estas estén aquellos que cuenten con las habilidades y conocimientos necesarios para desempeñar sus funciones en beneficio de la comunidad y no de intereses particulares.

- **Capacitación y formación:** Fomentar la capacitación y formación de los ciudadanos por medio de programas gratuitos es importante para cerrar las brechas sociales, así mismo favorece a que haya más personas capacitadas para ejercer cargos públicos, de igual manera es importante realizar programas de capacitación y actualización a los funcionarios públicos, haciendo énfasis en las habilidades y conocimientos requeridos para prestar un adecuado servicio a la comunidad, así mismo es importante la realización de alianzas con instituciones de educación superior para facilitar programas de becas o beneficios a los servidores públicos pero también para que dichas instituciones puedan ofertar programas enfocados en el sector público.
- **Evaluación periódica de resultados:** La Ley 909 de 2004 en su artículo 38 establece que el desempeño laboral de los empleados de carrera administrativa debe ser evaluado y calificado con base en parámetros previamente establecidos y diseñados en función de las metas institucionales, así mismo establece que las evaluaciones deben tenerse en cuenta para i) Adquirir los derechos de carrera; ii) Ascender en la carrera; iii) Conceder becas o comisiones de estudio; iv) Otorgar incentivos económicos o de otro tipo; v) Planificar la capacitación y la formación; vi) Determinar la permanencia en el servicio. De igual manera el Decreto Único Reglamentario 1083 de 2015 en su artículo 2.2.8.1.1 define la evaluación de desempeño laboral como: "(...) una herramienta de gestión que con base en juicios objetivos sobre la conducta, las competencias laborales y los aportes al cumplimiento de las metas institucionales de los empleados de carrera y en período de prueba en el desempeño de sus respectivos cargos, busca valorar el mérito como principio sobre el cual se fundamenten su permanencia y desarrollo en el servicio".
- Con la evaluación de resultados se aporta al mejoramiento de la carrera administrativa ya que permite realizar un seguimiento a las labores

realizadas por los servidores públicos y a su vez es un incentivo para que estos realicen de manera adecuada sus funciones ya que pueden acceder a beneficios como el ascenso, becas, comisiones de estudios entre otros. De igual manera la evaluación de desempeño determina si el funcionario permanece en servicio o si es retirado del mismo, y esto es importante porque la estabilidad laboral que representa ser un empleado de carrera administrativa en muchas ocasiones puede derivar en la complacencia al pensar que no se puede ser removido del cargo. Fomentar las evaluaciones de desempeño y que estas sean realizadas con rigurosidad es una medida para fortalecer la carrera administrativa y a su vez incentivar a los empleados públicos.

## 3. La contratación estatal en Colombia

La contratación estatal busca ayudar a las entidades públicas a cumplir con los fines del Estado, en ese sentido el artículo tercero de la Ley 80 de 1993 establece que: "*Los servidores públicos tendrán en consideración que al celebrar contratos y con la ejecución de los mismos, las entidades buscan el cumplimiento de los fines estatales, la continua y eficiente prestación de los servicios públicos y la efectividad de los derechos e intereses de los administrados que colaboran con ellas en la consecución de dichos fines. Los particulares, por su parte, tendrán en cuenta al celebrar y ejecutar contratos con las entidades estatales que, colaboran con ellas en el logro de sus fines y cumplen una función social que, como tal, implica obligaciones.*" Con los cambios y políticos del siglo XX tendientes a la globalización, se evidenció la incapacidad de la administración de responder a todas las demandas de la sociedad, lo cual se tradujo en mayor presencia del sector privado en las actividades del Estado, así mismo el neoliberalismo trajo consigo una apertura para ampliar la contratación también al ámbito internacional.

Si bien la contratación estatal es útil y necesaria cuando el Estado no tiene la capacidad de realizar una actividad o gestión por sí mismo; esta puede traer implicaciones negativas en la gestión estatal. Un ejemplo de ello es la privatización ya que se piensa que modernizar el Estado es permitir que los privados realicen la actividad estatal y presten los servicios que están a cargo del Estado, argumentando que este es ineficiente y poco competitivo (Palacio, 2010, p. 21), otro efecto negativo que trae consigo la contratación estatal es la desviación de los recursos públicos hacia particulares que en muchas ocasiones no cumplen con el contrato generando pérdidas económicas y afectando a la comunidad que no ve concluidas las obras que se contrataron[111]. El clientelismo también es un efecto negativo de la contratación estatal (sobre todo en la contratación directa), ya que esta es utilizada para pagar favores políticos prometidos en campañas electorales.

### 3.1. La contratación estatal y su vínculo con el clientelismo: Un análisis crítico

El clientelismo no es sinónimo de corrupción, ya que, si bien ambas son maneras poco usuales de distribuir recursos, el clientelismo a diferencia de la corrupción; no necesariamente va en contra del sistema normativo[112]. No obstante, los compromisos que se adquieren en las prácticas clientelistas se verán reflejadas en la manera en que la administración va a ejecutar recursos públicos por medio de la contratación estatal[113], los compromisos que se adquieren en épocas electorales se materializan cuando desde la autoridad administrativa; el agente tenga la capacidad de tomar decisiones sobre la asignación de recursos. Como se señaló anteriormente el Estado moderno es incapaz de realizar la actividad estatal y responder a las demandas sociales por sí mismo y por lo tanto necesita recurrir a la contratación de particulares que tengan la experiencia y conocimientos especializados para desarrollar las actividades que se contratan; es por esto por lo que la contratación estatal es el principal instrumento jurídico que tiene la administración para cumplir con sus fines.

Cuando se mezclan por un lado los compromisos que los políticos hacen en campaña con la finalidad de cumplirlos cuando lleguen a la administración, y por el otro, la constante necesidad que tiene el Estado de contratar con par-

---

111 Un ejemplo de ello son los elefantes blancos, *"Los "elefantes blancos", como se les suele llamar en sentido figurado, son obras públicas de construcción que producen un impacto social negativo, dado que han sido abandonadas, están inconclusas, no son utilizadas en los términos de su diseño y sus costos superan los beneficios de su funcionamiento (Assef, 2018; Ernske, 2020; Farndon & Burton, 2019; Nieto, 2017; Robinson & Torvik, 2005)"* Cita encontrada en Hernández-Pulgarin, G., & Correa-Gómez, K. (2022). Anatomía de un elefante blanco: análisis del fracaso de un macroproyecto de vivienda en Colombia. urbe. Revista Brasileira de Gestão Urbana, v. 14, e20210326. https://doi.org/10.1590/2175-3369.014.e20210326

112 No obstante, según (García y Revelo 2010, p. 23) *"Existe una relación inversa entre clientelismo y ley: a mayor importancia de aquel en la determinación de los comportamientos ciudadanos y de los funcionarios públicos, menor el peso de esta y viceversa. Por eso el clientelismo está en contravía del Estado de derecho, y por eso mismo la mayor importancia de las relaciones clientelistas entraña un aumento de la debilidad institucional."*

113 (García y Revelo 2010, p. 31) *"en sociedades jerarquizadas y con poca movilidad social, el clientelismo ha sido un escape de las clases subordinadas para obtener recursos y acceso al poder. El clientelismo opera, además, como sistema de protección de los débiles".*

ticulares para cumplir con sus fines previstos en la constitución, se tergiversa la actividad contractual para que esta responda a intereses particulares y no al interés general. El clientelismo se mueve en la frontera entre lo legal y lo ilegal, y una de las maneras que tiene para operar es la contratación estatal, que va desde otorgar contratos de prestación de servicios a personas naturales, hasta las licitaciones que son amañadas para que determinado oferente quede seleccionado. Lo anterior no solo son relaciones de contraprestación, sino que en muchas ocasiones pretenden lograr una captura institucional que permita que las entidades del Estado funcionen en beneficio de determinados intereses, que van más allá de la simple adjudicación de un contrato[114].

### 3.2. Avanzando hacia el fortalecimiento de las veedurías ciudadanas

*"El clientelismo es mucho más que un fenómeno político de intercambio de favores. Es una forma de vida; una cultura y hasta una concepción de la sociedad. Así lo era en el clientelismo tradicional y lo sigue siendo en el clientelismo de mercado, cada uno con sus connotaciones específicas."* (García y Revelo 2010, p. 66). De acuerdo con lo anterior y con lo mencionado a lo largo del trabajo, el clientelismo no es un fenómeno que se elimine con normativa sino que es una cultura que permea varios aspectos de la sociedad y en ese sentido es necesario fortalecer la cultura de lo público para así generar un cambio de consciencia en los ciudadanos, para que piensen que es necesario realizar veedurías sobre la actividad de contratación que realiza el Estado para que así los recursos se ejecuten de manera adecuada en pro de la comunidad y a su vez para que estos no sean desviados y se pueda mejorar la calidad de vida de los ciudadanos y disminuir las brechas sociales brindando oportunidades.

El artículo 270 de la Constitución Política establece que *"La ley organizará las formas y los sistemas de participación ciudadana que permitan vigilar la gestión pública que se cumpla en los diversos niveles administrativos y sus resultados"*, la Ley 134 de 1994 por la cual se dictan normas sobre mecanismos de participación ciudadana en su artículo 100 consigna sobre las veedurías

---

114 (García y Revelo 2010, p. 66) *"Gracias a esta empatía social entre narcotráfico y clientelismo —aunque no sólo gracias a eso— la alianza entre mafias y políticos ha dado lugar a un clientelismo no sólo armado sino también más incisivo y poderoso que el tradicional. Un clientelismo que no sólo busca obtener favores y repartir recursos en las regiones, sino que persigue la captura de las instituciones e incluso la reconfiguración cooptada del Estado."* En este apartado los autores muestran que el clientelismo ha permitido alianzas entre políticos y mafiosos con la finalidad de movilizar recursos para que se beneficien intereses particulares y poner a las instituciones a trabajar en pro de estas fuerzas ilegales.

ciudadanas lo siguiente: "*Las organizaciones civiles podrán constituir veedurías ciudadanas o juntas de vigilancia a nivel nacional y en todos los niveles territoriales, con el fin de vigilar la gestión pública, los resultados de la misma y la prestación de los servicios públicos.* Por su parte la Ley 850 de 2003 reglamenta las veedurías ciudadanas y las define como:

> (...) el mecanismo democrático de representación que le permite a los ciudadanos o a las diferentes organizaciones comunitarias, ejercer vigilancia sobre la gestión pública, respecto a las autoridades, administrativas, políticas, judiciales, electorales, legislativas y órganos de control, así como de las entidades públicas o privadas, organizaciones no gubernamentales de carácter nacional o internacional que operen en el país, encargadas de la ejecución de un programa, proyecto, contrato o de la prestación de un servicio público[115].

Las veedurías ciudadanas son una herramienta útil para que los ciudadanos puedan realizar el control social a las actuaciones de la administración y verificar que se ejecuten los recursos en pro del bien común y no se privilegien los intereses particulares. En ese sentido es importante saber el alcance de esta forma de participación ciudadana, ya que si bien no está consignada en el artículo 103 de la Constitución Política como mecanismo de participación del pueblo para ejercer su soberanía, el artículo 270 establece que por medio de leyes se organizarán las formas y sistemas de participación ciudadana para vigilar la gestión administrativa; en consecuencia, así las veedurías ciudadanas no estén consignadas taxativamente como mecanismos de participación ciudadana, la Constitución otorgó poderes al legislativo para que creara los mecanismos de participación que este considere necesarios para inmiscuir a los ciudadanos en las decisiones que les afecten.

Al respecto la Sentencia T-530 de 1992 expresa: "*Es necesario que el legislador consagre mecanismos que permitan la intervención de las personas beneficiadas o afectadas por las políticas públicas y su ejecución para que formulen sus as-*

---

[115] El procedimiento para conformar una veeduría ciudadana empieza con la elección de los veedores, luego se elabora el documento o acta de constitución en la cual conste el nombre de los integrantes, documento de identidad, el objeto de la vigilancia, nivel territorial, duración y lugar de residencia y posteriormente se inscribe ante las personerías municipales o distritales o las Cámaras de Comercio, quienes deberán llevar registro público de las veedurías inscritas ante ellas. No obstante, la Ley 1757 de 2015, en el artículo 67, modifica el artículo 21 de la ley 850 de 2003, con relación a las redes de veedurías, adicionando que, "Para la inscripción de redes de veedurías en Personerías Municipales o Distritales, se exigirán los mismos requisitos que requieren las organizaciones sin ánimo de lucro para ser inscritas ante las Gobernaciones o Alcaldías que tengan la competencia legal de inspección, control y vigilancia de dichas organizaciones".

*piraciones, sugerencias, necesidades o quejas y llamen la atención sobre posibles dificultades no previstas. En este orden de ideas, como manifestaciones concretas del principio participativo, podrían establecerse en el futuro diversas formas de participación ciudadana en el procedimiento de formación o ejecución de planes tales como la divulgación de información pública, con el objeto de permitir a cualquier persona contar con suficientes elementos de juicio y poder expresar su opinión; la encuesta previa antes de adoptar un proyecto; las citaciones a entidades locales, juntas comunales y asociaciones de barrio inclusive, el reconocimiento de una facultad de iniciativa ciudadana con eficacia para promover la revisión o el cambio de algunas situaciones urbanísticas existentes"*[116].

Por su parte la Sentencia T-418 de 1993 señala: "*La Constitución Política de 1991 faculta la participación de todos en las decisiones que lo afecten en la vida económica, política, administrativa y cultural de la Nación. Partiendo del anterior fundamento se adopta la democracia participativa como complementaria del concepto de democracia representativa, en búsqueda de una democracia integral (CP art. 3º). En la democracia representativa también hay participación; lo que ocurre es que dicha participación se hace mediante un representante. Así lo expresa el artículo 21 de la declaración Universal de Derechos Humanos. (...) la Carta Fundamental propicia una dinámica política tendiente a la máxima superación de la distinción entre gobernantes y gobernados, y, en consecuencia, a la reducción al mínimo de la heteronomía que se deriva del concepto de democracia representativa. (...) La participación comunitaria es pues un medio para lograr la cristalización de los fundamentos del Estado y no un fín en sí mismo. Con fundamento en las anteriores consideraciones se tiene que la participación ciudadana en la gestión pública que se cumple en los diversos niveles territoriales es en principio un derecho constitucional fundamental*"[117].

La Ley 850 de 2003 fue modificada parcialmente por la Ley 1757 de 2015 y en su artículo 68 establece los instrumentos que tienen las veedurías ciudadanas para lograr sus objetivos, señala que "*podrán elevar ante las autoridades competentes derechos de petición, y ejercer ante los jueces de la República todas las acciones que siendo pertinentes consagran la Constitución y la ley*", así mismo señala que pueden intervenir en las audiencias públicas; denunciar ante las autoridades competentes las actuaciones, hechos y omisiones de los servidores públicos y de los particulares que ejerzan funciones públicas, que puedan constituir delitos, contravenciones, detrimento del patrimonio público, irregularidades o faltas en materia de contratación estatal y en general en el ejercicio de funciones administrativas o en la prestación de servicios públicos;

---

[116] Corte Constitucional, sentencia T-530 de 1992 M. P. EDUARDO CIFUENTES MUÑOZ.

[117] Corte Constitucional, sentencia T-418 de 1993 M. P. ALEJANDRO MARTINEZ CABALLERO.

solicitar a la Contraloría de la república mediante oficio que haga control posterior sobre las cuentas de cualquier entidad territorial y utilizar los demás recursos, procedimientos e instrumentos que leyes especiales consagren para tal efecto. Si bien es útil que estas veedurías pueden solicitar a la Contraloría el control posterior, es importante resaltar que la naturaleza de estas es de carácter preventivo para que se ejecuten las obras de manera eficaz, por esto resulta importante recalcar que el artículo 66 de la cita ley establece como principio del control social a lo público el principio de oportunidad *"Buscando el impacto preventivo de su acción, informando en el momento adecuado"*.

La veeduría ciudadana es un mecanismo de participación ciudadana previsto por la Ley por mandato constitucional y es una herramienta útil para realizar el control social facilitando la intervención y participación de las personas que puedan resultar afectadas por las decisiones o políticas públicas que se debaten, y también realizar vigilancia en la ejecución de los recursos públicos. Es un instrumento que no solo beneficia a la ciudadanía, sino que es una manera de ayudar al Estado en el cumplimiento de sus fines esenciales; si se fomenta la utilización de este mecanismo por parte de ciudadanos y organizaciones comunitarias se fortalece la vigilancia sobre la gestión pública lo cual lleva no solo a la detección temprana de irregularidades o de afectaciones al patrimonio público, sino que también promueve la eficiente ejecución de los recursos públicos. De igual manera por medio de esta herramienta se promueve una cultura de lo público que le permite al ciudadano sentir la necesidad de defender la cosa pública y los intereses generales, evitando la injerencia de los intereses particulares en la gestión de la administración pública.

Como se mencionó anteriormente el clientelismo es un fenómeno que no se soluciona con la expedición de normas o jurisprudencia sino con el fomento de la cultura de lo público. Los mecanismos de participación ciudadana previstos en la Constitución Política y en la Ley son herramientas útiles para incentivar la cultura de lo público ya que permite que los ciudadanos se sientan partícipes de las decisiones de la administración y así mismo puedan realizar vigilancia en la ejecución de los recursos públicos. Se debe procurar la democratización de la administración pública para así avanzar en el cumplimiento de los fines del Estado, esto por medio de las Veedurías Ciudadanas y los demás mecanismos de participación para asegurar el acceso a la información y garantizar el ejercicio de los derechos y deberes de las personas, así mismo es importante que el Estado se proponga a educar a los ciudadanos sobre los mecanismos que tienen para poder hacerse escuchar y participar de las decisiones que consideren les afectarán y así mismo informar acerca de las posibilidades que tienen para realizar el control social de las actuaciones del Estado que consideren relevantes. Con una participación activa de la ciudadanía en la discusión de políticas públicas, ejecución de los recursos públicos por medio de la contratación estatal y demás actividades estatales, se lograría disminuir el clientelismo evitando la cooptación del Estado por parte de unos pocos.

### 3.3. Hacia un fortalecimiento efectivo de los controles estatales

*"Muchos teóricos sostienen que la crisis del Estado, más que de sus instituciones, es una crisis de los organismos de control, pues si éstos controlaran bien, obliga a funcionar correctamente a los entes estatales"* (Araújo, 1999, p. 380). El control es útil no solo para evitar la tiranía, sino que también es indispensable para garantizar la adecuada separación de poderes, la división del poder político que planteó Montesquieu buscaba que el poder controle al poder para garantizar la libertad de los ciudadanos, así mismo el control puede hacerse al interior de cada rama, este es un control intraórgano o a través de que una rama controle a la otra lo que significa que es un control interorgánico (Araújo, 1999, p. 380).

El artículo 92 de la Constitución Política consigna que: *"Cualquier persona natural o jurídica podrá solicitar de la autoridad competente la aplicación de las sanciones penales o disciplinarias derivadas de la conducta de las autoridades públicas"*, por su parte el artículo 117 establece que: *"El Ministerio Público y la Contraloría General de la República son órganos de control"*. Los organismos de control son aquellos a los que la Constitución Política les confía funciones relacionadas con el control disciplinario, el control fiscal y la defensa de los derechos de las personas, son independientes y autónomos por lo que no están vinculados a ninguna rama del poder público, son los encargados de velar por el buen manejo de los recursos públicos y la vigilancia y protección de los derechos de los ciudadanos.

El organigrama sobre los organismos de control que se puede encontrar en la página web de la Función Pública es el siguiente:

**Figura 3.**

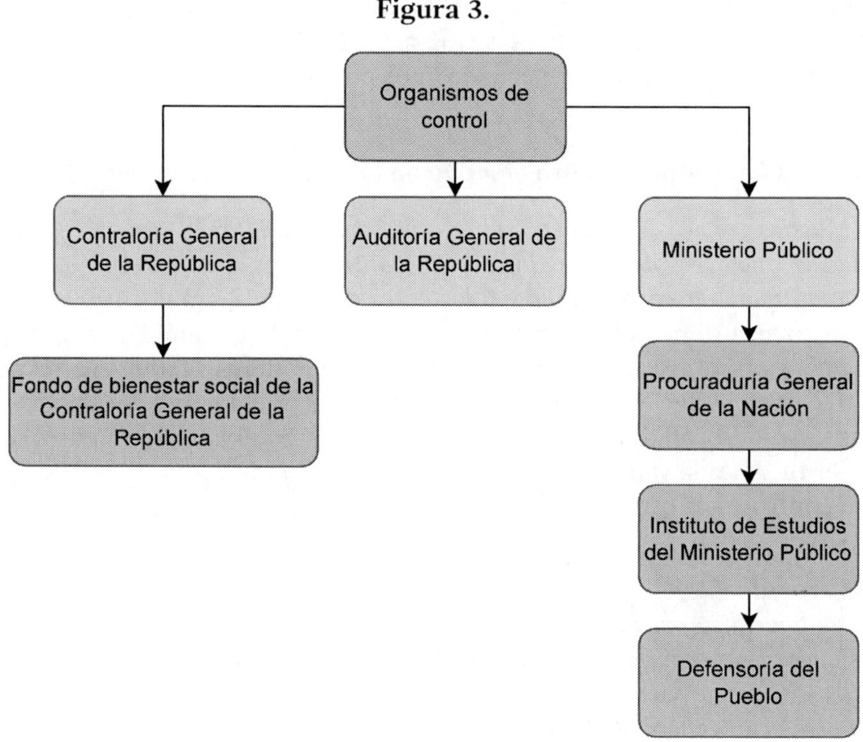


Según los artículos 267 y 268 de la Constitución Política, la Contraloría General de la República es una entidad de carácter técnico con autonomía administrativa y presupuestal encargada de la vigilancia y el control fiscal de la administración y de los particulares o entidades que manejen fondos o bienes públicos, en todos los niveles administrativos y respecto de todo tipo de recursos públicos, este control también puede ser preventivo y concomitante sin que signifique una coadministración. El Contralor es elegido por el Congreso en pleno, por mayoría absoluta, por un periodo igual al del presidente de la República, de lista de elegibles conformada por convocatoria pública con base en lo dispuesto en el artículo 126 de la Constitución, y sin la posibilidad de ser reelegido. Por su parte el Fondo de Bienestar Social de la Contraloría General de la República es un ente con personería jurídica, autonomía administrativa y presupuesto propio, adscrito a la Contraloría General de la República y tiene como objetivos, contribuir a la solución de las necesidades básicas de salud, educación y vivienda de los empleados de la Contraloría General de la República, desarrollar planes especiales de vivienda, educación y salud para los empleados de la Contraloría General de la República, administrar las cesantías de los empleados de la Contraloría General de la República, entre otras relacionadas.

Por su parte la Auditoría General de la República es un organismo de vigilancia de la gestión fiscal, dotado de autonomía jurídica, administrativa, contractual y presupuestal, de conformidad con el artículo 81 de la Ley 106 de 1993 es una dependencia de carácter técnico adscrita al Despacho del Contralor General, y cuyo objetivo es ejercer la vigilancia de la gestión fiscal de la Contraloría General de la República y de las contralorías departamentales. De conformidad con el artículo 3 del Decreto 1142 de 1999 su misión es: *"(...) coadyuva a la transformación, depuración y modernización de los órganos instituidos para el control de la gestión fiscal, mediante la promoción de los principios, finalidades y cometidos de la función administrativa consagrados en la Constitución Política, el fomento de la cultura del autocontrol y el estímulo de la participación ciudadana en la lucha para erradicar la corrupción."*. De acuerdo con el artículo 274 de la Constitución Política el Auditor General de la República, será elegido por el Consejo de Estado de terna enviada por la Corte Suprema de Justicia, siguiendo los principios de transparencia, publicidad, objetividad, participación ciudadana y equidad de género, para un periodo de cuatro años.

El Ministerio Público por su parte, de conformidad con el artículo 119 de la Constitución Política *"(...) será ejercido por el Procurador General de la Nación, por el Defensor del Pueblo, por los procuradores delegados y los agentes del Ministerio Público, ante las autoridades jurisdiccionales, por los personeros municipales. Al Ministerio Público corresponde la guarda y promoción de los derechos humanos, la protección del interés público y la vigilancia de la conducta oficial de quienes desempeñan funciones públicas"*, según el artículo 275 el Ministerio Público estará bajo la dirección del Procurador General de la Nación el cual es elegido por el Senado, para un período de cuatro años, de terna integrada por candidatos del presidente de la República, la Corte Suprema de Justicia y el Consejo de Estado.

La Procuraduría General de la Nación es el máximo organismo del Ministerio Público, con autonomía administrativa, financiera y presupuestal. El artículo 277 de la Constitución Política establece entre sus funciones las siguientes; vigilar el cumplimiento de la Constitución, las leyes, las decisiones judiciales y los actos administrativos, proteger los derechos humanos y asegurar su efectividad, con el auxilio del Defensor del Pueblo, defender los intereses de la sociedad, defender los intereses colectivos, en especial el ambiente; así mismo, en la Procuraduría recae el poder disciplinario preferente y por lo tanto puede iniciar, proseguir o remitir cualquier investigación o juzgamiento de competencia de los órganos de control disciplinario interno de las entidades públicas[118], su elección la realiza el Senado, para un período de cuatro años, de terna integrada

[118] Artículo 3 de la Ley 734 de 2002.

por candidatos del Presidente de la República, la Corte Suprema de Justicia y el Consejo de Estado. Por su parte el Instituto de Estudios del Ministerio Público es creado por el artículo 22 de la Ley 201 de 1995 *"como Unidad Administrativa Especial, con carácter académico, para la vinculación con la comunidad y para el estudio de la realidad socioeconómica y política, con patrimonio propio, autonomía administrativa y capacidad de contratación."*

La Defensoría del Pueblo es un organismo constitucional que actúa bajo la dirección de la Procuraduría General de la Nación su objetivo esencial consiste en velar por la promoción, el ejercicio y la divulgación de los Derechos Humanos. De conformidad con el artículo 281 de la Constitución Política *"El Defensor del Pueblo ejercerá sus funciones de manera autónoma. Será elegido por la Cámara de Representantes para un periodo institucional de cuatro años de terna elaborada por el Presidente de la República"*, así mismo establece entre sus funciones las siguientes; orientar e instruir a los habitantes del territorio nacional y a los colombianos en el exterior en el ejercicio y defensa de sus derechos ante las autoridades competentes o entidades de carácter privado, divulgar los derechos humanos y recomendar las políticas para su enseñanza, invocar el derecho de Habeas Corpus e interponer las acciones de tutela, sin perjuicio del derecho que asiste a los interesados, organizar y dirigir la defensoría pública en los términos que señale la ley, interponer acciones populares en asuntos relacionados con su competencia.

Una vez hecho el recuento de los diferentes organismos de control que tiene el Estado Colombiano y la manera en la que se eligen vale la pena cuestionar si estos en realidad son independientes, ya que el hecho de que sean elegidos por el Congreso de las ternas enviadas da la posibilidad a que exista lobby, esto no significa que no sean autónomos, ya que según las disposiciones constitucionales y legales tienen autonomía administrativa, financiera y presupuestal y autonomía para llevar a cabo sus investigaciones, sin embargo en la práctica la independencia real de estos organismos puede estar sujeta a presiones políticas y otros factores, entre esos la manera en la que se eligen estos organismos de control. Por lo anterior resulta necesario que se garantice la efectiva independencia de estos organismos y a su vez se ejerza un control social por parte de la ciudadana que exija el adecuado cumplimiento de las funciones por parte de los organismos de control y que evite que estos organismos sean cooptados por el clientelismo, para que así se mantenga su verdadera independencia y autonomía y puedan realizar las investigaciones correspondientes cuando se estén menoscabando los recursos públicos o los funcionarios realicen conductas contrarias a derecho, entre otras situaciones que se puedan presentar.

### *3.3.1. Optimización del Control Fiscal en Colombia*

El artículo 119 de la Constitución Política de Colombia señala que la Contraloría General de la República es la encargada de la vigilancia de la gestión fiscal y el control de resultado de la administración, así mismo el artículo 267 de la carta menciona que este órgano es el encargado de vigilar la gestión fiscal de la administración y de los particulares o entidades que manejen fondos o bienes públicos, en todos los niveles administrativos y respecto de todo tipo de recursos públicos. Por otro lado, el artículo 268 encarga en cabeza del Contralor General de la República, entre otras, las funciones de establecer la responsabilidad que se derive de la gestión fiscal, imponer sanciones, recaudarlas y ejercer la jurisdicción coactiva, así mismo puede ordenar la suspensión inmediata de funcionarios mientras culminan las investigaciones o los respectivos procesos fiscales, penales o disciplinarios. Por su parte, el artículo 271 menciona que el material probatorio resultado de la vigilancia y control fiscal, y de las indagaciones preliminares o los procesos de responsabilidad fiscal, adelantados por las Contralorías tendrán valor probatorio ante la fiscalía general de la Nación y el juez competente.

Atendiendo al principio de descentralización, existen contralorías departamentales en las capitales de departamento y son las responsables de garantizar que la gestión fiscal se realice de manera adecuada en municipios que no cuentan con su propio órgano de control fiscal, las contralorías municipales tienen autonomía administrativa, presupuestal y financiera, al igual que las contralorías departamentales. Sin embargo, a diferencia de estas últimas, su ámbito de acción se limita al control fiscal exclusivamente dentro del municipio para el cual fueron establecidas. De conformidad con (Mondragón, 2016, p. 7) menciona que, en la actualidad, el control fiscal se realiza posterior y de manera selectiva, de acuerdo con los procedimientos y principios establecidos principalmente en la Ley 42 de 1993 y la Ley 610 de 2000, modificadas por la Ley 1474 de 2011. De esta manera, la supervisión de la gestión fiscal del Estado abarca un control financiero, de gestión y de resultados, basado en los principios de eficiencia, economía, equidad y consideración de los costos ambientales. Además, la Contraloría General de la República puede excepcionalmente iniciar un control posterior sobre las cuentas de cualquier entidad territorial.

Por medio de la Ley 42 de 1923 "Sobre la organización del sistema de control fiscal financiero y los organismos que lo ejercen" se crea la Contraloría General de la República bajo el nombre de Departamento de Contraloría, el cual comenzó a funcionar el 1° de septiembre de 1923, con la Constitución de 1991 se transformó el Departamento de la Contraloría en organismos fiscalizadores autónomos e independientes llamados "Contralorías", a quienes se les otorgó la facultad de adelantar el control fiscal. El artículo 2 del Decreto 403 de 2020 define el control fiscal así:

> Control fiscal: Es la función pública de fiscalización de la gestión fiscal de la administración y de los particulares o entidades que manejen fondos o bienes públicos, que ejercen los órganos de control fiscal de manera autónoma e independiente de cualquier otra forma de inspección y vigilancia administrativa, con el fin de determinar si la gestión fiscal y sus resultados se ajustan a los principios, políticas, planes, programas, proyectos, presupuestos y normatividad aplicables y logran efectos positivos para la consecución de los fines esenciales del Estado, y supone un pronunciamiento de carácter valorativo sobre la gestión examinada y el adelantamiento del proceso de responsabilidad fiscal si se dan los presupuestos para ello.
>
> *El control fiscal será ejercido en forma posterior y selectiva por los órganos de control fiscal, sin perjuicio del control concomitante y preventivo, para garantizar la defensa y protección del patrimonio público en los términos que establece la Constitución Política y la ley.*

Por su parte el artículo 3 del citado Decreto establece los siguientes principios de la vigilancia y el control fiscal:

a) **Eficiencia:** Implica buscar la mejor relación costo-beneficio en el uso de los recursos públicos, asegurando que la gestión fiscal logre resultados óptimos con costos mínimos o iguales.

b) **Eficacia:** Se refiere a la capacidad de la gestión fiscal para alcanzar los objetivos y metas establecidos, asegurando que los resultados se obtengan en el tiempo, costo y condiciones previstos.

c) **Equidad:** Consiste en medir el impacto redistributivo de la gestión fiscal, tanto a nivel individual como colectivo, asegurando que los beneficios y costos se distribuyan de manera justa entre los beneficiarios y los sectores que asumen los costos.

d) **Economía:** Implica administrar los recursos públicos de manera eficiente y austera, optimizando el uso del tiempo y otros recursos para obtener resultados de alta calidad en la gestión fiscal.

e) **Concurrencia:** Es la capacidad de la Contraloría General de la República y las contralorías territoriales para compartir responsabilidades en la vigilancia y control fiscal, según lo establecido por la ley.

f) **Coordinación:** Se refiere a la necesidad de que las acciones de control fiscal entre la Contraloría General de la República y otras entidades sean complementarias y armoniosas, contribuyendo así a los objetivos estatales y al fortalecimiento del control fiscal.

g) **Desarrollo sostenible:** Implica que la gestión económico-financiera y social del Estado debe considerar la preservación de los recursos naturales para el beneficio de las generaciones futuras, integrando criterios ambientales en la planificación del desarrollo.

h) **Valoración de costos ambientales:** Significa considerar y cuantificar los impactos ambientales en la gestión fiscal, garantizando que estos costos sean internalizados y gestionados adecuadamente.

i) **Efecto disuasivo:** Se refiere a que las acciones de vigilancia y control fiscal deben generar conciencia en los sujetos fiscalizados sobre las consecuencias negativas de comportamientos irregulares, para prevenir futuras irregularidades.

j) **Especialización técnica:** Implica la necesidad de que las acciones de vigilancia y control fiscal se basen en conocimientos técnicos sólidos y especializados en los sectores y procesos específicos que se están supervisando.

k) **Inoponibilidad en el acceso a la información:** Garantiza que los órganos de control fiscal puedan acceder de manera libre y gratuita a toda la información necesaria sobre la gestión fiscal de entidades públicas y privadas, sin que se pueda oponer reserva alguna.

l) **Tecnificación:** Consiste en el uso eficiente de la tecnología, como inteligencia artificial y análisis de datos, para mejorar la detección y prevención de malas prácticas en la gestión fiscal, siempre respetando la normativa de protección de datos.

m) **Integralidad:** Significa que la vigilancia y el control fiscal deben abarcar todas las actividades de la entidad fiscalizada de manera completa y detallada, asegurando una evaluación exhaustiva de los planes, programas y operaciones examinadas.

n) **Oportunidad:** Se refiere a que las acciones de vigilancia y control fiscal deben realizarse en el momento adecuado y circunstancias pertinentes para proteger el patrimonio público y fortalecer el control social sobre el uso de los recursos.

o) **Prevalencia:** Establece que las competencias de la Contraloría General de la República tienen prioridad sobre las de las contralorías territoriales, permitiendo su intervención cuando sea necesario para asegurar una supervisión efectiva y uniforme.

p) **Selectividad:** Implica realizar el control fiscal enfocado en áreas de mayor riesgo de irregularidades o donde el impacto en la probidad administrativa y el patrimonio público sea más significativo.

q) **Subsidiariedad:** Se refiere a que las contralorías deben ejercer sus competencias en el nivel más cercano al ciudadano, excepto cuando la Contraloría General de la República intervenga por motivos de eficiencia u objetividad, según lo permita la normativa vigente.

De acuerdo con (Arboleda *et al.*., 2021, p. 235) *"El control fiscal es una función pública que pretende salvaguardar el patrimonio estatal y representa una materialización del sistema de pesos y contrapesos; una tarea especializada en revisar la gestión de los recursos por parte de los órganos que componen el poder público, o de personas o entidades de derecho privado que participan de tal gestión".* El control fiscal por disposición constitucional es posterior y selectivo[119] lo que significa que se elige una muestra representativa de los procesos ya realizados por las de las entidades y sobre estos se realiza la vigilancia y las investigaciones pertinentes. No obstante, como lo mencionan (Arboleda *et al.*., 2021, p. 235) han surgido nuevas modalidades de control que pretenden controlar de manera más estricta las decisiones de las entidades públicas, tal y como lo es el control concomitante, que premisa una vigilancia paralela al proceso decisional de la entidad e incluso de los resultados que espera obtener; *"la vigilancia se aplicará sobre la proporcionalidad de los medios elegidos, los resultados alcanzados y la afectación objetiva del patrimonio público".* (p. 236)

De acuerdo con (Maldonado, 2014, p. 135) la Ley 42 de 1923 fue la primera en introducir el control fiscal y empezó a ganar tanta importancia que ascendió de rango legal a rango constitucional con la reforma que se introdujo a la Constitución de 1886 por el Acto Legislativo No. 1 de 1945 y posteriormente la Ley 58 de 1946 que fue reglamentada por el Decreto 925 de 1976 que explica los alcances del control previo y preceptivo, Estos métodos incluían la revisión de los actos antes de llevarse a cabo (control previo) y la revisión de los actos en el momento de su ejecución (control preceptivo). Por otro lado, menciona (Maldonado, 2014, p. 137) que con la entrada de la Constitución de 1991; no solo se mantuvo como constitucional, sino que también fue alterado para convertirse en un control fiscal posterior y selectivo, orientado a mejorar la eficiencia en la modernización del Estado y, además, para otorgar a los responsables del gasto una mayor flexibilidad bajo los principios de buena fe. No obstante, lo anterior, menciona (Maldonado, 2014, p. 137) que de conformidad con el informe de gestión de los años 2011-2013

---

119 De acuerdo con (Arboleda et.al., 2021, p. 235) "El control posterior y selectivo implica aceptar la incapacidad institucional para revisar todos los procesos de las entidades objeto de control, además se trata de un control que opera sobre hechos consumados o en ejecución, esto con el fin de evitar que el control fiscal afecte en el proceso de decisión autónoma del sujeto controlado"

de la Auditoría General de la República evidencia que *"el control posterior y selectivo no ha arrojado resultados y no permite prevenir daños"*.

Es por lo anterior que si bien se consagro en la Constitución de 1991 que el control es posterior y selectivo; también es necesario pensar en otra clase de controles que permitan complementar el control posterior y selectivo, así lo señalan (Arboleda *et al..*, 2021, p. 237-238) que argumentan que *"la orden constitucional no excluye mecanismos de control coherentes o coexistentes con el control posterior, controles preventivos o paralelos que permitan optimizar o complementar la probidad institucional, y más si se conciben como resultado de momentos de madurez constitucional o como una respuesta a la creciente corrupción"*. Los autores consideran que El control concomitante puede mejorar y complementar el marco constitucional del control fiscal, ya que no reemplaza ni interfiere con el proceso de toma de decisiones de la administración pública o de quienes manejan recursos públicos. Se mantiene la discrecionalidad y la obligación de justificar las decisiones tomadas. Este tipo de vigilancia se implementa de manera selectiva y preventiva para apoyar el cumplimiento de los objetivos constitucionales y legales, garantizando resultados transparentes y oportunos que respondan a las necesidades sociales, así mismo la colaboración armónica entre las instituciones fomenta relaciones de cooperación y es una expresión de la separación de poderes y el sistema de pesos y contrapesos.

Así pues, el control fiscal es un elemento de vital importancia para proteger el patrimonio público y evita que se utilicen los recursos de manera inadecuada, así mismo hace parte del engranaje de pesos y contrapesos, de acuerdo con (Arboleda *et al..*, 2021, p. 246) este sistema busca conciliar la eficiencia del Estado con la protección de la libertad individual, logrando esto mediante la restricción del poder y la distribución equitativa y coordinada de responsabilidades. En síntesis, debe fortalecerse el control fiscal si se quiere fortalecer el sistema de pesos y contrapesos, pero a su vez si se quiere evitar la cooptación de la burocracia por parte del clientelismo, así como evitar la corrupción que se da en las diferentes esferas estatales. De igual manera es importante empezar a plantear un control fiscal no solo posterior y selectivo, sino también preventivo y paralelo que permita tener mejores resultados.

### *3.3.2. Fortaleciendo el papel de la oposición política como control estatal*

Si se quiere hablar de control es importante referirse al control político y para esto se debe remontar a la oposición. Según (Bobbio, 2005, p. 1081) la oposición es "cualquier movimiento en relación de contraposición a la agrupación y movimiento político que detenta el poder"; Para (Dahl, 1971, p. 13) *"el desarrollo de un sistema político que facilite la oposición, la rivalidad y la com-*

*petencia entre el gobierno y sus antagonistas es una faceta importante del proceso democrático*"; de igual manera considera Dahl que para que un gobierno responda a las exigencias de los ciudadanos, independientemente de sus posturas políticas, estos deben tener la oportunidad de: i) formular preferencias, ii) manifestar públicamente sus preferencias a sus partidarios y al gobierno, de manera individual o colectiva; y iii) recibir por parte del gobierno igualdad de trato. Por su parte (García de Enterría, 1997, p. 69) menciona que la vida política está hecha de la oposición entre las decisiones políticas y jurídicas que favorecen a los grupos dominantes y la apelación a una ética social que protege los intereses de los subyugados o las minorías, y solo así se contribuye a la integración social. Así pues, dentro del marco de un gobierno que pretenda ser democrático debe tenerse en cuenta a la minoría que perdió y que por lo tanto formaría parte de la oposición al gobierno.

En el caso colombiano, como se ha mencionado a lo largo de este trabajo, ha existido una concentración de poder por parte de una élite dominante, y esto ha generado que se vulneren las minorías y en especial a la parte de la población que es la más vulnerable, lo cual desencadenó en una serie de conflictos armados internos. Como fruto de los acuerdos de paz de La Habana y en virtud del procedimiento legislativo especial para la paz, el Congreso tramitó la Ley 1909 de 2018 que adopta el "estatuto de la oposición política y algunos derechos a las organizaciones políticas independientes" que tiene por objeto fijar marco general para el ejercicio y la protección especial del derecho a la oposición, de igual manera establece que la oposición política es un derecho fundamental y tiene como principio rector la construcción de una paz estable y duradera, toda vez que legitima a la oposición política como un elemento central para la resolución pacífica de las controversias.

De igual manera, vale la pena resaltar que la Ley 1909 de 2018 también estableció como principio rector el principio democrático, el cual es relevante ya que como se mencionó anteriormente, un proceso político tiene que garantizar la oposición como pieza fundamental del proceso democrático. Considera (Dahl, 1971, p. 23-24) los sistemas democráticos que ofrezcan a los opositores políticos del gobierno unas mayores oportunidades para traducir sus objetivos en "actos políticos respaldados por el Estado", trae consigo una gran posibilidad de conflicto con el gobierno. Es por esto por lo que cuanto más profundo sea el conflicto entre el gobierno y la oposición, mayores serán las posibilidades de que cada uno le niegue al otro la participación para ejercer el poder político de manera efectiva, es por esto por lo que entre más fuerte sea el conflicto entre gobiernos y opositores mayor será el precio que tienen que pagar para poder tolerarse.

El estatuto de la oposición también estableció al control político como principio rector y es de suma relevancia toda vez que, la finalidad de la oposición es poder contrarrestar y realizar un control político al gobierno de turno. Otro factor importante que trae consigo esta Ley es la obligación de realizar la declaración política, dentro del mes siguiente al inicio del nuevo gobierno, y pueden: 1. Declararse en oposición, 2. Declararse independiente, 3. Declararse organización de gobierno; Así mismo establece que la organización política que inscribieron al candidato electo se tienen como de gobierno o en coalición de gobierno y mientras dure el mandato no podrán acceder a los derechos que se le reconocen a las organizaciones políticas de oposición o independientes. De igual manera establece que las organizaciones políticas podrán por una sola vez y ante la Autoridad Electoral modificar su declaración política durante el periodo de gobierno.

Una medida destacada del Estatuto de la Oposición es la inclusión de escaños para aquellos candidatos que obtengan el segundo lugar en votos, conforme a lo establecido en los artículos 24 y 25 de dicha normativa. De acuerdo con esta disposición, la fórmula presidencial que ocupe el segundo lugar en votos, así como aquella que se ubique en el mismo puesto en la elección vicepresidencial, tendrán derecho a ocupar un escaño en el Senado y otro en la Cámara de Representantes, respectivamente. Del mismo modo, aquellos candidatos que obtengan el segundo lugar en la votación para gobernadores tendrán la oportunidad de ocupar un escaño en la Asamblea Departamental, mientras que el candidato a la alcaldía que se encuentre en la misma posición en votos podrá ocupar un puesto en el Concejo Municipal.

Los partidos en oposición y declarados independientes cuentan con una serie de derechos, aquellos que se declaren en oposición tienen los siguientes derechos: a) Financiación adicional para el ejercicio de la oposición. b) Acceso a los medios de comunicación social del Estado o que hacen uso del espectro electromagnético. c) Acceso a la información y a la documentación oficial. d) Derecho de réplica. e) Participación en mesas directivas de plenarias de las corporaciones públicas de elección popular. f) Participación en la Agenda de las Corporaciones Públicas. g) Garantía del libre ejercicio de los derechos políticos. h) Participación en la Comisión de Relaciones Exteriores. i) Derecho a participar en las herramientas de comunicación de las corporaciones públicas de elección popular. j) Derecho a la sesión exclusiva sobre el Plan de Desarrollo y presupuesto. De igual manera, además del anterior listado de derechos, las organizaciones políticas de oposición cuentan con un mecanismo para la protección de sus derechos denominada la Acción de Protección de los Derechos de Oposición que se puede instaurar ante la autoridad electoral

Por su parte los que se declaren en independencia cuentan con los siguientes derechos: a) Participar en las herramientas de comunicación de las corporaciones públicas de elección popular. b) Postular los candidatos a las mesas directivas de los cuerpos colegiados previstos en este Estatuto, en ausencia de organizaciones políticas declaradas en oposición, o de postulaciones realizadas por éstas últimas. c) Para la selección de los miembros de la Cámara de Representantes en la Comisión Asesora de Relaciones Exteriores se elegirá al menos un principal y un suplente de las organizaciones políticas declaradas como independientes y con representación en dicha cámara, de los cuales uno será mujer. Los candidatos solo podrán ser postulados por dichas organizaciones.

El Estatuto de la Oposición emerge como una herramienta invaluable en el contexto político, al ofrecer mecanismos efectivos para el ejercicio del control político y la contención del clientelismo. Al brindar curules y espacios de representación a los candidatos que obtienen el segundo lugar en las elecciones, esta normativa fomenta la participación democrática y fortalece la pluralidad en los órganos legislativos a nivel nacional y local. Esta disposición no solo garantiza una voz para las fuerzas políticas no mayoritarias, sino que también establece un contrapeso necesario frente al predominio de prácticas clientelistas. Al permitir que aquellos que no resultaron electos accedan a espacios de decisión, se promueve una mayor rendición de cuentas y se reduce la concentración de poder en manos de unos pocos. En este sentido, el Estatuto de la Oposición se erige como una herramienta crucial para fortalecer la democracia y combatir la corrupción en el ámbito político colombiano.

### *3.3.3. El gobierno en línea ¿un mecanismo de control o propaganda institucional?*

El progreso tecnológico ejerce una influencia considerable en diversos ámbitos de la vida, y esto no es la excepción cuando de gobernanza y democracia se trata. La adopción de las Tecnologías de la Información y la Comunicación (TIC) provoca un cambio en la forma en que los gobiernos administran sus procesos internos, crea nuevas posibilidades para mejorar y diversificar los canales de comunicación con los ciudadanos, como por ejemplo el acceso a la información es una herramienta para combatir la corrupción y mejorar la calidad de la democracia ya que permite que las autoridades rindan cuentas sobre sus actuaciones (Pérez, 2016, p. 148-149), pero también crea nuevas dificultades, como por ejemplo la manera en la que se puede garantizar adecuado acceso a la información y como se pueden canalizar todas las demandas ciudadanas. Así mismo, ha existido una tendencia a relacionar la democracia con las nuevas tecnologías. Para (Greppi, 2023, p. 256) de la vinculación entre democracia y nuevas tecnologías y democracia y red surge la expresión *"democracia electrónica"* este término tiene que ver con la transformación de la democracia y con el potencial abierto por la entrada de las nuevas tecnologías de la información y la comunicación, de igual forma considera que la democracia electrónica está sujeta a toda clase de usos y abusos.

Expone (Greppi, 2023, p. 257) que del encuentro de las TIC con las instituciones democráticas muchos acaban diciendo que los problemas de la democracia electrónica son independientes de los problemas de la democracia en general, como si la democracia electrónica pudiera existir sin el marco constitucional y legal de las instituciones democráticas previamente establecidas o como si la democracia electrónica pudiera borrar la democracia tradicional. Considera Greppi que, si las tecnologías son nuevas, la democracia que las utiliza debe ser nueva también, así mismo el autor expone que tiende a concebirse las TIC como a solución a todos los problemas de los gobiernos.

Considera (Greppi, 2023, p. 257-260) que hay hipótesis que *"consciente o inconscientemente, siguen enturbiando los ejes fundamentales de la reflexión"* ; en primer lugar, la hipótesis del carácter esencialmente democrático de la red que tiene como consecuencia una estructura horizontal y no jerárquica, la estructura horizontal de la red se presta para ser copiada en el ámbito político produciendo una democracia horizontal y continua; la segunda hipótesis concibe que la *"democracia del futuro"* es la democracia analógica y un conjunto de dispositivos inteligentes para ampliar la participación ciudadana para fortalecer las bases del consenso, ofrece la posibilidad a muchas más personas de expresarse y transmitir su voz en directo. Así mismo, menciona el autor que las tecnologías son políticamente neutras y por lo tanto no pueden ser ni democráticas, ni antidemocráticas.

Las nuevas tecnologías crean nuevas formas de comunicación y pueden facilitar la participación, al respecto (Greppi, 2023, p. 261) *"La presencia disruptiva de las TIC habría establecido las premisas funcionales para un verdadero giro participativo, tanto en términos de acceso a la información (e-gover- nance) como en relación con la difusión de opiniones (e-participation), e incluso en las modalidades para el ejercicio del sufragio (e-voting)"*. En ese sentido, considera que las Tecnologías de la Información y la Comunicación (TIC) tienen el potencial de ser empleadas para atender rápidamente y de manera efectiva las demandas de los ciudadanos que desean ser escuchados, así como para facilitar su participación directa en las decisiones que impactan en sus intereses. También pueden ser utilizadas para establecer mecanismos de consulta que ayuden a identificar las políticas que mejor satisfacen los intereses del público y reciben el mayor grado de aceptación, en ese sentido, los Estados deberían aprender a utilizar y aprovechar estos medios para interactuar con los ciudadanos de una manera más ágil y trabajando de una manera más rápida lo que se decidió colectivamente, no obstante, cuando los intereses que se discuten son complejos y con varias dimensiones la participación electrónica tiende a palidecer (Greppi, 2023, p. 261-264).

La transición de la democracia analógica a la digital no es un proceso lineal o automático, sino que depende también de tomar las decisiones políticas pertinentes, (Greppi, 2023, p. 267) señala que en Europa se implementó el "Plan-D" donde "D" significa "Democracia", "Diálogo" y "Debate" al mismo tiempo, este plan afirmaba el derecho de obtener mayor influencia en los procesos europeos para la toma de decisiones basándose en el entendimiento de que los ciudadanos tienen interés en las políticas relacionadas con la vida cotidiana y atribuía mayor valor a la dimensión reflexiva de la participación entendiéndola como parte del proceso comunicativo. De igual manera señala el autor que la comunicación entre los ciudadanos y las instituciones no puede ir en un solo sentido, sino que tiene que ser un intercambio de opiniones, este sistema se tiene que basar en el descubrimiento de "soluciones políticas compartidas", por esto las instituciones deben fomentar el diálogo y mejorar sus habilidades de escucha para poder entender a los ciudadanos y volver a las instituciones *abiertas y accesibles* (Greppi, 2023, p. 267).

Ahora bien, la democracia electrónica puede tener inconvenientes ya que puede crear brechas entre aquellos que tienen acceso a la red y quienes no y a su vez entre aquellos que tienen el tiempo para participar de los procesos comunicativos y quienes no lo tienen, y es por esto que se debe avanzar en aumentar la conectividad de la población; respecto a este punto se puede notar un gran avance en Colombia, toda vez que según Boletín Trimestral de las TIC para el tercer trimestre de 2023, publicado en febrero de 2024, entre julio y septiembre de 2023 se llegó a la cifra de 47,4 millones de accesos a Internet, que representa un crecimiento de 4,2 millones de nuevas conexiones en los primeros nueve meses del 2023, de igual manera el país llegó a 8,94 millones de accesos fijos a internet debido a los más de 35.000 nuevos accesos que se dieron entre enero y septiembre de 2023, así mismo este boletín señala que 83 de cada 100 colombianos tienen acceso a Internet a través de dispositivos móviles y llegó 43,2 millones de conexiones móviles a Internet[120]. Por ello sería provechoso seguir logrando la conectividad de la población colombiana para poder implementar una democracia en línea.

---

[120] Fuente: https://www.mintic.gov.co/portal/inicio/Sala-de-prensa/Noticias/334348:Colombia-llego-a-47-4-millones-de-accesos-a-Internet-entre-fijos-y-moviles-4G-en-el-tercer-trimestre-de-2023

Por otro lado, otro problema que señala (Greppi, 2023, p. 269-270) es que existe una falta de credibilidad en los procesos de consulta y participación y se deriva en que son utilizados por parte de las instituciones como simples medios de propaganda o realizan artimañas para luego justificar los acuerdos tomados sin tener en cuenta la ciudadanía, por otro lado, las fallas muchas veces no se deben a la falta de canales de comunicación sino al exceso de información y que esta se transmite de manera ineficiente, ya que no es clara ni atractiva o comprensible para el público en general debido a que utilizan un lenguaje técnico e indescifrable. Considera el autor que la mejora de las aplicaciones digitales puede caer un cambio cualitativo a las democracias, pero no solo sería el resultado del avance tecnológico sino el conjunto de diversos factores y convergiendo elementos tradicionales de la democracia (Greppi, 2023, p. 270). Otro problema consiste en que a mayor número de participantes menor será la influencia de estos en el proceso y viceversa, y a mayor influencia de las organizaciones civiles mayores probabilidades de que pierdan su conexión con la ciudadanía y se vuelvan lobbies especializados en el manejo de la participación. (Greppi, 2023, p. 274).

*"El cambio va, por tanto, en una doble dirección: de la tecnología a la política y de la tecnología a la ciudadanía, modificando paulatinamente los equilibrios entre ambas"* (Greppi, 2023, p. 281). Por lo anterior se debe avanzar hacia un gobierno abierto basado en una gobernanza transparente y colaborativa, y que gracias a las TIC los ciudadanos informados adquieran la posibilidad de participar de manera efectiva en las decisiones que sean de su interés (Greppi, 2023, p. 283). Las tecnologías están detrás de concentraciones transnacionales de poder económico, financiero y mediático que a veces condicionan la voluntad democrática, pero también es cierto que pueden ser un freno a la concentración de poderes y proporcionan a los ciudadanos los recursos que necesitan para desafiar a los poderes globales por lo que el desafío es encontrar la manera en la que los equilibrios institucionales se puedan configurar, identificando los momentos adecuados para la participación y representación. (Greppi, 2023, p. 294).

Respecto al gobierno digital, considera (de Armas, 2011, p. 7-8) que este es un proceso evolutivo que tiene al menos cuatro fases: i) presencia, el gobierno debe tener presencia en internet y divulgar sus portales y poner a disposición del ciudadano la información básica, ii) Interacción, en esta etapa es posible una comunicación más directa entre ciudadanos e instituciones, no solo brindan información sino que pueden recibir opiniones, iii) Transacción, una vez puedan recibir opiniones, las instituciones brindan a los ciudadanos la posibilidad de hacer el seguimiento a cualquier trámite en línea, iv) Transformación, es un salto cultural, redefine los servicios y el funcionamiento de la administración pública ya que crea una integración entre las diferentes instituciones de los diferentes niveles, así como con el sector privado y el ciudadano, permite servicios cada vez más personalizados. Oros gobiernos incluyen una quinta fase llamada participación democrática, esta integra las interacciones y el gobierno estimula la toma de decisiones participadas e incluye a la sociedad en una red de diálogo de doble dirección.

En Colombia se adopta el Decreto 1151 de 2008 por el cual se establecen los lineamientos generales de la estrategia de gobierno en línea, dicha estrategia pretende lograr un salto en la inclusión social y en la competitividad del país usando las TIC; se propone contribuir a mejorar la eficiencia y transparencia del Estado a través de la construcción gradual de un gobierno electrónico, además de promover la actuación del gobierno como usuario modelo y motor de la utilización de las TIC. Según el artículo 2 del mencionado decreto, su objetivo es: *"contribuir con la construcción de un Estado más eficiente, más transparente y participativo, y que preste mejores servicios a los ciudadanos y a las empresas, a través del aprovechamiento de las Tecnologías de la Información y la Comunicación"*, y según el artículo 3 sus principios son: gobierno centrado en el ciudadano, visión unificada del Estado, acceso equitativo y multicanal, protección de la información del individuo, credibilidad y confianza en el Gobierno en Línea. De igual manera el literal D del artículo 17 de la Ley 1712 de 2014 establece que los sistemas de información electrónica deben estar alineados con la estrategia de gobierno en línea. Por otro lado, la Ley 2195 de 2022 extendió la obligatoriedad de la publicación de información en SECOP a empresas de capital público y régimen privado que manejan presupuestos públicos

Ahora bien el portal de datos abiertos del gobierno nacional publicó los resultados del índice del gobierno digital entre los años 2018-2021[121], este índice es la medida utilizada para conocer el nivel de desempeño de las entidades públicas en materia de Gobierno Digital y sirve para medir y comparar el desempeño de las entidades públicas en la implementación de la Política de Gobierno Digital, identificar fortalezas y debilidades de las entidades en determinados ámbitos de digitalización enfocar la atención y los esfuerzos de los equipos de trabajo en aquéllos elementos donde se requiere mejorar, apoyar la toma de decisiones en materia de inversión, evaluar la eficacia de las acciones implementadas por las entidades para mejorar su gestión y resultados a partir del aprovechamiento de Tecnologías de la Información y las Comunicaciones (TIC). En los Resultados de Desempeño Institucional 2022 en las entidades pública del orden nacional se evidencian los siguientes promedios: Índice de Gobierno Digital: 72,2, Gobernanza: 71,6, Innovación Pública Digital: 51,1, Arquitectura: 65,5, Seguridad y Privacidad de la información: 68,0,

121 Fuente: https://gobiernodigital.mintic.gov.co/portal/Mediciones/

Servicios Ciudadanos Digitales: 25,0, Cultura y apropiación: 68,0, Servicios y Procesos Inteligentes: 46,6, Estado abierto: 86,4, Decisiones basadas en datos: 62,4, Proyectos de Transformación Digital: 82,2.

De lo anterior se puede concluir que es evidente que la entrada de las TIC trajo nuevos retos respecto a la manera en la que pueden ser concebidos los procesos democráticos y la democracia, por ello es importante procurar por tener un gobierno en línea eficiente. De los datos sobre conectividad en Colombia y del Índice de Gobierno Digital se puede evidenciar un avance respecto al gobierno digital en Colombia, es importante que se continúe por este camino para democratizar el gobierno a través de los medios digitales. Así mismo, el gobierno en línea es potencialmente un poderoso instrumento para que se pueda realizar el control ciudadano a las instituciones y la administración pública, para poder tener la información al alcance y fomentar un sistema de rendición de cuentas, así como de seguimiento a la contratación. Es importante procurar que el gobierno en línea no se vuelva un canal de propaganda institucional, sino que sea un mecanismo para que los ciudadanos puedan tener la información y los servicios de manera más fácil y accesible y puedan utilizarla para realizar el control al gobierno mediante la rendición de cuentas.

En los últimos años se ha empezado a hablar de Inteligencia Artificial, de conformidad con (Criado, 2021, p. 351) El concepto de Inteligencia Artificial (IA) se ha planteado de diferentes maneras, su origen data de Dartmouth College (1956) para caracterizar un ámbito emergente de investigación ligado a la fisiología del cerebro, de igual manera menciona Criado que (Valle-Cruz *et al.*, 2020) señalan que este campo de las ciencias se dirige a la creación de algoritmos que alimentan máquinas inteligentes, recreando los comportamientos individual y colectivo, de los seres humanos pero también de otros seres vivos, volviendo automáticas las actividades, y aprendiendo y mejorando su rendimiento.

La OCDE el 22 de mayo de 2019 informó que los países socios adoptaron el primer conjunto de directrices de políticas intergubernamentales sobre Inteligencia Artificial (IA), que tiene como recomendaciones: i) Facilitar una inversión pública y privada en investigación y desarrollo que estimule la innovación en una IA fiable, ii) Fomentar ecosistemas de IA accesibles con tecnologías e infraestructura digitales, y mecanismos para el intercambio de datos y conocimientos, iii) Desarrollar un entorno de políticas que allane el camino para el despliegue de unos sistemas de IA fiables, iv) Capacitar las personas con competencias de IA y apoyar a los trabajadores con miras a asegurar una transición equitativa, v) Cooperar en la puesta en común de información entre países y sectores, desarrollar estándares y asegurar una administración responsable de la IA.

De la mano con el gobierno en línea deben implementarse bases de datos de consulta y fortalecer herramientas como SECOP I y II[122] y el portal de Datos Abiertos, de igual manera, se deben aprovechar las nuevas herramientas como la Inteligencia Artificial ya que según (Criado, 2021, p. 354) *"Los gobiernos y administraciones públicas desarrollan sus actividades gracias a dispositivos y tecnologías que les permiten gestionar y controlar los datos, sobre todo, que emanan de la ciudadanía"*. Aprovechar las TIC para poder ejecutar de mejor manera la gobernanza es una buena medida para acercar a los ciudadanos con el gobierno, así mismo estas herramientas permiten que se realice un adecuado control a las actuaciones estatales, y se pueda exigir rendición de cuentas a los funcionarios estatales. En síntesis, se debe seguir fortaleciendo todas las herramientas para el manejo adecuado del gobierno en línea ya que así se puede generar un mayor control a las actuaciones del Estado y sus agentes.

### *3.3.4. Fortalecimiento de los controles estatales: Recomendaciones para prevenir su cooptación*

Los diferentes controles, tanto el político, como el fiscal y el disciplinario, son una gran herramienta para generar un contrapeso al ejecutivo y el gobierno central, y es importante que quienes ejerzan este control sean independientes y no tengan presiones políticas para así evitar que los entes encargados de realizar los controles sean cooptados por quien se supone deben controlar. Por otro lado, es de vital importancia el papel activo de la ciudadanía para realizar el seguimiento de todas las actuaciones estatales a través de las herramientas que brinda el gobierno en línea y así mismo se deben fortalecerse todas las TIC que ayuden a generar un acercamiento entre los ciudadanos y el gobierno.

Por lo anterior se hacen las siguientes propuestas para fortalecer los controles estatales y evitar que estos sean cooptados y fortalecer el gobierno en línea:

[122] En la actualidad se está hablando de una reforma al Sistema Electrónico para la Contratación Pública. "La Agencia Nacional de Contratación Pública - Colombia Compra Eficiente, lidera un proceso de diálogo, participación ciudadana y construcción colectiva con las regiones, para transformar el Sistema Electrónico de Contratación Pública (SECOP)." https://www.colombiacompra.gov.co/sala-de-prensa/comunicados/colombia-alista-un-nuevo-sistema-de-compras-publicas-secop-0

**Figura 4.**

| |
|---|
| Garantizar la independencia y autonomía en la elección de los líderes de Contraloría General de la República y la Procuraduría General de la Nación para garantizar que sean completamente independientes del gobierno. Deben estar blindados contra cualquier intento de influencia política y contar con autonomía financiera y administrativa. |
| Mejorar en las técnicas de investigación y agilizar los procesos: Mejorar la capacidad instalada, así como los procesos internos de los órganos de control para que puedan realizar de manera ágil y rápida las investigaciones, para que se puedan encontrar los responsables y sancionar los hechos de corrupción |
| Concentrar las funciones de la Procuraduría en la lucha contra la corrupción: Eliminar múltiples responsabilidades de esta entidad para enfocarla exclusivamente en combatir la corrupción y asegurar el cumplimiento de la Ley de Transparencia. Por ejemplo, trasladar las funciones preventivas a la Defensoría del Pueblo, eliminar el acompañamiento judicial y revocar las facultades judiciales otorgadas en 2021. |
| Concentrar las funciones de la Contraloría en la auditoría en casos de responsabilidad fiscal: Transferir las funciones sancionatorias que ejerce la Contraloría a un nuevo órgano independiente de naturaleza estrictamente judicial. Eliminar las contralorías territoriales que han sido focos de corrupción. |
| Fortalecimiento de la cooperación internacional: Asegurar la cooperación con organismos internacionales para promover buenas prácticas en materia de control y auditoría para fortalecer los estándares locales. |
| Capacitación y profesionalización del personal: Invertir en la capacitación continua y la profesionalización del personal que trabaja en los órganos de control. Lo anterior para fortalecer sus habilidades técnicas, y reforzar su compromiso con los principios éticos y la defensa del interés público. |
| Fortalecer el control concomitante, ya que el control posterior opera sobre hechos ya consumados y con el control concomitante se puede evitar que estos hechos se realicen ya que supone el control y vigilancia paralela a los procesos que realizan las entidades. |
| Fomentar el acceso a las TIC y capacitaciones sobre el uso de las mismas a la mayor cantidad de población posible para que todos los ciudadanos tengan la oportunidad de realizar un control a las actividades estatales y puedan hacer parte del gobierno en línea. |
| Garantizar que la mayor cantidad de personas posibles tengan acceso a internet para que se puedan enterar de las herramientas del gobierno en línea y realizar el control correspondiente. |

| Fortalecer las herramientas de gobierno en línea, las bases de datos abiertas, la inteligencia artificial entre otras herramientas que puedan ser de utilidad para el control ciudadano. |
|---|
| Crear y fomentar canales digitales por medio de los cuales los ciudadanos puedan solicitar información que consideren pertinente. |

Algunas de las anteriores recomendaciones fueron propuestas que presentó Dejusticia para evitar la corrupción en la rama judicial y los órganos de control, estas recomendaciones fueron presentadas en La Comisión de Expertos Anticorrupción, liderada por Fedesarrollo con el apoyo de Dejusticia, Transparencia por Colombia y la Misión de Observación Electoral (MOE)[123].

### *3.3.5. Recomendaciones para fortalecer la cultura de lo público*

La cultura de lo público es esencial para contrarrestar el clientelismo en Colombia. Al valorar la equidad, la transparencia y la participación ciudadana, se fortalece la democracia y se reduce la dependencia de prácticas clientelistas. Además, una sólida cultura de lo público permite el control social y la exigencia de rendición de cuentas, contribuyendo a una sociedad más justa y participativa. Así mismo con el fortalecimiento de la cultura de lo público se abren espacios para la participación y deliberación a los ciudadanos y de esta manera se van a interesar en la política ya que no la van a sentir como algo ajeno, sino como algo que concierne a todos los ciudadanos. Por lo anterior se proponen las siguientes recomendaciones:

De acuerdo con el documento "La calidad de vida laboral para una cultura de lo público: instrumentos para su gestión" del Departamento administrativo de la función pública del año 2004, la consolidación de una cultura de lo público "presupone la conformación de un estado gerencial mediante una gestión íntegra, transparente, austera en el manejo de los recursos públicos y al servicio del ciudadano".

---

123 Fuente: https://www.dejusticia.org/presentamos-recomendaciones-para-evitar-la-corrupcion-en-la-rama-judicial-y-los-organos-de-control/

**Figura 5.**

| |
|---|
| Educación cívica: Promover programas de formación e incluir en los pensum académicos de colegios e instituciones de educación superior la obligatoriedad de ver una materia que fomente la cultura de lo público, el bien común, los derechos y deberes de los ciudadanos y el funcionamiento de las instituciones. |
| Gobierno en línea y acceso a la información: Las instituciones públicas deben estar al alcance del ciudadano y para ello se deben utilizar las nuevas tecnologías, es indispensable fomentar el gobierno en línea y capacitaciones sobre el mismo para que los ciudadanos puedan acceder a la información. |
| Fomentar la participación ciudadana: Es necesario mostrar a los ciudadanos las ventajas que tiene la participación ciudadana, pero no solo concebida como más procesos electorales sino como una verdadera inmiscusión de los ciudadanos en los diferentes procesos políticos y estatales. |
| Rendición de cuentas: Fortalecer los procesos de rendición de cuentas por parte de los servidores públicas para fomentar la transparencia y que los ciudadanos empiecen a ganar confianza en los servidores públicos y los procesos institucionales y políticos |
| Campañas de socialización: Implementar campañas para educar a la comunidad sobre la importancia de lo público y la participación ciudadana |
| Apoyar a las organizaciones de la sociedad civil los movimientos sociales y la sociedad civil son importantes en la construcción de una sociedad más justa y en pro de los derechos humanos y debe apoyarse esta clase de movimientos para abrirles un espacio en la política. |
| Evaluación y mejora continua: Implementar sistemas de evaluación y retroalimentación para medir el impacto de las políticas públicas teniendo en cuenta las consideraciones de los ciudadanos, y ajustarlas según sea necesario para mejorar los resultados |

### 3.4. La importancia de restaurar la naturaleza jurídica de los contratos de prestación de servicios:

Como se ha mencionado anteriormente el clientelismo tiene una gran incidencia en la contratación estatal, particularmente en los contratos de prestación de servicios ya que según el artículo 2, numeral 4°, literal h), de la Ley 1150 de 2007, la selección del contratista para la suscripción de un contrato de prestación de servicio, deberá adelantarse mediante la modalidad de selección por contratación directa, por su parte, "*el Decreto 1082 de 2015 reguló la manera como las Entidades del Estado pueden celebrar contratos de prestación de servicios, indicando que se suscriben mediante la modalidad de contratación directa y se caracterizan por ser de naturaleza intelectual diferentes de los de consultoría, e incluyen actividades operativas, logísticas o asistenciales de la entidad"*[124]. El hecho de que los contratos de prestación de servicios no tengan requisitos tan estrictos para su suscripción deriva en que el clientelismo los utilice como botín político, y también, que estos sean utilizados para suplir las falencias de personal que tienen las entidades públicas lo que ha generado una nómina paralela en las entidades del Estado ya que por un lado se encuentran los empleados de planta y por el otro los contratistas.

Existe un abuso de los contratos de prestación de servicios, no solo por su uso excesivo sino por una extralimitación de su uso ya que se utilizan para realizar actividades permanentes propias de la administración, lo cual resulta contrario a derecho no solo porque los contratistas no tienen las mismas garantías que los empleados de planta y desarrollan las mismas actividades, sino también porque es una desnaturalización de los contratos de prestación de servicios, ya que estos contratos fueron diseñados para *"atender funciones ocasionales por el tiempo de ejecución de un contrato o una obra pública"* así como, de manera *"excepcional y temporal, cumplir funciones pertenecientes al objeto misional de la respectiva entidad, siempre que no haya suficiente personal de planta o se requieran conocimientos especializados"*[125].

Por lo anterior, los contratos de prestación de servicios son una herramienta útil para las entidades estatales si estos son utilizados correctamente y atendiendo a su naturaleza. El uso abusivo de esta clase de contratos en gran parte gracias al clientelismo deslegitima el espíritu de la norma y la razón por

---

124 Fuente: cce-eicp-gi-21_guia_contratacion_prestacion_de_servicios_v1_03-03-2023_.pdf (colombiacompra.gov.co)

125 Citado en el documento de Colombia Compra Eficiente cce-eicp-gi-21_guia_contratacion_prestacion_de_servicios_v1_03-03-2023_.pdf (colombiacompra.gov.co), igualmente allí se destaca que esto lo dijo el Consejo de Estado en sentencia de unificación del 9 de septiembre de 2021. Así mismo, indicó las siguientes características del contrato estatal de prestación de servicios, son para ayudar a la administración o funcionamiento de la entidad, y no cabe su empleo para la cobertura indefinida de necesidades permanentes o recurrentes de esta; (ii) Permite la vinculación de personas naturales o jurídicas; sin embargo, en estos casos, la entidad deberá justificar, en los estudios previos, porqué las actividades no puedan realizarse con personal de planta o requieran conocimientos especializados y (iii) El contratista conserva un alto grado de autonomía para la ejecución de la labor encomendada. En consecuencia, no puede ser sujeto de una absoluta subordinación o dependencia. De ahí que el Artículo 32, numeral 3 de la Ley 80 de 1993 determina que En ningún caso estos contratos generan relación laboral ni prestaciones sociales.

la cual fueron creados. Por lo anterior es necesario que estos contratos se utilicen para lo que verdaderamente fueron creados, que es para brindar un apoyo a la administración cuando sea necesario y por el tiempo estrictamente indispensable, ya que en ningún caso estos contratos pueden derivar en una especie de vinculación para trabajar con el Estado, ya que según el artículo 125 de la Constitución Política *"los empleos en los órganos y entidades del Estado son de carrera. Se exceptúan los de elección popular, los de libre nombramiento y remoción, los de trabajadores oficiales y los demás que determine la ley"*.

Es por lo anterior que se propone volver a la naturaleza de los contratos de prestación de servicios para que estos sean utilizados de manera adecuada, por lo que se sugiere abordar los siguientes lineamientos:

**Figura 6.**

| Fortalecer los mecanismos de divulgación de los contratos de prestación de servicios, SECOP II es una página en la cual se pueden buscar y hacer seguimiento a los contratos estatales por lo que capacitar a la ciudadanía sobre el uso de la misma es importante para su control, así mismo las entidades deben tener pública la información sobre estos contratos |
|---|
| Fortalecer la carrera administrativa: La Función Pública debe realizar un seguimiento sobre cuales son los objetos que más se contratan en las entidades y evaluar si es necesario ampliar el personal de planta para que no se sigan supliendo las necesidades por medio de la contratación. |
| Ofertar y publicitar los contratos que se necesitan suscribir, si bien es cierto la modalidad de selección para los contratos de prestación de servicios es la contratación directa por lo tanto se contrata quienes acrediten idoneidad y experiencia, una opción para impedir la injerencia del clientelismo en la contratación es informar a la ciudadanía a través de las diferentes herramientas de comunicación sobre la necesidad de contratación para que los ciudadanos puedan remitir su hoja de vida y se pueda seleccionar la persona más capacitada. |
| Capacitación y profesionalización de los empleados de planta, ya que una de las razones que da la Ley para suscribir contratos de prestación de servicios es cuando se requieren de servicios especializados, por lo que promoviendo una capacitación y profesionalización se ayuda a la formación y adquisición de conocimientos por parte de los empleados de planta por lo que se disminuye la necesidad de realizar una contratación |
| Fortalecer la participación ciudadana, involucrarla en los procesos de contratación y que estos puedan realizar un seguimiento de los contratos de prestación de servicios que realizan las entidades y puedan expresar sus descontentos |

| Auditorías periódicas realizadas ya sea por el mismo Estado o por firmas externas que determinen si la contratación se está llevando a cabo de manera adecuada y atendiendo a las necesidades de la entidad o si por el contrario se está contratando para pagar favores políticos. |
|---|
| Evaluación de resultados de los contratos de prestación de servicios, al ser contratos muchas veces pequeños y con personas naturales no se les presta la misma atención que a contrataciones grandes como las licitaciones, por lo que es importante que también se evalúe la ejecución y desempeños de los contratistas por prestación de servicios para determinar si estos si atendieron a la necesidad de la entidad contratante o si estos fueron contratados sin una adecuada justificación de la necesidad y con fines particulares. |

Adicional a los lineamientos anteriores, vale la pena mencionar que el artículo 53 de la Constitución Política expresa un mandato al legislador el cuál cita lo siguiente: "El Congreso expedirá el estatuto del trabajo (...)" no obstante, el legislador no ha expedido el Estatuto correspondiente. (Calderón, 2013, p. 76) menciona que desde 1991 han existido intentos fallidos para expedir el Estatuto del Trabajo lo que ha prolongado en el tiempo el incumplimiento del mandato constitucional, por lo que considera que el olvido del legislador en la expedición de dicho estatuto configura una omisión del legislador, según la Sentencia C-543/96 de la Corte Constitucional *"Se afirma que existe una omisión legislativa, cuando el legislador no cumple un deber de acción expresamente señalado por el Constituyente"*[126]. El artículo 53 no solo tiene una orden clara para el legislador en el sentido de expedir el estatuto de trabajo, sino que también consigna los principios que este debe contener[127].

De acuerdo con (Araújo, 1999, p. 73-74) el artículo 1 de la Constitución dice que Colombia es una república fundada en el trabajo, y esta es una norma

126 Corte Constitucional, sentencia C-543 de 1996 M. P. CARLOS GAVIRIA DIAZ.

127 El artículo 53 Constitución Política de Colombia menciona: *"La ley correspondiente tendrá en cuenta por lo menos los siguientes principios mínimos fundamentales: Igualdad de oportunidades para los trabajadores; remuneración mínima vital y móvil, proporcional a la cantidad y calidad de trabajo; estabilidad en el empleo; irrenunciabilidad a los beneficios mínimos establecidos en normas laborales; facultades para transigir y conciliar sobre derechos inciertos y discutibles; situación más favorable al trabajador en caso de duda en la aplicación e interpretación de las fuentes formales de derecho; primacía de la realidad sobre formalidades establecidas por los sujetos de las relaciones laborales; garantía a la seguridad social, la capacitación, el adiestramiento y el descanso necesario; protección especial a la mujer, a la maternidad y al trabajador menor de edad. El estado garantiza el derecho al pago oportuno y al reajuste periódico de las pensiones legales. Los convenios internacionales del trabajo debidamente ratificados hacen parte de la legislación interna. La ley, los contratos, los acuerdos y convenios de trabajo no pueden menoscabar la libertad, la dignidad humana ni los derechos de los trabajadores."*

esencial que implica un compromiso en pro de la realización de una política económica que permita una justa distribución de la riqueza ofreciendo trabajo a la clase trabajadora y una adecuada compensación para una existencia libre de privaciones. Este mandato asigna a la autoridad política la tarea de intervenir en los procesos económicos para corregir sus desequilibrios que conllevan a la injusticia social. El trabajo es entonces un fundamento del Estado colombiano, un derecho y deber de las personas, y su protección debe darse sobre cualquier actividad económica y ya sea independiente o subordinado.

Considera (Calderón, 2013, p. 77) que en Colombia la evolución del derecho laboral está sujeta a las variadas condiciones sociales y los sucesos históricos, por ejemplo, las crisis económicas, los conflictos sociales y laborales y sobre todo la huelga de las bananeras influyó en la constitución del movimiento sindical y un desarrollo importante de la legislación laboral. Es por lo anterior que es necesario que las normas respondan a las demandas sociales. En Colombia, es crucial cumplir con el mandato constitucional de crear un Estatuto del Trabajo, no solo para actualizar las normas laborales conforme a los principios y derechos constitucionales, sino que también para asegurar que el orden legal refleje adecuadamente la realidad social y laboral del país.

Con la expedición de un Estatuto de Trabajo no solo se puede ajustar la norma a las realidades y demandas sociales, sino que también se puede contribuir con una legislación robusta y protectora de los derechos laborales de los ciudadanos para evitar situación de precarización laboral, de igual manera es importante crear incentivos para que las empresas contraten a los ciudadanos con todos los derechos laborales. Expidiendo un estatuto de trabajo que sea garante de los derechos laborales de los ciudadanos, y así mismo fomentando el empleo se contribuye a que los ciudadanos no tengan que ser parte del engranaje clientelista para conseguir algún contrato de prestación de servicios, ya que entre más oportunidades existan, menos espacio le queda al clientelismo.

## 4. Avanzando hacia la consolidación plena de la Constitución de 1991

Los años anteriores a la Constitución de 1991, es decir los años ochenta, estuvieron marcados por la violencia, el narcotráfico y el fortalecimiento de los grupos armados, lo que derivó en un recrudecimiento de la violencia y la necesidad de cerrar espacios de participación a la ciudadanía, ya que el poder se concentraba en el ejecutivo debido a la gran cantidad de Estados de Sitio que se dictaban para intentar tener herramientas para contrarrestar la violencia, a la par, los demás países de Latinoamérica estaban dejando a un lado las dictaduras para volver a gobiernos democráticos. La tendencia a nivel mundial estaba guiada hacía el neoliberalismo promulgado por el Fondo Monetario Internacional y el Banco Mundial, de conformidad con (Cruz, 2010, p. 275)

> la corriente neoliberal encarnada en el Fondo Monetario Internacional, el Banco Mundial e instituciones de carácter monetario y comercial del orden mundial, tenían cosas muy claras para imponer a los países en vía de desarrollo: su visión individualista, utilitarista y ahistórica donde quedan excluidas la cooperación, las alianzas y la asociación, además, presumen una homogeneidad cultural, social y política para que supuestamente estos países arrojen resultados similares, desconociendo la complejidad y las variaciones que se dan en los diferentes regímenes políticos.

Si bien es cierto la Constitución de 1991 estableció que Colombia es un Estado Social de Derecho y amplió los derechos protegidos por esta carta, también es cierto que:

> los delineamientos constitucionales sobre el nuevo modelo económico estaban ya diseñados, es decir, debían partir del libre mercado, base fundamental del neoliberalismo, que de una u otra forma, conduce al capitalismo salvaje, y a crear políticas que favorecen sin ningún tapujo al gran capital y a la iniciativa privada, en detrimento de las políticas sociales, partiendo del hecho que el Consenso llama a la reducción del Estado, reduciendo el aparato administrativo y descentralizando las responsabilidades del Gobierno Central con los poderes locales. (Cruz, 2010, p. 275-276).

La anterior contradicción que existe en la Constitución que; por un lado, prevé un papel activo del Estado para alcanzar la igualdad material entre los ciudadanos y que puedan ejercer de manera efectiva sus derechos, y por el otro, establece un modelo económico que responde a la libertad del mercado y el neoliberalismo que exige una intervención estatal mínima y favorece a las desigualdades sociales, ha derivado en que muchos preceptos constitucionales se queden meramente en el papel y que a pesar del nuevo texto constitucional se sigan llevando a cabo prácticas de antaño en el país, como lo son las relaciones de clientela. El resultado de lo anteriormente mencionado es que exista una Constitución formal con un catálogo amplio de derechos constitucionalmente protegidos, pero que materialmente siga rigiendo una Constitución y unas dinámicas sociales propias del siglo XX, lo que demuestra que existe una falla en el Estado Social de Derecho para conseguir sus fines esenciales.

La Corte Constitucional es una institución de la rama judicial creada mediante la Constitución de 1991 con el fin de guardar la integridad y supremacía de la Constitución, y a través de la Sentencia SU 747/1998 definió lo que se debe entender como Estado de Derecho, Estado Social y Estado Democrático, para ello aclara que el Estado Colombia es un:

Estado de derecho y social, que deriva su legitimidad de la democracia (C.P. art. 1). Estos tres calificativos del Estado colombiano definen de manera esencial su naturaleza. La acepción Estado de derecho se refiere a que la actividad del Estado está regida por las normas jurídicas, es decir que se ciñe al derecho. La norma jurídica fundamental es la Constitución (C.P. art. 4), lo cual implica que toda la actividad del Estado debe realizarse dentro del marco de la última. En esta situación se habla entonces de Estado constitucional de derecho.

Con el término social se señala que la acción del Estado debe dirigirse a garantizarle a los asociados condiciones de vida dignas. Es decir, con este concepto se resalta que la voluntad del Constituyente en torno al Estado no se reduce a exigir de éste que no interfiera o recorte las libertades de las personas, sino que también exige que el mismo se ponga en movimiento para contrarrestar las desigualdades sociales existentes y para ofrecerle a todos las oportunidades necesarias para desarrollar sus aptitudes y para superar los apremios materiales.

*Finalmente, la definición del Estado colombiano como democrático entraña distintas características del régimen político : por un lado, que los titulares del Poder Público ejercerán esa calidad en virtud de la voluntad de los ciudadanos, la cual se expresa a través de las elecciones; de otro lado, en lo que ha dado en llamarse democracia participativa, que los ciudadanos no están limitados en su relación con el poder político a la concurrencia a elecciones para seleccionar sus representantes, sino que también pueden controlar la labor que ellos realizan e intervenir directamente en la toma de decisiones, a través de mecanismos como los contemplados en el artículo 103 de la Carta; y, finalmente, y de acuerdo con la reformulación del concepto de democracia, que la voluntad de las mayorías no puede llegar al extremo de desconocer los derechos de las minoría ni los derechos fundamentales de los individuos"*[128].

A pesar de lo anterior todavía existe una brecha entre lo consignado en el texto constitucional y lo que en verdad ocurre día a día en el país, de conformidad con el informe de pobreza monetaria presentado por el DANE en septiembre de 2023, en 2022, en el total nacional, la pobreza monetaria fue del 36,6 % y la pobreza monetaria extrema fue del 13,9 %, comparando el índice de pobreza monetaria con el del 2021 (39,7 %) se evidencia que 1,3 millones de personas salieron de la pobreza a nivel nacional; cosa contraria ocurre si se compara el índice de pobreza extrema (13,7 %) lo que quiere decir que 207 mil personas entraron a la pobreza extrema, para entender lo anterior hay que tener en cuenta que la línea de pobreza[129] monetaria extrema per cápita nacional en 2022 fue

---

128 Corte Constitucional, sentencia SU-747 de 1998 M. P. EDUARDO CIFUENTES MUÑOZ.

129 *"La línea de pobreza representa un valor monetario en el cual se consideran dos componentes: el costo de adquirir una canasta básica de alimentos y el costo de los demás bienes y servicios, expresado sobre la base de la relación entre el gasto total y el gasto en alimentos."* CEPAL (2018)

$198.698; en el caso de un hogar de cuatro personas fue de $794.792. La línea de pobreza monetaria per cápita nacional en 2022 fue $396.864; en el caso de un hogar de cuatro personas fue $1.587.456. Adicionalmente hay que tener en cuenta que para el año 2022 el salario mínimo de fue $1.000.000.

Respecto a la pobreza multidimensional, la última información publicada el 19 de abril de 2024 refleja que la incidencia de pobreza multidimensional en el país fue del 12,1 %, -0,8 puntos porcentuales menos que en 2022 (12,9 %). El índice de pobreza multidimensional en las cabeceras fue de 8,3 % y en los centros poblados y rural disperso de 25,1 %, es decir, el porcentaje de personas en situación de pobreza multidimensional en centros poblados y rural disperso fue 3,0 veces el de las cabeceras. El índice de pobreza multidimensional se calcula teniendo en cuenta cinco dimensiones: 1) condiciones educativas del hogar, 2) condiciones de la niñez y juventud, 3) salud, 4) trabajo y 5) acceso a servicios públicos domiciliarios y condiciones de la vivienda. Estas dimensiones tienen 15 indicadores[130]. Los hogares son considerados pobres multidimensionalmente cuando tienen privación en por lo menos el 33,3 % de los indicadores, la fuente de información para el cálculo de la pobreza multidimensional es la Encuesta Nacional de Calidad de Vida–ENCV

El coeficiente de Gini es un factor que mide la desigualdad y que la calcula de cero a uno o de cero a cien (entre más cerca del cero es menor), el banco mundial cuenta con un portal en donde se muestran las estadísticas actualizadas de cada país, en relación con el coeficiente Gini la actualización más reciente con la que cuenta Colombia es del año 2022 dónde el resultado del Gini fue de 54,8. Por otro lado, según el DANE, en el Comunicado de prensa de septiembre de 2023, menciona que en 2022, en el total nacional el coeficiente de Gini fue 0,556. En 2021 este coeficiente fue de 0,563. A su vez, en 2022 el Gini en cabeceras municipales fue 0,538 y en 2021 fue 0,548. En los centros poblados y zonas rurales dispersas el Gini fue 0,479 para 2022 y en 2021 este coeficiente fue 0,462. Según el Informe Nacional de Desarrollo Humano Colombia: territorios entre fracturas y oportunidades 2024 la mediana

---

130 Los 15 indicadores son: 1. Privación por logro educativo, 2. Privación por analfabetismo, 3. Privación por inasistencia escolar, 4. Privación por rezago escolar, 5. Privación por acceso a servicios para el cuidado de la primera infancia, 6. Privación por trabajo infantil, 7. Privación por desempleo de larga duración, 8. Privación por empleo formal, 9. Privación por falta de aseguramiento en salud, 10. Privación por barreras de acceso a salud dada una necesidad, 11. Privación por acceso a fuente de agua mejorada, 12. Privación por inadecuada eliminación de excretas, 13. Privación por material inadecuado de pisos, 14. Privación por material inadecuado de paredes exteriores, 15. Privación por hacinamiento crítico.

mundial del coeficiente Gini se sitúa en 0,36, por lo que el coeficiente Gini para Colombia es significativamente alto (p. 47)

### 4.1. De la Constitución formal a la Constitución material

Con un cambio constitucional no se va a cambiar automáticamente la realidad de un país y más cuando se viene con problemas sociales desde hace décadas, un verdadero cambio social es un proceso paulatino, no obstante, resulta llamativo como en la actualidad se siguen presentando dinámicas tan anacrónicas como el clientelismo[131], que lleva siglos desarrollándose y que aún en la actualidad es la principal manera en que se desarrolla la política, esto es una muestra clara de que existe una Constitución Material ya que priman costumbres por encima del texto constitucional, no obstante, la constitución de 1991 trae diversas herramientas y es un buen soporte para avanzar hacia la igualdad material de los colombianos, estos mecanismos se deben aprovechar para materializar la Constitución y a su vez garantizar una participación efectiva de la ciudadanía en los asuntos que le interesan.

Para (Kelsen, 1960, p. 29-30) las normas tienen una validez material y se debe observar los eventos específicos y las diferentes acciones a las que se aplican, ya sea en el ámbito religioso, económico o político y es ilimitada en cuanto puede aplicarse a cualquier hecho que sea o a la humanidad entera. De igual manera (Kelsen, 1960, p. 111) establece el concepto de norma fundamental, que es la "la fuente de la significación normativa de todos los hechos que constituyen un orden jurídico", esta norma no es creada según un procedimiento jurídico por lo que no es una norma del derecho positivo y no es "puesta" sino "supuesta" y por lo tanto es la hipótesis que permite a la ciencia jurídica considerar al derecho como un sistema de normas válidas.

---

131 Según (García Villegas, 2013, p. 32) "Una de las dificultades con las que cuentan las leyes encaminadas a proscribir la corrupción en buena parte de los países del continente se encuentra en el hecho de que las prácticas corruptas han sido validadas por prácticas clientelistas entre la administración pública y las empresas contratantes. Estas prácticas están tan arraigadas en las costumbres que son justificadas, o al menos toleradas y en todo caso preferidas, cuando se trata de escoger entre ellas y lo que dice la ley.
Como consecuencia de todo esto es frecuente que en América Latina solo exista una superioridad simbólica de la ley y del Estado, la cual se combina con una superioridad fáctica de la costumbre. No hay ni superioridad normativa efectiva de la ley sobre los demás órdenes normativos, ni tampoco sintonía sociológica entre los tres órdenes. Lo que hay es una combinación de ritualidades jurídicas que ponen a la ley como superior pero que son en buena medida simbólicas, con la superioridad efectiva de elementos culturales y morales en el comportamiento social."

Según (Troper, 2003, p. 62) con norma fundamental se refiere a la norma más alta, si una norma es jurídica es porque se realizó conforme a una norma superior que debe ser también una norma jurídica, y es necesario que esta sea conforme a una norma todavía más superior, y debido a que no hay ninguna norma superior a la Constitución, entiende Kelsen que se debe suponer que existe una Norma Fundamental. De acuerdo con (Kelsen, 1960, p. 117) con la norma fundamental el grado superior del derecho positivo es la Constitución, y está entendida en el sentido material de la palabra tiene la función de designar los órganos encargados de la creación de las normas generales y determinar el procedimiento por el que se crean, también puede determinar la substancia de ciertas leyes futuras al prescribir o prohibir tal o cual contenido. En el ensayo "La garantía jurisdiccional de la Constitución" (Kelsen, 2011, p. 262) menciona que la Constitución en sentido material tiene como elementos que se refiere a *"las reglas relativas a los órganos y a los procedimientos de la legislación, sino también las reglas que tratan de los órganos ejecutivos supremos y, además, la determinación de las relaciones fundamentales entre el Estado y sus súbditos"*.

Por otro lado, (Chávez, 2015, p. 99) realiza la distinción de lo que para Kelsen es el principio estático y dinámico de la norma, el primero se compone de normas que por su propio contenido son válidas y el segundo hace referencia al hecho productor de normas, a la facultad que le da al nominador y contiene reglas que determinan como deben producirse las normas, es el proceso que determina si una norma pertenece o no a un sistema, o en otras palabras si es válida o no; la diferencia entre el sistema estático y dinámico se manifiesta en una distinción entre un marco moral (estático) y un modelo de sistema legal (dinámico), donde el sistema dinámico se establece como el principio fundamental de validez para todo sistema legal, por su parte (Troper, 2003, p. 88) explica que según el principio dinámico, el fundamento de la validez de las normas reside en una norma de habilitación, y según el principio estático, en una norma imperativa. El derecho como orden dinámico establece una relación de dependencia jerárquica entre las normas implica una regulación en la producción. Las normas de nivel superior supervisan la creación de las normas de nivel inferior. Por otro lado, La Constitución, dentro del sistema dinámico del derecho, desempeña el papel crucial de generar normas jurídicas generales. Esta función implica dirigir a los órganos legislativos en el proceso de crear leyes futuras, incluso condicionando su contenido en cierta medida (Chávez, 2015, p. 102).

De acuerdo con (Troper, 2003, p. 63) la Norma Fundamental en sí misma no dispone de contenido ya que surge con la función de permitir definir e identificar la Constitución como norma jurídica, y considerarla *"no como un simple texto sino verdaderamente como una norma válida. La Constitución será entonces apta para definir la Ley como norma jurídica válida, la cual, a su vez, podrá por sí misma definir otras normas. Así pues, pasando de una a otra, la Norma Fundamental permite identificar todas las normas jurídicas y considerar que un cierto conjunto de prescripciones constituye un sistema normativo".* De igual manera menciona (Troper, 2003, p. 64) que a la pregunta de ¿por qué la Constitución es una norma válida? Kelsen respondería: *"La Constitución es una norma válida porque nosotros la suponemos válida".* Por otro lado (Laporta, 2011, p. 170) menciona que para Ferrajoli *"la Constitución es algo con un alcance normativo muy acentuado. Esto quiere decir que allí donde la Constitución dice que algo «debe ser hecho», ese algo debe ser hecho. Tiene pues una vinculatoriedad evidente"*

Según (Díaz, 2018, p. 186) *"La Constitución puede definirse también desde una perspectiva material o sustantiva, no por su forma o rango normativo, sino con base en su contenido"*, Así mismo para (Rosario-Rodríguez, 2011, p. 101)

> Hoy más que nunca se concibe a la Constitución como contenedora de valores y principios, es decir, en un aspecto material más que formal. Esto se debe a varios factores, uno de ellos —como se señaló— es el desarrollo que han tenido los derechos fundamentales en cuanto a su reconocimiento y protección, y otro, es la eminente crisis del positivismo jurídico como corriente jurídica predominante. La visión de la supremacía de la Constitución como ente material ha permitido la protección progresiva de principios y derechos fundamentales —aun cuando no estuviesen reconocidos explícitamente por la Ley fundamental— que han beneficiado a la sociedad en su gran mayoría. Pero dicha supremacía no puede detentarse únicamente en su materialidad, sino también en su aspecto formal, pues existen conflictos normativos que solo pueden resolverse estableciendo un orden de competencias estricto.

La Constitución material va más allá del texto escrito, hace referencia también a los valores, principios y costumbres que verdaderamente rigen en un Estado, el filósofo alemán Carl Schmitt en su libro Teoría de la Constitución de 1928, realiza esta distinción, entendiendo que la Constitución formal se refiere al texto constitucional y la Constitución material hace referencia a la realidad política y social en la que se aplican las normas constitucionales. En ese sentido los valores y principios que efectivamente se practican en un determinado Estado son los que moldean la Constitución, no es esta la que determina los principios y valores, es decir, la Constitución es un reflejo de la sociedad y se adapta a ella y no puede imponer una determinada estructura a la sociedad porque no se va a cumplir. Para (Goldini, M. y Wilkinson, 2020, p. 18) *"Sin una constitución material correlativa, sin tracción política y social, una constitución formal sigue siendo letra muerta, una lista de voluntariosas aspiraciones o incluso una impostura. En tal caso, forma y función pueden llegar a distanciarse tanto que el discurso sobre la constitución y el constitucionalismo es puesto en duda".*

De acuerdo con (Schmitt, 1982, p. 29-37) la Constitución del Estado es la unidad política del pueblo y puede ser el Estado mismo particular y concreto como unidad política, pero Constitución también puede significar un sistema cerrado de normas que designa una unidad que no existe sino que es *ideal*, ambos casos corresponden al concepto absoluto de Constitución porque ofrece un todo verdadero o pensado, en ese sentido la Constitución en sentido absoluto puede significar la concreta manera de ser resultante de cualquier unidad política, es decir, no se refiere a un conjunto de leyes y normas que regulan cómo se forma la voluntad y se ejerce la actividad del Estado, ni establece un ordenamiento, sino que representa al Estado específico y real. El Estado no sigue una Constitución para formar y operar su voluntad, sino que él mismo es Constitución; es decir, es la situación actual de su ser, un estado de unidad y organización. Por su parte, la Constitución en sentido relativo hace referencia a la definición específica de ley constitucional concreta en lugar de considerar el concepto unitario de Constitución como un conjunto completo. Sin embargo, la caracterización de ley constitucional se basa en atributos externos y secundarios, conocidos como formales.

La Constitución de 1991 nace del clamor social. Las elecciones del 11 de marzo de 1990 pretendían elegir senadores, representantes a la Cámara, diputados de asambleas locales, concejales municipales, alcaldes y al candidato presidencial del Partido Liberal, lo que representaba seis papeletas para seis elecciones distintas, no obstante, apareció una papeleta que no era oficial y que fue repartida en las calles o impresa en los periódicos y que exigía una Asamblea Constituyente que reformara la Constitución de 1886, un texto constitucional ortodoxo que restringía derechos. Fueron jóvenes estudiantes universitarios los que promulgaron este movimiento para exigir una Constitución acorde con las necesidades del país que estaba siendo azotado por el narcotráfico, las guerrillas y la violencia. Esta acción dio sus frutos y el presidente decretó Estado de Sitio para organizar el plebiscito constitucional para las elecciones presidenciales del 27 de mayo.

Una de las principales consignas de este movimiento era lograr una reconfiguración institucional ya que se consideraba que el Estado estaba cuasi fallido, y así mismo poder lograr acuerdos de paz con los diferentes grupos armados, por lo anterior participaron en la conformación de este nuevo texto constitucional representantes de las guerrillas M-19 y EPL, así como todos los sectores políticos, además de líderes indígenas, campesinos, cristianos. En una entrevista para la BCC, Catalina Botero decana de derecho de la Universidad de los Andes explica: "Pero la incapacidad de realizar una reforma política y territorial (en los últimos 30 años) obstaculizó la posibilidad de que el país acabara con el clientelismo y la centralización que están detrás de la violencia"[132].

La Constitución de 1991 respondió a las demandas de la sociedad que necesitaban la protección de principios y valores constitucionales diferentes a los que tenía la Constitución de 1886, no obstante, la nueva constitución, aunque vanguardista no pudo resolver todos los problemas de la sociedad colombiana, uno de esos es el clientelismo que deriva en la captura institucional y de la burocracia. Respecto a cómo se siguen desarrollando las relaciones políticas se puede ver que sigue con una fuerte tradición de las relaciones de clientela heredadas del feudalismo, así se desarrollaban antes de la Constitución de 1991 y lo siguen haciendo en la actualidad ya que es mucho más fuerte esta costumbre que los principios y valores consignados en la Constitución.

Es por lo anterior que es necesario pasar de una Constitución material a una formal, es decir, dejar de reproducir costumbres y relaciones sociales y económicas decimonónicas y empezar a utilizar todos los mecanismos y herramientas que establece la constitución y que pueden ayudar a que sean satisfechas las demandas ciudadanas. Los lineamientos que se proponen para tal fin son:

**Figura 7.**

| |
|---|
| Fomentar el uso de los mecanismos de participación ciudadana: Realizar capacitaciones para que todos los colombianos conozcan cuales son las herramientas mediante las cuales pueden expresar lo que piensan y hacer valer sus derechos |
| Sometimiento del Estado al derecho: En muchas ocasiones el Estado a través de sus servidores cometen prácticas contrarias al bien común sin que tengan consecuencias, es importante dotar a los ciudadanos de herramientas para la denuncia de estas prácticas. |
| Descentralización: La Constitución establece que Colombia es un Estado descentralizado, no obstante, parece que el Estado solo está presente en las ciudades principales y se ignora a las regiones apartadas o rurales, es importante llevar el Estado y a sus funcionarios a estos sitios. |
| Políticas públicas para la igualdad material: Es importante que el Estado preste especial atención a las desigualdades sociales y establezca políticas públicas para superarlas y así poder materializar la amplia gama de derechos que establece la constitución. |

[132] Fuente: https://www.bbc.com/mundo/noticias-america-latina-51829209

De acuerdo con lo anterior, es importante implementar estrategias para asegurar que los principios y derechos consagrados en la Constitución de 1991 no sean solo palabras escritas, sino que se conviertan en una realidad efectiva para los ciudadanos. Esto implica que los principios constitucionales como la igualdad, la justicia, los derechos humanos y la participación ciudadana sean implementadas y respetadas activamente por todas las instituciones del Estado, estos deben ser entendidos como un mandato constitucional para el cumplimiento de los fines estatales esenciales. Para que la Constitución no se quede en el papel debe existir una tracción de la ciudadanía que pretenda su materialidad, así mismo es necesario que sus preceptos se reflejen en políticas públicas, decisiones judiciales, y en la práctica diaria de los órganos del gobierno, asegurando así un país más justo, equitativo y democrático para todos sus habitantes. Para hacer que la Constitución formal se vuelva material, es crucial promover la educación ciudadana, garantizar el cumplimiento de las normas y considerar reformas y actualizaciones que reflejen mejor la realidad y protejan los derechos de todos.

### 4.2. Democratización participativa en Colombia: Perspectivas y desafíos

Con la crisis de la democracia representativa empezaron a surgir otros conceptos como el de la "participación política de los pueblos" de acuerdo con (Fals Borda, 1986, p. 37) este concepto puede ser realmente un factor que motive a las masas populares, especialmente a aquellas que son explotadas y oprimidas en nuestros países, siempre y cuando preservemos el sentido democrático genuino implícito en la idea original de "participación". Así mismo (Fals Borda, 1986, p. 38) menciona que *"En estos términos, la "participación" implica una relación entre individuos que son conscientes de sus actos y que comparten determinadas metas de conducta y de acción. Para que sea eficaz y auténtica, esta relación necesita plantearse como entre iguales, sin admitir diferencias de preparación formal o académica, prestigio, antigüedad o jerarquía, porque quedan equilibradas por el ya mencionado factor de propósito común o teleológico".*

Por otro lado, menciona (Fals Borda, 1987, p. 86) que existen dos conceptos para delimitar las viejas y fracasadas políticas desarrollistas neoliberales de las participativas, los cuales son: uno ideológico y otro metodológico, respecto al criterio ideológico se descubren fallas de origen del concepto de desarrollo neoliberal y capitalista y reforzado por el poder de las viejas élites explotadoras, este modelo desarrollista ha sido una muestra del colonialismo intelectual; otro enfoque ideológico ve la participación como una forma de estimular la autonomía regional y la defensa de lo propio y el rescate de las culturas subyugadas, este criterio va con las clases explotadas y grupos oprimidos que han sido víctimas de la violencia estructural; el desafío consiste en abrir espacios con poder popular suficiente para garantizar que el viejo desarrollo capitalista se transforme radicalmente en términos de justicia y superación de las condiciones actuales de explotación para confrontar la pobreza extrema.

De acuerdo con (Araújo, 1999, p. 20) La instituciones de la democracia participativa son aquellas por medio de las cuales los ciudadanos individuales, o como representantes de grupos sociales, expresan sus opiniones con la pretensión de que se concluyan con la expedición de un acto con efectos jurídicos (participación activa) o que sirven para identificar las exigencias e intereses públicos por los que vela (participación pasiva), si la decisión del ciudadano no obliga al gobernante es mera ficción. Se distinguen si los sujetos actúan individualmente o como representantes de grupos sociales y organizaciones y se distinguen las intervenciones participativas que persiguen un determinado interés y aquellas que tienden a la realización de un interés general. De igual manera se pueden presentar las siguientes hipótesis, 1. La persona que actúa a título individual procura su propio interés, 2. La del representante de grupos sociales que defiende los intereses colectivos del grupo de que se trate, 3. La persona que actúa en defensa de intereses generales, el derecho de petición, las acciones populares, o actúa un órgano público independiente, encargado de promover iniciativas (Araújo, 1999, p. 20-21)

La participación tiene diferentes aspectos, de conformidad con (Cunill, 1997, como se citó en, Navas y Benavides, 2023, p. 75-77) estas son: i) participación popular, que hace referencia a las luchas de los sectores populares contra gobiernos injustos y excluyentes, ii) participación comunitaria, entendidas como acciones organizadas de "autoayuda social" para gestionar una vida en comunidad y solucionar problemas de la vida diaria, iii) participación política, se realiza mediante los partidos políticos e institucionales tradicionales del sistema representativo y elige los representantes por medio de la democracia representativa, iv) la participación ciudadana que surge desde los años sesenta, se basa en el reconocimiento de derechos basándose en una condición general de igualdad que tiene una estructura común para que los distintos actores sociales puedan ejercer sus derechos en igualdad de condiciones y prohíbe la discriminación, y a su vez reconoce las identidades y culturas diversas de la población y las condiciones de desigualdad social, por lo que el término de ciudadanía no se entiende desde la homogeneidad sino desde reconocer la diversidad y la necesidad de crear condiciones de igualdad material.

De acuerdo con (Navas y Benavides, 2023, p. 81) "*La expresión participación ciudadana surge entonces en el marco del reconocimiento formal de ese piso en común de derechos que ciudadaniza a los individuos y a los colectivos*". De igual manera señalan los autores que existen diferentes niveles de participación; i) baja intensidad, se da por los medios tradicionales como el voto, ii) mediana intensidad, dentro de márgenes regulación se permite cierta deliberación y maneras para formular propuestas, iii) alta intensidad, altos grados de codecisión en los diferentes momentos del proceso participativo, requiere un nivel de empoderamiento de la población y exige responsabilidades correlativas.

En ese sentido, según (Navas y Benavides, 2023, p. 85-94) existe una mirada minimalista y una maximalista de democracia. Respecto a la mirada minimalista sostienen que es la visión que considera a la democracia como una delegación de poder que contiene procedimientos que permiten la competencia entre diferentes actores políticos y se manifiesta por la vía electoral, en un principio se denominaba *elitismo democrático,* en el que la única forma de participación era el voto, y poco a poco se fue pasando a otras formas más amplias pero basadas en el modelo de representación. Por su parte, la mirada maximalista, amplía el componente participativo de la democracia, dentro de este enfoque se encuentra la democracia participativa que tiene como antecedente la democracia comunitaria que se caracterizaba por una participación directa en la toma de decisiones, mencionan los autores que la participación tiene tener múltiples variantes pero la condición fundamental es la participación de los ciudadanos no solo por medio del sufragio sino a través de las diferentes formas de construir poder.

De igual manera mencionan (Navas y Benavides, 2023, p. 94-98) que la participación supone una actuación más o menos directa por parte de los ciudadanos y los colectivos pero el grado de proximidad puede variar según la estructura que se adopte, y su debilidad radica en la manera en la que se concretan las formas de participación que provengan de la institucionalidad y sean viables y sostenibles, así mismo, al provenir de la democracia comunitaria se produce sobre todo en esferas locales por lo que el reto consiste en elevarlo a niveles más generales. Exponen los autores que el modelo participativo se conecta con dos asuntos, en primer lugar, con la necesidad de pluralizar los espacios de participación, surge la relación *conexión participación-pluralidad* y la idea de vincular la participación con la calidad de la participación, es decir, con la idea deliberativa de la democracia, surge la relación de *participación-deliberación.*

La democracia participativa en Colombia tiene su génesis desde la Asamblea Nacional Constituyente de la que nacería la Constitución de 1991. De conformidad con Orlando Fals Borda[133], "*La elección de delegatarios a la Asam-*

[133] En "La accidentada marcha hacia la democracia participativa en Colombia", Texto del capítulo solicitado para el libro colectivo, La democracia en América Latina: actualidad y perspectivas, editado por Pablo González Casanova y Marcos Roitman, que será

*blea Nacional Constituyente realizada en Colombia el 9 de diciembre de 1990 se hizo con un claro mandato: poner, en una nueva carta, las bases de una "democracia participativa" como aval a las instituciones que venían en una larga crisis de descomposición e ilegitimidad"*. De igual manera considera la ideología de la participación es el cimiento de la nueva Constitución y a su vez empezó a demoler las prácticas bipartidistas tradicionales como el monopolio burocrático del Estado, el clientelismo, la corrupción y el abuso de poder, así mismo según Fals Borda "*La democracia participativa, como eje central de la Carta de 1991, cuenta con dos importantes elementos de apoyo: 1) el pluralismo político, cultural y étnico; y 2) la autonomía y la descentralización territoriales"*. Por otro lado, menciona (Fals Borda, 1996, p. 70-71) que desde la séptima papeleta se buscaba pasar por encima de los obstáculos de la Constitución vigente para llegar a una Constitución con más amplios márgenes de actividad ciudadana; estos esfuerzos sumados a los de la Alianza Democrática-M19 hicieron abrir los ojos a los dirigentes liberales y conservadores, y sus delegatarios al llegar a la Asamblea Nacional Constituyente, estuvieron de acuerdo en proclamar a la "democracia participativa" como una de las bases de la nueva Carta.

Para Fals Borda, la búsqueda de los colombianos de una alternativa política centrada en la participación del pueblo para resolver los problemas del Estado apenas inicia, la considera una revolución sui generis no violenta que trae consigo retos a enfrentar tanto ideológicos, hasta de territorio y es importante el papel de los movimientos sociales, políticos, cívicos y regionales que fueron los que dieron el primer paso hacia la democracia participativa. Se entiende la urgencia por parte los ciudadanos de obtener una Constitución que contemplara la democracia participativa, ya que durante décadas los gobiernos abusaron del Estado de Sitio que le otorgaba facultades extraordinarias al presidente para "Defender los derechos de la Nación y reprimir el alzamiento" y para tomar medidas extraordinarias o decretos de carácter provisional legislativo. Casi todos los gobiernos se excusaban en la violencia que vivió y ha vivido[134] el país durante casi toda su historia para extralimi-

publicado en Madrid bajo los auspicios de la Universidad Complutense de Madrid y la Universidad Nacional Autónoma de México. Con la anuencia de los editores

134 Mauricio García Villegas, en su columna "Un país de estados de excepción" para el periódico El Espectador señaló: "El estado de excepción se convirtió, por lo menos hasta 1991, en un instrumento ordinario de la política gubernamental. He aquí cuatro indicaciones de esta anomalía. 1) La excepción era casi permanente. Así, por ejemplo, en los 21 años transcurridos entre 1970 y 1991 Colombia vivió 206 meses bajo estado de excepción, es decir, 17 años, lo cual representa el 82 % del tiempo transcurrido. Entre 1949 y 1991 Colombia vivió más de 30 años bajo estado de sitio. 2) Buena parte de las normas de excepción han sido legalizadas por el Congreso, lo cual ha convertido al Ejecutivo en un legislador de hecho. 3) Hubo períodos en los cuales se impusieron

tarse con esta declaración de Estado de Sitio establecida en el artículo 121 de la Constitución de 1886. La anterior situación sumada a una constitución que no establecía mecanismos de participación derivaba en una participación ciudadana casi nula.

Varias son las disposiciones de la Constitución Política que se refieren a la democracia participativa, tales como el preámbulo y los artículos 2, 40, 41, 45, 48, 49, 78, 79, 103, 112, 152, 176, 265, 270, 307, 311, 318, 319, 327, 342, 377 y 378. Si bien es un avance que se determine que el Estado colombiano posee una democracia participativa, lo cierto es que ha sido mucho más difícil ponerlo en práctica de lo que se esperaba. La violencia, el clientelismo, la corrupción y el abandono estatal, han sido impedimento en la materialización de la participación, así mismo, aunque la constitución establezca que Colombia es un Estado descentralizado, lo cierto es que aparentemente solo se percibe la presencia estatal en las principales ciudades, ya que existen muchísimas zonas (en su mayoría rurales y en la periferia) que son abandonadas por el Estado, en estas zonas la pobreza[135] es mucho más alta y carecen de servicios básicos[136] si en estas regiones no llegan servicios básicos como un sistema de salud y agua[137] significa que no existe Estado y si no existe el Esta-

---

profundas restricciones a las libertades públicas, a través por ejemplo de la justicia militar para juzgar a los civiles. A finales de 1970 el 30% de los delitos del Código Penal eran competencia de cortes marciales y 4) La declaratoria y el manejo de la excepción desvirtuaban el sentido y alcance de las normas constitucionales sobre la materia, debido a la ausencia total de un control político y jurídico". Fuente: https://www.elespectador.com/politica/un-pais-de-estados-de-excepcion-article-43317/

135 Según el DANE: "En 2022, el porcentaje de personas en situación de pobreza multidimensional en Colombia fue 12,9% en el total nacional; en las cabeceras de 8,7% y en los centros poblados y rural disperso de 27,3%, es decir, el porcentaje de personas en situación de pobreza multidimensional en centros poblados y rural disperso fue 3,1 veces el de las cabeceras." Fuente: https://www.dane.gov.co/files/investigaciones/condiciones_vida/pobreza/2022/bol-pobreza-multidimensional-2022.pdf

136 Según el Ministerio de Vivienda: "En el país 12 millones de personas tienen acceso inadecuado al servicio de agua potable, esto representa un 25% de la población, y 3,2 millones de personas no tienen ningún acceso, siendo especialmente crítica esta situación en el sector rural. Cerca de 1,5 millones de personas realizan sus necesidades fisiológicas al aire libre y solo se trata el 52% de las aguas residuales." Fuente: https://minvivienda.gov.co/sala-de-prensa/iniciamos-proyectos-de-agua-y-saneamiento-basico-en-24-departamentos-para-beneficiar-13-millones-de-personas-desatendidas-ministra-de-vivienda

137 Fuente: https://www.opendemocracy.net/es/pueblos-colombianos-olvidados-por-el-estado/

do para cosas fundamentales como estos servicios, mucho menos va a existir para que allí se pueda ejercer una democracia participativa[138].

Según (Fals Borda, 1996, p. 68) entre las innovaciones de la Constitución de 1991, *"se destaca la de la participación popular. Se deriva ésta a su vez de una concepción ideológica pluralista (étnica y cultural) que venía de atrás, desde las luchas del Frente Unido del Padre Camilo Torres (1965). Muchos consideramos que estas tesis participativas están en la esencia de la Constitución"*. De igual manera menciona (Fals Borda, 1996, p. 70) que este concepto en Colombia se debe a

> Carlos Urán -magistrado adjunto de la Corte Suprema de Justicia que murió en la toma del palacio en 1985-, se debe la primera especificación conocida del concepto de "democracia participativa" en Colombia, como aparece en el editorial del Boletín del Movimiento Popular, Correo MP de marzo de 1984. Este Boletín se publicaba como vocero de las nuevas fuerzas políticas. Todavía fríamente recibida por las élites del poder, la idea fue poco a poco retomada por periodistas influyentes como Alfredo Vásquez Carrizosa y Jorge Child.

Según (Uribe, 2002, p. 198) En la Constitución 1991 se intentó una integración entre la democracia participativa y la representativa, se mantuvo el viejo *"modelo partidista, presidencialista, parlamentario y electivo con mecanismos de democracia directa, local y participativa tales como: la iniciativa popular legislativa, la revocatoria del mandato, las consultas populares, el plebiscito, el referendo, el cabildo abierto, la participación en la planeación y el control de las políticas públicas"*; No obstante, esta unión entre modelos democráticos (la representativa y la participativa) no obedeció a un propósito común y fue más bien la consecuencia de la variedad de opiniones sobre la participación que fueron adoptadas por la carta, o también pudieron ser el resultado de disputas y acuerdos entre los diversos movimientos políticos y sociales que conformaron la Constituyente.

Los mecanismos de participación ciudadana no han sido utilizados de manera eficiente por los ciudadanos, (Uribe, 2002, p. 202) menciona que:

---

138 (Uribe, 2002, p. 195-196) Indica que: *"la exclusión no se agotaba en los marcos de la política, se presentaban a su vez formas aberrantes de exclusión social que afectaban a las etnias dominadas pero que tenían que ver, y de manera contundente, con las asimetrías en las relaciones institucionales de las regiones y las localidades con el centro administrativo del Estado; el centralismo estaría en la raíz de muchos de los conflictos bélicos al dejar territorios y pueblos sin presencia institucional de la fuerza pública y al margen de los programas de desarrollo y bienestar social. Por eso no es extraño que en la construcción de la trama sobre la democracia participativa se asociara de manera orgánica la participación con la descentralización; el propósito era el de acercar el ciudadano a las autoridades y a los lugares de decisión de las políticas públicas, con el ánimo de lograr una administración más transparente y eficaz; un mayor control sobre los funcionarios corruptos y la inclusión de los temas de interés ciudadano en las agendas públicas"*.

> al parecer los actores sociales que encarnan la participación en la gestión pública han seguido uno de estos tres caminos: a) la cooptación por las dinámicas clientelistas y armadas; b) la vacuidad o la irrelevancia de su presencia en los aparatos de gestión; los actores de la participación están allí pero sin llevar una representación clara, sin propósitos específicos y sin capacidad real para incidir en las decisiones administrativas que allí se toman, y c) la artificialidad y el formalismo, resultantes de convocatorias gubernamentales ordenadas por la ley, sin correspondencia con demandas sociales de origen ciudadano; es decir, con un propósito que venga de lo social, tales como las juntas municipales de educación, los consejos de política social, los comités de participación comunitaria en salud o los centros de desarrollo comunitario (en Medellín).

Lejos de cumplir con su propósito de eliminar la distancia entre gobernantes y gobernados y procurar la incidencia de los ciudadanos en las decisiones que tome el Estado, los mecanismos de participación ciudadana han sido instrumentalizados por parte de los gobiernos, *"han convertido la participación en un mecanismo de legitimación de decisiones previamente adoptadas "en las alturas""* (Rubio, 2021, p. 67), en relación con lo anterior (Jiménez, 2023, p. 203) menciona que un referendo o un plebiscito no consiste solamente en la convocatoria a votar sino que se requiere de un nivel de pedagogía y espacios para la deliberación para construir un juicio sobre lo que se decidirá, ya que la legitimidad popular no es solo la suma de votos. Por tanto, utilizar los mecanismos de participación ciudadana solo para validar decisiones previamente adoptadas va en contravía de la razón de ser de estos mecanismos. Estos mecanismos cuando son utilizados muchas veces se disfrazan de participación ciudadana cuando en realidad tienen objetivos políticos diferentes, un ejemplo de esto son las consultas de los partidos o movimientos políticos, consignadas en el artículo 5 de la Ley 1475 de 2011 dónde se establece que son *"mecanismos de participación democrática y política"*, estas consultas son utilizadas para medir el pulso de los precandidatos como de los partidos o movimientos políticos ad portas de las elecciones presidenciales.

Otro ejemplo de la instrumentalización de los mecanismos de participación ciudadana fue el plebiscito de 2016 que tenía como objetivo aprobar los acuerdos de paz entre el gobierno de Colombia y la guerrilla de las Fuerzas Armadas Revolucionarias de Colombia-Ejército del Pueblo (FARC-EP), para muchos sectores no era necesario convocar a un plebiscito para la validez legal de este acuerdo ya que el artículo 22 de la Constitución Política establece que "La paz es un derecho y un deber de obligatorio cumplimiento", esto fue compartido por la Contraloría General de la República y la Fiscalía General de la Nación quienes consideraban que el presidente de la República tenía la facultad constitucional para firmar el acuerdo sin la validación de los colombianos, así mismo consideraban que por vía del Congreso (cosa que finalmente ocurrió) se podría refrendar el acuerdo[139].

El mismo acuerdo estableció su forma de refrendación[140], pero esto se convirtió en un instrumento para medir la opinión ciudadana ya que no existía una verdadera necesidad para su refrendación legal, la cual podía realizarse por otros medios. La anterior situación encaja en lo que (Gargarella, 2023, p. 20) llama *situaciones de extorsión,* ya que el poder presenta varias propuestas complejas para decidir con un único voto, cuando debería decidirse sobre cada una de las propuestas, entonces el ciudadano se ve en la obligación de ratificar con su voto algo que repudia para lograr algo que desea, y menciona que esto ocurrió en Colombia con el Acuerdo de Paz, ya que era un documento que tenía alrededor de 300 páginas y las personas solo tenían la alternativa de votar SÍ o NO.

Así pues, la desventaja que tiene la democracia participativa es que no existe un debate ni una deliberación previa de la ciudadanía y en muchas ocasiones el papel de esta termina reducido a una votación sin que en realidad participe de las decisiones que se están tomando, para (Guzmán, 2011, p. 38) *"Los mecanismos de participación adolecen de debate y deliberación cara a cara ciudadano y gobernante o partido político, se consolida con encuestas, medios de comunicación y publicitarios, nada distinto a las elecciones de representantes".* De igual manera considera que el ciudadano deja de ser persona para ser tratado como un medio ya que en la democracia participativa decisionista en vez de convertir al ser humano en el fin en sí mismo, lo instrumentaliza.

Por otro lado, Guzmán considera que los mecanismos de participación directa son un peligro para las minorías por *"la facilidad que tiene el Estado de imponer modelos éticos, económicos, políticos y hasta religiosos".* Volviendo al ejemplo del plebiscito de 2016, se puede evidenciar lo que menciona Guzmán, ya que ganó el NO en ciudades principales como Medellín y Bucaramanga, y el SI ganó en la periferia: ganó en el 86% de los municipios más pobres del país, en el 67% de los municipios con mayor número de acciones violentas y en el 62% de los municipios más desiguales[141]. Además, arrasó con una mayoría del 95,78% en el municipio de Bojayá departamento del Chocó, en donde ocurrió una de las masacres más desgarradoras perpetradas por las FARC. Con el ejemplo anterior se muestra como perdió una minoría

---

139 Fuente: https://www.elespectador.com/colombia/mas-regiones/plebiscito-no-es-necesario-para-refrendar-acuerdo-de-paz-contralor-article-621555/

140 Específicamente en el punto 2.2.2 del Acuerdo Final para la Terminación del Conflicto y la Construcción de una Paz Estable y Duradera.

141 Fuente:https://cnnespanol.cnn.com/2016/10/03/colombia-los-departamentos-con-mas-victimas-votaron-mayoritariamente-si-en-el-plebiscito/

que había sufrido los estragos de la guerra y el abandono estatal y el NO ganó en la parte central del país en dónde el conflicto no se vivió tan agudamente como en la periferia y en lo rural.

Resulta curioso que el artículo 103 de la Constitución Política establece que el voto es un mecanismo de participación ciudadana dado que el voto es más característico de una democracia representativa que de una democracia participativa. El voto es un mecanismo que se utiliza para elegir representantes, y no garantiza una participación activa de la ciudadanía en la toma de decisiones políticas. En Colombia se tiende a hacer pasar de participativa a la democracia representativa (Guzmán, 2011, p. 39) menciona que el principio de participación se puede acomodar a todo, y que la Corte Constitucional lo hizo en 1992 al fundamentar el derecho de petición y afirmar que es un mecanismo de participación ciudadana cuando en realidad es un derecho fundamental en la democracia representativa porque en la participativa el gobernante lo tendría que hacer todo público sin que el ciudadano lo pida. Se ha malinterpretado la democracia participativa y se ha hecho pasar por ella lo que en realidad es una mera democracia representativa. Así mismo, menciona (Gargarella, 2023, p. 20) que *"El voto quedó en soledad y se ha quedado vaciado de sentido y de contenido, porque entendemos que no sirve realmente para nada, porque tiene una función múltiple que es imposible y contradictoria"*

Desde 1991 según la Registraduría Nacional del Estado Civil se han realizado 40 consultas populares en los diferentes municipios del país[142], de las cuales 12 no pasaron el umbral, de igual manera se llevó a cabo a nivel nacional la votación de la consulta popular anticorrupción la cual no alcanzó el umbral, así mismo solo se ha llevado a cabo un referendo en el año 2003[143]el cual tenía quince preguntas de las cuales solo una alcanzó el umbral, de igual manera solo se ha llevado a cabo un plebiscito que alcanzó el umbral y ganó el NO, por otro lado, según la Registraduría Nacional del Estado Civil para el año 2018 existían 108 cabildos abiertos[144] y se han presentado ante esta entidad

142 https://www.registraduria.gov.co/Historico-de-consultas-populares

143 De conformidad con (Jiménez, 2023, p. 202) este referendo fue convocado por el entonces presidente Álvaro Uribe Vélez para implementar varias reformar como prohibir la dosis mínima (pregunta retirada por la Sentencia C-551 de 2003 de la Corte Constitucional), eliminar los órganos de control territoriales, entre otras medidas de carácter político. Este referendo no logró el umbral en parte por el importante rol de la oposición que promovió la abstención.

144 https://www.registraduria.gov.co/Historico-de-cabildos-abiertos.html

9 iniciativas legislativas[145] y 72 revocatorias de mandato de las cuales solo 2 prosperaron[146].

Haciendo el recuento de los mecanismos de participación ciudadana que se han utilizado en el país se evidencia no solo que han sido pocos, sino que en muchas ocasiones no prosperan porque no se cumple el umbral, es decir, no hay participación activa de la ciudadanía, así mismo, la participación se muestra insuficiente a la hora de determinar las necesidades de los colombianos toda vez que los mecanismos existentes también se circunscriben solamente a un proceso de votación sin una verdadera inclusión de la ciudadanía en la toma de decisiones, lo que deriva en que la democracia participativa se convierte en una democracia representativa pero con más procesos electorales, sin que en realidad la ciudadanía tenga un papel activo en las decisiones que se tomarán.

La Constitución colombiana fue pionera[147] en establecer en su artículo primero que Colombia está organizado de manera democrática, participativa y pluralista. Se entiende que la Asamblea Nacional Constituyente creyera en su momento que esta fórmula sería la adecuada para darle poder decisorio al ciudadano y superar la distancia entre gobernantes y gobernados, lo cierto es que en la práctica no ha sido así y la participación ciudadana ha sido más bien tenue a la hora de demostrar qué es lo que piensan y necesitan los ciudadanos, por eso y como lo menciona (Guzmán, 2011, p. 35) *"En la actualidad podría afirmarse una mejor opción, cual era haber dejado abierta la posibilidad en la Constitución para la implementación de mecanismos dirigidos al consenso, tanto en el ámbito local como en el regional y nacional, es decir, que se experimentaran mecanismos que ayudasen a acercar y obligar acercar a gobernantes con la ciudadanía en la toma de decisiones: mecanismos experimentales de democracia participativa deliberativa".*

### *4.2.1. ¿Cómo fomentar una democracia más participativa?*

Ahora bien ¿cómo lograr una verdadera democracia participativa? Menciona (Fals Borda, 1987, p. 87) que en los países latinoamericanos se ha im-

---

145 https://www.registraduria.gov.co/Historico-iniciativas-populares-legislativas-y-normativas.html

146 https://www.registraduria.gov.co/Historico-revocatorias-del-mandato.html

147 (Rubio, 2021, p. 53-54) Señala que en la década de los noventa la mayoría de las reformas constitucionales se hicieron con la finalidad de aumentar la participación de la ciudadanía, pero ninguna Constitución iberoamericana lo expresa directamente, sino que, en la práctica, se tiende a unir los mecanismos establecidos en la figura de la democracia participativa. "La Constitución colombiana sería, en este sentido, la primera en constitucionalizar de una forma sistemática el modelo participativo, inaugurando este nuevo constitucionalismo latinoamericano"

plementado un *"método de análisis y aplicación de conocimientos y prácticas llamado "investigación acción participativa" (IAP), un método que permite acercarse científicamente a los elementos y presupuestos del poder popular".* Este método propone una proximidad cultural con lo propio que permite trascender el lenguaje académico restrictivo. Busca alcanzar un equilibrio mediante formas combinadas de análisis cualitativo y de investigación, tanto colectiva como individual. Se propone combinar y acumular de manera selectiva el conocimiento derivado tanto de la aplicación de la Razón instrumental cartesiana como de la racionalidad cotidiana y las experiencias de las personas comunes. Esto con el fin de poner ese conocimiento sentipensante al servicio de los intereses de las clases y grupos mayoritarios explotados, especialmente aquellos en las zonas rurales más desfavorecidas.

Para (Fals Borda, 1987, p. 87-88) La Investigación Acción Participativa (IAP) ha progresado lo suficiente en estos años como para proporcionar indicadores positivos sobre la integración de procesos participativos con las comunidades populares en numerosos países. Esto se refleja en todas las experiencias tanto en Colombia como en otros países latinoamericanos, donde se ha confirmado que las comunidades campesinas, a pesar de no haber recibido educación formal y enfrentar el analfabetismo, poseen inteligencia, capacidad ejecutiva e inventiva suficientes para desarrollarse de manera autónoma. Pueden desempeñar roles en la descentralización política e institucional, realizar su propia planificación de actividades, ejecutar y supervisar trabajos, y administrar recursos naturales y financieros de manera responsable cuando entienden y están comprometidas con las tareas. Estas comunidades tienden hacia la paz y el progreso colectivo, y rechazan la violencia reaccionaria y el militarismo en todas sus formas, excepto cuando se ven obligadas por circunstancias extremas.

La implementación de métodos por ese estilo son de vital importancia para acercar a los ciudadanos, principalmente a los más excluidos, a las dinámicas políticas y ámbitos de decisión. Colombia es un país pluricultural con diversidad de regiones y territorios, lo que hace que sea inútil limitar la participación ciudadana a un escenario electoral; por el contrario debe garantizarse la participación de la población en las decisiones que les afecten, así mismo, de conformidad con lo mostrado por Fals Borda, no se debe menospreciar y dejar a un lado a aquellos sectores de la población que no tuvieron oportunidades de educarse en instituciones educativas formales, sino que se debe tener en cuenta toda clase de conocimientos empíricos que ayuden a la construcción de políticas sociales incluyentes para la población. Deben abrirse los canales de participación para todos los ciudadanos, en especial aquellos de regiones rurales o apartadas, para que puedan participar de las decisiones importantes para el país, ya que como se ha señalado anteriormente, la centralización hace que las decisiones que afectan a todos se tomen en la capital o en las principales ciudades, sin tener en cuenta las necesidades de aquellos que tradicionalmente han sido excluidos.

¿Cómo fortalecer la democracia participativa? De acuerdo con el portal de noticias de la Universidad de la Sabana se debe: 1. Consolidar el voto informado, los ciudadanos responsables deben tener en cuenta i) Revisar si la persona por la que votará ha sido antes candidato o funcionario y su partido político y verificar los proyectos por los que ha votado y sus antecedentes, ii) Verificar los financiadores de sus campañas. 2. Fortalecer las veedurías ciudadanas y fomentar su creación y participación activa, estas representan una herramienta fundamental para asegurar la transparencia en la gestión pública y juegan un papel crucial al monitorear la contratación, la administración de recursos y el seguimiento de obras públicas, contribuyendo así a un gobierno más responsable y a la rendición de cuentas. 3. Fortalecer la protesta social pacífica, es la única vía para fortalecer la democracia con el derecho de la ciudadanía para expresar su voz a través de la protesta social. Este es un derecho constitucional; pero, más allá de ser un derecho, la protesta social y las distintas manifestaciones de la ciudadanía lo que expresan es el descontento de las personas que muchas veces no pueden votar[148].

Por su parte, la Fundación Ideas para la Paz extrae diez recomendaciones que surgieron fruto del intercambio de saberes en el *"Diálogo virtual de saberes para el fortalecimiento de la participación ciudadana"*, el cual sirvió para conocer las experiencias de los participantes en el fortalecimiento de los procesos participativos a nivel local y en la promoción del diálogo y la articulación entre la sociedad civil y las instituciones. Las recomendaciones que da la Fundación son las siguientes: 1. Mantener el enfoque de "Paz Territorial" con participación será clave para la cooperación internacional y la implementación del Acuerdo de Paz con las FARC. 2. Establecer alianzas entre instituciones, sociedad civil, sector privado y cooperación fortalece las iniciativas locales. 3. Vincular activamente a la ciudadanía en campañas y gestión pública es crucial para integrar la construcción de paz en la agenda local. 4. Priorizar proyectos de conectividad en regiones rurales asegura procesos participativos descentralizados. 5. Formar líderes y transferir aprendizajes fortalece la participación ciudadana y la planeación territorial. 6. Intercambiar experiencias entre pares fortalece la participación ciudadana y la influencia en políticas públicas. 7. Impulsar redes entre líderes comunitarios fortalece la participación y articulación regional. 8. Rescatar la interculturalidad y la inclusión promueve un

---

148 Fuente: https://www.unisabana.edu.co/portaldenoticias/al-dia/como-se-fortalece-la-democracia-con-la-participacion-ciudadana/

diálogo más robusto en la participación ciudadana. 9. Incorporar metodologías de diálogo inclusivo enriquece los ejercicios participativos. 10. Planificar integralmente el territorio, integrando visiones locales sobre temas como la vida, el agua y la sostenibilidad, es esencial para una gestión efectiva.

Para fortalecer la democracia participativa y hacerla más inclusiva, es fundamental implementar educación cívica y fortalecer la cultura de lo público, facilitar espacios efectivos de participación ciudadana tanto físicos como virtuales, garantizar transparencia y acceso a la información pública y fomentar el uso del gobierno en línea, fortalecer las veedurías ciudadanas para supervisar la gestión pública, realizar consultas y audiencias públicas, aprovechar tecnologías para la participación virtual, capacitar y apoyar a líderes comunitarios, promover la diversidad y la inclusión en todos los niveles de participación, y establecer mecanismos de evaluación continua para mejorar los procesos participativos y asegurar una representación equitativa de los intereses ciudadanos en la toma de decisiones.

### 4.3. La importancia de empezar a recorrer el camino hacia la democracia deliberativa en Colombia

Como se mencionó al inicio del capítulo antes de la Constitución de 1991 se tenía una democracia representativa, según (Cuervo, 2012, p. 19) este sistema democrático permite que un grupo de ciudadanos elegidos por otros tomen decisiones, y menciona que en esta lógica existen momentos de deliberación: i) deliberación por parte de los ciudadanos al momento de elegir los representantes, ii) deliberación por parte de los representantes en las asambleas legislativas, con margen de independencia para modificar sus preferencias políticas sin traicionar el mandato conferido, iii) deliberación entre representantes y representados en la rendición de cuentas, iv) deliberación de los ciudadanos en los espacios donde se dan procesos de decisión que afectan a los ciudadanos. Define (Cuervo, 2012, p. 20) que una democracia deliberativa se define como aquella en la que intervienen en los procesos de toma de decisiones quienes se vean afectados por la decisión final y supone que quienes participan en la deliberación son personas racionales que saben maximizar su bienestar y son imparciales, por lo que considera el autor que la deliberación no tiene un vínculo fácil con la democracia representativa, toda vez que uno de los presupuestos del vínculo entre representante y representado es que éste de alguna manera renuncia a la deliberación delegando esta función en su representante.

Según el artículo tercero de la Constitución Política de 1991 "*La soberanía reside exclusivamente en el pueblo, del cual emana el poder público. El pueblo la ejerce en forma directa o por medio de sus representantes, en los términos que la Constitución establece.".* Para (Sartori, 1993, p. 23) *"afirmar que "el poder es del pueblo" se establece una concepción sobre las fuentes y sobre la legitimidad del poder. Para este efecto, democracia quiere decir que el poder es legítimo sólo cuando su investidura viene de abajo, solo si emana de la voluntad popular, lo cual significa, en concreto, si es y en cuanto libremente consentido".* Para (García de Enterría, 1997, p. 56-58) citando a Kelsen, el pueblo no es un conglomerado de individuos determinados y regidos por un orden estatal, ya que el individuo no pertenece nunca a una colectividad social por la totalidad de su ser, de sus funciones, y de su vida psíquica y física, por lo que se debe formar una voluntad general, ya que solo un orden general vivo en la consciencia de todos los miembros es lo único que puede permitir el funcionamiento de los órganos que cumplen los actos colectivos individuales.

Para (Habermas, 1998, p. 380) la democracia como oposición a la autocracia, tiene un conjunto de reglas que establecen quién está autorizado a tomar las decisiones colectivas y con qué procedimientos, así mismo menciona que las democracias cumplen con el "mínimo procedimental" necesario en la medida en que garanticen *"a) la participación política del número mayor posible de ciudadanos interesados, b) la regla de la mayoría para las decisiones políticas, c) los derechos de comunicación habituales y con ello la selección entre programas diversos y grupos rectores diversos y d) la protección de la esfera privada".*

De conformidad con (García de Enterría, 1997, p. 67) la democracia es más que un simple procedimiento formal de designación de gobernantes, la idea de que un pueblo gobierna por sí mismo se expresa en el principio de que *"nos sometemos todos a las Leyes que han sido adoptadas sobre la base de una decisión común de los miembros de la colectividad iguales en derechos"* (p. 67) así mismo considera García de Enterría que la democracia tiene un componente liberal esencial ya que además del derecho a participación en la formación de la voluntad general, el ciudadano no se sujeta enteramente a esta, debido a que sigue siendo el titular de derechos propios que constituye un límite del poder, tales como la libertad, igualdad de derechos y democracia.

Para (García de Enterría, 1997, p. 69) la democracia no se reduce a procedimientos o instituciones, sino que es la fuerza social política que intenta transformar el Estado de Derecho en favor de los intereses de los dominados, es por esto por lo que debe entenderse a la democracia como el régimen que reconoce a los individuos y las colectividades como sujetos y les protege en su voluntad de vivir su vida. De igual manera considera Sartori que *"Hay democracia cuando existe una sociedad abierta en la que la relación entre gobernantes y gobernados es entendida en el sentido de que el Estado está al servicio de los ciudadanos y no los ciudadanos al servicio del Estado, en la cual el gobierno existe para el pueblo y no viceversa".* (p. 24). Es por esto por lo que es importante que el pueblo ejerza su soberanía y participe activamente en la democracia no solo mediante la participación electoral o por medio de mecanismos de participación, sino que se hace necesario avanzar hacia el diálogo ciudadano.

Por su parte (Habermas, 1998, p. 376-377) menciona que el concepto de soberanía popular surge por la apropiación republicana de la idea de soberanía ligada al príncipe que gobierna en términos absolutista donde el Estado, monopoliza los medios de aplicación legítima de la violencia y concentra el poder capaz de subyugar a los demás poderes. De igual manera menciona (Habermas, 1998, p. 378) que la idea de soberanía popular, desde una perspectiva procedimentalista, se refiere a las condiciones sociales que permiten la autoorganización de una comunidad jurídica, pero estas condiciones no están completamente bajo el control de los ciudadanos. La comprensión normativa de la política deliberativa requiere un modo discursivo de asociación para la comunidad jurídica, pero este no abarca toda la sociedad, que incluye al sistema político organizado como un Estado de derecho. La política deliberativa es solo un elemento dentro de una sociedad compleja que escapa a la consideración normativa que ofrece la teoría del derecho.

De acuerdo con (Dahl, 1992, p. 103-105) para vivir en asociaciones se deben tomar decisiones, las cuales son obligatorias para los miembros, estas decisiones son las colectivas o decisiones de gobierno. Se entiende que la democracia es el gobierno del pueblo y es por esto por lo que es a este al que le corresponde la toma de decisiones. Si bien es cierto la democracia tiene muchas críticas, cuando se adopta este sistema se tiende a generar el mejor sistema político posible para el Estado, considera Dahl que si se hace un paneo las sociedades que han estado más cerca de cumplir con las premisas democráticas en general son mejores que las demás y resultan más convenientes aún con sus imperfecciones.

Expone (Dahl, 1992, p. 373) que el proceso democrático tiene ventajas en al menos tres aspectos si se compara con otras formas de autogobierno. En primer lugar, fomenta la libertad de una manera incomparable: tanto la libertad de determinar el propio destino individual y colectivo, como el grado de autonomía moral que facilita y permite, así como una serie de libertades más específicas inherentes al proceso democrático o que son condiciones previas para su existencia, debido a que aquellos que respaldan la idea y la práctica de la democracia también tienden a apoyar otras libertades. En segundo lugar, impulsa el desarrollo humano, especialmente en términos de la capacidad para ejercer la autodeterminación, la autonomía moral y la responsabilidad por las propias decisiones. Por último, representa la forma más segura (aunque no perfecta) que tienen los seres humanos para proteger y promover los intereses y valores que comparten con otros seres humanos.

Respecto al proceso democrático menciona (Habermas, 1998, p. 372-373) que el procedimiento que representa la política deliberativa constituye la pieza nuclear del proceso democrático, ya que este se efectúa en la forma de compromisos entre intereses, de igual manera, conforme a la concepción republicana, la formación democrática de la voluntad se efectúa en la forma de un autoentendimiento ético-político, ya que la deliberación puede apoyarse en un consenso de fondo que se inculca por la propia cultura en la que ha crecido, según Habermas el republicanismo se debe asentar en las reglas de discurso y formas de argumentación que se basan en la validez de la acción orientada hacia el entendimiento. Esto se deriva de la estructura de la comunicación lingüística y del orden único que representan la socialización y la asociación a través de la comunicación. Conforme la concepción republicana la formación de la opinión de los ciudadanos es el medio a través del cual la se constituye la sociedad como un todo políticamente estructurado, ya que la autodeterminación política de los ciudadanos se torna consciente de sí misma y funciona sobre sí misma por medio de la voluntad colectiva de los ciudadanos, por lo que la democracia significaría autoorganización política de la sociedad en conjunto y su consecuencia es una concepción de la política polémicamente dirigida contra el aparato estatal (Habermas, 1998, p. 373)

Menciona (Habermas, 1998, p. 381-383) que Cohen caracteriza el procedimiento democrático bajo los siguientes postulados: a) Las deliberaciones se efectúan en forma argumentativa, b) Las deliberaciones son inclusivas y públicas, c) Las deliberaciones están exentas de coerciones externas, d) Las deliberaciones están exentas de coerciones internas que puedan mermar la igual posición de los participantes, e) Las deliberaciones se enderezan en general a alcanzar un acuerdo racionalmente motivado, f) Las deliberaciones políticas se extienden a la totalidad de las materias que pueden regularse en interés de todos los iguales, g) Las deliberaciones políticas se extienden también a la interpretación de las necesidades y al cambio de preferencias políticas. De igual manera menciona (Habermas, 1998, p. 383) que toda asociación que institucionalice tal procedimiento con el fin de regular democráticamente las condiciones de convivencia, convierte de ello en comunidad de ciudadanos, así mismo, el procedimiento ideal de deliberación y toma de decisiones supone que la asociación pueda regular imparcialmente las condiciones de su convivencia. Por otro lado, argumenta (Habermas, 1998, p. 386) que la política deliberativa se nutre de una interacción entre la formación de la voluntad articulada en términos democráticos y la formación informal de la opinión.

Así mismo, (Habermas, 1998, p. 374) menciona las diferencias entre el modelo liberal, la teoría del discurso y el republicanismo, menciona que el modelo liberal tiene como núcleo la normación de una sociedad económica en forma de Estado de Derecho y a través de él satisface las expectativas de felicidad de las personas privadas; Por su parte la teoría del discurso se asocia con el proceso democrático tiene connotaciones normativas más fuertes que el modelo liberal pero más débiles que el modelo republicano, ya que el republicanismo pone en el centro el proceso de formación de la opinión y la voluntad política. Considera Habermas que, para el desarrollo y consolidación de una política deliberativa, la teoría del discurso los hace depender de la institucionalización de los procedimientos y presupuestos comunicativos, así como de la interacción de deliberaciones institucionalizadas con opiniones públicas desarrolladas informalmente (Habermas, 1998, p. 374).

En el mismo sentido, menciona (Habermas, 1998, p. 376) que la formación democrática de la voluntad tiene la función de construir la sociedad como una comunidad política y mantener vivo ese acto fundacional, así mismo menciona que el gobierno es parte de una comunidad política que se administra a sí misma. Con la teoría del discurso se introduce otra idea: Los procedimientos y presupuestos comunicativos para la formación de una opinión y voluntad democrática, funcionan para la racionalización discursiva de las decisiones de la administración ligadas al derecho y a la ley.

Por otro lado, establece (Dahl, 1992, p. 105) criterios para evaluar el mérito de la democracia ideal o real, y parte de la premisa de la idea de la igualdad intrínseca, concepto que extrae de Locke, que expone que todas las personas son iguales en cierto sentido importante y así deberían ser considerados, y por lo tanto nadie tiene el derecho de someter a otro a su voluntad y nadie puede ser sometido al poder de otro sin su consentimiento. Es por esto por lo que todos los ciudadanos tienen que partir de tener un reconocimiento de igualdad en la participación del sistema político para que ninguno sea sometido por otro que tenga más recursos económicos, sociales, educativos. Expone (Dahl, 1992, p. 118) que la igualdad intrínseca tiene dos falencias: no especifica qué se considerará como bienes o intereses humanos, y fija límites vagos e imprecisos a las desigualdades, por lo que no es suficiente para sustentar un reclamo de igualdad política; por lo tanto se debe incluir en la interpretación de los intereses humanos para incluir *"la pretensión de disfrutar de la máxima libertad posible, promover el desarrollo personal y contar con oportunidades para satisfacer las preocupaciones políticas urgentes en forma más general"*.

En 1991 cuando se estaba planteando la nueva Constitución, se pensó en un modelo democrático diferente, en su momento la democracia participativa fue concebida como la mejor opción, pasados más de treinta años del texto constitucional se evidencia la necesidad de un modelo democrático más abierto a los ciudadanos. Para (Martí, 2006, p. 14) la democracia participativa *"sirvió de alimento e inspiración, además de cojín, para la democra-*

*cia deliberativa en los años ochenta. Suele decirse que es precisamente 1980 el año del nacimiento de la democracia deliberativa, porque fue entonces cuando Joseph BESSETTE acuñó esta expresión en su artículo pionero «Deliberative Democracy: The Majority Principle in Republican Government» 1"*, para (Martí, 2006, p. 22) la democracia deliberativa es "*un modelo político normativo cuya propuesta básica es que las decisiones políticas sean tomadas mediante un procedimiento de deliberación democrática. Por lo tanto, consiste, por encima de todo, en un modelo de toma de decisiones. El modelo es normativo porque no aspira a describir cómo es la realidad, cómo efectivamente se toman las decisiones políticas en nuestras democracias avanzadas, sino a mostrar cómo debería ser dicha realidad"*. Según (Navas y Benavides, 2023, p. 101) la innovación de la democracia deliberativa es que coloca la base de la democracia en los procesos comunicativos y no solo en los mecanismos de representación y participación o en la soberanía popular.

Los elementos de la democracia deliberativa que señala (Martí, 2006) empiezan por ***quienes son los sujetos de la deliberación*** para responder a este interrogante sugiere remontarse a Habermas, este filósofo alemán considera que quienes deben participar son aquellos afectados por una decisión; para (Habermas, 1981, p. 38) "*Las normas de acción se presentan en su ámbito de validez con la pretensión de expresar, en relación con la materia necesitada de regulación, un interés común a todos los afectados y de merecer por ello un reconocimiento general; de ahí que las normas válidas, en condiciones que neutralicen cualquier otro motivo que no sea el de la búsqueda cooperativa de la verdad, tienen en principio que poder encontrar también el asentimiento racionalmente motivado de todos los afectados"*[149].

En el mismo sentido (Martí, 2006, p. 79) se cuestiona sobre quien se entiende por afectado, ya que si se entiende que es a quienes aplica la decisión se puede dejar fuera a personas que se verían afectadas por la decisión e incluir a quienes no se verían afectados por esta, pone como ejemplo a los turistas que se ven afectados por las regulaciones de un país, sin embargo resultaría imposible hacerlos parte de la deliberación y también pone como ejemplo a los adultos que deliberan sobre temas de escolarización sin que ellos se vean afectados, sin embargo no resultaría lógico permitir la deliberación en los

[149] De igual manera para Habermas la validez de una norma depende que esta sea reconocida como tal por los afectados: "Que una norma sea válida idealiter significa que merece el asentimiento de todos los afectados, porque regula los problemas de acción en beneficio de todos. Que una norma rija fácticamente significa, en cambio, que la pretensión de validez con que se presenta es reconocida por los afectados. Y este reconocimiento intersubjetivo funda la validez social (o vigencia) de la norma" (Habermas, 1981, p. 128).

niños. Es por esto por lo que resultaría más fácil entender como afectados de a los destinatarios políticos de las decisiones, es decir, *"aquellos que el ordenamiento identifica como sujetos políticos: los ciudadanos que residen en el ámbito territorial de la norma que se espera dictar tras tomar la decisión"*. Garantizar la participación de todos los afectados por una problemática es una oportunidad de autogobierno, y para el ejercicio del poder democrático que tiene cada persona y tienen la responsabilidad de exponer las mejores razones posibles para lograr el convencimiento de los demás y respetar la opinión que resulte vencedora, así mismo los ciudadanos asumen una actitud fiscalizadora o que requiera rendición de cuentas (Jiménez, 2023, p. 170).

Anteriormente se mencionó que para Dahl un criterio para evaluar la democracia era la igualdad intrínseca y este criterio trae consigo el Principio de la Consideración Igualitaria de los Intereses. El principio establece que, en la toma de decisiones colectivas, es crucial comprender y comunicar adecuadamente los intereses de todas las personas involucradas. Sin este paso, es imposible considerar los intereses de cada individuo de manera equitativa. Los defensores de la democracia generalmente han interpretado los "intereses" o "bienes" fundamentales de los seres humanos en tres aspectos: la búsqueda de la máxima libertad posible, el desarrollo pleno de sus capacidades y potencialidades, y la satisfacción de otros intereses que consideren importantes, siempre dentro de límites razonables de factibilidad y equidad. La democracia, en este sentido, se considera un medio fundamental para alcanzar estos objetivos, aunque quizás no sea totalmente suficiente (Dahl, 1992, p. 107). Es por esto por lo que deben poder participar del proceso democrático de manera igualitaria todos aquellos que tengan intereses respecto a las decisiones que se tomarán para que puedan expresar sus necesidades y poder realizar la búsqueda de soluciones colectivas.

De igual manera, (Dahl, 1992, p. 114) considera que existe una relación entre el régimen político y las cualidades de sus ciudadanos y menciona que John Stuart Mill considera que al brindar a todos los ciudadanos la oportunidad de participar activamente en la política; la democracia promueve la independencia, la confianza en uno mismo y la preocupación por la cosa pública. Así mismo, extrae (Dahl, 1992, p. 115-116) los argumentos que expone Mill en sus consideraciones sobre el gobierno representativo, los cuales son: 1. La protección efectiva de los derechos e intereses individuales solo puede asegurarse cuando cada persona es capaz y está dispuesta a defenderlos. La seguridad de los seres humanos contra cualquier daño externo se logra en la medida en que tienen la capacidad de autodefensa, 2. Las personas pueden salvaguardar sus derechos e intereses contra posibles abusos gubernamentales y de quienes ejercen influencia o control sobre él únicamente si tienen la capacidad de participar plenamente en la toma de decisiones gubernamentales, 3. La aspiración debe ser que cada individuo tenga una parte del poder supremo del Estado, lo que implica un sistema de gobierno democrático. 4. En una comunidad más grande que un pequeño pueblo no es factible que todos participen directamente en todas las cuestiones públicas que no sean muy triviales, se concluye que el modelo ideal de gobierno debe ser representativo.

En el mismo sentido (Dahl, 1992, p. 120-124) menciona que se parte del supuesto de que una gran cantidad de los adultos están calificados para autogobernarse, lo que entiende que es el Principio Categórico de la Igualdad, que considera que ninguna persona puede ser mejor juez que uno sí mismo de sus propios bienes e intereses, ni actuará mejor para conseguirlos, y cada persona debe contar con el derecho de especificar cuáles son esos intereses, lo que conlleva a la presunción de la autonomía personal, que sostiene que debe considerarse a cada individuo como el mejor juez de sus propios intereses. Es por esto por lo que en la democracia y en particular en la democracia deliberativa debe procurarse que todo aquel que se vea afectado por una decisión pueda participar en las discusiones para poder defender sus intereses, ya que nadie mejor que esa persona podrá hacerlo. Según (García de Enterría, 1997, p. 55-57) debido a la extensión y complejidad actual de las relaciones sociales no se puede aceptar la forma primitiva de democracia directa ya que entre más grande es la colectividad estatal y menos el "pueblo" se debe crear una voluntad estatal y así el pueblo queda forzado, así sea por razones puramente técnicas a limitar, crear y controlar el aparato que se encargue de esta cuestión. Se resuelve el conflicto construyendo una voluntad colectiva distinta de la voluntad de las personas individuales y es ella quien se presenta como el sujeto de la política y de quien se hace emanar el *imperium*.

El segundo elemento de la democracia deliberativa es el ***objeto de la deliberación,*** (Martí, 2006, p. 82-83) establece que el proceso democrático deliberativo es colectivo, público y versa sobre decisiones políticas y estas deben ser concretas para permitir su adecuada valoración sobre su adecuación, de igual manera los participantes de la deliberación presentan argumentos para favorecer sus preferencias y los demás pueden aceptarlos o no. Por otro lado, existe un debate entre si todo puede ser objeto de deliberación o si hay restricciones a la misma, resultaría lógico afirmar que quedan fuera de la deliberación lo que no sean decisiones políticas y que pertenezcan a la esfera privada de los individuos. Señala (Martí, 2006, p. 88) que los defensores de la democracia deliberativa admiten algunas restricciones ya sea porque son conceptos no susceptibles a deliberación por ser de carácter institucional y por lo tanto podrían ser objetos de deliberación constitucional, más no de la ordinaria, así como hay otros temas que no son objeto de deliberación en razón a la eficiencia. Aclara Martí que la cuestión de si es aconsejable dejar temas fuera de la deliberación democrática ordinaria, no concierne al ideal del modelo sino a su diseño institucional, por lo que se entiende que el modelo de la democracia deliberativa admite, en teoría, "*la deliberación democrática sobre cualquier materia que sea susceptible de análisis y crítica racional*"

El tercer elemento de la democracia deliberativa es ***cómo se delibera,*** y en que consiste el proceso deliberativo para ello (Martí, 2006) presenta los principios estructurales, que son las propiedades formales que constituyen el proceso y son constitutivos y definitorios del proceso, son las reglas constitutivas del modelo ideal, estos principios son: i) Principio de la argumentación, la deliberación es un intercambio de argumentos a favor de determinada postura, más allá de mostrar la preferencia (como ocurre en el voto) la idea es tener un proceso de comunicación para convencer a los demás, ii) Principio de procedimiento colectivo, proceso de reflexión dialógica en el que confluyen las diferentes posturas iii) principio de inclusión, los potencialmente afectados deben tener la capacidad de participar iv) Principio de publicidad, cuando la deliberación la realizan representantes políticos, la publicidad de las deliberaciones funciona como garantía democrática, v) Principio de procedimiento abierto, el procedimiento debe ser flexible en forma y en contenido de las decisiones adoptadas, y se adapta a las circunstancias de cada caso, vi) Principio de procedimiento continuo, el proceso nunca se detiene y por lo tanto los resultados son siempre provisionales porque los argumentos se están analizando siempre, vii) Principio de libertad de los participantes, viii) Principio de igualdad formal de los participantes. Según Martí, estos principios deben tenerse en cuenta a la hora de realizar el diseño institucional de la democracia deliberativa y no es necesario cumplirlos todos por completo.

(Habermas, 1998, p. 65) menciona que la razón comunicativa no queda atribuida a un actor particular o a un macrosujeto estatal-social, sino que es el medio lingüístico, mediante el que se unen las interacciones y se estructuran formas de vida, esta racionalización representa el entendimiento intersubjetivo y realiza un ensamble de condiciones posibilitantes y restrictivas. Parte del hecho de que los participantes persiguen sus fines teniendo en cuenta las pretensiones de validez que son susceptibles de críticas y se muestran dispuestos a asumir las obligaciones que derivan para la secuencia de interacción y llegar a un consenso. Lo anterior es lo que (Habermas, 1998, p. 66) llama la "base de la validez del habla" y comunica las formas de vida que se reproducen a través de la acción comunicativa, la racionalidad de la comunicación se expresa en una trama de varias condiciones que posibilitan y forman la estructura y que promueven la interacción, pero no es una facultad subjetiva que dicte a los actores que es lo que deben hacer, por lo que posibilita una orientación por pretensiones de validez, pero no da orientaciones sobre un contenido determinado para la solución de tareas prácticas, se extiende a todo el espectro de pretensiones de validez, es decir, a la verdad y por lo tanto va más allá del ámbito de las cuestiones práctico-morales.

Por otro lado, respecto a la teoría de la acción comunicativa, menciona (Habermas, 1998, p. 79) que cuando se tienen en cuenta las "fuerzas ilocucionarias de vínculo" que el habla desarrolla en los planes de acción de los distintos actores, es decir, la capacidad de crear lazos que los actos del habla tienen. Así pues, el concepto de acción comunicativa el uso del entendimiento lingüístico para coordinar acciones, también entran en juego las suposiciones hipotéticas de los actores. Estos actores guían sus acciones por la búsqueda de validez, lo cual es crucial para la estructura y la persistencia de los órdenes sociales. Estos órdenes sociales solo pueden mantenerse y ser sostenibles si se reconocen y respetan pretensiones de validez normativas. Esto quiere decir que la tensión entre lo que es y lo que se considera válido, presente en el lenguaje y su uso, afecta la forma en que los individuos socializados se integran. Esta integración, especialmente en el contexto de la comunicación, debe ser abordada por los participantes mismos. En la integración social a través del derecho positivo, esta tensión se estabiliza de una manera particular, como se explicará más adelante (Habermas, 1998, p. 79).

Para (Habermas, 1998, p. 80) la manera en la que se emplea el lenguaje con la finalidad de llegar a un entendimiento del que se desprende la acción comunicativa funciona así: los participantes, a través de la validez que buscan de sus actos de habla, o se ponen de acuerdo o constatan diferencias que con la posterior interacción tienen en cuenta de común acuerdo, con todas las acciones de habla se muestran pretensiones de validez que pueden ser susceptibles de crítica y se orientan a un reconocimiento intersubjetivo. Por otro lado, menciona (Habermas, 1998, p. 80) que, con esas aspiraciones de validez incondicional, que por su naturaleza apuntan más allá de cualquier estándar local específico, se introduce, sin embargo, en la realidad del mundo cotidiano una tensión ideal.

De igual manera, respecto a la acción comunicativa menciona (Habermas, 1998, p. 81) que es necesario crear en los participantes, la idea de que el significado es universal y determina cómo se comunican, ya que confían en que las palabras tienen el mismo significado para todos. Solo así pueden detectar malentendidos. Aunque a veces las palabras pueden interpretarse de manera diferente, esta suposición es necesaria para la comunicación. Esa tensión entre facticidad y validez (*"es decir, la tensión que se da entre la autocomprensión normativa del Estado de derecho, explicada en término de la teoría del discurso y la facticidad social de los procesos políticos -que más o menos discurren en las formas propias del Estado de derecho-*"(Habermas, 1998, p. 364)) es necesaria para comprender desde toda sociología de que solo se puede abrir camino hacia un ámbito común de conocimiento a través de una compresión hermenéutica del sentido, se puede atribuir a los sujetos mismos que actúan comunicativamente la capacidad adquirida con la competencia lingüística de mejorar las deficiencias en la comunicación que se deben solo a malos entendidos. Es por lo anterior que se requiere un lenguaje universal para el entendimiento mutuo que permita que el diálogo no se vea menoscabado por diferencias comunicacionales.

Para (Dahl, 1992, p. 110) la democracia es el sistema que mayor libertad permite a diferencia de otros regímenes, y por lo tanto deben existir derechos, libertades y oportunidades para el adecuado desarrollo del proceso democrático, en la medida en que este proceso existe también deben existir forzosamente tales derechos, libertades y oportunidades. Estos derechos son *"los derechos a la libre expresión, la organización política, la oposición, las elecciones imparciales y libres"*, entre otros. Por otro lado, las precondiciones para el procedimiento deliberativo hacen referencia a las condiciones que deben alcanzarse para que el proceso sea posible.

Según (Martí, 2006) definir las precondiciones es extenso y complejo porque *"La complejidad radica en el hecho de que las precondiciones parten de niveles distintos y entrecruzados. Cada principio posee diversas precondiciones. Y algunas precondiciones lo son de principios distintos. Además, algunas precondiciones son precondiciones de otras precondiciones"*. (Martí, 2006) menciona que de las precondiciones más importantes son el pluralismo y los desacuerdos básicos, ya que si no hay opiniones diferentes no hay nada sobre lo cual deliberar, así mismo otras precondiciones son garantizar la seguridad de los participantes, la estabilidad económica, vida e integridad física de los ciudadanos, así mismo debe asegurarse también un grado mínimo de formación de sus ciudadanos, así como sus capacidades y habilidades argumentativas.

En contextos como el de los países latinoamericanos, que se ven inmersos en modelos con un presidencialismo marcado, se presentan desviaciones del procedimiento deliberativo y la posibilidad de alcanzar respuestas colectivas a los desacuerdos; es por esto que una manera de contener esas desviaciones del procedimiento deliberativo es modular la actuación de los actores que hacen parte de este y asegurar que todos puedan expresar de manera igualitaria sus ideas para así construir progresivamente una decisión justa que no desconozca el desacuerdo. El procedimiento deliberativo busca racionalizar la deliberación y garantizar las condiciones morales, para que los ciudadanos puedan participar de forma igualitaria y así mismo reconocer al otro, para que puedan argumentar y poder llegar a un razonamiento público para adoptar libremente una decisión (Jiménez, 2023, p. 172-173). El procedimiento deliberativo busca facilitar la toma de decisiones justas e imparciales, así como fomentar el intercambio de ideas. En contextos políticos donde prevalece el presidencialismo, el caudillismo o figuras gubernamentales dominantes y excluyentes, así como en estados de derecho débiles, el desarrollo de un diálogo constructivo puede ser limitado, este tipo de intercambio representa el primer paso hacia la creación de un foro deliberativo, que permita la participación ciudadana en decisiones de interés público que afecten sus vidas. (Jiménez, 2023, p. 175)

Otro teórico de las democracias deliberativas es Carlos Santiago Nino, él también defiende una concepción dialógica y para explicar la teoría de la democracia deliberativa analiza a John Rawls y Jürgen Habermas, según (Nino, 1997, p. 157) Rawls entiende que en la regla democrática de la mayoría no hay nada que demuestre que la voluntad de la mayoría es la correcta, así mismo reconoce que la discusión entre una pluralidad de personas es beneficiosa porque pone un límite a la parcialidad, se aumentan las diferentes perspectivas y conocimientos y así mismo es más fácil detectar los errores del razonamiento. Por su parte Habermas, coincide con Rawls en que los presupuestos formales como la imparcialidad son decisivos para otorgar validez a los principios morales; para el filósofo alemán *"son reglas de una práctica social del discurso intersubjetivo"* (p.160), de igual manera considera que *"solo la discusión colectiva "en la búsqueda cooperativa de la verdad" es una forma confiable de acceder al conocimiento moral"*. (p.160). De conformidad con (Jiménez, 2023, p. 171) *"la deliberación exige un valor epistémico radicado en dotar a la democracia de la capacidad de generar un conocimiento adecuado para resolver problemas relevantes en una comunidad política, bajo la igualdad de participación y la promesa de convencer a los demás para que asuman una determinada postura, pero de ser vencido, gozar de la posibilidad de mantener sus convicciones"*.

Por su parte, (Dahl, 1971, p. 16) establece que el proceso democrático consta al menos de dos dimensiones: el debate público y el derecho y a participar y hace referencia a la poliarquía que son regímenes considerablemente democráticos y *"liberalizados y popularizados, es decir, muy representativos a la vez que francamente abiertos al debate público"*, cuando los sistemas evolucionan hacia las poliarquías, aumentan las posibilidades de participar y de realizar un auténtico debate y por lo tanto el número de preferencias que deben considerarse en el ejercicio del poder político. En ese sentido (Dahl, 1971, p. 29-39) menciona las ventajas de avanzar hacía los modelos de poliarquías, entre las cuales se encuentran: 1) oportunidades para oponerse al gobierno, formar organizaciones políticas y expresarse libremente y por lo tanto escuchar diversos puntos de vista, 2) La participación abierta y la competencia política combinadas originan un cambio en la composición política de los dirigente, 3) Si el sistema se hace más competitivo o representativo, los políticos buscan el apoyo de los nuevos grupos que ingresan a la vida política, genera las nuevas oportunidades de participación y de debate público, 4) Entre, mayores oportunidades existan para debatir, organizarse, y adquirir representación de las preferencias políticas, mayor será el número y diversidad de intereses políticos con probabilidades de estar presentes en la vida política, 5) Las formas de gobierno con bajos umbrales de participación y debate público tienen consecuencias negativas, 6) Si las diferencias persisten durante períodos de tiempo muy prolongados, los distintos regímenes influyen en las creencias, actitudes, cultura y personalidad de sus ciudadanos.

Según (Dahl, 1988, p. 92-96) las condiciones necesarias para maximizar la soberanía popular y la igualdad política son: 1. Cada miembro de la organización realiza actos que constituyen la expresión de su preferencia entre las alternativas existentes (vota). 2. Al registrar estas expresiones (votos), se asigna un valor a la decisión de cada individuo que vota. 3. La alternativa con más votos es la que gana. 4. Cualquier individuo que capta un conjunto de alternativas puede insertar una alternativa preferida entre las que están programadas para la votación. 5. Todas las personas poseen igual información sobre las alternativas. 6. Las alternativas con el mayor número de votos desplazan a las demás con menos votos. 7. Se ejecutan las órdenes de los funcionarios elegidos, 8.1. Todas las elecciones entre las elecciones subordinadas o ejecutoriadas con respecto a las que surjan durante la etapa de elecciones, las elecciones son controlables. 8.2. Las nuevas elecciones durante el periodo entre elecciones se rigen por las siete condiciones anteriores.

Por otro lado, para (Dahl, 1988, p. 100-103), ninguna organización humana cumple con las condiciones ni es probable que las cumpla jamás y es por esto por lo que se pregunta cuáles son las condiciones que deben existir en la realidad para que se cumplan las ocho condiciones de la poliarquía y por eso formula las siguientes hipótesis: 1. Cada una de las condiciones de la poliarquía aumentan con el grado de consenso sobre la norma. 2. La poliarquía es una función del consenso sobre las ocho normas, si todo lo demás permanece igual, 3. El grado de consenso sobre las normas aumenta con la extensión de la capacitación de la sociedad sobre la normal. 4. El consenso es una función de la capacitación social total en todas las normas. 5. La poliarquía es una función de la capacitación social total en todas las normas. 6. La capacitación social en las ocho condiciones aumenta con la extensión del consenso sobre la opción de elegir entre las alternativas. 7. Una o más condiciones de la poliarquía aumentan con el consenso sobre las políticas alternativas. 8. La manifestación de la capacitación social en una de las ocho condiciones aumenta con el alcance del acuerdo que exista sobre ella. 9. La poliarquía es una función de la actividad política de los miembros.

En ese sentido (Dahl, 1988, p. 112), establece la medición de las poliarquías, con una serie de escalas mediante las cuales se mida cuantitativamente la poliarquía, las condiciones se deben considerar como instancia que designa acciones cuya frecuencia se puede determinar, y si se pueden determinar puede convertir las condiciones en afirmaciones sobre frecuencias pasadas, así mismo realiza una clasificación posible de las poliarquías así: 1. Las poliarquías se caracterizan por ser estructuras donde las ocho condiciones se distribuyen en escalas mayores o iguales a 0.5. 1.1. Las poliarquías igualitarias se describen como aquellas en las que las ocho condiciones alcanzan valores iguales o superiores a 0.75. 1.2. Las poliarquías no igualitarias se definen de manera similar a las demás poliarquías. Las jerarquías se definen como organizaciones donde las ocho condiciones tienen valores inferiores a 0.5. 2.1. Las oligarquías se definen como jerarquías en las que algunas condiciones alcanzan valores iguales o superiores a 0.25. 2.2. Las dictaduras se caracterizan por ser jerarquías en las que ninguna condición alcanza un valor igual a 0.25. Las políticas mixtas se describen como las organizaciones residuales, es decir, aquellas en las que al menos una condición tiene un valor igual o mayor a 0.5, y al menos otra tiene un valor inferior a 0.5.

Menciona (Dahl, 1992, p. 406) tres etapas de la Poliarquía, la Poliarquía I surgió de la creación de nuevas instituciones necesarias para ajustar la democracia al ámbito del Estado nacional, mientras que la Poliarquía II se originó en la inclusión de otras instituciones para adaptarse a la creciente demanda de movilización del conocimiento de especialistas en la resolución de asuntos públicos. De manera similar, la Poliarquía III se entendería como el resultado de reducir la brecha en aumento entre las élites políticas y el pueblo en lo referente a la política pública; por lo que sugiere los siguientes elementos que forman parte de la solución: i) Garantizar que la información sobre el programa político esté disponible de manera amplia y precisa, reflejando el conocimiento más actualizado, accesible fácilmente para todos los ciudadanos; ii) proporcionar oportunidades accesibles para todos ellos; iii) influir en la elección de los temas sobre los cuales se dispone de la información mencionada anteriormente; iv) participar de manera significativa en los debates políticos.

En facticidad y validez (Habermas, 1998, p. 393-394) menciona que Dahl operacionaliza después de un procedimiento para la toma de decisiones vinculantes que sean de interés cinco puntos de vista que ese procedimiento tiene que garantizar: i) inclusión de todos los afectados, ii) Oportunidades igualmente distribuidas y eficaces para participar en el proceso político, iii) Igual derecho al voto en las decisiones, iv) Mismo derecho a la elección de temas a tratar, v) Una situación en la que todos los implicados tengan la información suficiente y buenas razones para formarse una compresión de la materia que necesita regulación y de los intereses en conflicto. Respecto a las fuentes de información (Habermas, 1998, p. 395-396) menciona que el acceso privilegiado a las fuentes de saber de control y regulación estaría posibilitando de manera tácita un modo de dominación sobre los ciudadanos que se encuentran apartados de esas fuentes, por lo que sugiere que Dahl plantea como solución a este problema depositando sus esperanzas en la telecomunicación y las "minipopulus" que son su propuesta para la formación de la opinión y voluntad políticas, que funcionaría descentralizadamente a través de asambleas representativamente elegidas y especialmente informadas. Para (Habermas, 1998, p. 394) ningún sistema político cumple estos criterios lo que obliga a una aplicación diferenciada de los criterios y delegar competencias de decisión, establecer diferentes procedimientos de decisión.

De igual manera (Habermas, 1998, p. 395) menciona que Dahl introduce el concepto de sociedad MDP "modernas, dinámicas, pluralistas" que ofrecen características como renta per cápita relativamente alta, crecimiento a largo plazo del producto social, y una forma de producción centrada en la economía de mercado y disminución de la importancia relativa de los sectores primario y secundario y un grado alto de urbanización, mejor expectativa de vida, entre otras, y considera Dahl que estas sociedades se caracterizan porque tienen una dispersión del poder, de la autoridad y del control, desde cualquier centro único hacia una variedad de individuos y asociaciones, así mismo estas sociedades fomentan actitudes y creencias favorables a las ideas democráticas, pero a su vez considera Habermas que no es solo la distribución del poder lo que se presenta en las sociedades que fomentan la democratización, sino que también debe ir asociada con una cultura política liberal apoyada por los correspondientes patrones de socialización, ya que solo en el marco de la cultura política se pueden tolerar y dirimir sin violencia las tensiones subculturales entre las formas de vida que compiten unas con otras.

A lo largo de este trabajo se ha mencionado que la Constitución de 1991 establece que Colombia es un Estado descentralizado, no obstante, en realidad las instituciones estatales están centralizadas y hay regiones[150] en las que no llega el Estado y por los diferentes conflictos armados en algunas regiones gobernaban grupos armados[151], es importante lograr una descentralización que permita

---

150 Según (García y Revelo, 2009, p. 21-23) Los problemas del Estado Colombiano como de varios países de Latinoamérica empiezan por la falta de control sobre su territorio, el Estado no ha logrado tener control sobre todas sus fronteras, no ha logrado monopolizar el uso legítimo de la violencia y no ha podido eliminar los intermediarios y allí es dónde entran las estructuras mafiosas.

151 De conformidad con (Uribe, 1999, p. 31) "*Esto quiere decir que la soberanía del Estado-Nación o lo que tenemos por tal, es puesta en vilo por los poderes armados y la delincuencia común y organizada, así como por los ciudadanos corrientes y desarmados,*

que exista Estado en todos los rincones del país, y de igual manera es necesario que las instituciones tengan legitimidad ya que según (Dahl, 1993, p. 121) entre más legitimidad tengan las instituciones más oportunidades hay de que este país alcance el régimen de poliarquía y creer en las instituciones significa creer en la legitimidad del debate público y de la participación.

La democracia deliberativa exige ser una especie de democracia directa ya que la representación tiene fallas, según (Nino, 1997, p. 184) "*debilita la consciencia y consideración de los intereses de la gente involucrada en los diferentes conflictos. Mientras tal consciencia es crucial para el logro de la imparcialidad, los representantes generalmente pertenecen a sectores más o menos definidos de la sociedad, pueden muy bien carecer de experiencia referida a modos de vida que determinan otras preferencias*". En Colombia han gobernado los poderosos y como se señaló en la primera parte de este trabajo existen élites políticas que no solo se apoderan de los gobiernos regionales sino también del gobierno nacional, dejar en mano de una élite política las decisiones que afectan a los más vulnerables resultaría ilógico.

De conformidad con lo anterior para (Nino, 1997, p. 186) "*la descentralización puede ser necesaria no sólo para dar la posibilidad de una democracia directa, sino también para asegurar que sólo aquellos cuyos intereses están siendo afectados participarán en la toma de decisiones*". De igual manera Nino se refiere al problema de la inclusión y señala que está conectado a la capacidad de ser ciudadano, así mismo esta persona debe tener la capacidad de identificar el interés que no pueda ser conocido por un tercero, ponerlo en discusión y argumentarlo frente a los otros, por lo que se entiende la exclusión de menores y discapacitados mentales, aunque si deben tener representación en el proceso político y en las actividades en las que sus intereses están involucrados. De igual manera otro aspecto importante de la democracia deliberativa es que no hay tensión entre el reconocimiento de derechos y el funcionamiento del proceso democrático ya que el valor epistémico reside en poder decidir en el contenido alcance y jerar-

---

*quienes, con sus acciones moleculares de justicia y seguridad privadas, desconocen la soberanía estatal contribuyendo a mantener el animus belli y a prolongar los estados de guerra. De ahí que la oferta de seguridad y vigilancia constituya hoy una práctica común, tanto de los actores armados contrainstitucionales (guerrillas) o parainstitucionales (paramilitares), como también de una gama amplia de organizaciones que cubren un espectro que va desde las milicias urbanas y las bandas de barrio en las grandes ciudades, hasta grupos de la fuerza pública que operan de manera encubierta, pasando por asociaciones vecinales del tipo de las Convivir. De alguna manera, este rasgo de protección-lealtad, propio de los patronazgos, se vuelve a encontrar en las prácticas de los grupos armados y en los referentes simbólicos para el accionar de los sujetos sociales."*

quía de los derechos, por esto el valor del proceso no puede ser menospreciado ya que del proceso de derivan resultados presumiblemente valiosos.

Por otro lado, menciona (Cuervo, 2012, p. 25) que para Nino el ideal deliberativo es aquel momento en que todos los afectados por una decisión participan de la discusión y tienen la oportunidad igual de expresar sus intereses y justificar una solución a un conflicto, la solución tiene altas probabilidades de ser imparcial, moralmente correcta y ser aceptada libremente por todos sin necesidad de coerción, pero para (Cuervo, 2012, p. 25) este ideal no es alcanzable en el contexto de la democracia representativa, ya que requiere de sus ciudadanos que formulen y expresen sus preferencias más allá de sus propios intereses (ideal republicano) y que estén dispuestos a consentir decisiones que los puedan afectar en razón de la construcción de un resultado óptimo, legítimo y justo. En ese sentido *"la república deliberativa estaría conformada por ciudadanos racionales, iguales, imparciales e interesados en vivir en condiciones de justicia definidos por todos"* (Cuervo, 2012, p. 25) pero para el autor las realidades de la democracia moderna están lejos de ese ideal ya que es la confrontación la que determina las decisiones en las democracias pluralistas y en las democracias constitucionales tanto los procedimientos como los resultados deben tener como límite el respeto por las reglas del juego y los derechos especialmente el de las minorías.

Ahora bien, de la cuestión de la democracia deliberativa surge el interrogante sobre la cuestión de la comunicación y la argumentación, al respecto (Habermas, 1981, p. 46) establece que existen presupuestos comunicativos generales de la argumentación que son determinaciones de lo que denomina una *"situación ideal del habla"*, reconstruye las condiciones generales de simetría que todo hablante competente tiene que tener para entrar en una argumentación, en ese sentido la estructura de comunicación de los participantes excluye toda forma de coacción, ya que la idea es tener el mejor argumento para la búsqueda cooperativa de la verdad, (argumentación como entendimiento)entiende Habermas que la argumentación es *"una continuación con otros medios, ahora de tipo reflexivo de la acción orientada al entendimiento".* La argumentación como procedimiento es una interacción sometida a regulación especial, una forma de división cooperativa del trabajo entre proponentes y oponentes, los implicados: i) tienen un tema que pretende validez y es problemático, ii) están exonerados de presiones, adoptan una actitud hipotética y iii) examinan con razones si procede conocer o no la pretensión defendida por el proponente. Según (Gargarella, 2013, p. 5) el proceso de toma de decisiones se deben asentar sobre un diálogo inclusivo los sistemas institucionales de la democracia deliberativa retoman la noción de Habermas que menciona que las decisiones justificadas son las que resultan de procesos de discusión en los que intervienen de manera igualitaria todos los potencialmente afectados debido a que así se gana imparcialidad.

De conformidad con (Gargarella, 2013, p. 5) citando a (Gutman & Thompson 2004). La conversación entre todas las partes involucradas, tiene varios beneficios significativos: nos permite adquirir información nueva que antes no teníamos; nos da la oportunidad de corregir errores a partir de las críticas recibidas; nos obliga a expresar nuestras opiniones de manera clara y comprensible para los demás; nos hace considerar cómo nuestras acciones afectan a los demás y a tener en cuenta sus puntos de vista en nuestras propuestas; nos impulsa a enfrentarnos a quienes tienen opiniones diferentes y a argumentar con ellos en lugar de simplemente rechazar sus puntos de vista de manera prejuiciada o dogmática. En última instancia, debemos reconocer que hay un aspecto civilizatorio y educativo en el acto mismo de discutir con otros, especialmente cuando aceptamos que la mejor idea es la que está respaldada por el argumento más sólido (Gutman & Thompson 2004).

La argumentación[152] también puede ser considerada como algo que tiene por objeto producir argumentos pertinentes que convenzan a los demás, según Habermas, son un medio por el cual una opinión se puede transformar en saber, de igual manera menciona tres aspectos analíticos para deslindar las disciplinas del canon aristotélico, la retórica se encarga de la argumentación como proceso, la dialéctica de los procedimientos pragmáticos de la argumentación y la lógica de los productos de la argumentación, no obstante las estructuras de la argumentación son distintas, bajo el aspecto del proceso el mejor resultado sería convencer a un auditorio universal, bajo el aspecto del procedimiento sería *"cerrar la disputa en torno a las pretensiones de validez hipotéticas con un acuerdo racionalmente motivado"* (p. 48) y bajo el aspecto del producto sería la *"intención de desempeñar o fundamentar una pretensión de validez por medio de argumentos"*. De conformidad con lo anterior para (Martí, 2006, p. 106) *"Un consenso racional es el que se alcanza en la situación ideal de diálogo, es decir, y entre otras cosas, cuando se funda en «la fuerza del mejor argumento"*

Con relación al diálogo (Gargarella, 2021) menciona que el constitucionalismo es una conversación entre iguales, y ello lo entiende como *"al diálogo que podemos y debemos tener, con quienes nos rodean, acerca del modo en que queremos vivir, y en torno a los principios y las reglas que van a definir y organizar*

---

152 Para (Habermas, 1981, p. 37) la argumentación es: *"Llamo argumentación al tipo de habla en que los participantes tematizan las pretensiones de validez que se han vuelto dudosas y tratan de desempeñarlas o de recusarlas por medio de argumentos. Una argumentación contiene razones que están conectadas de forma sistemática con la pretensión de validez de la manifestación o emisión problematizadas. La fuerza de una argumentación se mide en un contexto dado por la pertinencia de las razones. Esta se pone de manifiesto, entre otras cosas, en si la argumentación es capaz de convencer a los participantes en un discurso, esto es, en si es capaz de motivarlos a la aceptación de la pretensión de validez en litigio."*

*nueva vida en común"* así mismo menciona que existen seis elementos decisivos para una conversación entre iguales; la igualdad, el desacuerdo, la inclusión, la deliberación, la discusión que versa sobre temas de interés público, diálogo abierto, continuo, inacabado. Respecto a los desacuerdos menciona (Gargarella, 2021, p. 267) que: *"1) es importante tomar una decisión que 2) sea deliberativa y 3) inclusiva"* así mismo sostiene que *"en una sociedad plural, marcada por el hecho del desacuerdo, y compuesta por personas idénticas en cuanto a su dignidad, la decisión sobre cuestiones de interés común debían ser debatidas y resueltas por todos"*, de igual manera sostiene el autor que no decidir no es ser neutral sino tomar partido en beneficio de algunos y perjuicio de otros, resaltando así la importancia de que todos participen en la discusión.

En igual sentido (Dahl, 1992, p. 374) arroja la siguiente conclusión: *"si la libertad, el desarrollo personal y la promoción de intereses comunes son finalidades positivas, y si las personas son intrínsecamente iguales en sus méritos morales, entonces las oportunidades para alcanzar tales bienes tienen que distribuirse equitativamente entre todas ellas"*, es por esto por lo que considera el proceso democrático como requisito de la justicia distributiva y un medio para lograrla. Por otro lado, establece tres condiciones que deben darse para que se origine una transformación democrática, que son: 1. Cambios en las condiciones para que se instaure una poliarquía en los diferentes países y cambiar en la cantidad de poliarquías, 2. Cambios en la escala de la vida política que alteren los límites y posibilidades del proceso democrático, 3. Cambios en las estructuras y la conciencia socia para tornar más democrática la vida política de algunos países, por ejemplo puede mejorar la democracia cuando se equiparan las capacidades de recursos políticos de los ciudadanos (Dahl, 1992, p. 375). Considera (Dahl, 1992, p. 388) dado que es más sencillo descubrir la manera de reducir la desigualdad que la de alcanzar una igualdad perfecta, por lo que una sociedad democrática se empeñaría en reducir las causas remediables de las desigualdades políticas más nocivas, y extrae tres causas universales de desigualdad política que se pueden remediar: *"las diferencias en los recursos y posibilidades para emplear la coacción violenta; las diferencias de posición, recursos y oportunidades económicas; y las diferencias de conocimientos, información y capacidad cognitiva"* (p. 388)

De igual manera (Gargarella, 2021) acoge el término de *debate colectivo*, menciona que *"no se trata de arrojar testimonios sobre una caja vacía, como en una mala terapia colectiva; tampoco de brindar datos nuevos a quien pretende decidir en nombre de todos, para que lo haga con mejor información. Se trata de ayudarnos mutuamente, de pensar mejor, de corregir cada uno al otro, de aprender de lo que afirma el semejante y del modo en que lo dice (su actitud corporal, sus gestos, su dolor o entusiasmo, su alegría o sufrimiento)"*. Lo que menciona Gargarella es importante ya que como se ha indicado a lo largo de este trabajo la democracia participativa en Colombia se ha utilizado para que los ciudadanos validen las decisiones previamente tomadas por las élites políticas, sin que en realidad haya un debate ciudadano dónde se escuchen los argumentos de todos los afectados en la discusión, por eso es que es importante que se avance hacia una democracia deliberativa dónde todos puedan participar en igualdad de condiciones, pero así mismo es importante que en un escenario de democracia deliberativa se realice un verdadero debate y consenso ciudadano para que el ejercicio no se convierta en una sesión dónde solo se reciben quejas y no soluciones o dónde los argumentos solo alimentan decisiones que ya se han tomado previamente.

Por su parte (Nino, 1997, p. 202) difiere de Habermas ya que no considera que del consenso se desprendan decisiones justas, ni siquiera cuando este es alcanzado bajo condiciones ideales. La posición de Nino es sostener que la democracia deliberativa es el método más confiable para lograrlo. Ahora bien, como se ha mencionada anteriormente un elemento importante para poner en práctica la democracia deliberativa es la igualdad, no obstante, es difícil garantizar este principio teniendo en cuenta los niveles de desigualdad y de acumulación de riqueza que existen. Para (Nino, 1997, p. 202) la objeción epistemológica es esta que se presenta desde la práctica política ya que *"deben resolverse las objeciones prácticas vinculadas con la existencia de desigualdades sumamente extendidas y aberrantes y la profunda pobreza relativa dentro de las comunidades políticas democráticas. Si el proceso democrático tiene en verdad una tendencia inherente a producir soluciones justas, lo cual nos permitiría en las decisiones que surgen de él para justificar nuestro razonamiento, ¿cómo podría explicarse la injusta distribución de recursos que surge a partir del proceso democrático?"*

Así mismo (Nino, 1997, p. 203) considera que en muchos casos unos disfrutan de libertades constitucionales a costa de la libertad de aquellos que no tienen suficientes recursos, para superar estas desigualdades Nino se remonta a las utopías, para establecer un modelo ideal al que la sociedad aspira a llegar, las utopías permiten ordenar las situaciones de acuerdo con la distancia que las separa del modelo ideal, para la democracia ese orden depende del grado en que se cumplen las condiciones que le dan al proceso democrático su valor epistémico y del nivel en que satisfacen esas condiciones que logran los arreglos institucionales, estos arreglos traen consigo consecuencias en la productividad y la distribución de recursos, así mismo considera Nino que este método de correlación puede traer varios problemas epistémicos y prácticos ya que el mismo arreglo institucional puede producir diferentes grados de satisfacción teniendo en cuenta factores históricos, culturales, psicológicos.

Por otro lado, respecto a la democracia representativa considera (Nino, 1997, p. 204-206) que para las democracias deliberativas que exista un grupo reducido de individuos que toman las decisiones que afectan a toda la comunidad tiene una influencia negativa en la confiabilidad del proceso, no obstante menciona que es importante tener cierto grado de representación ya que es un mal necesario y constituiría una delegación para hacer posible la discusión que los ciudadanos han comenzado y que debe partir del consenso alcanzado en el proceso electoral, no obstante enfatiza Nino que la democracia directa debe ser obligatoria siempre que sea posible y señala los métodos de participación directa de los ciudadanos como el plebiscito, el referendo, la iniciativa legislativa y la revocatoria de mandato, señala que si bien es importante la participación directa, esta puede ser objeto de manipulación o captación por parte de facciones.

De igual manera (Nino, 1997, p. 209) menciona que hay diferencias entre la *"democracia directa y la práctica de la discusión moral ideal"*, ya que si bien las primeras implican la expresión directa de lo que piensan los votantes respecto de temas políticos o de la gestión de los funcionarios públicos esta forma de participación no reflejan una verdadera discusión y la participación se limita a contestar sí o no, mientras que la concepción epistémica de la democracia se vale del proceso de deliberación colectiva y asignan valor a las decisiones mayoritarias ya que es un mecanismo esencial para que la deliberación tienda a la imparcialidad. Por lo anterior argumenta Nino que ni en el plebiscito, referendo, revocatoria de mandato existe una deliberación colectiva ya que los ciudadanos solo se alimentan de los argumentos que reciben a través de los medios de comunicación y en el mejor de los casos reflexionan de manera privada sobre las diferentes posturas. Por lo anterior considera Nino que los métodos tradicionales de participación ciudadana no tienen mejoras para encaminarse hacia la tendencia general a soluciones más justas, y esto solo puede ser posible si se incluyen elementos del proceso de discusión moral ideal en el proceso político.

A lo largo del presente trabajo se ha señalado que existe una apatía electoral en Colombia lo que genera altos índices de abstención en las elecciones y así como también para los mecanismos de participación ciudadana, toda vez que como ya se mencionó en varias ocasiones estos no cumplieron con el umbral. Respecto a la apatía política (Nino, 1997, p. 214-215) considera que las causas y soluciones de la crisis de la democracia no se pueden detectar sin tener una concepción sobre qué es lo que hace que la democracia sea valiosa, de igual manera considera que la participación atenúa la distancia que existe entre gobierno y sociedad y por lo tanto debe ser requerida porque: i) un gobierno democrático es un bien público, ii) participar en la discusión y toma de decisiones es fundamental y iii) la participación es una forma legítima de paternalismo no perfeccionista debido a que la participación es voluntaria ya que las personas se rehusarían a asumir los costos de la participación porque al hacer parte de un gran grupo de ciudadanos el beneficio que obtendrían es insignificante, y por lo tanto se excluiría del proceso a los pobres y menos educados porque les resulta más caro el proceso, lo que deriva en que se tomen decisiones que los perjudiquen o no los tengan en cuenta, es por ello que se requiere un cambio general en las motivaciones de los individuos ya que si no participan se toman decisiones y no los tienen en cuenta, se siguen desmotivando a participar.

Otra problemática que encuentra (Nino, 1997, p. 222-224) es la *"pobreza del debate público"*, en razón a que existe falta de seriedad en el proceso y esto hace que los candidatos una vez electos no respeten los resultados del debate público; Nino aduce como problema del empobrecimiento de la discusión los sistemas presidencialistas que centran las campañas en el individuo más que en las propuestas y la ideología, así mismo sugiere que el deterioro del debate se debe a la falta de acceso a los medios de comunicación y es importante que haya equidad para acceder a ellos, debido a que es el intermediario por medio del cual se ejerce la política, y cuando los medios están en manos de privados de forma oligopólica se distorsionan, cosa que ocurre igualmente cuando se encuentran en manos de una entidad gubernamental bajo el control del partido de gobierno, así mismo señala Nino que la manera en la que se llevan a cabo las elecciones también debilita el debate porque una publicidad extremadamente intensa obnubila la racionalidad e incrementa la corrupción. Respecto a los medios menciona (Habermas, 1998, p. 376) que mientras que las estructuras comunicativas de la opinión pública constituyen una vasta red de sensores que reaccionan a la presión de problemas que afectan a toda la sociedad y estimulan las opiniones, la opinión pública así elaborada y transformada en poder comunicativo no puede en sí misma mandar, sino solo dirigir el uso del poder administrativo en determinada dirección.

Por otro lado, el modelo de pesos y contrapesos o *"checks and balances"*, como la forma de organización institucional predominante, tiene como objetivo evitar las mutuas opresiones entre las ramas de poder público y *"resistir las intrusiones de una rama de gobierno sobre las demás"*, consiste en la idea de contraponer *"la ambición a la ambición"* dónde funcionarios egoístas se iban a ocupar por su propio interés de resistir los ataques de los demás y por lo tanto no prevalece ninguna rama del poder público sobre la otra (Gargarella, 2013, p. 6-7). Como precedente al sistema de pesos y contrapesos se encuentra el sistema de "separación estricta" que surge como respuesta a las intervenciones de las legislaturas a los derechos de los acreedores y grandes propietarios, y a la falta de límites de los legisladores, que los convertía solo en voceros de intereses sectoriales; como consecuencia de esto se implementó el sistema "separación estricta" de poderes, sistema al que posteriormente se opondría el esquema de los pesos y contrapesos, ya que la separación estricta predicaba que cada rama se ocupara exclusivamente de sus tareas, sin influir sobre las tareas de las demás ramas y protegía al legislativo como poder expresivo de la voluntad popular y depositaba su confianza en las capacidades políticas de la ciudadanía (Gargarella, 2013, p. 8-9).

En contraposición al sistema de "separación estricta" entra el modelo de "*checks and balances*" y este se basa en una desconfianza de las capacidades políticas del ciudadano y en una visión más restrictiva de la democracia, este sistema queda asociado a una visión negativa de la democracia y procura que se cometan ciertos males, la idea era que los grupos en los que quedaba dividida la sociedad no se pudieran oprimir mutuamente, y quedaran forzados a negociar entre ellos soluciones aceptables para el bien común, entendiendo que no hacer nada sería el peor escenario. (Gargarella, 2013, p. 10-11). Este modelo presentaba mecanismos que resultaban atractivos, ya que pretendía evitar la tiranía o anarquía porque se oponía a los excesos de uno o de muchos. No obstante, el caso de América Latina es singular ya que en esta región existe una gran tradición de concentración de poder en caudillos y líderes predispuestos a abusos autoritarios, este desequilibrio tiene que ver con la decisión de apartarse del sistema de frenos y contrapesos (Gargarella, 2013, p. 12-14).

Ahora bien, de conformidad con (Gargarella, 2013, p. 5) menciona que la democracia deliberativa requiere una organización institucional diferente de la que ofrece el sistema de pesos y contrapesos ya que esta teoría se enfoca en evitar y canalizar la guerra social; un sistema de diálogo requiere una orientación hacia otra finalidad, ya que debe organizar y facilitar una conversación entre iguales (esto cobra relevancia ya que como se mencionó el sistema latinoamericano tiende a darle mayor relevancia al ejecutivo), de la misma forma la deliberación no es afín a las formas clásicas de revisión judicial dónde el poder judicial se atribuye la última palabra. (Gargarella, 2013, p. 15-18) analiza la manera en la que el diálogo funcionaría en el modelo de "*checks and balances*", algunos autores argumentan que el hecho de que existan varias ramas ayuda a que las iniciativas se moderen y enriquezcan entre sí, no obstante menciona Gargarella que lo anterior no favorece un espacio de diálogo, ya que el hecho de que en una iniciativa intervengan varios actores no significa que el resultado de esto vaya a ser semejante con la decisión que se obtenga después de un debate abierto y libre donde participe toda la gente interesada, por lo que *"el proceso de intercambios y "transformación de preferencias" que propone el sistema de frenos y contrapesos no resulta particularmente atractivo desde una óptica deliberativa"*(p. 18).

Ahora bien, respecto a papel judicial considera (Gargarella, 2013, p. 19-20) que el diálogo democrático no es posible si los actores se encuentran en posiciones desiguales, ya que por un lado el público se queja, litiga, argumenta, y por el otro, el juez es quién tiene la decisión, además parten de posiciones disímiles ya que los jueces de las altas Cortes por lo general pertenecen a un sector privilegiado que dista del lugar en dónde se encuentra la mayoría de la población lo que genera que los jueces se involucren en las discusiones desde una posición de distanciamiento, por otro lado, es extremadamente revertir una decisión de un tribunal superior.

Respecto a las iniciativas dialógicas considera (Gargarella, 2013, p. 21-24) que las iniciativas como la consulta a los afectados, resultan interesantes y valiosas en términos de protección de derechos, el problema es que, dentro de la vieja estructura de pesos y contrapesos no funcionan óptimamente, y no se puede considerar un diálogo cuando las partes no se encuentran situadas en posición de igualdad, sino que una aparece ubicada en un lugar de dominación, y los mecanismos existentes tienen poca participación de la ciudadanía, de acuerdo con (Gargarella, 2013, p. 5) *"el funcionamiento de un sistema de democracia deliberativa requiere de una lógica de organización institucional diferente de la que ofrece el sistema de frenos y contrapesos. Mientras que el tradicional sistema de checks and balances, según veremos, se orienta a evitar y canalizar la guerra social; un sistema dialógico requiere orientarse hacia otros fines, de modo tal de organizar y facilitar una conversación extendida y entre iguales".* (Gargarella, 2013, p. 26) defiende un sistema constitucional que se base en el diálogo en lugar del sistema de pesos y contrapesos, ya que este obstaculiza la práctica adecuada de diálogo constitucional, y se enfoca en contener la "guerra" social, impidiendo las mutuas opresiones, lo cual no se lleva bien con la necesidad de consolidar una cultura dialógica por la ausencia del pueblo, por lo que se debería repensar el sistema checks and balances si se pretende instaurar una democracia deliberativa.

Según (Agudelo, 2015, p. 237) el papel de los jueces en el proceso deliberativo ocupa un "lugar estratégico" para impedir que se cierren espacios, y así mismo pueden abrir espacios públicos para fortalecer la democracia y más que ser vigilantes del proceso ser garantes de derechos sustanciales; así pues, para Agudelo *"los jueces serán promotores de espacios de discusión pública sobre los derechos a partir de los llamados y las respuestas que den a la sociedad por medio de un "diálogo interinstitucional" que nace principalmente en la gente. Un diálogo que debe pasar primero por los ciudadanos, posteriormente por sus representantes en el parlamento, luego, y esto puede ser paralelo, por los jueces; y, si es necesario retornar el debate a la plaza pública para continuar la discusión".* Por su parte (Gargarella, 2023, p. 24) establece que *"ya sea la Corte Constitucional de Colombia (...) nos han mostrado que existen caminos dialógicos interesantes en donde la función judicial podía ser, digamos, intensa, pero al mismo tiempo respetuosa del debate democrático",* no obstante para Gargarella abrir los caminos del diálogo no solo debe recaer en los jueces ya que estos *"amplían las posibilidades del diálogo democrático cuando tienen ganas de hacerlo, y lo cierran cuando su discrecionalidad lo impone".*

De acuerdo con (Jiménez, 2023, p.222-223) el poder judicial es un control al desmedido poder del ejecutivo, deben defender y aplicar la constitución para contener actuaciones gubernamentales que van en contra de la democracia y el autogobierno, pero deben evitar fomentar una supremacía judicial que privilegia los dictámenes judiciales por encima de los populares o institucionales. El poder de la rama judicial no puede derivar en que estos tengan la última palabra, sino por el contrario, que puedan garantizar el espacio para que la comunidad exprese sus opiniones, al respecto (Gargarella, 2013, p. 2-3) menciona que en Latinoamérica se empezó a realizar una práctica de diálogo novedosa impulsada por los tribunales, y consiste en que en los litigios de tipo estructural que involucren problemas públicos de primera importancia y graves violaciones a derechos humanos, los tribunales convocan a audiencias públicas en las que participan no solo las partes involucradas sino toda la comunidad; el diálogo que se genera tiene una connotación favorable ya que es una manera civilizada de resolver conflictos y la propuesta de que los distintos poderes de gobierno logren acuerdos mediante conversaciones aleja los temores y críticas relacionadas con la *"imposición" de soluciones "desde arriba"*.

También considera (Agudelo, 2015, p. 242) que es necesario tener buenos ciudadanos que se tomen en serio la política y debe tenerse en cuenta la "ignorancia política" que tienen los electores antes de perseguir el ideal de la democracia deliberativa y mientras se construye este ideal los jueces pueden estar en una "mejor situación" para reforzar el debate público y la democracia, así mismo estos pueden facilitar la representación de las minorías. Lo anterior debe tenerse en cuenta a la hora de establecer el diseño institucional para la democracia deliberativa, este diseño se debe realizar teniendo en cuenta las particularidades del país y su contexto[153] e historia, para (Martí, 2006, p. 281) este diseño es "ajuste mutuo entre principios normativos y selección de circunstancias empíricas relevantes bajo la condición de factibilidad de tales principios." Según Martí los principios de la democracia deliberativa son más o menos abstractos como la libertad y la igualdad y así mismo estos principios se adaptan a las circunstancias como lo es el voto como mecanismo complementario de la democracia deliberativa ante la imposibilidad de ponerse de acuerdo; o la aceptación de la representación política para las instituciones.

---

153 Según (Martí, 2006, p. 282) *"El diseño debe ser siempre contextual, porque como dice GOODIN trabajamos siempre «con materiales heredados del pasado y, en cierta medida, moldeados de manera inalterable por éste». Por esta razón no tiene sentido plantear la tarea de un diseño institucional completo ni excesivamente concreto del modelo de la democracia deliberativa, porque necesariamente perderíamos este elemento de contextualización"*.

Los requisitos generales que debe tener el diseño institucional de la democracia deliberativa son según (Martí, 2006, p. 281)

> 1) debe incluir la posibilidad de revisión, dado que somos falibles y nos podemos equivocar en el diseño y además las sociedades cambian; 2) debe ser sólida, esto es, que resista algunas transformaciones sociales; y 3) debe ser sensible a la complejidad motivacional, es decir, debería adoptar una concepción no simplista de las motivaciones humanas y contar con la posibilidad de incentivar algunas de ellas.

De igual manera considera (Martí, 2006, p. 286) que la democracia deliberativa acoge las instituciones básicas de las democracias actuales como la separación de poderes, principio de legalidad, un catálogo cierto de derechos, y los mecanismos de participación democrática. Por otro lado, considera que la república deliberativa exige un ciudadano formado y comprometido con el proceso político por eso es importante que se tomen medidas de educación y formación de la ciudadanía y diseñar mecanismos de participación política que contemple que no todos los participantes son virtuosos, pero incentiven la virtud de la ciudadanía, *"el sistema educativo, a su vez, debe transmitir los valores necesarios para una convivencia cívica y democrática que permita el desarrollo de las virtudes públicas de la ciudadanía"* (p. 298).

Ahora bien, respecto a los instrumentos para deliberar (Martí, 2006, p. 303-305) resalta la importancia de la esfera pública para la toma de decisiones y para ello propone *"el fortalecimiento de las asociaciones secundarias que son la parte más dinámica de dicha esfera pública: la democracia asociativa"* (p. 304) y a su vez estas son necesarias para fortalecer la deliberación pública no institucional, para reforzar los mecanismos de participación y deliberación ciudadana, estas deben cumplir los requisitos de *"tener vocación pública, ser libres y voluntarias, y estar internamente democratizadas"* (p. 304) así mismo menciona que son necesarios para fortalecer la esfera pública los siguientes puntos: 1) Transparencia en los «procesos» de toma de decisiones, 2) Obligación de motivar las decisiones políticas, 3) Regulación y promoción de la vida asociativa, 4) Educación cívica5) Regulación del uso de, y acceso a, los medios de comunicación, 6) Creación de foros deliberativos digitales públicos, 7) Promoción del uso de las TIC y lucha contra la fractura digital, 8) Democratizar el lugar de trabajo, 9) Espacios cívicos en barrios, 10) Servicio cívico ciudadano. De igual manera de conformidad con (Navas y Benavides, 2023, p. 102) es crucial garantizar tanto la inclusión de los ciudadanos por medio de la participación, como la autonomía de la esfera pública, ya que es allí donde *"se produce el poder comunicativo que legitima el sistema político"*.

Respecto a los canales institucionales de deliberación considera (Martí, 2006) que los foros de participación directa de la ciudadanía son complementarios a las estructuras políticas representativas, y el criterio para preferir los mecanismos de participación tiene que ser la calidad de la deliberación ya que para la democracia deliberativa no es valiosa cualquier participación política sino aquella que puede tener cierto grado de calidad, en ese sentido Martí enumera los mecanismos que pueden utilizarse en un diseño institucional de República deliberativa, aclarando que cada República decide que mecanismos que son favorables aplicar y que no e incluso utilizar nuevos; los mecanismos que propone en orden de menor a mayor implicación ciudadana, son: 1) Derecho de petición e Iniciativa Legislativa Popular, 2) Mecanismos de participación de asociaciones en las deliberaciones, 3) Consultas y referéndums deliberativos, 4) Participación en las administraciones públicas, 5) Órganos independientes de participación semi-directa: A) Consejos Ciudadanos, B) Deliberative Polls, C) Deliberation Day, D) Foros deliberativos de asociaciones, E) Presupuestos participativos.

"La sala de máquinas" es un concepto acuñado por (Gargarella, 2013) que hace referencia a que el modelo latinoamericano de constitucionalismo falla porque incorpora más y más derechos constitucionales y mantenía virtualmente inmodificada la parte más importante de la constitución, esta es la relacionada con la organización del poder o la "sala de máquinas" y esto es un problema que surge de ver el texto constitucional como si sus diferentes partes fueran autónomas y se pudieron modificar de manera significativa en sus secciones o artículos y dejando intacto lo demás. Para Gargarella, esto empezó a surgir cuando en Latinoamérica se empezaron a introducir reformas con profundas declaraciones de derechos para dar un carácter social y democrático a las constituciones mientras se mantenía igual la vieja organización de poder elitista, hostil y retrógrada.

Como se ha señalado anteriormente la Constitución de 1991 introdujo un amplio catálogo de derechos e hizo cambios en la estructura del poder, no obstante la constitución fue tímida a la hora de tomar medidas que limitaran la cooptación del poder y la burocracia por parte de la misma élite política que ha gobernado desde antaño, esto generó que siguiera existiendo el clientelismo y la corrupción y que se continuara gobernando en beneficio de pocos, así la Constitución dijera lo contrario, de igual manera el nuevo texto constitucional también ha sufrido numerosas reformas desde su expedición[154]. Considera Gargarella que si el Congreso no dicta las leyes necesarias para poner en marcha la constitución y sus reformas estas no se pondrán en movimiento. Pero más allá de un tema de estructura de poder, a pesar del hiperpresidencialis-

154 Fuente: https://www.ambitojuridico.com/noticias/columnista-online/constitucional-y-derechos-humanos/reformas-la-constitucion-poder-y

mo[155] que existe en Colombia, el problema es que a pesar de una Constitución que ha sido pionera para la región, persisten las prácticas decimonónicas.

A lo largo de este trabajo se ha señalado que la desigualdad es de las principales razones, (si no la principal) por la cuál en Colombia no se ha podido materializar un Estado Social y Democrático de Derecho. (Gargarella, 2014, p. 347) menciona que *"el gran drama que enfrenta la región, desde su independencia hasta hoy, y que sigue irresuelto, es el drama de la desigualdad"*. Así mismo considera que *"son muchos los grupos que, constitucionalmente hablando, siguen estando entre los marginados de los marginados (...) otros grupos como las mujeres, todavía sufren la sistemática violación de sus derechos más básicos, como por caso sus derechos reproductivos"* (p. 362-363). En ese sentido sostiene Gargarela que *"bregar por la democratización política y económica de la sociedad resuelta imperioso para un constitucionalismo que se proponga igualitario"* (p.363), considera también que es necesario para juntar la Constitución con el igualitarismo se requiere ingresar a la sala de máquinas para modificar el sistema representativa que separa súbditos de mandatarios y promover un modelo de organización institucional diferente para vincular a los ciudadanos.

De igual manera considera (Gargarella, 2014, p. 364-365) que el igualitarismo retoma la "cuestión social" ya que esta no queda resuelta con la traducción de las preocupaciones sociales en derechos, y que la desigualdad social no se soluciona con abogados y jueces como actores principales, así mismo menciona que la justicia institucional requiere un proceso *"abierto y persistente de diálogo colectivo, es decir, uno que incluye el diálogo entre poderes pero que no se agota en él"* ya que el diálogo público incorpora a la ciudadanía como su eje. El diálogo abierto y continúo es necesario para poder identificar las principales demandas sociales de la ciudadanía y poder proponer medidas para satisfacerlas, la desigualdad es una problemática que impide materializar la Constitución de 1991 y a su vez los mecanismos de participación consignados en este texto resultan insuficientes en la actualidad, hay que procurar avanzar hacía el diálogo, utilizando los mecanismos existentes, pero también creando los que se consideren convenientes.

---

155 Término acunado por Nino, Ana Catalina Arango Restrepo lo menciona en el artículo de investigación *"Mutaciones del presidencialismo La transformación del poder presidencial en Colombia (1974-2018)"* para la revista *Estudios Constitucionales*, en el año 2019. (Restrepo, 2019) En esta nueva forma de presidencialismo el ejecutivo no solo concentra el poder otorgado por la constitución sino además ampliadas por las interpretaciones permisivas de los tribunales.

### *4.3.1. Diseño constitucional y sus implicaciones en el presidencialismo*

La acumulación y el abuso de poder es una práctica constante en América Latina y muestra de ello es el presidencialismo y el hiperpresidencialismo (Jiménez, 2023, p. 134), como se mencionó a lo largo del trabajo, estos fenómenos son una práctica arraigada en la región y tiene su génesis en las disputas políticas y constitucionales los conservadores promovían la concentración del poder durante el siglo 19, lo que generó caudillos y líderes que tendían a los abusos autoritarios (Gargarella, 2013, p. 12). Simón Bolívar criticó los levantamientos populares y argumentó que era necesario organizar un sistema institucional diferente capaz de responder a ese tipo de tragedias públicas; por su parte, constitucionalista argentino Juan Bautista Alberdi le atribuyó a Bolívar la idea según la cual los Estados de América necesitaban reyes con el nombre de presidentes, lo que derivaría en que la región tuviera una fuerte tendencia al presidencialismo.

Desde su diseño constitucional, en Latinoamérica se otorgaron unas cualidades orgánicas basándose en la idea de que los presidentes encarnan las principales expectativas sociales y las posibilidades de lograr un cambio estructural, mejorar la justicia, las garantías sociales y una nueva manera de ejercer la democracia; se fomenta la idea que los presidentes simbolizan la unidad de la nación y deben mantener el orden público y lograr el bienestar general, por lo que deben tener grandes discrecionalidades jurídicas, políticas y económicas (Jiménez, 2023, p. 135). Evidentemente la situación anterior atenta contra el principio de equilibrio de poderes y sistema de pesos y contrapesos ya que prevalece el presidente sobre las demás ramas y se tiene el imaginario que aquel que gane la presidencia lo gana todo, lo cual convierte lo público en un botín político, adicionalmente, esto genera que el presidente pueda ganar mayorías legislativas ya que tiene poder para negociar con el Congreso lo que reduce la oportunidad de contradicción y además crea un retén político, ya que si las propuestas no están apoyadas por el gobierno no tendrán un adecuado debate y disminuye sus posibilidades de aprobación; la anterior situación es un abuso del derecho y cuando se tolera este constitucionalismo abusivo se pone en juego el futuro de la Constitución (Jiménez, 2023, p. 136-137)

La democracia presidencialista se basa en el carisma y la falsa creencia en una capacidad excluyente del gobernante, que sugiere que los presidentes son necesarios para salvar una nación o evitar consecuencias terribles para ella. Estas actuaciones carismáticas ponen el funcionario por encima de la Constitución y la Ley, y vuelve a un político un ser especial e incuestionable que incluso puede señalar quienes serán sus sucesores en el poder, de igual manera estas corrientes debilitan y desacreditan la oposición, que incluso los pueden señalar de enemigos de la patria; por otro lado es entendible el malestar de la oposición ya que este revela el desvanecimiento del diálogo y la construcción del conocimiento social que se generaba en el proceso legislativo (Jiménez, 2023, p. 138-140).

La acumulación de poder va en contravía del constitucionalismo, ya que desestabilizan la planeación constitucional e impide tener un poder público equitativo y controlable, así mismo le resta fuerza normativa a la Constitución, ya que incluso la Constitución misma permite que el presidente concentre poderes ya que le conceden múltiples funciones y facultades entre ellas las de participar en la elección de funcionarias de la rama judicial y de los mismos funcionarios de los organismos de control (Jiménez, 2023, p. 140). El presidencialismo es una falla en el sistema constitucional que a su vez impulsa el hiperpresidencialismo ya que posiciona al presidente en un lugar privilegiado del mapa político y merma el procedimiento parlamentario y lo vuelve mecánico para aprobar las iniciativas de gobierno y a su vez el legislativo no ejerce el control político que le corresponde ya que se comporta de manera pasiva o es cooptado burocráticamente y a sí mismo el control judicial es tenue (Jiménez, 2023, p. 141)

El errado diseño constitucional deriva en una dictadura constitucional y una democracia aparente, donde el abuso del presidente reduce la política ordinaria (Jiménez, 2023, p. 134), adicionalmente este inadecuado diseño puede derivar en el megapresidencialismo que refuerza la acumulación de poder en el marco de un estado de excepción; ejemplo de esto es el caso de la pandemia donde hubo una descomposición del equilibrio de poderes y el sistema de pesos y contrapesos, (Jiménez, 2023, p. 142). El megapresidencialismo es un fenómeno que supera la acumulación de poder que se producen en los modelos presidenciales e hiperpresidenciales ya que incrementa el poder constitucional y político del gobierno por una situación aparentemente coyuntural pero que puede tener vocación de permanencia y producen perjuicios sobre la constitución, la democracia y la institucionalidad del Estado y beneficia a intereses políticos, sociales y económicos particulares (Jiménez, 2023, p. 142)

En el megapresidencialismo existe una insuficiencia en los controles institucionales ya que: i) La acumulación de poder es tan progresiva que se hace incontenible, ii) Existe una erosión progresiva del sistema de controles que debilita la democracia y el republicanismo ya que incluso el presidente domina a aquellos que en teoría deben controlarlo y las decisiones judiciales son posteriores y cuando el gobierno ya ha utilizado sus facultades excepcionales y se han extralimitado, iii) La cooptación del control al poder se acentúa cuando los órganos de control y algunos cargos de la rama judicial comienzan a ser decididos por el gobierno, ya que este propone candidatos y moviliza sus mayorías legislativas. (Jiménez, 2023, p. 146-147). El megapresidencialismo promueve el imaginario que quien gana las elecciones lo gana todo y se visibiliza en conductas como la cooptación política, en este punto, el megapresidencialismo se alimenta de los mitos y los miedos, se sustenta en supuestas amenazas para la sociedad como el comunismo, la izquierda, la corrupción, entre otros (Jiménez, 2023, p. 146-147).

Por otro lado, si bien es cierto que según como lo menciona (García de Enterría, 1997, p. 33-34) en un Estado democrático y social de Derecho quienes ejercen las funciones del ejecutivo ostentan una legitimación popular puesto que han llegado allí por el voto y la confianza que depositó en ellos el pueblo para que gestionen sus intereses en su nombre. Lo anterior no quiere decir que su poder no pueda estar sujeto a controles, al respecto menciona (García de Enterría, 1997, p. 34-35) que el poder judicial está para dar efectividad al derecho y garantizar la tutela efectiva de los derechos e intereses legítimos de los ciudadanos y por ello debe realizar un control para la tutela efectiva así los titulares últimos de la administración tengan origen democrático por ser designados por el pueblo, así mismo menciona que los poderes de control del juez sobre los actos de la administración se han incrementado. Es por lo anterior que deben incentivarse los controles tanto judiciales como de organismos autónomos, y principalmente el control ciudadano, para evitar los fenómenos de presidencialismo, hiperpresidencialismo y megapresidencialismo.

Por otro lado, se debe repensar el diseño constitucional desde una teoría de control, es necesario una constitución que establezca límites al poder público y especialmente al ejecutivo para evitar la acumulación de poder en este. *"La Constitución requiere de acción ciudadana, participación, movilización y deliberación, de lo contrario, ningún diseño funciona óptimamente y menos podrá adaptarse a fenómenos imprevisibles y a los excesos de poder"* (Jiménez, 2023, p. 217) Más allá de un sistema de pesos y contrapesos, equilibrio de poderes y controles políticos, se hace necesario incentivar un diálogo ciudadano y promover una cultura de lo público para que el poder no recaiga solamente en una figura presidencial sino que pueda ser verdaderamente del pueblo; es decir, un cambio constitucional más allá de una reforma, sino que provenga desde la ciudadanía y que tenga como pretensión cerrar las brechas entre gobernantes y gobernados.

### *4.3.2. La democracia deliberativa: Un camino hacia el republicanismo*

De conformidad con (Navas y Benavides, 2023, p. 102-103) *"la política deliberativa se plantea en inicio como una concepción operativa de la democracia republicana. Llegando luego a desarrollar elementos que permiten verlo luego como un modelo autónomo"*, mencionan que en una concepción republicana la sociedad tiene fuertes lazos de solidaridad que se generan *"gracias a relaciones fluidas entre el Estado, el sistema político y la ciudadanía"*. Respecto al republicanismo (Arango, 2013, p. 51-52) extrae "*el pasaje de Sobre la paz perpetua –escrito por Kant en 1795 poco después de firmada la paz entre Francia y Prusia– (...) "La constitución republicana es la única perfectamente adecuada al derecho de los hombres, pero también la más difícil de establecer y, más aun de conservar, hasta el punto de que muchos afirman que es un Estado de ángeles porque los hombres no están capacitados, por sus tendencias egoístas, para una constitución de tan sublime forma (...)*". Kant entiende que el Estado de naturaleza está conformado por un pueblo de demonios que debe motivarse a establecer y conservar una constitución republicana.

El académico colombiano Rodolfo Arango estudia la visión del republicanismo de Kant según los autores Peter Niesen y Reinhard Brandt. Según Niesen el concepto de república de Kant tiene doble dimensión fenoménica-nouménica, es decir, por un lado, las repúblicas son realidades en la experiencia, y por el otro, la idea de república orienta a los Estados en el proceso de institucionalización de una constitución republicana, así mismo, como ideal regulativo de autogobierno la idea republicana se realiza gradualmente porque el pueblo debe estar preparado para la autonomía pública. Así mismo el republicanismo kantiano se diferencia de republicanismo cívico, según Niesen, ambos destacan las diferencias entre autonomía pública y autonomía privada y entre un Estado libre y un ciudadano libre, pero la diferencia entre ambos republicanismo radican en lo que entienden por autonomía pública; Kant no condiciona el ejercicio de la política a la virtud, mientras que el republicanismo cívico exige la virtud y la activa participación en política de los ciudadanos y la disposición hacia el interés general, para este republicanismo la libertad presupone la posesión de virtudes humanas, incluyendo la de subordinar los fines privados a los intereses generales y participar en asuntos públicos, por ello el Estado debe preocuparse por formar el carácter moral de las personas y protegerlas de las influencias negativas, mientras que para Kant, es reprochable el uso de medios institucionales para transformar moralmente a la persona y convertir la comunidad política en comunidad ética (Arango, 2013, p. 53-54)

En ese sentido, para Kant el republicanismo debe involucrar la totalidad de los hombres y el estatus de ciudadano activo con derechos políticos no dependen de seguir el bien común, sino que estos son conferidos a los hombres con la finalidad de que puedan perseguir la particularidad de sus respectivos intereses, el republicanismo de Kant establece el discurso de los intereses en lugar del discurso de las virtudes (Arango, 2013, p. 54). Esta teoría es útil a la democracia deliberativa, ya que en muchas ocasiones de privilegia a la calidad del discurso por encima de la participación y si esta situación no se pondera de manera adecuada puede derivar en un elitismo democrático que pretenda que solo entren en la discusión tienes tengan las virtudes y el razonamiento para tal fin, mientras que Kant sostiene que deben prevalecer los intereses por encima del discurso y por ello se puede entender que para una democracia deliberativa basada en la idea de republicanismo kantiano, se debe más que garantizar la participación de ciudadanos virtuosos, garantizar la participación de los que tengan interés en la discusión.

Ahora bien, plantea Niesen una diferencia entre lo que propone Kant como el establecimiento de una constitución republicana y su mantenimiento, ya que la conservación de la constitución republicana es más difícil de lograr que el mero establecimiento. La estabilidad legal es necesaria, más no suficiente para asegurar una paz duradera, pero adicional se requiere el ejercicio de la autonomía pública que exige la participación de la ciudadanía activa para el establecimiento de un Estado republicano. Kant entiende las desigualdades sociales de las personas y propone una sociedad nivelada con recursos homogéneos, para evitar que los individuos usen el dinero o la violencia para su provecho. Por otro lado, sostiene Kant que en la práctica son los seres humanos y no los demonios, los que diseñan la constitución y en los seres humanos se encuentra un sentido de la justicia. Para Niesen esta es una inconsistencia ya que considera que este argumento alude a las razones morales que precisamente critica Kant del republicanismo cívico y a su vez sostiene Niesen que para mantener la constitución parece necesario incluir razones morales más poderosas que las admitidas para el establecimiento. (Arango, 2013, p. 55-57).

En otro artículo, (Arango, 2013, p. 183) menciona que, para Kant, la paz y estabilidad política se asegurarán mediante la adopción y ratificación de una constitución que se fundamenta en el respeto hacia la libertad, igualdad y el sometimiento de todos a la autoridad de la ley. Para Kant, el principio de legalidad no será considerado como un objetivo a alcanzar, sino más bien como un requisito fundamental para la acción política. Por otro lado, sostiene que Kant es contundente al afirmar que el objetivo de una constitución política no es transformar a los ciudadanos en individuos moralmente virtuosos. Más bien, la constitución política de una nación busca garantizar que todos estén sujetos a una ley común, sin tener como objetivo moralizar a los miembros de la comunidad política. Por lo tanto, el ejercicio de la libertad de expresión, la crítica y la deliberación pública fundamentada en razones o argumentos se convierte en un requisito indispensable para la existencia de un régimen político republicano.

Para la conservación de la constitución republicana Kant propone tres pasos, el primero hace referencia a la naturaleza, que antecede a la constitución republicana, esta ayuda a la voluntad general y contribuye desde un punto de vista moralmente independiente a mantener el Estado republicano (sustitución moral). El segundo paso consiste en una buena organización del Estado, depende de que todos sus miembros estén obligados a ser buenos ciudadanos, ya que estos actúan de acuerdo con la ley y lo hacen como si sus tendencias egoístas no existieran (simulación moral). El tercero consiste en una buena formación moral del pueblo a través de la educación (Arango, 2013, p. 57). Kant propone tramitar los conflictos por medio de procedimientos jurídicos y así evitar el uso de la violencia y considera que un buen ciudadano en un pueblo de demonios no puede perseguir sus intereses egoístas de cualquier manera, por lo tanto, los intereses privados se deben tramitar en la acción pública como si estas persiguieran un bien público común (concepción sistémica de racionalización comunicativa) (Arango, 2013, p. 58).

Ahora bien, según la interpretación de Kant que realiza Brandt, un pueblo republicano de demonios es aquel que no deja la soberanía en manos de ningún Leviatán o un Dios, sino en manos de las leyes que fueron adoptadas autónomamente por los ciudadanos por medio de su voluntad general *"Solo porque la "utilidad" apunta en la misma dirección que la "justicia" es que la pretensión moral de justicia no es una mera quimera, sino una pretensión que gana progresivamente realidad histórica"* (Arango, 2013, p. 63). La interpretación que le da Rodolfo Arango a la idea de republicanismo de Kant tiene que ver con los maximizadores de utilidades, en un principio los ciudadanos pueden aceptar un pacto que evite la violencia, pero con el pasar del tiempo esta razón puede perder su peso y aún más en épocas de crisis que puedan propiciar acciones estratégicas egoístas por parte de los demonios para proteger sus intereses reformando la constitución vigente.

Menciona Arango que la propuesta kantiana consiste en diferenciar los diversos niveles o etapas que tiene la consolidación del republicanismo, por lo que establece los siguientes niveles; i) Primer nivel: razones prudenciales, que invitan a los ciudadanos a rechazar la violencia, la motivación para la no violencia es la repulsión a esta y la necesidad de neutralizar la fuerza del otro, ii) Segundo nivel: razones práctico jurídicas, ya hay una constitución republicana basada en principio de libertad, igualdad y dependencia de todos. Las razones que motivan al pueblo de los demonios a establecer la constitución republicana son los principios de libertad externa, igualdad externa y dependencia externa de todos a una única legislación común, lo que suministra motivos adicionales a la amenaza y el temor, menciona Arango que en las obras Teoría y Práctica (1793) y la Metafísica de las costumbres (1797) los principios son libertad como seres humanos, igualdad como súbditos y la independencia como ciudadanos, más no la dependencia de todos a una única legislación común; por último; iii) Tercer nivel: la solidaridad, razones prácticas, asegurar la conversación de la constitución solo se puede hacer de manera gradual ya que depende de la madurez cultural, emocional e intelectual del pueblo de demonios para asegurar la estabilidad política *"traduce la fraternidad en una disposición para la acción solidaria respecto de los demás y del orden jurídico común (lealtad constitucional)"* (p.68) por ello se deben infundir en los ciudadanos motivaciones positivas para ayudar a los necesitados y excluidos sin que ello signifique imponer deberes morales. (Arango, 2013, p. 66).

Por otro lado, Rodolfo Arango menciona como realizar el paso del estado de naturaleza al estado republicano de derecho, según Kant, no solo es la violencia lo que motiva a dar este cambio, sino la idea y el concepto mismo de derecho, se debe preguntar si existe una necesidad en torno a la intencionalidad colectiva en un pueblo conformado por egoístas, de hacer esa transición y teniendo en cuenta el imperativo categórico como la base formal del concepto de derecho, ya que incluso un pueblo de demonios podría estar dispuesto a cumplir con la constitución republicana ya que basta que sus integrantes vean las ventajas de vivir bajo una normatividad común a la que se es leal y solidario, independientemente de si es una buena constitución o no, ya que esto depende del progreso moral y cultural de la humanidad, así pues, el republicanismo Kantiano es para un pueblo de demonios y para un Estado de ángeles. (Arango, 2013, p. 69-70)

Por otro lado, Rodolfo Arango en otro artículo menciona el cosmopolitismo republicano, allí menciona que con la finalidad de construir un orden mundial sobre principios republicanos, Kant discute sobre un derecho cosmopolita anticolonial que se caracteriza por: i) Reconocimiento de los pueblos como sujetos de derecho ii) reconocimiento de la diversidad cultural e igualdad entre los pueblos del mundo, iii) relevancia de las cosmovisiones; iv) concepción del derecho comsmopolita a partir de enfoques de derechos y deberes derivados de la hospitalidad; v) reconocimiento de los agentes privados como sujetos vinculados al orden cosmopolita y por tanto responsables de violaciones de derechos humanos, muchas veces apoyados en agentes estatales. Para Rodolfo Arango, Kant propone una visión del orden internacional basado en el derecho para un mundo republicano si lo que se desea es la paz mundial por lo tanto condena el colonialismo y el abuso y la dominación armada sobre los pueblos soberanos. (Arango, 2017, p. 340-341)

Para (Habermas, 2005, p. 1) *"En la concepción republicana el espacio público político y, como infraestructura suya, la sociedad civil, cobran un significado estratégico pues tienen la función de asegurar a la práctica del entendimiento entre los ciudadanos su fuerza integradora y su autonomía"*. Respecto a la cultura menciona que, según la perspectiva republicana, la formación democrática de la voluntad colectiva ocurre a través de una autoentendimiento ético. Según este enfoque, la deliberación puede basarse en un acuerdo profundo entre los ciudadanos, arraigado en la pertenencia compartida a una cultura común, y se renueva en rituales que conmemoran un evento fundacional de la república (Habermas, 2005, p. 5).

En síntesis, la democracia deliberativa contribuye a la implementación de los principios republicanos kantianos al proporcionar un espacio donde se pueden aplicar y cultivar los valores éticos fundamentales de autonomía, racionalidad y respeto mutuo. Ambos ideales promueven el diálogo público abierto y la deliberación informada, permitiendo que los ciudadanos ejerzan su capacidad de razonamiento y participen activamente en la toma de decisiones políticas. Al valorar la dignidad humana y tratar a los individuos como fines en sí mismos, las democracias deliberativas reflejan el principio kantiano de respeto por la autonomía y la igual consideración de las opiniones. Además, al basar la legitimidad política en el consentimiento racional de los ciudadanos, estas democracias refuerzan el enfoque kantiano de la autoridad legítima. En conjunto, las democracias deliberativas proporcionan el marco institucional adecuado para la realización práctica de los ideales republicanos kantianos, fortaleciendo así los valores éticos y políticos fundamentales compartidos por ambos enfoques.

### *4.3.3. El mérito ¿controversial o esencial en la Constitución?*

Como se señaló a lo largo del trabajo el principio de mérito fue introducido en la Constitución de 1991 como una manera de subsanar el hecho de que la burocracia era un botín electoral. Sin embargo, el principio de mérito entra en tensión con el principio de igualdad porque como se ha mencionado a lo largo del trabajo el principio de mérito en países desiguales como Colombia acentúa la desigualdad en razón a que el mérito no castiga la desigualdad sino la falta de movilidad, así mismo, proveer cargos basados solo en el mérito resulta perjudicial para la parte de la población que tiene circunstancias y contextos diferentes y menores oportunidades. Es por lo anterior que el Estado debe responder al principio de igualdad material a la hora de implementar el principio de mérito.

De acuerdo con (Vergara, 2011, p. 117) igualdad es el principio que funda el sistema de mérito y con él se persiguen los propósitos de moralidad, transparencia y eficiencia en el desempeño de las labores estatales, así mismo el sistema de mérito no solo busca proteger a los trabajadores del Estado contra la discriminación, sino que también amplía esta protección para garantizar igualdad de oportunidades a todos los ciudadanos interesados en ocupar cargos públicos. Además, busca asegurar que toda la comunidad, incluidos los potenciales usuarios de servicios públicos, sea tratada con imparcialidad, neutralidad, eficiencia y eficacia en sus trámites con las instituciones públicas. La igualdad no solo se refiere a la no discriminación, sino que predica la protección y la igualdad real y efectiva de las personas y grupos marginados o en situación de debilidad manifiesta. Es por esto por lo que (Vergara, 2011, p. 118) menciona que a la hora de estudiar el principio de mérito en sintonía con la igualdad se debe definir las obligaciones que el Estado respecto a la promoción y garantía de acceso a los empleos públicos de personas que, por sus contextos físicos, sociales e incluso culturales, no podrían llegar a ocuparlos sin la intervención del Estado. Por eso plantea la pregunta de *"¿El principio constitucional del mérito plantearía la exigencia de acciones afirmativas por parte del Estado en este específico escenario de las oportunidades para acceder a los cargos públicos?"*.

Así pues, de conformidad con (Vergara, 2011, p. 135) La relación entre el principio de mérito y los derechos fundamentales sugiere que el legislador y otras autoridades tienen la obligación ineludible de diseñar sistemas de mérito considerando estos derechos. Esto implica manejar cuidadosamente las posibles tensiones que puedan surgir en la aplicación de los regímenes de carrera. No obstante, esto no significa descuidar los estándares propios del servicio público; al contrario, busca complementar los objetivos de satisfacción de las necesidades sociales mediante un equilibrio entre derechos y la eficiencia y efectividad en su regulación y provisión.

Basado en lo anterior, la propuesta de este trabajo no busca condenar per se el principio de mérito ni sugerir su exclusión de la Constitución política. Más bien, promueve este principio como un contrapeso al clientelismo en las instituciones estatales. Sin embargo, su implementación debe considerar la obligación del Estado de asegurar la igualdad material de los ciudadanos y proporcionar oportunidades a los grupos marginados que de otro modo no podrían acceder a ellas. Un Estado que atienda las necesidades de la población, especialmente de los menos favorecidos, y al mismo tiempo seleccione a sus funcionarios basándose en el mérito con criterios especiales, puede mitigar los efectos del clientelismo en las entidades públicas. Esto permitirá que las personas con acceso a empleo y educación no se vean obligadas a participar en dinámicas clientelistas, mientras fortalece el principio de mérito para asegurar que las entidades cuenten con funcionarios idóneos y se reduzca la burocracia política.

Así mismo, se sugiere implementar el mérito con criterios especiales, como se ejemplificó en el punto 2.1 "El mito de la meritocracia" de este trabajo, donde se propuso la apertura de procesos de selección que incluyan acciones afirmativas para beneficiar a personas que, de otro modo, podrían no ser seleccionadas en un concurso basado únicamente en el mérito. Esto no solo amplía las oportunidades para grupos marginados, sino que también fortalece la equidad y la efectividad de los sistemas de selección pública, reduciendo así las prácticas clientelistas y asegurando que las instituciones cuenten con personal competente y diverso. De igual manera vuelve al mérito un principio menos elitista y más acorde con las necesidades de un país como Colombia que sufre de desigualdad y falta de oportunidades.

En relación con lo anterior la Comisión Nacional del Servicio Civil en su doctrina también ha mencionado las acciones afirmativas, en su concepto con Radicado No. 2-2-2005-12473 y 110/06 con asunto *"Inquietudes frente al concurso de méritos teniendo en cuenta situación de discapacidad"* menciona que teniendo en cuenta las etapas del proceso de selección o concurso que son: convocatoria, reclutamiento, pruebas, conformación de listas de elegibles y el nombramiento en periodo de prueba; y teniendo en cuenta la condición de discapacidad de algunos de los participantes en el proceso de selección de la Convocatoria No. 001 de 2005, la CNSC promovió la adopción de medidas tendientes a garantizar que sea efectiva la participación en igualdad de condiciones de las personas con discapacidad que se inscribieron en el concurso teniendo en cuenta la información que estas diligenciaron en el formulario de inscripción para la adecuación en la logística y apoyo para la presentación de las pruebas.

Por otro lado, en el concepto con Radicado 20182010305691 menciona que la CNSC para el desarrollo de sus procesos de selección ha dispuesto de acciones afirmativas tendientes a garantizar la participación en igualdad de condiciones de los ciudadanos colombianos en condición de discapacidad, medidas que se toman durante la aplicación de pruebas y criterios de desempate entre los elegibles para la provisión de las vacantes, y resalta que el primer criterio para dirimir los empates en posiciones dentro de las listas de elegibles se constituye en favor de: *"el aspirante que se encuentre en situación de discapacidad"* de conformidad con el Acuerdo No. 562 del 05 de enero de 2016.

Para (Habermas, 2005, p. 1) *"La política es entendida como forma de reflexión de un plexo de vida ético (en el sentido de Hegel). Constituye el medio en el que los miembros de comunidades solidarias de carácter cuasi-natural se tornan conscientes de su recíproca dependencia, y prosiguen y configuran con voluntad y conciencia, transformándolas en una asociación de ciudadanos libres e iguales, esas relaciones de reconocimiento recíproco con que se encuentran".* Si bien es cierto Habermas no se pronunció directamente sobre la meritocracia sí ofrece perspectivas relevantes sobre la política y la justicia social, en ese sentido, se debe procurar una política para la comunidad y no para las élites, en la que puedan participar todos los ciudadanos por igual para que así se construya una cultura de lo público. Con una cultura de lo público fortalecida y un principio de meritocracia que atienda a la igualdad material y con criterios especiales se puede lograr reducir el clientelismo imperante en el país.

#### *4.3.4. El aporte de la ciencia política empírica a la democracia deliberativa: La visión de Dennis F. Thompson y el concepto de legitimidad sociológica*

De acuerdo con (Araújo, 1991, p. 3) en la democracia el gobierno se legitima por el consentimiento popular que se expresa y constata por procedimientos diversos, especialmente electorales, no obstante (Thompson, 2008, p. 273) va más allá al decir que *"Uno de los beneficios más significativos que los teóricos pueden adscribir a la democracia deliberativa es que las decisiones que se producen en ella son más legítimas, porque respetan la condición moral de los participantes"*, de acuerdo con lo anterior, la legitimidad es un elemento importante y característico de la democracia deliberativa, ya que es en este escenario dónde se desarrolla más a través de las discusiones y debates que se suscitan entre los ciudadanos.

De acuerdo con (Jiménez, 2023, p.11) *"La democracia exige un elemento que va más allá de la aprobación de las mayorías, las cuales son trascendentes y dignas, pero que requieren incrementar su legitimidad a través de un diálogo abierto, incluyente, capaz de gestionar la contradicción y ganar suficiencia conforme a la coherencia de sus argumentos, y a la adhesión progresiva a ellos por parte del contrario".* Según (Jiménez, 2023, p. 178) La legitimidad que ofrece la democracia deliberativa se evidencia en la posibilidad de que el Estado encuentre en el diálogo y la transparencia el límite material para las decisiones que afectan la comunidad, *"implica una cultura de la racionalidad, razonabilidad, control y contradicción que visibiliza lo público y lo convierte en objetivo de todos (...) impone una ética y una pertenencia por los derechos, y especialmente por la participación, transforma la soberanía en una práctica recurrente, ciudadana y menos abstracta"*

Es por lo anterior que la legitimidad es un elemento diferenciador entre la democracia deliberativa y la participativa o la representativa, ya que, al posibilitar un diálogo entre los ciudadanos, el resultado de este contará con el respaldo y la aceptación de la población, lo que fortalece la legitimidad de las decisiones tomadas. Este respaldo se fundamenta en el proceso inclusivo y transparente de la deliberación, donde se promueve la discusión informada y el consenso, lo que contribuye a una mayor confianza en las instituciones y en el sistema democrático en su conjunto. La legitimidad resultante de la democracia deliberativa no solo radica en el hecho de que las decisiones son tomadas por la voluntad de la mayoría, sino también en el proceso mismo de deliberación, que garantiza la consideración de diversos puntos de vista y la búsqueda de soluciones que reflejen el interés general.

Para (Schmitt, 1982, p. 104-107) una Constitución es legítima (reconocida no solo como situación de hecho sino también como ordenación jurídica) cuando la fuerza y autoridad del poder constituyente en el que descansa su decisión es reconocida. Históricamente se pueden distinguir dos clases de legitimidad; la dinástica y la democrática correspondientes a los dos sujetos de poder; el príncipe y el pueblo, si tiene preponderancia el punto de vista de la autoridad es reconocido el poder constituyente del rey, si domina el punto de vista de la *maiestas populi* la validez de la constitución recae sobre la voluntad del pueblo. La legitimidad de una Constitución no significa que haya sido tramitada según leyes constitucionales antes vigentes ya que eso no tiene sentido porque una nueva Constitución no se puede subordinar a una anterior, así mismo, la nueva Constitución no es legítima porque la vieja se haya abolido, por lo que nada tiene que ver la coincidencia de la vieja y la nueva constitución con la legitimidad. Así pues, la legitimidad en una democracia se apoya en el pensamiento de que el Estado es la unidad política del pueblo, el Estado es el *status* político del pueblo, moda y forma de la existencia estatal se determinan según el principio de legitimidad democrática por la libre voluntad del pueblo y la voluntad constituyente no está vinculada a ningún determinado procedimiento, debido a que la práctica de las constituciones democráticas ha dado lugar a métodos como la elección de una Asamblea Constituyente o la votación popular.

Para hablar de la legitimidad de la democracia deliberativa hay que hablar de las formas de dominación, para (Weber, 1967) el Estado es una dominación de hombres sobre hombres que se sostiene mediante el uso legítimo de la violencia. Así mismo, señala Weber que existen tres justificaciones internas para la legitimidad de la dominación, las cuales son: i) la dominación por la costumbre, donde la legitimidad se basa en la tradición y la aceptación consuetudinaria, ii) la dominación por el carisma, donde la legitimidad proviene de las cualidades personales excepcionales de un líder, iii) la legitimidad basada en la legalidad, donde se respeta el poder en función de normas legales y preceptos racionales. Con relación a lo anterior, (Habermas, 1998, p. 137) menciona que Weber considera que respecto a la legitimidad legal, esta descansa sobre unos estatutos racionalmente acordados ya que supone un acuerdo sobre la legalidad, que de forma típico-ideal une en sí los siguientes dos momentos: i) los estatutos de la asociación son válidos porque se han establecido positivamente de acuerdo con el derecho vigente y porque han sido acordados racionalmente, ii) la racionalidad reposa en que los miembros solo se someten a la coerción de las reglas estatalmente sancionadas, y considera Weber que los órdenes legales valen como legítimos no solo en virtud de la suposición del acuerdo alcanzado normativamente, sino también en virtud de una imposición basada en el dominio tenido por legítimo, del hombre sobre el hombre y la correspondiente obediencia.

Según (Habermas, 1998, p. 137-138) la dominación legal solo puede considerarse legítima en virtud de su forma jurídica, a consideración de Habermas, la validez de la dominación legal proviene de un empleo poco claro por parte de Weber del concepto de racionalidad y también de un tratamiento restrictivo que Weber hace del derecho moderno dentro de los límites de su sociología de la dominación. Habermas menciona que los tipos de derecho sirven a Weber como hilos conductores para el análisis de los tipos de dominación legítima y en dicho análisis el derecho moderno queda conectado de manera funcional con la dominación burocrática del "instituto racional" que representa el Estado, y por esto el Estado de derecho recibe en último término su legitimación no de la forma democrática de la formación de la voluntad política, sino a partir de premisas relativas al ejercicio legal del poder político, de la estructura abstracta de reglas que caracterizan a un sistema de leyes, de la autonomía de la administración de justicia y de la vinculación de la administración a la ley y de la estructuración racional de la administración.

Debido a lo anterior, (Habermas, 1998, p. 138-139) compara la legitimidad de Weber con la que menciona Parsons, que entiende que el Estado constitucional moderno desde la perspectiva de una juridificación del poder político, se rige bajo las restricciones de los fundamentos racionales de validez del derecho moderno y ayuda a dar forma e implementar un modo democrático de legitimación, considera que el derecho es un orden legítimo que constituye el núcleo de una *societal community,* que constituye la estructura nuclear de la sociedad, a diferencia de Weber, Parsons persigue la evolución del derecho bajo una función específica, esta es el aseguramiento de la solidaridad social, y no solo bajo la contribución que el derecho hace a la formación de la dominación, por lo que se debe propender por un derecho parcialmente autónomo que se constituye con el tránsito de las sociedades tribales a las culturas superiores y se caracteriza por una forma de organización estatal donde el derecho y el poder político se unen, el Estado posibilita la institucionalización de procedimiento de la administración de justicia y de imposición del derecho, constituye una jerarquía de cargos y se legitima a través de la forma jurídica del ejercicio administrativo de la dominación. De igual forma considera (Habermas, 1998, p. 140.141) dado que la positivación del derecho es seguida de la racionalización de sus bases de legitimación, el derecho moderno solo puede estabilizar en sus expectativas de comportamiento a una sociedad compleja con mundos diferenciados y subsistemas autonomizados, como en una *societal community* que se ha transformado convirtiéndose en una sociedad civil.

Respecto a la legitimidad (Habermas, 1998, p. 365) menciona que existe una relación constitutiva entre el poder y el derecho que cobra relevancia a través de las presuposiciones de la producción legítima de normas y a través de la institucionalización de la práctica de autodeterminación de los ciudadanos, menciona que el "poder social" es la capacidad que tienen de imponerse intereses superiores que puedan ser perseguidos de forma racional, el "poder político" es una forma abstraída de poder social, articulada de forma estable que permite intervenciones sobre el "poder administrativo" que son los cargos organizados en forma de jerarquía. La pretensión de legitimidad del derecho que se transmite al poder político a través de su forma jurídica, las condiciones de "aceptancia" y las condiciones de legitimidad se transforman en condiciones de estabilidad de una fe en la legitimidad de la dominación, fe que por término medio correspondería a toda la comunidad jurídica (Habermas, 1998, p. 365).

Así pues, Habermas es crítico de las formas de dominación que menciona Weber, ya que la legitimidad tiene que provenir de la participación y deliberación de una ciudadanía activa e informada, y no solo de una imposición de una ley como lo menciona Weber. La legitimidad se debe basar en el consenso racional que se alcanza a través del diálogo público y las teorías de la acción comunicativa. En igual sentido, menciona (Sethi, 2023, p. 6) que en el contexto de la participación pública para la elaboración de una constitución, debe existir un razonamiento filosófico y/o moral detrás de la participación del público, lo cual tiene una conexión con la eventual legitimidad normativa de una constitución, así mismo menciona que la razón principal para llevar a cabo la participación pública en los procesos de elaboración de constituciones es el requisito normativo para hacerlo, esto porque que las constituciones modernas se consideran documentos que consagran cómo desea ser gobernada la gente; y basándose en teorías de legitimidad política, las constituciones solo son legítimas normativamente cuando representan la voluntad del pueblo, por lo tanto es necesario garantizar que una constitución sea característica de la sociedad y las personas a las que gobierna por lo que el público en general necesita ciertas oportunidades para impactar en el contenido constitucional e incluso dar su aprobación explícita para ser gobernado por la constitución (Sethi, 2023, p. 7-8). De igual manera menciona (Sethi, 2023, p. 8) que *"Más allá de estas razones normativas, hay razones sociológicas para la participación pública, siendo la más importante la legitimidad sociológica. Según Harel y Shinar, una constitución que tiene legitimidad sociológica significa que el pueblo de un país considera aceptable su constitución y está dispuesto a someterse a ella."*

*"¿De qué forma pueden los ciudadanos lograr una decisión colectiva legítima?"* Es una pregunta que realiza (Thompson, 2008, p. 280) y en la que identifica tres aspectos del problema, los dos primeros son desacuerdo y decisión que caracterizan la democracia deliberativa y el tercero hace referencia a la legitimidad y es el proceso mediante el cual las decisiones pueden ser justificadas ante quienes estarán vinculados a ellas, la legitimidad es necesaria como un proceso discursivo dónde se module el desconocimiento de los derechos, la

emocionalidad y la falta de respeto hacia el contrario, (Jiménez, 2023, p. 12). Según Thompson, un estado de desacuerdo básico es necesario para crear un problema que debe ser resuelto por la democracia deliberativa, respecto a la decisión colectiva menciona que la democracia deliberativa se enfoca en circunstancias en las cuales un grupo debe tomar una decisión a la que quedarán obligados todos los miembros de una comunidad, estén o no de acuerdo con ella. Menciona Thompson que el enfoque que debería darse a la democracia es preguntarse como grupo, enfocarse en las decisiones grupales más que en las individuales y a su vez los individuos que discuten asuntos políticos en grupos son menos vulnerables a las presiones de la élite.

Ahora bien, respecto a la legitimidad de la decisión menciona (Thompson, 2008, p. 283) que el criterio fundamental que determina la legitimidad y que destaca la deliberación es la capacidad de ofrecer y responder a justificaciones mutuas o recíprocas, donde se exponen y se contestan razones con el fin de respaldar decisiones políticas. Así mismo establece que el razonamiento debe mostrar respeto hacia los deliberantes y sus opiniones, este debe mantener abiertas las posibilidades de cooperación, de igual manera menciona que exagerar la racionalidad que la teoría deliberativa exige es un error. Respecto a la legitimidad mencionan (Navas y Benavides, 2023, p. 101) que gracias a la deliberación se produce un *poder comunicativo* que otorga legitimidad democrática al Estado ya que salvaguarda "un proceso inclusivo de la formación de la voluntad común" citando a (Habermas, 1999, p. 234; Lösch 2005, III,2.3.)

Por otro lado, (Thompson, 2008) establece estándares evaluativos que dan una base para que se pueda juzgar la calidad de la deliberación a partir de criterios conceptuales, entre más cerca se encuentre de estos estándares mejor será la deliberación real. Menciona entonces que si la deliberación se ve influenciada de recursos económicos desiguales y de estatus social el resultado de esta será deficiente, por lo que debe aplicarse un estándar de igualdad y señala como ejemplo de ello la igualdad de oportunidades, selección arbitraria, representación proporcional e igualdad en tiempo de intervenciones; así mismo señala que la misma deliberación puede exponer las condiciones de desigualdad y servir como justificación para que los líderes tomen medidas al respecto. Ahora bien, debido a que muchas democracias están dominadas por la desigualdad, se pregunta Thompson, hasta qué punto los foros deliberativos satisfacen los estándares de equidad más eficientemente que otros procesos políticos. Por otro lado, menciona (Thompson, 2008, p. 293) que si la equidad de recursos fuera un requisito para deliberar, la democracia deliberativa fallaría antes de empezar, así mismo considera que uno de los principales argumentos a favor de la democracia deliberativa es que expone las desigualdades sociales a la crítica pública con la finalidad de crear condiciones menos injustas en un futuro.

Menciona (Thompson, 2008, p. 289) que Steiner *et al.* realizó en el centro del estudio del discurso parlamentario, el intento más sistemático para operacionalizar principios para identificar y evaluar la deliberación, en su *"índice de calidad del discurso"* se encuentran categorías para rastrear los principios que se encuentran en la teoría deliberativa, que son: i) nivel de justificación: razón y conclusión y un enlace entre ellos, ii) contenido de la justificación, apela a lo común versus el interés de grupo, iii) respeto hacia los grupos que requieren ayuda, empatía, iv) respeto a las demandas de los otros, considerar propuestas y argumentos de los opositores, v) respeto a los contrargumentos, una declaración positiva sobre el argumento contrario que el otro genere de las conclusiones propias, vi) política constructiva, presentar propuestas mediadoras, vii) participación sin interrupciones. En ese sentido, si se evidencian algunos de estos ítems en el proceso deliberativo para medir el nivel y contenido del discurso, es posible rastrear el estándar del razonamiento dotado de espíritu público.

Por otro lado, una condición importante para el proceso deliberativo es la publicidad, toda vez que el foro deliberativo debe estar abierto para todo público y para que puedan participar las personas que se verán afectadas por una decisión, establece (Thompson, 2008, p. 292-295) que *"la publicidad puede promover a) la racionalidad —justificar las creencias propias articulando premisas y conclusiones, tomando en cuenta puntos de vista opuestos—; b) la generalidad —apelando al bien común o al interés general—; y c) la razón plebiscitaria —apelando a lo que parece ser el bien común, pero con «un consentimiento superficial y de razonamiento pobre acerca de lo peor que tenemos en común»"*. La publicidad también aporta a la legitimidad de la decisión ya que esta sería adoptada por la mayor cantidad de personas posibles que acudan al proceso deliberativo porque se sienten afectados por la decisión que se tomará, por lo tanto, entre una mayor publicidad del proceso de puede tener una mayor participación y deliberación y escuchar la mayor cantidad de puntos de vistas posibles para así tomar la decisión más adecuada.

Ahora bien, existen conflictos de las democracias deliberativas, (Thompson, 2008, p. 297-298) explica el conflicto entre la participación y la deliberación, menciona que muchos demócratas deliberativos defienden mayor participación ciudadana ya sea en la deliberación o por lo menos en el juicio llevado a cabo por sus representantes, no obstante, en lugar de trascender de esta teoría, la añaden a la lista de estándares de actividades políticas que realizan los ciudadanos, a la votación, organización, protesta, ellos suman la deliberación. En ese sentido, la teoría de la participación y de la deliberación tienen un problema en común, expuesto por los empíricos, y es que *"muchos ciudadanos no son animales políticos"* y por lo tanto no se interesan en la política.

Adicionalmente, para (Thompson, 2008, p. 299-300) la participación equitativa puede disminuir la calidad del razonamiento deliberativo y la deliberación pública puede derivar en un menor respeto mutuo que el que tendría una conversación más íntima, y la autoridad que toma las decisiones puede llevar a la polarización. Los sistemas de consenso como las grandes coaliciones y estructuras multipartido pueden producir una mejor deliberación pero al costo de una menor transparencia en la formulación de políticas y menor rendición de cuentas, es por esto que si se quiere una deliberación respetuosa debería realizarse en foros de deliberación pequeños sin caer en el "modelo de política de un club premoderno de caballeros" y es por esto que los demócratas deliberativos deben enfrentar las tensiones entre los valores de la participación y la deliberación, que han sido expuestas por los empíricos, para así ayudar a decidir hasta qué punto un valor debe ser sacrificado por otro. Si la participación y la deliberación o cualquier otro valor fundamental de la democracia deliberativo está en conflicto, se debe tener las herramientas para poder identificar qué valor tiene prioridad y qué combinación de valores es la óptima.

Respecto a la estructura de la democracia deliberativa (Thompson, 2008, p. 300-305) menciona que tiende a pensarse solo en las discusiones grupales como escenario de la deliberación, no obstante, la deliberación en la práctica puede tener formas diferentes en distintas partes del proceso y la deliberación es solo uno entre muchos modelos deseables. Menciona Thompson que existen tres enfoques en la estructura: i) Deliberación distribuida, dónde las diferentes tareas deliberativas son asignadas a diferentes instituciones que pueden tener estándares deliberativos desemejantes, una ventaja es que como no todas las instituciones son igualmente efectivas, invita a estudiar sobre las ventajas comparativas de cada una, el reto es la manera en la que se deben coordinar las diferentes funciones para que se cree un sistema deliberativo, y la manera en la que las funciones crean una estructura coherente, ii) Deliberación descentralizada, mantiene la deliberación en una sola pieza, en vez de dividir la deliberación divide a los deliberantes, son procesos deliberativos unificados en muchos cuerpos, iii) Deliberación iterada, un cuerpo político (deliberativo o no) propone una política a un cuerpo deliberativo que posteriormente reenvía una versión revisada de la política al cuerpo inicial; este la revisa otra vez y la somete para una nueva consideración del cuerpo deliberativo antes de ser expedida.

Lo que destaca (Thompson, 2008) es que no existe un único modelo de democracia deliberativa que pueda ser aplicado de manera universal en todos los contextos, sino que surgen diversos conflictos que necesitan ser abordados considerando tanto la teoría como la realidad práctica. Además, resulta crucial comprender qué condiciones son óptimas para el funcionamiento eficaz del proceso deliberativo y qué estructuras de deliberación son más apropiadas para distintos asuntos. Según el autor, tanto en la teoría como en la práctica empírica, se ha observado una tendencia hacia la división del trabajo, lo que implica la necesidad de adaptar los enfoques deliberativos a las particularidades de cada situación específica.

## La importancia de implementar una democracia deliberativa en Colombia: ¿Desde dónde lograrla?

Ahora bien, después de analizar algunos preceptos de la democracia deliberativa, es necesario plantear ideas sobre la funcionalidad de este concepto en el contexto político colombiano. De conformidad con (Gargarella, 2023, p. 13) debe existir una visión diferente respecto de los derechos y la democracia, ya que deben estar al alcance de los ciudadanos, y estos deben tener el derecho de pensar y criticar, intervenir y definir democráticamente el contenido y los límites de los derechos. Considera (Gargarella, 2023, p. 14) que existe una *disonancia democrática,* es decir, una separación entre la Constitución y los compromisos democráticos, ya que en el momento de la creación constitucional latinoamericana predominaba el *elitismo constitucional* o el *momento elitista de la historia,* que asumía que la ciudadanía no estaba capacitada para participar en las discusiones públicas, ya que eran sociedad que no estaban interesadas en la participación política, pero poco a poco la sociedad empezó a expresar sus preocupaciones y demandas y empezó a crecer la tensión entre ciudadanos e instituciones.

De conformidad con (Gargarella, 2023, p. 17-18) anteriormente se pensaba que toda la sociedad quedaba incorporada en el sistema constitucional, sin embargo, en la actualidad no se habla de *"una sociedad pequeña dividida en pocos grupos internamente homogéneos, sino de algo completamente distinto, de sociedad multiculturales".* Es por lo anterior que ahora más que nunca resulta importante el diálogo ciudadano, porque como se mostró a lo largo del trabajo, el proceso de democratización es más que darle una curul a la población afro, indígena, o de crear una ley de cuotas. Se evidencia la necesidad de garantizar espacios de deliberación en los que las personas puedan expresar sus opiniones, preocupaciones y propuestas. Para (Gargarella, 2023, p. 22) el constitucionalismo y la democracia deben orientarse a ser una conversación entre iguales y para ello debe resistirse a la idea que la discusión es lo que el pueblo diga en un plebiscito, se necesita discutir en una conversación. La participación en el foro deliberativo contribuye a la consolidación de la cultura de la tolerancia y el respeto hacia el otro y sus derechos, ya que se ejerce la capacidad de razonar y argumentar lo que da la posibilidad de exhibir las virtudes propias y propugnar por las colectivas, de igual manera se garantiza que las decisiones en una comunidad política sean fruto de una construcción progresiva e imparcial, sin eliminar los desacuerdos y sin que las opiniones vencidas sean descartadas para un futuro (Jiménez, 2023, p. 176-177)

A lo largo de este trabajo se mencionó que la participación ciudadana en Colombia se ha convertido en elecciones para decir sí o no y refrendar decisiones previamente tomadas. Entonces resulta necesario replantear el enfoque del modelo democrático y participativo que se tiene, y la pregunta es: ¿cómo?, de acuerdo con (Gargarella, 2023, p. 23) *"Los ciudadanos tenemos que ser protagonistas de la discusión de los derechos básicos, pero rompiendo la idea de que cuando el ciudadano tenga que decidir sobre sus derechos tenga que ver con "¡ah! ¿Votamos mañana a ver si ponemos la pena de muerte, entonces?" No, se trata (...) de empezar a discutir colectivamente de manera horizontal, ayudados o con independencia de la vieja clase política retomando bajo nuestro control los asuntos que nos importan".*

Así pues, los ciudadanos tienen que empezar a exigir espacios de deliberación y discusión, y empezar a encontrar la manera de expresar sus necesidades, difícilmente la apertura de los espacios de deliberación surgirá desde la institucionalidad y por iniciativa del gobierno; por lo general estos espacios de diálogo tienen que ser abiertos por los ciudadanos, un ejemplo de lo anterior son los paros ciudadanos, que tienen como finalidad presionar al gobierno para abrir mesas de diálogo en las que se pueda empezar a negociar. La protesta no es solo un derecho que debe ser ejercido, sino que también puede ser una poderosa herramienta que abra la puerta a una verdadera escucha de las demandas sociales. *"La protesta, al evidenciar un sistema incapaz de corregir los males existentes, puede concebirse como una caja de resonancia de las demandas de quienes no cuentan con otros medios para hacerse oír, o igualmente como termómetro que mide el grado en el cual los Estados sociales de derecho están honrando tal modelo ideológico (...)"* (García, 2008, p. 236).

Como se mencionó a lo largo del trabajo, la democracia participativa se ha vuelto insuficiente y es necesario implementar un modelo deliberativo, ahora bien ¿es necesario reformar la constitución para lograrlo? La respuesta es que no necesariamente, de acuerdo con (Gargarella, 2023, p. 26-27) en los últimos años se ha evidenciado que muchas *"alternativas institucionales interesantes no son dependientes de una reforma constitucional"*. Según Gargarella muchas reformas importantes no necesariamente provenían de las cortes constitucionales y así mismo no es una condición imprescindible para que una reforma se lleve a cabo. Por otro lado (Thompson, 2008, p. 277) menciona que para que funcione la democracia deliberativa, el objetivo no es una reforma, sino entender hasta qué punto los valores de la teoría democrática se puede realizar, teniendo en cuenta las condiciones actuales como también las condiciones potenciales. Así pues, la propuesta de este trabajo no es una reforma constitucional para implementar la deliberación ciudadana, sino más bien, es proponer una apropiación ciudadana de los diferentes debates políticos que afectan a la población y que deben ser discutidos públicamente; esto puede darse utilizando los mecanismos ya existentes en la Constitución o planteando nuevas formas que sean funcionales para tal fin.

No se trata de otra reforma constitucional que no venga arrastrada por las demandas ciudadanas, ya que se volvería a quedar en la formalidad y no en la materialidad. Se trata de que, desde la ciudadanía se empiecen a gestar cambios importantes, que desde las bases se puedan lograr grandes cosas en la política colombiana. Los movimientos sociales, colectivos, juntanzas, entre otros; son de vital importancia para lograr ese acercamiento de las bases sociales con los gobernantes, y a su vez son esenciales para empezar a gestar el escenario para la realización del diálogo ciudadano como una conversación entre iguales. De igual manera resulta necesario crear una cultura política que tenga como objetivo resaltar en los ciudadanos la importancia de participar en la política y verla como algo que afecta a todos en distintos escenarios de la vida, y no como algo aislado que se gesta desde las élites. De acuerdo con (Dahl, 1992, p. 110) La cultura política necesaria para mantener un sistema democrático —aquello que Tocqueville se refería como las características morales e intelectuales del hombre social en su conjunto— se centra en resaltar la importancia de los derechos, libertades y oportunidades. Por lo tanto, tanto como una concepción abstracta y como una realidad práctica, el proceso democrático está envuelto en una atmósfera de libertad personal.

De acuerdo con (Thompson, 2008, p. 275) el éxito o el fracaso de la democracia deliberativa depende mucho del contexto y por lo tanto se debe buscar cuales son las condiciones bajo las cuales funciona o no la democracia deliberativa y cómo se pueden modificar las condiciones desfavorables. En ese sentido, un error frecuente que se comete en el país es traer reformas que funcionaron en otros países e implementarlas tal cual sin evaluar primero el contexto colombiano, y es por esto que se propone una implementación paulatina de mecanismos que hacen parte de la democracia deliberativa para ir analizando cuales funcionan y cuales deben ser descartados; de esta manera se crea un modelo de democracia deliberativa que es afín al sistema político colombiano y se disminuyen las posibilidades de fracaso en la implementación de este modelo.

Por su parte, (Martí, 1981, p. 134) considera que no se puede gobernar pensando en otros países, sino que debe atenderse a las circunstancias y contextos de los países latinoamericanos, es por esto por lo que menciona que, el buen gobierno en América no se basa en imitar métodos europeos como el alemán o el francés, sino en comprender y utilizar los recursos y características propias del país. Un gobernante eficaz debe conocer profundamente los elementos que constituyen su nación y cómo puede guiarlos conjuntamente hacia un estado deseable. Esto implica emplear métodos e instituciones que se originen en el país mismo, permitiendo a cada individuo conocer y ejercer sus capacidades, mientras todos disfrutan de la riqueza natural disponible para todos, fruto del trabajo y la defensa colectiva. Por lo tanto, el gobierno debe surgir orgánicamente de la realidad nacional, reflejar su espíritu y ajustarse a su constitución propia, siendo esencialmente el equilibrio entre los elementos naturales del país.

De igual manera para (Martí, 1981, p. 135) las repúblicas han repudiado de las tiranías su incapacidad para conocer los elementos verdaderos del país, y extraer de ellos la forma de gobierno y gobernar con estos elementos. Por otro lado, se pregunta Marí sobre ¿Cómo pueden los futuros gobernantes surgir de las universidades si en América no existe una institución educativa que enseñe los fundamentos básicos del arte de gobernar, que es el estudio de los elementos únicos de los pueblos americanos? Los jóvenes salen al mundo con lentes de enfoque extranjero, ya sean estadounidenses o franceses, y aspiran a liderar comunidades que no comprenden. Es por lo anterior que considera Martí que "*En el periódico, en la cátedra, en la academia, debe llevarse adelante el estudio de los factores reales del país*".

Ahora bien, a lo largo de este trabajo se ha hablado acerca de las fallas del Estado para cumplir con sus fines esenciales y procurar por una igualdad material, debido a que el Estado ha sido cooptado por poderes políticos y económicos que utilizan los recursos estatales para beneficios particulares y es por esto por lo que vale la pena preguntarse: ¿desde dónde debe venir el cambio? ¿quién debe ser el encargado de fomentar el diálogo ciudadano? En primer lugar, resulta útil traer el concepto de *la gestión de lo público más allá de lo estatal* que menciona (Cuervo, 2002, p. 41), este autor entiende esto como el ámbito de acción de corresponsabilidad entre Estado, mercado y sociedad, ya que producto de la transformación que ha presentado la acción estatal, que se caracteriza por una pérdida de la centralidad en la acción política y el ingreso de nuevos actores sociales, como los agentes de mercado, organizaciones de la sociedad civil y movimientos sociales.

Para (Cuervo, 2002, p. 41) con los trabajos de Habermas se plantea un escenario de discusión sobre la transformación de las relaciones entre el Estado y la sociedad civil, ya que se pretende la configuración de un espacio donde los actores privados se reencuentran en la discusión de temáticas que atañen a la mayoría, es la formación del espacio público que va a sustituir o reforzar la esfera pública tradicional de la sociedad, ya que la sociedad no se agota en el Estado (cosa pública) sino que se realiza una interacción de las instituciones del Estado, el sistema político, el mercado, y la sociedad no mercantil (tercer sector, movimientos sociales, organizaciones). Considera (Cuervo, 2002, p. 41-42) que más que autonomía entre la esfera pública y el sistema político para mediar las demandas sociales; la transformación de las relaciones entre el Estado y la sociedad puede traer consigo prescindir del sistema político clientelista y el planteamiento de una sociedad civil organizada, según el autor, hay que tener precaución de no caer en la despolitización de la política, pero este diálogo es una estrategia para salir del círculo vicioso en el que las políticas son el resultado de políticos queriendo favorecer intereses particulares, así mismo, menciona el autor que cada esfera contribuye sobre el resultado general y depende del grado de desarrollo y fortaleza del Estado, sociedad y mercado, por lo que habrán espacios muy influidos por el Estado y espacios muy influidos por la sociedad o el mercado.

Así mismo, (Cuervo, 2002, p. 43-45) explica lo que es el tercer sector o la sociedad, es decir, las organizaciones de la sociedad civil, las organizaciones no gubernamentales, movimientos sociales, las organizaciones populares, las juntas de acción comunal, las organizaciones de base, las organizaciones populares, estas tienen mucha importancia en el debate sobre el fortalecimiento democrático del Estado y surgen como consecuencia de la crisis del Estado de bienestar cuando debido a la rigidez institucional, escasez de recursos y aumento de las demandas ciudadanas se vio en la necesidad de apoyarse en algunas organizaciones de la sociedad civil que se erigen como defensoras de ciertos intereses públicos; estas asociaciones son voluntarias y solidarias y promueven los bienes públicos: Es la parte organizada de la sociedad civil que comparte responsabilidades con el Estado en muchos ámbitos de creación y administración de bienes públicos.

Respecto a los movimientos sociales en Colombia, menciona (Fals Borda, 1996, p. 70) que durante la década de los 80, los movimientos políticos independientes de carácter regional en Colombia adoptaron con facilidad la participación popular como una de sus consignas principales. Se revitalizaron los ideales de pluralismo político y cultural propuestos por Camilo Torres. Estos movimientos regionales indudablemente jugaron un papel crucial en la difusión y fortalecimiento del concepto participativo en Colombia. Para (Araújo, 1999, p. 25) El pluralismo concibe que una sociedad está mejor gobernada en la medida que esté más distribuido el poder político y en que existan más controles a los órganos de poder central, mayor distribución, tanto territorial como funcional, entre soberano y súbditos del poder. El pluralismo presupone la existencia de cuerpos intermedios de las organizaciones sociales, ya que dónde no existen organizaciones sociales colocadas entre el gobernante y el súbdito, se desarrolla un gobierno despótico y totalitarista, por lo que el pluralismo es una refutación del totalitarismo y el reconocimiento de que se vive en sociedades complejas en las que existen organizaciones sociales, relativamente autónomas que van desde partidos políticos, grupos de presión o interés, sindicatos y organizaciones difusas.

Como se mencionó anteriormente para (Martí, 2006) el pluralismo es una precondición importante para el proceso deliberativo ya que allí nacen los desacuerdos básicos sobre los que se desarrollarán las discusiones. Para (Araújo, 1999, p. 26) el pluralismo es uno de los principios fundamentales de la Constitución, puede entenderse como una oposición al totalitarismo, también como la necesidad de que el gobernante o las autoridades estatales permitan y favorezcan la expresión y difusión de diversidad de opiniones, creencias o concepciones del mundo, el pluralismo parte de la concepción de que nadie tiene la verdad y que esta solo surge de la discusión y la confrontación de la posiciones más diversas, así mismo, el pluralismo es la necesidad o conveniencia de que el poder no se concentre en un solo centro, sino que existan diversos centros de poder distribuido entre las diversas organizaciones que son las distintas comunidades; es una oposición al estatalismo y al centralismo y supone la descentralización y las autonomías de las organizaciones y dan un gran papel a los grupos, instituciones sociales que son organizaciones intermedias entre el individuo y el Estado y que se forman de manera espontánea y natural.

En síntesis, la sociedad civil y los movimientos sociales son un actor importante para exigir la apertura de un diálogo social que se encargue de acercar a los ciudadanos con las instituciones del Estado. Debido a las falencias estatales y a la desconexión del Estado con las demandas sociales, resulta necesario que sea la sociedad civil la encargada de exigir la creación de espacios para la deliberación y de exigir rendición de cuentas y realizar la supervisión y vigilancia a la ejecución de las normativas o políticas públicas que se desprendan del consenso al que llegan los participantes del diálogo. Los movimientos sociales en Colombia no solo son cruciales para expresar la voz y las preocupaciones de la ciudadanía, sino también para transformar las democracias existentes en sistemas más inclusivos, deliberativos y capaces de responder eficazmente a los desafíos sociales y políticos contemporáneos, estos movimientos han tenido logros importantes que se han visto reflejados en mesas de diálogo que surgen después de los paros nacionales, o incluso en las sentencias de la Corte Constitucional en beneficio de los derechos de las mujeres como fue la despenalización del delito de aborto hasta la semana 24 o de los derechos de la comunidad LGBT como permitir el matrimonio homosexual y la adopción homoparental.

## Conclusiones del tercer capítulo

### *Transformación democrática: La democracia deliberativa como estrategia para cerrar las brechas entre gobernantes y gobernados y avanzar hacia la constitución de un diálogo interinstitucional*

El clientelismo ha sido parte de la historia política de Colombia desde épocas remotas, y a pesar de cambios normativos y constitucionales en la actualidad sigue operando, ya que es un fenómeno que en lugar de desaparecer se ha adaptado a los cambios que ha tenido el país. El clientelismo tiene varias aristas, causas y consecuencias, por lo tanto, para analizarlo de manera adecuada hay que ir más allá de clasificarlo como algo negativo, sino que es necesario comprender las razones históricas, económicas y sociales por las que sucede. Actualmente el clientelismo opera mayoritariamente a nivel regional a través de clanes políticos que cooptan el poder y las instituciones. El hecho de que se produzca una captura del Estado por parte de determinados grupos políticos y económicos genera la sensación que se está gobernando para unos pocos lo cual produce un sentimiento de apatía en la población que se siente excluida no solo de las dinámicas clientelistas en épocas electorales sino también del gobierno cuando llegan al poder gobernantes que responden y favorecen a intereses particulares y no al bien común.

El clientelismo es legado de la época colonial, y fruto de esta época también es la fuerte tendencia presidencialista e incluso hiperpresidencialista que está presente en casi todos los países de Latinoamérica. Darle tanto poder a una sola rama impide el adecuado funcionamiento del sistema de pesos y contra pesos ya que el ejecutivo coopta el poder legislativo y judicial porque así está previsto en las facultades que le otorga la constitución, y también adquieren poder negociando de manera clientelista con las otras ramas. Pero adicional a esto, la figura del presidente tiene mucho peso en la región y esto hace que los ciudadanos depositen en él todas sus esperanzas y cuando no son satisfechas se desilusionan de la política.

Las altas cifras de abstención se explican por la desconfianza de los ciudadanos en la política. Además, la percepción generalizada de alta corrupción dificulta su participación en los procesos electorales y les aleja de involucrarse en la vida política. Esto se refleja en la falta de interés en los debates sobre reformas importantes y en la actuación de los funcionarios públicos, tanto electos como designados, en el ejercicio de sus funciones. Adicionalmente, muchos colombianos enfrentan condiciones desfavorables que limitan sus oportunidades de una vida digna y el acceso a servicios básicos. Esta situación agrava la apatía hacia la política, percibida como un reflejo del abandono estatal.

Históricamente en Colombia los ciudadanos han tenido poca participación, si bien y aunque Colombia sufrió una breve dictadura, se dice que la democracia colombiana es de las más sólidas de la región si se le compara con los países vecinos que sufrieron largas dictaduras, la realidad es que las dinámicas internas de violencia política y social también impidieron la participación ciudadana y derivó en que casi todos los gobiernos presidenciales decretaban estados de sitio para ampliar aún más sus facultades, así mismo, desde la violencia bipartidista hasta el surgimiento de los grupos armados son muestras de la debilidad institucional y han generado abandono estatal en regiones apartadas.

Es por esto por lo que la Constitución de 1991 nació del clamor popular por tener un texto constitucional que surgiera desde el pueblo y que permitiera la participación ciudadana, esta Constitución fue pionera para el nuevo constitucionalismo latinoamericano por su carácter vanguardista, así mismo tuvo grandes avances ya que se pasó del Estado de Derecho caracterizado por la democracia representativa al Estado Social de Derecho caracterizado por la democracia participativa. Si bien es cierto esta constitución fue un gran avance normativo, pareciera que aún siguiera vigente la Constitución de 1886 toda vez que siguen existiendo dinámicas propias del siglo pasado, como el clientelismo y el abandono estatal que aún sufren varias regiones del país dónde no llegan ni los servicios públicos y las oportunidades de tener una mejor calidad de vida son pocas.

Es por lo anterior que se sostiene a lo largo de este trabajo que existe una constitución material ya que el Estado ha fallado a la hora de adquirir un verdadero compromiso para remover los obstáculos económicos y sociales que producen las desigualdades y que por lo tanto impiden el pleno goce de los derechos por parte de los ciudadanos. No ha existido voluntad política por parte del ejecutivo y el legislativo para expedir legislación o políticas públicas que tiendan a garantizar la igualdad material en los ciudadanos, y principalmente en aquellas poblaciones que históricamente han sufrido el abandono estatal, los estragos del conflicto y la falta de cobertura de sus necesidades básicas.

La Constitución estableció que Colombia es un Estado descentralizado, no obstante, lo cierto es que materialmente sigue siendo centralizado; a lo largo de la historia ha existido un centralismo que hace que las decisiones que van a afectar a toda la población se tomen desde la capital, los departamentos periféricos no cuentan con la misma cantidad de recursos que tienen los principales departamentos del país y estos a su vez cuentan con población que en su mayoría es rural. Lo anterior deriva en que gran parte de la población de estas regiones no cuente con servicios públicos, vías de acceso, infraestructura, adecuados servicios en salud, establecimientos educativos de calidad y tengan falta de conectividad y de acceso a internet en un mundo que cada día es más globalizado, lo que deriva en que persistan desigualdades significativas entre las diferentes regiones del país.

El Estado está fallando en el cumplimiento de sus fines esenciales y esto le favorece al clientelismo ya que los ciudadanos se hacen partícipes de las dinámicas clientelistas con la esperanza de que con apadrinamiento político puedan conseguir algún empleo o contrato, este fenómeno tiene muchos matices, incluso algunos se difuminan muy bien con la corrupción, porque el clientelismo puede operar desde un contrato de prestación de servicios hasta favorecer a los grandes contratistas con el Estado con licitaciones cuantiosas. El clientelismo termina cooptando la administración pública a través de los contratos de prestación de servicios ya que estos incluso igualan o en ocasiones superan, la cantidad de personal de planta que hay en las entidades públicas, lo cual evidencia una falta de fortalecimiento del sistema de carrera administrativa, el clientelismo pone la administración pública en manos de particulares y utiliza la contratación como botín político, pero a su vez para cubrir las falencias de la carrera administrativa.

Respecto a la contratación estatal, esta es un valioso instrumento para ayudar a cumplir con los fines del Estado, no obstante, la tendencia de la contratación debido al neoliberalismo y a la exigencia de la mínima intervención estatal, ha sido privatizar funciones estatales, y esto es un error ya que al poner los servicios básicos y los derechos fundamentales en manos de privados se corre el riesgo no solo de crear monopolios, sino también de que sean vistos como un negocio y no como derechos. La contratación estatal es una herramienta para ayudar al Estado a cumplir con sus funciones y por lo tanto no debe reemplazarlo, de igual manera es necesario que se recurra a la contratación para satisfacer verdaderamente las necesidades de los colombianos y no para pagar favores políticos.

Con relación a los contratos de prestación de servicios también son útiles para ayudar a las entidades estatales ya que son una forma más fácil de contar con colaboradores que ayuden de manera temporal con el cumplimiento de actividades que no pueden ser desarrolladas por el personal de planta o que requieren de conocimientos especializados, no obstante, la generalidad es que se utilicen estos contratos como botín político para pagar favores electores, ya sea contratando a personas que no cumplen con un objetivo específico y no ayudan a la entidad pública, o contratando personas que sí cumplen con sus obligaciones contractuales pero que son utilizadas para suplir las falencias de las plantas de personas de las entidades públicas, lo que genera efectos negativos para la entidad y para el contratista que sufre de una relación laboral encubierta.

Antes de los contratos de prestación de servicios el clientelismo se valía de los cargos públicos como método de canje; con el establecimiento de la carrera administrativa se vale de los contratos de prestación de servicios para seguir funcionando, no obstante, estos contratos son una herramienta útil para la administración pública y la solución no sería eliminarlos, ya que el clientelismo utilizaría otros mecanismos para seguir cooptando el Estado. El problema no son los contratos, el problema es su desnaturalización, por eso no hay que estigmatizar los contratos de prestación de servicios sino más bien fortalecer la carrera administrativa y la planta de personal de las entidades públicas para que se reduzca la necesidad de contratar con particulares, de igual manera hay que utilizar estos contratos de acuerdo con su naturaleza jurídica, pero otro punto importante es que hay que crear oportunidades de empleo ya sea en el sector público o en el sector privado, porque en muchas ocasiones estos contratos se convierten en la única fuente de ingresos de familias y muchas personas tienen que seguir las dinámicas clientelistas para conseguir un contrato o para conservarlo.

La desnaturalización de los contratos de prestación de servicio no solo es perjudicial para el contratista que realiza lo mismo que un empleado público, pero sin todos los beneficios laborales que estos tienen, lo que lleva a una precarización laboral, sino que también es negativo para las instituciones públicas ya que se genera una cooptación de la burocracia y las nóminas paralelas. De igual manera la administración pública cuenta con discrecionalidad a la hora de tomar sus decisiones y resulta perjudicial que estas sean tomadas por terceros que están vinculados contractualmente a la administración y no de en virtud de una relación legal y reglamentaria. Lo anterior toda vez que los contratistas son mucho más propensos a tener presiones políticas que puedan influir en la manera en la que estos desarrollan sus funciones actividades.

No se trata de juzgar los contratos de prestación de servicios ya que estos tienen la naturaleza de ayudar a las entidades públicas en el cumplimiento de sus fines esenciales, así mismo, estos están diferenciados normativa y jurisprudencialmente de una relación laboral con el Estado. El problema con el abuso de los contratos de prestación de servicios es en la manera en la que se abusa de estos ya sea para suplir las deficiencias de personal que debería suplirse con la carrera administrativa o para pagar favores políticos sin que estos contratos representen un verdadero beneficio a las entidades. Es por esto por lo que se debe procurar que las prácticas alrededor de esta modalidad de contratación estatal se desarrollen conforme a la naturaleza de la Ley y no en contravía de esta. El uso indebido de esta contratación no solo es un perjuicio para la administración pública sino también para los contratistas que realizan las mismas funciones que el personal de planta, pero sin los beneficios que estos tienen.

Es importante mejorar las prácticas alrededor de estos contratos, realizando una vigilancia desde la etapa precontractual, aprovechando el sistema transaccional sistema de compras públicas del Estado. Para ello es necesario fortalecer las veedurías ciudadanas, brindar capacitaciones a los ciudadanos sobre las herramientas para realizar este control, también es necesario fortalecer la carrera administrativa y fomentar que el deber ser es que el director de la entidad pública solicite la creación de concurso para crear los nuevos cargos, así mismo es necesario la implementación de políticas públicas que fomenten el empleo digno y que se enfoquen en la población que sufre de desigualdades. Fomentando el empleo digno se favorece a que los ciudadanos dejen de ver el clientelismo como la única oportunidad de tener un cargo o un contrato que les ayude a subsistir.

La carrera administrativa y el sistema del mérito en Colombia tienen deficiencias, como ya se mencionó con anterioridad a lo largo de este trabajo, Colombia es un país con altos índices de desigualdad, por lo que decir que los cargos públicos serán ocupados en virtud del mérito es desconocer que no todos tienen ni el mismo punto de partida, ni las mismas oportunidades. Colombia es un país que ha fallado a la hora de poner en práctica el Estado Social de Derecho debido a que persisten condiciones de atraso y abandono estatal y no se ha podido poner el Estado al servicio de los ciudadanos sino todo lo contrario y cuando esto pasa la meritocracia lo único que va a generar es incentivar que continúe esta brecha, ya que esta por un lado no castiga la desigualdad sino la falta de movilidad, pero a su vez despoja a las personas de la consciencia de clase ya que creen que ellos también pueden acumular riquezas y ocupar posiciones de poder e ignoran totalmente las causas estructurales de la riqueza y la pobreza, así como el capital económico, educativo y cultural con el que cuentan las personas que se encuentran en lo alto de la "pirámide social" y esto genera un sentimiento de frustración y fracaso en los más vulnerables ya que se culpan de sus condiciones por no ser lo suficientemente capaces.

Se entiende que la Constitución estableciera que los cargos públicos se deben ocupar en virtud del mérito debido a la gran cantidad de clientelismo que ha existido en el país y a la necesidad de tener una administración pública alejada de los vaivenes políticos, no obstante, si no se mejoran las condiciones de la población que aún continúa en la pobreza y sufre de desigualdad, será muy difícil hablar de meritocracia porque serían muy pocos los que cumplirían los requisitos para aspirar a un cargo público, y la administración pública se convertiría en una administración elitista alejada de las necesidades de la población. La desigualdad en el país plantea desafíos significativos para la aplicación de la meritocracia, ya que el acceso desigual a oportunidades, la corrupción, la discriminación y las disparidades en la educación hacen que el mérito sea ilusorio porque los cargos los ocuparán las personas que no han sido víctimas de las desigualdades y esto genera una administración desconectada de las necesidades de los colombianos.

No se trata de condenar al mérito, ya que como se mencionó anteriormente, es necesario para contrarrestar el clientelismo, se trata de tener un enfoque integral que permite alejar la administración pública de las dinámicas clientelistas pero sin excluir a aquellos que no tienen las mismas oportunidades para ello es necesario que el principio de mérito se acompañe de un fortalecimiento institucional que permita satisfacer los servicios básicos de la población, sobre todo en los territorios alejados (tales como servicios públicos, salud, educación, oportunidades de empleo), así mismo es necesario que el principio de mérito tenga un enfoque diferencial que no solo premie el primer lugar sino que también ofrezca puntajes adicionales a aquellas personas que han sido víctimas de desigualdades estructurales; puede plantearse por ejemplo que las víctimas del conflicto armado tengan mayores oportunidades de ocupar un cargo que esté destinado a la atención de víctimas, lo mismo para la población afro e indígena e incluso que se tenga consideración especial con aquellos grupos que han sufrido de discriminación por su género como las mujeres o la población LGBT. De esta manera seguiría existiendo un mérito que mantenga alejada la administración pública del clientelismo, pero que a su vez sea consciente de las desigualdades estructurales, y esto permitiría tener una administración pública que esté capacitada pero también conectada con las necesidades de la comunidad.

De igual manera es necesario procurar por un fortalecimiento de la carrera administrativa ya que hay una debilidad institucional que ha sido suplida por medio de la contratación estatal, no ha existido una verdadera voluntad política para identificar las necesidades de personal de las entidades públicas y ampliar las plantas de personal correspondientes, sino que estas deficiencias de las entidades han sido suplidas por contratistas por prestación de servicios, así mismo se debería garantizar la eficiencia de los concursos de méritos ya que muchas veces estos son demorados y en muchas ocasiones tienen inconsistencias que son demandadas por los participantes lo que deriva que sea aún más tardado el proceso.

Por otro lado, no solo debe procurarse por el fortalecimiento de la carrera administrativa y de la planta de personal de las instituciones públicas, sino que también debe garantizarse la capacitación continua de los funcionarios para aumentar la calidad del servicio público, y ayudar a prevenir la corrupción y el clientelismo al establecer estándares claros de desempeño y rendición de cuentas. Es importante que los servidores públicos estén al tanto de las necesidades de la comunidad, como mencionó alguna vez Jaime Garzón *"Nosotros nombramos funcionario públicos -funcionario público es para que le funcione al público- y terminamos haciéndoles venias, es decir, todos sirviéndole a ellos. Es un absurdo"*. Es por esto en los funcionarios públicos también debe existir la diversidad, para que no se vuelva una élite social y económica que no está preparada para servir al público, sino todo lo contrario que puedan estar al tanto de las necesidades del pueblo para así desde sus funciones ayudar a satisfacerlas.

Las veedurías ciudadanas son una herramienta que trajo la Constitución de 1991 y que ha tenido un desarrollo normativo, estas deben aprovecharse y utilizarse para realizar seguimiento a la contratación, y es necesario crear consciencia en los colombianos de que existe este instrumento para que puedan utilizarlo, para que se puedan generar agrupaciones de ciudadanos que tengan como finalidad realizar vigilancia a las diferentes contrataciones que se desarrollan en el país. Es importante fomentar una cultura de lo público que haga que los ciudadanos realmente se interesen en la política, y que puedan hacer uso de estos mecanismos nuevos que trae la Constitución de 1991 para poder formar parte de la política y participar de las decisiones.

Así mismo, es importante que se fortalezca el gobierno en línea para que los ciudadanos puedan aprovechar las herramientas como el sistema de compra pública y el portal de datos abiertos y las páginas web de cada entidad realizar una veeduría de lo que se está contratando o para revisar las gestiones que realizan, esto con la finalidad de promover la transparencia, la rendición de cuentas y la integridad en el uso de los recursos públicos y de esta manera prevenir la corrupción y el clientelismo y representar los intereses de la sociedad, el gobierno en línea es útil para fortalecer la democracia participativa al motivar a los ciudadanos para que ejerzan un control efectivo sobre las decisiones y acciones del gobierno con lo referente a la contratación estatal. Por otro lado, es necesario que más que realizar un seguimiento a los procesos de contratación en curso, los ciudadanos puedan tener espacios de diálogo con las entidades contratantes para que estas puedan escuchar las necesidades de la ciudadanía e incluirlas en su plan de contratación para que así la contratación estatal verdaderamente responda a las necesidades de la comunidad.

Es imperativo que el Estado adopte medidas concretas para fomentar la igualdad material entre todos los ciudadanos y proporcionar oportunidades a aquellos que históricamente han sido marginados, lo cual es fundamental para cerrar las brechas sociales existentes. El periodo de postconflicto representa una ventana de oportunidad invaluable para alcanzar y beneficiar a las comunidades que anteriormente estuvieron bajo el yugo de la violencia. Este momento crucial demanda la implementación de políticas que no solo impulsen su desarrollo y mejoren sus condiciones de vida, sino que también fortalezcan su integración en la construcción de una nación inclusiva. Esto permitirá avanzar hacia una sociedad donde todos los sectores, no solo las grandes urbes, contribuyan activamente al progreso y bienestar colectivo.

En un país donde muchos ciudadanos luchan diariamente por conseguir alimentos suficientes y vivienda digna, es difícil esperar que participen activamente en la política o que estén al tanto de las decisiones del gobierno. Por lo tanto, es de vital importancia garantizar que todos tengan acceso a estas necesidades básicas. Al asegurar condiciones básicas de vida para todos los ciudadanos, no solo se promueve la equidad y la justicia social, sino que también se crea un ambiente propicio para una participación cívica más robusta y significativa. Esto significa que todos los sectores de la sociedad podrán no solo participar activamente en las dinámicas políticas, sino también influir en ellas de manera informada y constructiva. Así, se fortalece la democracia al incluir y empoderar a todos los ciudadanos, independientemente de sus circunstancias económicas o sociales.

Es esencial fomentar una sólida cultura de lo público donde los ciudadanos no solo se interesen activamente por la política, sino que también se comprometan a realizar un seguimiento constante de las decisiones gubernamentales. Esto no solo ayuda a prevenir prácticas como el clientelismo, sino que también promueve una vigilancia efectiva sobre la contratación estatal y el desempeño de los funcionarios públicos, asegurando que estos cumplan con las expectativas y necesidades de la comunidad. Además, fortalecer esta cultura pública implica capacitar a los ciudadanos para que participen activamente en la toma de decisiones que impactan en sus vidas. Esto incluye exigir la apertura de espacios de diálogo y deliberación donde puedan expresar sus opiniones y demandas de manera informada y constructiva. Empoderar a la ciudadanía de esta manera es fundamental para asegurar que el Estado sea verdaderamente responsable y receptivo a las necesidades de todos los ciudadanos, promoviendo así una democracia más inclusiva y participativa en la cual todos puedan sentirse representados y escuchados.

Por otro lado, es importante aprovechar los mecanismos de participación ciudadana que trae consigo la Constitución de 1991 pero es aún más importante empezar a exigir el tránsito hacia la democracia deliberativa, ya que como se evidenció a lo largo del trabajo, la democracia participativa se quedó corta a la hora de responder a las necesidades de la comunidad y de acercar los gobernantes y gobernados. Esto toda vez que la democracia participativa también fue cooptada por parte del clientelismo, en especial en las regiones, pero también debido a que en las ocasiones en las que se utilizaron los mecanismos de participación ciudadana se hicieron más como una manera de refrendar decisiones previamente tomadas desde las élites y no para escuchar verdaderamente lo que pensaba la comunidad.

Es imperativo transitar hacia la democracia deliberativa, una forma de gobierno que no solo asegura que los ciudadanos sean escuchados, sino que también les permite participar activamente en discusiones cruciales que moldean decisiones políticas y jurídicas que afectan sus vidas. A diferencia del mero acto electoral, la democracia deliberativa promueve un diálogo ciudadano profundo y significativo. Este proceso facilita que los ciudadanos puedan expresar libremente sus puntos de vista, proporcionar argumentos fundamentados e, igualmente importante, escuchar y considerar las opiniones y perspectivas de otros. El objetivo es alcanzar un consenso colectivo que no solo refleje la diversidad de opiniones y necesidades de la población, sino que también legitime las políticas y normativas resultantes como representativas del sentir popular. En esencia, la democracia deliberativa fortalece la calidad democrática al asegurar que las decisiones gubernamentales estén informadas por un intercambio abierto y equitativo de ideas, lo cual es fundamental para construir una sociedad más justa, inclusiva y participativa.

La democracia deliberativa promueve la cultura de lo público al ofrecer a los ciudadanos la oportunidad de ser escuchados y de participar activamente en los asuntos de interés común. Esto no solo fomenta una mayor involucración cívica, sino que también genera una motivación significativa entre los ciudadanos al asegurarles que sus voces y opiniones son consideradas en la toma de decisiones cruciales y por lo tanto les genera interés participar ya que van a dejar de percibir la política como una cosa en beneficio de unos pocos y la van a empezar de ver como una manera en la que todos pueden participar y ser escuchados. Esta participación directa es empoderadora para los ciudadanos ya que ven que sí son escuchados y que sus opiniones son importantes y forman parte importante en la construcción de un tejido ciudadano,

La democracia deliberativa refuerza el entramado democrático al aumentar la legitimidad de las políticas adoptadas, las cuales reflejan de manera más precisa las necesidades y deseos de la comunidad en su conjunto. Esta legitimidad surge del proceso mismo de toma de decisiones, que permite a los ciudadanos ser escuchados y participar activamente. además, valida las decisiones adoptadas al estar fundamentadas en las necesidades del pueblo, facilitando así su aceptación y cumplimiento. La legitimidad se fundamenta en un proceso que promueve una amplia participación ciudadana y busca consenso a través de la argumentación, asegurando un razonamiento público que sea aceptado por la comunidad en general. Este enfoque no solo fortalece la confianza en las instituciones democráticas, sino que también promueve una mayor cohesión social al integrar las diversas perspectivas e intereses de los ciudadanos en la formulación de políticas públicas.

Ahora bien, como propuesta para incentivar la participación política y disminuir la apatía electoral en los ciudadanos, está el fortalecimiento los movimientos sociales, ya que estos han contribuido a tener normativa importante como la ley de cuotas o las circunscripciones especiales, es importante fomentar la creación y robustecimiento de estos movimientos según las diferentes causas y luchas (movimientos feministas, de la comunidad LGBT, antirracistas, indígenas, entre otros) ya que son un espacio de participación donde los ciudadanos pueden organizarse y expresar sus preocupaciones y demandas, lo que les permite ejercer presión sobre las autoridades en ese mismo sentido si estos cuentan con representación política disminuye la apatía ya que los ciudadanos que pertenezcan a dichos grupos se pueden sentir representados en sus intereses.

Los movimientos sociales se han valido de la movilización social para que sus intereses sean escuchados, con la Constitución de 1991 se implantó la democracia participativa y se crearon mecanismos de participación ciudadana, no obstante a más de 30 años de vigencia del texto constitucional se evidencia que los mecanismos de participación se han quedado cortos a la hora de trasladar las exigencias de los ciudadanos a los gobernantes, estos mecanismos en lugar de dar voz a los ciudadanos se han utilizado para validar decisiones políticas previamente tomadas y se han limitado a lo electoral, por lo que los movimientos y agrupaciones sociales siguen sin tener una participación importante en la toma de decisiones.

Por lo anterior, es importante avanzar hacia la democracia deliberativa, utilizar los mecanismos existentes para que se pueda abrir espacio a un diálogo ciudadano. Pareciera que este país es gobernado por y para una élite política y no tiene en cuenta las demandas sociales que realizan los ciudadanos, por lo que se debe abrir espacio a una deliberación democrática que escuche las necesidades de los ciudadanos y los movimientos sociales, así no solo se empieza a cerrar la brecha entre gobernantes y gobernados sino que también se disminuye la apatía electoral ya que todo el que se sienta afectado por una decisión puede participar en la discusión y deliberación.

Si bien es cierto la deliberación exige una calidad del debate y de la argumentación y a lo largo de este trabajo se ha argumentado que falta educación de calidad para los ciudadanos, no se puede limitar por esto el debate y hay que dejar de considerar que solo son válidos los conocimientos de la academia; por ejemplo, si se está discutiendo de la reforma agraria los campesinos tienen mucho que aportar al debate, así estos no tengan los más altos niveles formativos, no obstante, sí es necesario que se fortalezca el sistema educativo y el acceso a los mismos para poder tener ciudadanos educados, no solo para la deliberación, sino en general para poder aumentar los niveles de capacitación en los ciudadanos y con ello puedan mejorar su calidad de vida.

Es crucial que los ciudadanos, a través de movimientos sociales, comiencen a demandar la creación de espacios públicos de debate. Además, es fundamental que las instituciones públicas no solo estén abiertas a establecer estos espacios, sino también a respetar las decisiones que surjan de ellos. La democracia deliberativa requiere un esfuerzo conjunto entre ciudadanos, instituciones públicas, organizaciones sociales y otros actores, para ser implementada de manera efectiva. Todos deben comprometerse activamente para garantizar su adecuado funcionamiento. Esta transición hacia la democracia deliberativa debe ser impulsada por la ciudadanía, ya que el Estado no la adoptará por iniciativa propia. Es un proceso que depende del compromiso y la participación activa de todos los sectores de la sociedad para fortalecer la democracia y asegurar que las decisiones políticas reflejen verdaderamente las necesidades y aspiraciones de la comunidad en su conjunto.

En conclusión, la democracia participativa se muestra insuficiente a la hora de trasladar las necesidades de los ciudadanos a los gobernantes, es por esto que es necesario avanzar hacia un diálogo interinstitucional que garantice que los ciudadanos puedan ser escuchados, es importante que las instituciones públicas brinden acompañamiento del proceso y garanticen el descongestionamiento de los canales de participación, así mismo es de resaltar la importancia de los movimientos y asociaciones sociales como un canal por medio del cual se puedan trasladar las exigencias de la ciudadanía. Lo anterior toda vez que es necesario garantizar la comunicación entre gobernantes y gobernados para avanzar hacia el igualitarismo constitucional que vea al gobierno como fruto de una conversación colectiva e inacabada.

## Conclusiones generales

### *La importancia de avanzar hacia un modelo democrático dónde quedan todos: Una propuesta para solucionar la problemática planteada*

El clientelismo no solo hace parte del sistema político colombiano, sino que en Colombia funciona el sistema político del clientelismo. Éste está enquistado en las prácticas políticas que más que un fenómeno social, económico y político llega a ser un fenómeno cultural ya que se tiene normalizada esta práctica y se le ve como algo común del día a día. Adicional a esto, la desigualdad reinante en el país y la escases de oportunidades de acceso a un trabajo digno y bien remunerado orillan a los ciudadanos a pensar que la única manera de conseguir un cargo o un contrato es volviéndose parte del entramado clientelista. El clientelismo se aprovecha de la pobreza y la falta de oportunidades y por ello es por lo que no hay que culpar a los ciudadanos que deciden caer en sus dinámicas ya que la mayoría lo hace porque no ve otra opción (lo anterior para los pequeños contratos de prestación de servicios con personas naturales, no para los grandes contratistas del Estado que incluso sobornan con tal de obtener un contrato).

No obstante, a la hora de analizar el clientelismo debe tenerse en cuenta sus diferentes aristas, causas y consecuencias, ya que como se señaló a lo largo del trabajo el clientelismo tuvo un efecto pacificador en virtud del Frente Nacional, debido a que con anterioridad al mencionado pacto, Colombia se encontraba inmersa en la época de la Violencia, si bien es cierto, como antecedentes de este conflicto que se generó entre 1946 y 1966, existen varios conflictos que se desarrollaron previamente como las luchas agrarias y campesinas; la población empezó a identificarse con los partidos políticos liberal y conservador y definieron tanto sus ideologías que consideraban que estas debían ser defendidas a muerte. Por su parte, los partidos políticos lejos de mitigar esta efervescencia política lo que hizo fue promulgarla, ayudaron a crear un ambiente emocional que propició el desarrollo de una cultura política intolerante, donde el oponente político era considerado un enemigo con el que no se podía negociar.

Como salida a este conflicto y con la finalidad de impedir otra dictadura militar, los partidos Liberal y Conservador decidieron firmar el Frente Nacional con la finalidad de repartirse el poder y la burocracia cada cuatro años, este acuerdo tuvo una duración de dieciséis años y se pactó una alternancia de la presidencia y la repartición igualitaria de la burocracia. Es así como el clientelismo y la repartición política de la burocracia ayudó a pacificar un poco el país ya que mitigó los efectos de la Violencia en la que más de 190,000 personas perdieron la vida. No obstante, lo cierto es que este pacto no ayudó a superar todos los conflictos internos ya que durante este periodo surgieron algunas guerrillas, adicionalmente, esto generó una apatía política, ya que si bien durante la época de la Violencia los ciudadanos se dividían entre liberales y conservadores también surgió una ideología que unió las regiones.

Con el Frente Nacional ocurrió una desideologización de los partidos políticos ya que en virtud de este pacto los ciudadanos ya no encontraban diferencias entre el partido liberal y conservador y por lo tanto los partidos dejaron de representar una ideología para empezar a representar intereses particulares. Por otro lado, en la época del Frente Nacional no existía una carrera administrativa consolidada y fuerte por lo que la burocracia se convirtió en el principal botín político, no obstante, en la actualidad, el clientelismo ya no utiliza principalmente los cargos públicos, ya que está concebido que estos son de carrera administrativa, sino que su botín se trasladó a los contratos de prestación de servicios, esto evidencia la habilidad del clientelismo de transformarse a los cambios políticos, sociales y jurídicos, y por lo tanto, para acabar con el clientelismo la solución no es normativa, sino que se requiere una transformación cultural y de la manera en la que los ciudadanos conciben lo político y lo público.

Es indispensable realizar un cambio en la cultura y la percepción política los colombianos y para ello es necesario instalar un diálogo ciudadano. De conformidad con (Dahl, 1971, p. 150) *"Suele definirse la cultura política como el sistema de creencias políticas empíricas, símbolos expresivos y valores que caracterizan la situación donde la acción se desenvuelve"*. Para (Roll, 2002) El principal efecto negativo del clientelismo es el debilitamiento del Estado y la confrontación con el Estado de quienes se sentían excluidos de los beneficios del clientelismo, lo cual debilita a las instituciones y a la democracia, ya que los ciudadanos que no están dentro de las relaciones clientelares se sienten excluidos. Es por lo anterior que se debe garantizar y fomentar la participación y representación de los ciudadanos de todos los sectores para que así se recobre la confianza ciudadana en las instituciones del Estado y se pueda disminuir la apatía electoral, y por eso se propone a la democracia deliberativa como una alternativa ya que esta vuelve partícipes a los ciudadanos de las decisiones estatales que los afectan y les dan la oportunidad de participar en el debate lo que por un lado le da legitimidad a las decisiones gubernamentales, permite una participación activa de los ciudadanos en la política y permite que se pueda generar un cambio cultural en la forma en la que se desarrolla la política.

El clientelismo no es sinónimo de la corrupción y eso es importante dejarlo claro porque suele confundirse ambos conceptos. La corrupción consiste en un abuso del poder público en beneficio de un interés privado, pero más allá de esta simple definición que también puede darse para el clientelismo, la corrupción implica el quiebre de las reglas y principios de las instituciones, con el objetivo de obtener beneficios materiales o simbólicos. Se desarrolla a través de una red de relaciones personales fundamentadas en la confianza y el intercambio de favores, que se concretan mediante la interacción entre los participantes involucrados en dicha red. Por su parte el clientelismo consiste en relaciones sociales que se basan en el intercambio de favores y beneficios que no necesariamente van en contravía de las normas pero que atentan contra los principios de la función pública.

Adicional a lo anterior, el clientelismo crea relaciones de legitimación a los políticos y sus decisiones por parte de los "clientes" lo que resta legitimidad al proceso democrático ya que aquellos que no hacen parte del clientelismo no se van a sentir incluidos en las decisiones que se tomen. El clientelismo no siempre trae consigo prácticas de corrupción y esto hace que se normalice entre los ciudadanos ya que no es una práctica ilegal, sino que constituye una repartición poco convencional de los recursos públicos, pero al no ser del todo prohibida tiene cierta aceptación por parte de los ciudadanos. Por otro lado, la falta de oferta de empleos dignos y la concepción que para triunfar en la vida es necesario tener "palanca" política, terminan por normalizar esta práctica.

El clientelismo no es una práctica repudiada por los ciudadanos, y esto en parte porque muchos que los que hacen parte de estas dinámicas no lo hacen por gusto sino por necesidad, lo que genera que se entienda a aquellas personas que recurren a sus contactos políticos para poder obtener algún beneficio. No se trata de culpar a los ciudadanos por esta situación, sino que hay que entenderlos. No obstante, el clientelismo trae efectos adversos como la apatía política, la abstención electoral y la concepción de que la política no sirve para nada y por lo tanto no vale la pena formar parte de ella. Lo anterior debilita la cultura política y la cultura de lo público, y pone el Estado en funcionamiento de intereses particulares por encima del bien común.

Como se mencionó a lo largo del trabajo es clientelismo se nutre de la desigualdad, la pobreza y las necesidades de la población y es por esto que, más que juzgar al ciudadano que partícipe de las dinámicas clientelistas es necesario escucharlo, preguntarle las razones que lo llevaron a seguirle el juego al clientelismo, en muchas ocasiones un contrato de prestación de servicios con la administración pública es la única fuente de ingresos que tienen las familias y por esto tienen que hacer campaña, mandar referidos, y demás estrategias para no perder su contrato, o de igual manera debido a la escases de ofertas laborales muchas personas ven como única alternativa "trabajar" con un político con la esperanza de que este pueda ayudarlo a mejorar su situación. Por lo anterior es necesario abrir el espacio de escuchar las necesidades de las personas y exigir que los gobernantes estén conscientes de ellas y puedan atenderlas.

La carrera administrativa en Colombia nace en 1938 a través de la Ley 165 de 1938, pero fue una de las tantas leyes que se han quedado en el papel ya que no existió una voluntad política de implementarla correctamente para que la carrera administrativa se convirtiera en una realidad, ya que la burocracia era el principal botín político de la época, así mismo, en lugar de expedir leyes o políticas para fortalecerla, se hizo todo lo contrario, debido a que se expidieron decretos con la finalidad de permitir el ingreso a la carrera administrativa a aquellos que ocupaban el cargo en provisionalidad. Por otro lado, existía una deficiencia a la hora de realizar los concursos para el acceso a los cargos lo que impedía el fortalecimiento de la carrera administrativa. Así mismo, con los procesos de globalización y debido a la necesidad de responder a las tendencias neoliberales de los años ochenta, se empezaron a reducir las plantas de personal de las entidades públicas lo que generó una insuficiencia de estas a la hora de realizar sus laborales misionales.

Si bien es cierto se implementó un modelo neogerencial que pretende equiparar la administración pública a la de las empresas privadas, es necesario que se piense un sistema de carrera administrativa acorde con las necesidades del país y que aleje la administración pública de los vaivenes políticos para que así la administración esté al servicio del ciudadano y vele por sus intereses, es por lo anterior que es menester replantear el modelo neogerencial ya que él Estado no es equiparable a las empresas privadas debido a que este tiene fines esenciales específicos y uno de ellos es alcanzar la igualdad material entre sus ciudadanos y esto se logra con una administración eficiente, imparcial y capacitada para tal fin, y la nueva gerencia pública no está concebida para tal fin al plantear que los directivos son cargos de libre nombramiento y remoción, otorgar libertad de recursos y de administración de personal.

De igual manera es necesario contar con funcionarios públicos que tengan en cuenta cuales son los fines del Estado y trabajen en pro de ellos, es necesario que más que conocer su manual de funciones también conozcan el catálogo de derechos constitucionales y los tengan en cuenta a la hora de realizar sus actividades y tomar sus decisiones. Por otro lado, también es necesario fortalecer la carrera administrativa para mejorar la formación y desarrollo profesional de los funcionarios públicos, mejorando los sistemas objetivos de evaluación del desempeño, garantizando la estabilidad laboral, fomentando la participación y representatividad de estos en la toma de decisiones, fomentando la transparencia y rendición de cuentas en todos los procesos, y promoviendo la innovación y la adaptación a las nuevas tecnologías, todo ello con el fin de mejorar la eficiencia, la calidad de los servicios públicos y el cumplimiento del interés general.

A lo largo del trabajo se cuestionó el principio de mérito y por lo tanto la propuesta es que se utilice pero de manera integral y que se pueda plantear un sistema de mérito que sea consciente de las diferencias estructurales de la población y por lo tanto adopte un enfoque diferencial que permita que aquellos que hacen parte de población vulnerable puedan entrar a concursar por un cargo público, de igual manera se propone que para aquellos cargos que tienen como funciones la atención a comunidades específicas sean ocupados por personas que pertenezcan a dicha comunidad. De esta manera, se establecería un sistema basado en el mérito que aleje a la administración pública del clientelismo, al mismo tiempo que se enfrentan conscientemente las disparidades estructurales, lo que permitiría una administración pública capacitada y en sintonía con las necesidades de la comunidad.

La meritocracia no castiga la desigualdad sino la falta de movilidad y es por esto que se sostiene que el principio de mérito en países desiguales acentúa estas desigualdades porque se premia a las personas por su supuesto mérito sin tener en cuenta todas las circunstancias sociales, económicas, culturales y políticas que tuvo esta persona y que le ayudaron a alcanzar su posición, así mismo, condena a aquellos que no han logrado algo meritorio y los culpan de su fracaso, sin tener en cuenta que su contexto hace que sea más complicado para esta personas superar las dificultades. Así mismo, la meritocracia vende la falsa concepción de que se puede alcanzar todo lo que se proponga con esfuerzo, y esto no es verdad porque según y como se mostró con cifras a lo largo del capítulo, superar la pobreza y la desigualdad es algo que puede tardar hasta once generaciones para los colombianos, es así como para alcanzar el éxito se necesita más que solo proponérselo.

Esta concepción trae efectos adversos debido a que culpa a los menos favorecidos de su condición ya que el mérito sostiene que todo aquel que se lo proponga por medio de sus capacidades puede alcanzar el éxito, lo cual introduce sentimientos de fracaso en las personas que no han tenido los mismos privilegios que otros para salir adelante, así mismo, debilita la consciencia de clase, género, raza entre otros, debido a que al sentirse responsables de su propio destino las personas no van a ser consciente de los contextos que tienen y que hacen que no tengan el mismo punto de partida que otras personas favorecidas, a su vez la meritocracia traslada toda la responsabilidad de su destino a los individuos y no prevé que el Estado tenga que tomar acciones afirmativas para proteger y brindar servicios básicos y oportunidades a los más vulnerables.

En Colombia, el concepto de meritocracia enfrenta desafíos debido a la falta de una definición normativa clara, ya que el artículo 125 de la Constitución nombra el principio de mérito someramente y no hace un desarrollo sobre el mismo, a su vez no existe una norma que defina este principio, así como sus alcances y limitaciones. Por su parte la persistente desigualdad y baja movilidad social es otro desafío que enfrenta la meritocracia. Aunque la intención de proveer cargos públicos con los mejores es comprensible debido a la tradición clientelista que ha imperado en el país, el sistema de mérito ignora los factores estructurales que perpetúan y acentúan las brechas sociales, beneficiando cada vez más a los ricos mientras empobrece a los pobres. La meritocracia, puede convertirse en una forma de tiranía al culpar a aquellos que no alcanzan el éxito sin considerar el contexto desigual en el que viven en comparación con personas más privilegiadas.

La carrera administrativa tal y como está planteada en su modelo neogerencial dista mucho del ideal burocrático de Max Weber, pero a su vez, a lo largo de su historia han existido diferentes impedimentos para su implementación efectiva, por lo que se hace necesario realizar un estudio acerca de la carrera administrativa en Colombia y encontrar la manera en la que esta se pueda implementar oportunamente, siguiendo los lineamientos burocráticos de Weber y teniendo en cuenta el contexto colombiano para que se pueda encontrar un equilibrio entre los postulados teóricos y las necesidades prácticas del funcionamiento de la carrera administrativa.

El presente trabajo tuvo como finalidad estudiar la manera en la que el clientelismo cooptaba la burocracia por medio de los contratos de prestación de servicios. Para ello en un primer lugar se analizó el concepto del clientelismo para llegar a la conclusión de que esta práctica ha existido desde antaño en el país y ha sabido evolucionar y adaptarse a los principales cambios sociales, políticos y normativos. Se mostró que el clientelismo ha tenido varios matices a lo largo de la historia, en unos momentos tuvo efectos positivos como la mitigación de la violencia y poder dar un poco de poder y representación a personas marginadas de las regiones haciéndolas sentir parte de la dinámica política. Pero también tuvo efectos negativos como la desideologización de los partidos políticos, la apatía política, la abstención electoral y producir el sentimiento de que la política es una cosa de pocos.

Posteriormente se mostró que la carrera administrativa en Colombia es incipiente y esto en gran medida debido a que no ha existido una voluntad para fortalecerla lo que produce una deficiencia en la planta de personal de las entidades públicas que debe ser suplida mediante la contratación estatal. La contratación estatal es muy controvertida en Colombia debido a la corrupción, pero esta tiene la finalidad de ser un instrumento para ayudar a cumplir al Estado con sus fines esenciales, no obstante, existe el riesgo de la privatización ya que los bienes y servicios básicos que deben ser proveídos por el Estado a la población, se ponen en manos de terceros con una deficiente vigilancia estatal, pero también existe el riesgo de corrupción y que no se elija al contratista más idóneo o con más experiencia sino al que tiene más influencia política.

Con relación a la contratación estatal, este trabajo se enfocó en analizar los contratos de prestación de servicios y su naturaleza jurídica con la finalidad de identificar su naturaleza jurídica para poder determinar la razón por la cual estos son utilizados de manera abusiva por parte de las entidades públicas para cumplir con sus funciones, generando así una cooptación de la burocracia por parte de los políticos. Se genera una cooptación de la burocracia porque la cantidad de contratistas en las entidades es casi que igual y en algunos casos superior a la de servidores públicos y así mismo, estos contratistas terminan desarrollando las mismas actividades que los servidores públicos, lo que significa que las actividades estatales están en cabeza de terceros que son susceptibles a presiones políticas, no tienen estabilidad y no tienen las capacitaciones que tienen los servidores públicos. De igual manera, la administración pública tiene una discrecionalidad a la hora de tomar decisiones y resulta riesgoso que quienes ejerzan esta discrecionalidad sean contratistas que no hacen parte de la administración pública y que son vulnerables a diferentes presiones.

Se llegó a la conclusión que los contratos de prestación de servicios están tanto normativa como jurisprudencialmente diferenciados de una verdadera relación laboral con el Estado, ya que los contratos de prestación de servicios son un vínculo contractual con el Estado para ayudar a este a cumplir con sus fines esenciales cuando no exista el personal de planta o se requieran conocimientos especializados, de manera temporal y excepcional. Las relaciones laborales con el Estado surgen o bien de los cargos de elección popular o los de libre nombramiento y remoción, pero sobre todo surgen en virtud de la carrera administrativa, cuya calidad se obtiene después de haber pasado los diferentes filtros y el concurso que acredita el mérito para ocupar el cargo.

El que los contratos de prestación de servicios estén siendo utilizados para pagar favores políticos sin que exista una verdadera necesidad de la contratación genera una nómina corbata y un detrimento patrimonial ya que se invierten recursos sin que el Estado tenga algún beneficio. Pero también ocurre que estos son utilizados para camuflar una relación laboral ya que en muchas ocasiones se genera una nómina paralela dónde los contratistas igualan o superan la cantidad de personal de planta y realizan funciones que deben ser desarrolladas por un servidor público. Si bien resulta difícil determinar las cifras de las nóminas corbatas y las nóminas paralelas, las cifras de contratistas son muy altas si se comparan con la cantidad de servidores públicos que hay, lo que evidencia por un lado que hay una deficiencia en las plantas de personal de las entidades públicas, pero también que estos contratos son utilizados de manera inadecuada y esto en parte por el clientelismo.

¿Entonces cuál sería la solución para impedir el abuso de los contratos de prestación de servicios? Como ya se mencionó no existe un error en la manera en la que fue concebida la naturaleza jurídica de estos contratos ya que son una herramienta para ayudar al Estado en el cumplimiento de sus fines esenciales, por lo que la solución a este problema no es normativa ni jurisprudencial, y tampoco sería una solución eliminarlos porque si son utilizados adecuadamente son un gran soporte para la gestión y administración pública, a vez, si se eliminan el clientelismo buscaría otro mecanismo para seguir funcionando, ya que antes de la carrera administrativa utilizaban los cargos públicos y en la medida en que la carrera administrativa se fue fortaleciendo, trasladaron su campo de acción a la contratación estatal.

La solución debe ir encaminada por un lado, a que el Estado establezca políticas que fomenten la oferta de empleo digno y así mismo tome acciones afirmativas para brindar oportunidades a los más necesitados para que así los ciudadanos no vean al clientelismo como una alternativa para conseguir un ingreso digno, por otro lado debe fortalecerse una cultura de lo público en los ciudadanos para que participen activamente de la vigilancia y seguimiento de la contratación estatal y sientan que lo público es de todos y por lo tanto debe cuidarse y tomar las medidas para que la contratación satisfaga el bien común. Es importante fortalecer los procesos de veedurías ciudadanos y brindar a los ciudadanos canales de participación para que puedan realizar la vigilancia correspondiente. Así mismo, es necesario aprovechar que el mundo está cada vez más digitalizado y fortalecer las TIC para que así se pueda reforzar el gobierno en línea y sus herramientas ya que estas facilitan la vigilancia y la participación ciudadana; es necesario que los ciudadanos puedan participar de los procesos de contratación desde que surja la necesidad para que así estos puedan estar al tanto de todo el proceso y evitar el clientelismo y la corrupción.

Sería muy fácil decir que la solución para evitar la cooptación de la burocracia por parte del clientelismo es fortalecer la carrera administrativa, no obstante, eso es quedarse en lo superficial, ya que si bien una carrera administrativa fortalecida tiene menos deficiencias de las cuales se pueda aprovechar el clientelismo para suplir por medio de la contratación estatal, lo cierto es que no es la solución al problema estructural. La causa estructural del clientelismo es una falta de cultura política y de respeto y cuidado hacia lo público, este sentimiento de apatía es alimentado por la desigualdad, la pobreza, la falta de movilidad social y de oportunidades ya que los ciudadanos se sienten excluidos por el Estado y por lo tanto les deja de interesar la política, así mismo, la desigualdad y falta de oportunidades son alimento para el clientelismo ya que este busca de ciudadanos que no vean más alternativas que seguir las dinámicas clientelistas para salir adelante.

La anterior situación demuestra una falla en el Estado Social de Derecho y del Estado colombiano de alcanzar la igualdad material. Esto da muestra de que existe una constitución material ya que persisten prácticas decimonónicas como el clientelismo, pero también evidencia que a pesar de que se dio el cambio de un Estado de Derecho a un Estado Social de Derecho, lo que significa que exige que el Estado tome medidas afirmativas para brindar oportunidades a los ciudadanos vulnerables para que puedan tener condiciones favorables de vida, no se han visto resultados adecuados de este cambio respecto a las cifras de desigualdad y pobreza, ya que si bien se muestra una mejoría, las cifras de desigualdad, pobreza monetaria y pobreza extrema siguen siendo altas.

El Estado Social de Derecho trae consigo la democracia participativa que pretende brindar unos mecanismos de participación ciudadana con la finalidad de acercar al pueblo con el gobierno, sin embargo, estos mecanismos no han funcionado de manera adecuada toda vez que han sido utilizados para refrendar decisiones políticas tomadas previamente sin tener en cuenta las opiniones y argumentos de los ciudadanos. La falla en la implementación de la democracia participativa también da fe de la falla del Estado Social de Derecho, ya que la deficiente utilización de estos mecanismos hace que en la actualidad prácticamente siga existiendo la democracia representativa.

**Es necesario avanzar hacia la democracia deliberativa,** la democracia deliberativa contrarresta el clientelismo al fomentar una participación ciudadana activa e informada, y crea espacios de participación y deliberación dónde los ciudadanos pueden ser escuchados y argumentar sus opiniones, la democracia deliberativa también promueve la transparencia y la rendición de cuentas, y permite tener diferentes puntos de vista en el proceso deliberativo, enfatizando el debate racional y la argumentación pública sobre los intercambios de favores personales, y fortaleciendo la confianza ciudadana en las instituciones democráticas y en el proceso político en general. Estos elementos combinados reducen la dependencia de los políticos en prácticas clientelistas y promueven una gobernanza más inclusiva y orientada al bien común.

Históricamente el país ha estado en manos de una clase política dominante y las decisiones importantes han sido adoptadas por una élite y en su beneficio, por lo tanto es necesario democratizar la política y el debate público, que todas las personas que se sientan afectadas por una decisión puedan participar en las discusiones previas a la toma de la misma, esto generará un cambio cultural en las personas ya que se van a sentir parte del proceso, se van a sentir incluidas en las decisiones estatales y que su opinión importa y por lo tanto se disminuye la apatía política, se vuelve más democrático el proceso de toma de decisiones y se toman decisiones basadas en lo que quieren y necesitan los ciudadanos.

La democracia deliberativa fomenta una participación más activa y reflexiva de los ciudadanos en el proceso de toma de decisiones, promueve que estos mantengan informados de lo que ocurre en el país. Al promover el diálogo abierto y la discusión informada sobre cuestiones políticas, la democracia deliberativa ayuda a construir consensos, a mitigar los conflictos y a garantizar que las políticas públicas reflejen las necesidades y preocupaciones de la ciudadanía. Además, al priorizar la deliberación pública sobre los intereses partidistas o de grupos de presión, la democracia deliberativa contribuye a una mayor legitimidad y aceptación de las decisiones políticas, fortaleciendo así la confianza en las instituciones democráticas y en el sistema político en su conjunto.

Es crucial promover un diálogo interinstitucional que asegure la representación de las voces ciudadanas, con instituciones públicas que respalden este proceso y faciliten la participación ciudadana sin obstáculos. Además, se destaca la relevancia de los movimientos y asociaciones sociales como canales para transmitir las demandas de la ciudadanía. Todo esto se fundamenta en la necesidad de establecer una comunicación efectiva entre quienes gobiernan y los ciudadanos, con el objetivo de avanzar hacia un enfoque constitucional más igualitario, donde el gobierno sea resultado de una conversación colectiva que nunca termina y que se propone cada vez más canalizar las demandas ciudadanas y por lo tanto siempre puede ser objeto de revisión cuando sea necesario para que pueda corresponder con las necesidades de la comunidad y el bien común.

Es de vital importancia fortalecer la cultura política de los ciudadanos para que estos se interesen en los procesos políticos y en la toma de decisiones, así mismo, es necesario crear una cultura de respeto hacia lo público para que así los ciudadanos se interesen en realizar una vigilancia sobre la gestión pública y la contratación estatal, para que con el seguimiento de la ciudadanía se pueda evitar que se desnaturalice la contratación estatal y que lo que se contrate sea porque existe una verdadera necesidad y es en provecho del bien común y no para favorecer intereses particulares.

La exigencia de transitar hacia un modelo de democracia deliberativa debe surgir de la ciudadanía activa y comprometida, así como de los movimientos sociales y políticos que canalizan sus demandas y aspiraciones. Este enfoque democrático no solo implica la participación electoral, sino también la involucración continua de los ciudadanos en la discusión y deliberación de los temas que afectan sus vidas. Al promover un diálogo abierto y fundamentado en evidencias, la democracia deliberativa busca fortalecer la legitimidad de las decisiones políticas, asegurando que estas reflejen verdaderamente las necesidades y valores de la sociedad. Desde la base de la sociedad, los movimientos sociales y políticos actúan como catalizadores de cambio, abogando por una mayor transparencia, inclusión y rendición de cuentas en los procesos gubernamentales. Así mismo, buscan contrarrestar la influencia de intereses particulares o corporativos que puedan distorsionar la voluntad popular. En este contexto, la transición hacia una democracia deliberativa no solo fortalece un gobierno democrático, sino que también promueve una sociedad más justa, participativa y equitativa, donde cada voz tenga el espacio y la oportunidad de ser escuchada y considerada en la toma de decisiones colectivas.

La transición hacia una democracia deliberativa es clave para disminuir el clientelismo y evitar que la burocracia sea influenciada indebidamente, gracias a su énfasis en la transparencia, la participación activa de la ciudadanía y la obligación de rendir cuentas por parte de los gobernantes. En este modelo democrático, la ciudadanía y los grupos sociales juegan un rol decisivo en las decisiones políticas, lo que disminuye la posibilidad de prácticas basadas en el intercambio de favores personales en detrimento del bien común. La transparencia en los procesos deliberativos asegura que las decisiones se tomen basadas en discusiones informadas y racionales, no en intereses privados, lo que da legitimidad tanto al proceso como a las decisiones que se tomen de este.

# Bibliografía


Ackerman, B. (1991). *We the people*. Quito: Harvard University Press paperback edition,.

Gómez Velásquez, C. A. (2019). El contrato de prestación de servicios en el estatuto general de contratación de la administración pública: un tipo contractual de compleja celebración. *Vniversitas*.

Arendt, H. (2015). *Crisis de la república*. Madrid: Editorial Trotta.

Arendt, H. (2018). *¿Qué es la política? comprensión y política*. Ciudad de México: Partido de la Revolución Democrática.

Ávila, A. F., & Velasco, J. (2012). Parapolíticos, narcos, guerrilleros y votos: revisando el problema de la teoría democrática a partir del caso colombiano. *Pap. Polít. Vol. 17*, 371-421.

Benavides, J. L. (2002). *El contrato estatal entre el derecho público y el derecho privado*. Bogotá : Universidad Externado de Colombia.

Benavides, J. L. (2010). Contrato de prestación de servicios. Difícil delimitación frente al contrato realidad. *Revista Derecho del Estado n.º 25*, p. 85-115.

Buitrago Fuentes, J. E. (2011). *Del empleo público la carrera administrativa y sus amenazas un reto para la democracia, caso Bogotá y su réplica en algunas entidades territoriales*. Bogotá: ISBN.

Buitrago, F. L., & Dávila, A. (1990). *Clientelismo El sistema político y su expresión regional*. Bogotá: Tercer mundo editores.

Cárdenas, E. E. (2010). La carrera administrativa en Colombia: 70 años de ficción. *Opinión Jurídica, Vol. 9, No. 18*, 107-126.

Cárdenas, E. E., & Ramírez Mora, J. M. (2012). *La ficción de la carrera administrativa en Colombia*. Bogotá: Escuela superior de administración pública.

Casallas, D. F. (2019). Nóminas paralelas una manifestación del sistema clientelista colombiano. *Via Iuris*, 93-114.

Catalá, J. P. (2002). Del clientelismo al mérito en el empleo público análisis de un cambio institucional. *Documentos y Aportes en Administración Pública y Gestión Estatal*, 1-22.

Collazos, A. Á. (2009). *La historia del sistema de mérito y la aplicación de la carrera administrativa en Colombia*. Bogotá: Escuela superior de administración pública.

Congreso de la República de Colombia. Ley 80 de 1993. Por la cual se expide el Estatuto General de Contratación de la Administración Pública. 28 de octubre de 1993. Diario Oficial No. 41.094.

Congreso de la República de Colombia. Ley 165 de 1938. Por la cual se crea la carrera administrativa. 29 de octubre de 1938.

Congreso de la República de Colombia. Ley 909 de 2004. Por la cual se expiden normas que regulan el empleo público, la carrera administrativa, gerencia pública y se dictan otras disposiciones. 23 de septiembre de 2004. Diario Oficial No. 45.680.

Corte Constitucional, (02 de septiembre de 2009). Sala Plena. Sentencia C-614 de 2009. [MP Jorge Ignacio Pretelt Chaljub].

D, H. J. (1985). *When Colombian bled A History of the Violencia in Tolima.* Tuscaloosa, Alabama (Estados Unidos: Condado) : University of Alabama Press.

Delgado, C. R. (2013). La legitimidad en el ejercicio del poder político en el estado social de derecho.una revisión desde el caso colombiano. *Revista Ius et Praxis, Año 19, Nº 2,* 85–122.

Duarte, J. (2003). *Educacion pública y clientelismo en colombiA.* Medellín: Editorial Universidad de Antioquia.

Enterría., E. G. (1997). *Democracia, jueces y control de la administración.* Madrid: Editorial Civitas.

Escucha, L. A. (2019). El Estado clientelar-burocrático colombiano de la primera mitad del siglo XX: una visión literaria de Álvaro Salom Becerra . *Revista de la Red de Intercátedras de Historia de América Latina Contemporánea* , 1–16.

Ferro, G. B. (2019). Contratación de la Administración pública a través de contratos administrativos de prestación de servicios: límite, exceso y realidad de aplicación en Colombia. En C. B. Alvarado, *La responsabilidad constitucional desde el escenario de la actividad administrativa* (págs. 11-37). Bogotá: Ediciones usta.

Francisco Leal Buitrago, A. D. (1990). *Clientelismo el sistema político y su expresión regional.* Bogotá: Tercer Mundo Editores .

Friedman, M. (2006). *Capitalismo y libertad.* Madrid: Ediciones Rialp.

García, L. D. (2014). *Clientelismo político ¿desviación de la política o forma de representación? Estado del arte sobre las aproximaciones al clientelismo en Colombia 1973–2011.* Bogotá: Editorial Universidad del Rosario.

García, L. D. (2014). *Clientelismo político, ¿desviación de la política o forma de representación?* Bogotá: Editorial Universidad del Rosario.

Gargarella, R. (2021). *El derecho como una conversación entre iguales. Qué hacer para que las democracias contemporáneas se abran -por fin- al diálogo ciudadano.* Buenos Aires: Siglo Ventiuno Editores Argentina S.A.

Gargarella, R. (2023). *Constitución y democracia.* Manizales: Editorial Universidad de Caldas.

Goldini, M., & Wilkinson, M. (2020). La constitución material. *Revista de Estudios Políticos*, 13-42.

Greppi, A. (2023). La democracia electrónica en acción. Lecciones a partir de la experiencia europea. En M. C. Ramírez, *Versiones democráticas participación y deliberación en la búsqueda del autogobierno* (págs. 255-299). Manizales: Editorial Universidad de Caldas.

Guerrero, O. (2019). Neoliberalismo y gerencia pública. *REAd | Porto Alegre – Vol. 25 – Nº 2 – Maio / Agosto 2019*, 4-21.

H., M. T. (2002). Planeación, gobernabilidad y planeación. En A. Escobar, *Planeación, participación y desarrollo* (págs. 33-49). Medellín: Corporación región.

Habermas, J. (1998). *Teoría de la acción comunicativa.* España: Taurus Humanidades.

Henderson, J. D. (1985). *When Colombia Bled: A History of the Violencia in Tolima.* University of Alabama Press.

Hernández, P. A. (2006). La provisión de empleos de carrera en Colombia : lineamientos de un nuevo modelo de gestión de personal en el sector público. *Revista del CLAD Reforma y Democracia, núm. 36*, 1-11.

Hernández, P. A. (2006). La provisión de empleos de carrera en Colombia: lineamientos de un nuevo modelo de gestión de personal en el sector público. *Revista del CLAD Reforma y Democracia. No. 36*, p. 1-11.

Hobbes, T. (1980). *LEVIATHÁN.* México: Fondo de cultura económica de México.

Jara, M. L. (2018). *Elementos y presupuestos de la contratración estatal.* Bogotá: Editorial Universidad Católica de Colombia.

Jorge Iván Gaviria Mesa, M. L. (2014). Contratos de prestación de servicios en el sector estatal. *Revista Ratio Juris Vol. 9 Nº 18*, p. 59-76.

L., R. L., & Casas Casas, A. (2008). *Enfoques para el análisis político, historia, epistemología y perspectivas de la ciencia política.* Bogotá: Editorial Pontificia Universidad Javeriana.

Landau, D. (2013). Abusive Constitutionalism. *Florida State University College of Law* , 189-260.

López, J. R. (2015). Servicio civil de carrera en colombia: perspectivas y resultados de la profesionalización de la función pública. *Revista Summa Iuris*, p. 87-115.

López, J. R., & Latorre Mendieta, O. A. (2018). La evolución del concepto de función pública y el servicio civil de carrera en Colombia: análisis doctrinal, jurisprudencial y normativo. *Criterio Libre Jurídico*, 4-20.

M, J. A. (2004). La encomienda y las sociedades indígenas del nuevo reino de granada: el caso de la provincia de pamplona (1549-1650). *Revista de Indias, vol. LXIV, núm. 232*, 749-770,.

Magallón, A. H. (2016). Los enfoques neoinstitucional y cultural, su utilidad para el estudio de las organizaciones gubernamentales. *Espacios Públicos ISSN 1665-8140, núm. 46*, 91-108.

Marco Navas Alvear, Jorge Benavides Ordóñez. (2023). Referencias conceptuales sobre la participación en el marco de las teorías de la democracia. En M. C. Ramírez, *Versiones democráticas participación y deliberación en la búsqueda del autogobierno* (págs. 71-115). Manizales: Editorial Universidad de Caldas.

Martínez-Álvarez, J. J. (2014). Impacto de las reformas económicas neoliberales en colombia desde 1990. *In Vestigium Ire. Vol.*, 78-91.

Martínez Cárdenas, J. M. (2012). *La ficción de la carrera adminsitrativa en Colombia.* Bogotá: Escuela Superior de Administración Pública.

Medina, M. A. (2009). Burocracia, gerencia pública y gobernanza. *Revista diálogo de saberes*, 167-185.

Milton César Jiménez Ramírez, Paulo Bernando Arboleda Ramírez. (2023). *Demopandemia.* Manizales: Editorial Universidad de Caldas.

Milton César Jiménez Ramírez, Paulo Bernardo Arboleda Ramírez. (2021). A doctrina de la sustitución constitucional en colombia: una aproximación a la jurisprudencia constitucional. *Estudios Deusto*, 123-148.

Niño, D. A. (2014). El Contrato Administrativo de Prestación de Servicios (CAPS) visto desde los escenarios jurisprudenciales de la Corte Constitucional Una interpretación Ficta de la adminsitración pública. *Criterios–Cuadernos de Ciencias Jurídicas y Política Internacional*, p. 81-143.

OCDE. (2021). *La Integridad Pública a Nivel Regional en Colombia: Empoderando a las Comisiones Regionales de Moralización.* París: OCDE.

Pécaut, D. (1987). *Orden y violencia: Colombia 1930-1953.* Bogotá: Siglo XXI Editores y Fondo Editorial Cerec.

Pécaut, D. (2001). *Guerra contra la sociedad.* Bogotá: Espasa.

Pelayo, M. G. (1996). *Las transformaciones del Estado contemporáneo.* Madrid: Alianza Universidad.

Presidencia de la República De Colombia. Decreto 150 de 1976. Por el cual se dictan normas para la celebración de contratos por parte de la Nación y sus entidades descentralizadas. 18 de febrero de 1976 DIARIO OFICIAL. AÑO CXII. N. 34492.

Posada, B. L. (2005). El contrato estatal de prestación de servicios personales y el principio de la primacía de la realidad. *Revista Jurídica Piélagus.*

Ramirez, M. C. (2016). Estado Social de Derecho y Mercado Una Aproximación a una relación Constitucional. *Pensamiento Constitucional, No. 21*, 187-218.

Ramírez, M. C. (2023). El megapresidencialismo. Un relato sobre el ejercicio excesivo del poder en tiempos de pandemia. En P. B. Milton César Jiménez Ramírez, *Demopandemia* (págs. 133-234). Manizales: Editorial Universidad de Caldas.

Ramírez, M. C. (2023). Presidencialismo y deliberación. Una aproximación a una relación decadente. En M. C. Ramírez, *Versiones democráticas participación y delibetación en la búsqueda del autogobierno* (págs. 163-254). Manizales: Editorial Universidad de Caldas.

Rawls, J. (1971). *Teoría de la justicia.* Cambridge: The Belknap Press of Harvard University Press.

Restrepo, J. I. (2002). *La Gestión de lo público más allá de lo estatal : la intervención del fondo para la reconstrucción y desarrollo social del eje cafetero, Forec.* Armenia: Universidad Nacional de Colombia, Red de solidaridad social.

Rodríguez, E. G. (2010). Situación Del Regimen De Carrera Administrativa En Colombia. *Prolegómenos. Derechos y Valores, vol. XIII, núm. 25*, 147-163.

Rodríguez, F. (2004). La pobreza como un proceso de violencia estructural. *Revista de Ciencias Sociales (Ve), vol. X, núm. 1*, 42-50.

Roll, D. (1999). *Inestabilidad y continuismo en la dinámica del cambio político en Colombia.* Bogotá: ICFES.

Roll, D. (2002). *Rojo difuso azul pálido.* Bogotá: Universidad Nacional de Colombia.

Roll, D. (1999). *Inestabilidad y continuismo en la dinámica del cambio político en Colombia: perspectiva de la reforma política en Colombia desde 1930 hasta 1991.* Bogotá: ICFES.

Salamanca, L. J. (2008). *La captura y reconfiguración cooptada del Estado en Colombia.* Bogotá: Grupo Método.

Sandel, M. J. (2021). *La tiranía del mérito.* Bogotá D.C.: Penguin Random House Grupo Editorial S.A.S.

Schmitt, C. (1934). *Teoría de la Constitución*. Madrid: Revista de derecho privado.

Sen, A. (1999). *Desarrollo y libertad*. Buenos Aires: Editorial planeta Argentina.

Thompson, D. F. (2023). Teoría democrática deliberativa y ciencia política empírica. En M. C. Ramírez, *Versiones democráticas participación y deliberación en la búsqueda del autogobierno* (págs. 17-69). Manizales: Editorial Universidad de Caldas.

Troper, M. (2003). *La filosofía del derecho*. Madrid: Editorial Tecnos.

Villa, H. V. (1987). *Cartas de batalla, una crítica del constitucionalismo colombiano*. Bogotá: Universidad Nacional de Colombia.

Villegas, M. G. (2000). Estado, derecho y crisis en Colombia. *Estudios Políticos, ISSN 0121-5167, ISSN-e 2462-8433, Nº. 17*, 11-44.

Villegas, M. G., & Revelo Rebolledo, J. (2010). *Estado alterado Clientelismo, mafias y debilidad institucional en Colombia*. Bogotá: Centro de Estudios de Derecho, Justicia y Sociedad, Dejusticia.

Villegas, M. G., & Espinosa R., J. (2013). *El derecho al Estado, los efectos legales del apartheid institucional en Colombia*. Bogotá: Centro de Estudios de Derecho, Justicia y Sociedad, Dejusticia.

Weber, M. (1922). *Economía y sociedad*. Madrid: Fondo de cultura económica de España.

Weber, M. (1923). *Historia económica general*. Ciudad de México: Fondo de cultura económica.

Weber, M. (1964). *Economía y sociedad*. Madrid: Fondo de cultura económica de España.

Weber, M. (1967). *El político y el científico*. Madrid: Alianza Editorial S.A.

Weber, M. (1985). *¿Qué es la burocracia?* Buenos Aires: Editorial Leviatán.

Weber, M. (2010). *¿Qué es la burocracia?* Ciudad de México: Ediciones Coyoacan.